Altersvorsorge am Scheideweg

Heinz Benölken · Nils Bröhl

Altersvorsorge am Scheideweg

Erfolgreiche Strategien gegen Altersarmut

2. Auflage

Heinz Benölken
Meschede, Deutschland

Nils Bröhl
Wedemark, Deutschland

.

ISBN 978-3-658-21836-2   ISBN 978-3-658-21837-9   (eBook)
https://doi.org/10.1007/978-3-658-21837-9

Die Deutsche Nationalbibliothek verzeichnet diese Publikation in der Deutschen Nationalbibliografie; detaillierte bibliografische Daten sind im Internet über http://dnb.d-nb.de abrufbar.

Springer Gabler
© Springer Fachmedien Wiesbaden GmbH, ein Teil von Springer Nature 2011, 2018

Gedruckt auf säurefreiem und chlorfrei gebleichtem Papier

Springer Gabler ist ein Imprint der eingetragenen Gesellschaft Springer Fachmedien Wiesbaden GmbH und ist ein Teil von Springer Nature
Die Anschrift der Gesellschaft ist: Abraham-Lincoln-Str. 46, 65189 Wiesbaden, Germany

Vorwort zur zweiten Auflage

Während das Thema Altersvorsorge (AV) immer mehr in das Bewusstsein unserer Gesellschaft rückt, wird es politisch nur zaghaft aufgegriffen. Das ist bedauerlich, weil Deutschland nach einer EU-Studie in der Qualität der AV-Systeme an drittletzter Stelle liegt: Ergebnis von politischer Lethargie? Seit 1990 sehen wir vier AV-Phasen: Die Beschwichtigungsphase bis zum Ende der Regierung Kohl 1998 mit dem Blüm-Slogan „Die Rente ist sicher!" Das sollte Skeptiker beruhigen, die vor Überforderung der AV-Systeme durch die Lasten der deutschen Einheit und des sich bereits abzeichnenden demografischen Wandels warnten.

Aktive Phase 2: Bei der Bestandsaufnahme der Sozialsysteme beim Antritt der Regierung Schröder 1998 wurde großer Handlungsbedarf deutlich, was auch zur Neujustierung der AV im Altersvermögensgesetz (AVmG) von 2002 und Alterseinkünftegesetz (AEG) von 2005 beitrug, die in Teilbereichen mit der sozialpolitischen Gesetzgebung der Agenda 2010 verzahnt war. Das führte zu einem politischen Erdbeben und zur Abwahl der dafür politisch Verantwortlichen der Regierung Schröder. Das Erdbeben verschärfte sich weiter durch das Altersgrenzenanpassungsgesetz mit der „Rente mit 67" der seit 2005 regierenden großen Koalition. Damit war das Signal für die von 2005 bis 2013 von Angela Merkel geführten Regierungen klar: lediglich zurückhaltende Initiativen im Bereich der AV und der damit verknüpften Sozialpolitik (Ruhephase 3). In der vierten GroKo-Phase ab 2013 kam wieder Bewegung in das Thema AV, weniger unter dem Aspekt zukunftsorientierter Ausrichtung der Vorsorgesysteme, sondern primär als Wählerpflege. Das mündete im GroKo-Rentenpaket mit teilweiser Rückkehr zur Rente mit 63 und Ergänzung der Mütterrente, was die Frage aufwirft: Wo bleiben jüngere Bürger, die nach 2030 in Rente gehen? Welche Lösungen hat die Politik ihnen im Rahmen des Generationenvertrags anzubieten? Präzise Aussagen im letzten Bundestagswahlkampf hat sie vermieden. Kann man Politiker, die bestimmten Entwicklungen und Wahrheiten ausweichen, dazu bringen, sich des Themas AV sachgerecht anzunehmen? Hier steigen wir ein, um auf der Basis tragfähiger Analysen Ideen für Vorschläge zum Handlungsbedarf und Umsetzung in der AV zu gewinnen.

Seit Erscheinen der Erstauflage dieses Buches im Jahr 2011 gibt es Bedarf zur Anpassung der Aussagen und Prämissen für die zukünftige AV-Strategie und ihre Umsetzung: Die Auswirkungen der Niedrigzinsphase und der demografischen Entwicklung auf die AV-Systeme, eine überfällige Detailbewertung der Leistungsfähigkeit der drei Schichten der AV, die Auswirkungen der Beschränkung auf Pflege von (angehenden) Bestandsrentnern, anstatt wegweisender Lösungen für die Stabilisierung des Zusammenhaltes der Gesellschaft. Das wurde durch zunehmende staatliche Regulierung im Bereich der Alterssicherung flankiert, wie umfassende AV-Produktinformationsblätter und die Wohnimmobilienkreditrichtlinie.

Wissenschaftliche Standardwerke zur AV sind noch rar, insbesondere hinsichtlich der Auswirkungen neuer gesetzlicher Grundlagen seit 2000 sowie auch der Einbeziehung ausländischer Erfahrungen (was uns motiviert, diese Lücke durch die Zweitauflage dieses Fachbuches zu schließen). Zudem konnten wir wissenschaftliche Studien (zum Beispiel der Bertelsmann-Stiftung zur Altersarmut) sowie „Meinungen" anerkannter AV-Experten in Forschung und Fachjournalismus einbeziehen.

Damit alle Vorsorgebedürftigen (30 Mio. sozialversicherungspflichtig Beschäftigte, vier Millionen Selbstständige) eine Lebensstandardsicherung im Alter und damit Zukunftssicherung erreichen, braucht Deutschland ein generationenfestes Zukunftskonzept mit dem Kern Gesetzliche Rentenversicherung (GRV): Diese muss oberhalb einer Armutsgrenze alle bisher aufgebauten Anspruchsberechtigungen nach 45 Beitragsjahren sichern und bei veränderten demografischen Verhältnissen eine angemessene AV für die jüngere Generation bieten, die erst nach 2040 in Rente geht. Um Jüngere auch für dieses Thema motivieren zu können, muss die Politik dazu beitragen, gesetzlich regulierte AV als Qualitätsprodukt zu profilieren.

In diesem Sinne wünschen wir Ihnen eine spannende Lektüre und sind für Fragen, Anregungen und Ergänzungen im Sinne einer gemeinsamen AV-Denkwerkstatt gern für Sie da.

Mit herzlichen Grüßen
Heinz Benölken
Nils Bröhl

Über dieses Buch

Altersversorung im Generationenvertrag und Regelkreis

AV und Zusammenhalt der Gesellschaft

Kaum ein Thema berührt so sehr den Zusammenhalt in der Gesellschaft wie der Generationenvertrag in umlagebasierten Systemen: Die Erwerbstätigen von heute zahlen in ein System ein, aus dem die Rentner von heute und damit die Erwerbstätigen von gestern ihre laufenden Rentenbezüge erhalten. Heute Erwerbstätige vertrauen darauf, dass bei ihrem Renteneintritt die Erwerbstätigen von morgen die notwendigen Beiträge zahlen, um daraus ihre Renten zu finanzieren. Jeder in diesem System wird einmal zum Beitragszahler und Rentenempfänger, was einen Grundkonsens im Rahmen der sozialen Gerechtigkeit begründet. Wenn diese Automatik aus demografischen Gründen nicht mehr funktioniert, könnte die Gesellschaft einen Teil dieser Vertragsgrundlage verlieren und auseinander driften. Das ist zu befürchten, wenn gesellschaftlichen Gruppen mit großem politischen Einfluss (aktuell 20 Mio. und künftig mehr als 25 Mio. Rentner und angehende Bestandsrentner) über ihre Tarifpartner ihre Interessen ohne Augenmaß für folgende Generationen durchsetzen. Sophie Pornschlegel, Mitglied der „Democracy Lab", Plattform für demokratische Information, beleuchtet das (vgl. Pornschlegel 2017, S. 49):

- „Lieber den Status Quo wahren als die Zukunft zu sichern."
- „Die Generation 60+ entscheidet die Bundestagswahlen."
- „Je jünger man ist, desto weniger politisches Gewicht hat man in Deutschland."
- „Es triumphiert eine rückwärtsgewandte Politik, die statt Zukunft zu gestalten, ihre alte Wählerschaft mit Rentenerhöhungen zufrieden stellt und Jüngere strukturell benachteiligt."
- „Wenn viele junge Menschen sich politisch nicht engagieren, dann deswegen, weil sie sich unterrepräsentiert und machtlos fühlen."

- „Junge Politik ist kein eigenständiger Politikbereich, sie muss bei allen wichtigen Themen mitbedacht werden: Bei der Bildungs-, Arbeitsmarkt-, Familien- und Rentenpolitik."
- „Wir brauchen endlich Politik, die unsere Zukunft gestaltet. Je schneller, desto besser."

Die Spitze des Eisbergs einer solch skeptischen Haltung von jüngeren Generationen können zum Beispiel Wahlenthaltungen sein. Kann das längerfristig zu einer Einstellung „Jetzt reicht es mir in Deutschland!" führen?

Bei der Institutionalisierung des derzeitigen GRV-Systems im Jahr 1957 war das in der Adenauerschen Logik alles prästabilisiert: „Kinder bekommen die Leute immer." Wer selbst mehrere Kinder mit einem großen Stamm von Enkeln hat, spricht sicher aus Erfahrung. Aber wie passt diese Logik noch in das heutige Patchwork-Zeitalter bei strukturell kinderarmen Situationen? Wenn die Last der Rentenbezieher eine Relation überschreitet: Wozu sind jüngere Bürger bereit – Rente mit 70 plus? Oder wie reagieren sie, zum Beispiel durch Flucht aus den deutschen sozialen Sicherungssystemen?

Wie wir in den folgenden Szenarien zeigen, sind alle gesellschaftlich relevanten Kräfte gefordert, einen systemkonformen Konsens zum Thema sichere Rente für die folgenden Generationen zu finden. Hierzu ist ein Planungsvorlauf von Jahrzehnten erforderlich – und das angesichts eines Verhaltens von Politikern, die kaum bereit sind, über den nächsten Bundestagswahl-Zeitpunkt hinweg zu schauen („Rente mit 70: Mit mir nicht!") und die Verantwortung auf nebulöse Kommissionen verschieben.

Der AV-Regelkreis folgt dem Gedanken, dass alle behandelten Regelkreisfelder (in der Darstellung Teile I–VI) miteinander zusammenhängen.

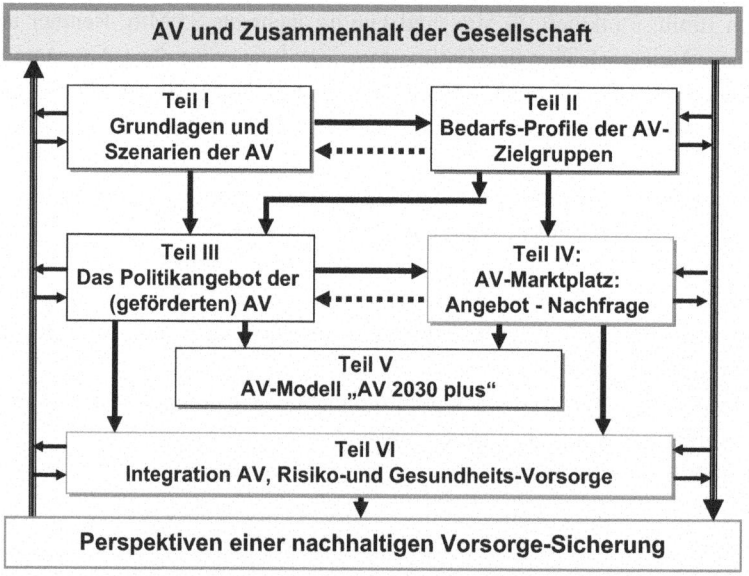

Bogen vom AV-Bahnsteig zur integrierten Vorsorge-Sicherung
Der Regelkreis startet im Teil I auf dem gemeinsamen Bahnsteig eines einheitlichen Verständnisses der AV-Grundlagen und beleuchtet danach wichtige Szenarien für die mögliche Zukunft der AV, um alle am Thema AV Interessierte auf einem gemeinsamen Bahnsteig zu versammeln. Vor diesem Hintergrund beleuchten wir die Bedarfsprofile der AV-Zielgruppen (Teil II). Diese artikulieren ihre Anforderungen an das Politikangebot für eine auskömmliche AV. Zur Umsetzung der von ihr gesetzten Rahmenbedingungen nutzt die Politik Unternehmen inklusive der DRV als Absatzmittler, die sich mit den AV-Kunden auf dem AV-Marktplatz treffen (Teil IV). Da das Politikangebot zur AV lückenhaft ist, was zu einer Unübersichtlichkeit auf dem AV-Marktplatz führt, bedarf es einer Überarbeitung des Politikangebots, was wir in einem neuen System AV 2030 plus darstellen und worin auch internationale Erfahrungen einfließen (Teil V). AV ist integrativ mit Risiko- und Gesundheitsvorsorge zu sehen (Teil VI). Mit Anregungen für eine nachhaltige Vorsorgesicherung schließen wir den AV-Ratgeber ab.

Teil I: Grundlagen und Szenarien der AV
Wir starten mit einer Erläuterung wesentlicher begrifflicher, methodischer und wirtschaftlicher Grundlagen der AV. Es folgen Einflussfaktoren des demografischen, wirtschaftlichen arbeits- und gesellschaftspolitischen Umweltszenarios auf die Entwicklung der AV, die sich im permanenten Wandel befinden und fallweise Anpassungsentscheidungen für die Weiterentwicklung des AV-Angebotes verlangen. Zum Szenario zählt auch das Handlungs- und Entscheidungsverhalten der Politik, das Deutschland im vergangenen Jahrzehnt in der AV nicht nach vorn gebracht hat: Unter allen EU-Ländern sieht die EU-Kommission Deutschlands AV-System an drittletzter Stelle.

Teil II: Bedarfsprofile von AV-Zielgruppen
AV-Zielgruppen sehen wir vom Bedarf her, seien sie GRV-Versicherte oder auch nicht. Wir schlüsseln diesen Bedarf über insgesamt acht Rentenfragen auf, wobei es in der Natur der Sache liegt, dass dabei mehr die kritischen Aspekte der Bedarfszielgruppen nach vorn rücken. Das leitet über in eine differenzierte Altersarmut-Betrachtung, aufgehellt durch einige positive Aspekte. Es folgt eine differenzierte Betrachtung des „Gesamtversorgungsniveaus" (GVN) von Rentnern, das sich in Prozent des aktiven Einkommens vor Renteneintritt (je nach individuellen Ansprüchen und Gesundheitszustand) bemisst und die Basis für einen AV-Genuss bei Wahrung des Lebensstandards bieten soll. AV ist nach dem heutigen AV-System in Deutschland nicht für alle gleich, sondern berufs-ständisch unterschiedlich geprägt. Deshalb betrachten wir differenziert die Bereiche Arbeitnehmer- (in diesem Rahmen speziell auch von Angehörigen des Öffentlichen Dienstes) und Selbstständigen-Vorsorge sowie die AV von Frauen, die immer noch „nachhinkt".

Teil III: Politikangebot zur (geförderten) AV

Aus dem Bedarf ergeben sich Vorgaben für die Gestaltung eines AV-Systems, das die Gesellschaft wertemäßig zusammenhält. Diese Vorgaben haben politisch Verantwortliche in Gesetzgebungsverfahren so umzusetzen, dass damit die Anforderungen der AV-Zielgruppen (B) auf dem AV-Marktplatz (D) weitgehend erfüllt werden können. Den Einstieg bildet ein Überblick über die Drei-Schichten-Architektur, die das AV-System in Deutschland prägt. Es folgen jeweils differenzierte Analysen der ersten Schicht (GRV und ihre Surrogate), zweiten Schicht (bAV und Riester-Förderung) sowie dritten Schicht (weitgehend ungeförderte, aber zum Teil steuerlich begünstigte private Vorsorge). Auf diesen schichtspezifischen Analysen baut eine abschließende Effizienzeinschätzung der Drei-Schichten-Architektur auf.

Teil IV: AV-Marktplatz: Angebot und Nachfrage

Der AV-Marktplatz ist der logische Ort, an dem das AV-Angebot, vertreten durch die Absatzmittler des Politikangebots gemäß Teil III, und die Nachfrager der AV-Zielgruppen gemäß Teil II aufeinandertreffen. Angesichts der Differenziertheit des Angebots der Drei-Schichten-Struktur und der AV-Zielgruppen ergibt sich ein sehr umfassendes Marktszenario mit folgenden Schwerpunkten: Marktplayer, Anbieter und ihre Eignungspotenziale, Nachfrager, Klippen beim AV-Aufbau, Spezial-Szenarien der Erste Schicht-, bAV- und Riester-Marktplätze, Dritte-Schicht-Marktplatz, AV-optimierte Gesamtberatung. Das führt schnell zu kognitiven Wirrungen, weil angesichts dieser unendlichen Fülle von Einzelheiten der AV-Markt sich für die AV-Kunden wie ein Tohuwabohu darstellt.

Teil V: AV-Modell „AV 2030 plus"

Die Treiber sind das zersplitterte AV-Angebot und ein unübersichtliches Marktplatzgeschehen: Man fühlt sich in einer nicht optimalen Aufbauorganisation, in der es vielfach knirscht. Hinzu kommen (leider) vielfache Versäumnisse der politisch Verantwortlichen, sei es aus erkenntnisbezogenen oder aus wahltaktischen Gründen. Ein prägnantes Beispiel hierfür ist die Scheu der Politik vor einer sachgerechten Diskussion der Langzeitperspektiven der GRV. Die Politik beschränkt sich auf einen Zeithorizont bis zum Jahr 2030 und liefert noch keine Aussagen über ein anzustrebendes AV-System über 2030 hinaus. Diese Ausgangssituation nehmen wir zum Anlass, ein konsistentes AV-Modell mit dem Titel *AV 2030 plus* vorzustellen, in das auch wegweisende ausländische AV-System-Erfahrungen einfließen und das sich als normativer Ansatz versteht, wie ein rationales System der AV im Hinblick auf die im Teil II vorgestellten Bedarfe für AV konzipiert sein muss.

Teil VI: Alters-, Risiko-, Gesundheitsvorsorge im Verbund

Für Bürger verkörpert AV zwar einen wesentlichen Teil ihres Vorsorgebedarfs, aber es sind weitere Vorsorgeschwerpunkte zu berücksichtigen, die beim Einzelnen in Budgetkonkurrenz stehen können: Vorsorge gegen Risiken, gegen die sich Bürger im Regelfall durch adäquate Versicherungen nach individuellem Bedarf absichern: Wie viel Aufwand für Risikovorsorge muss der Einzelne betreiben, wie viel AV kann er sich dann noch leisten? Ein weiterer Vorsorgebereich ist die Gesundheitsvorsorge. Wer bereits in beruflich aktiven Jahren erheblich erkrankt, muss vielfach Einbußen seiner AV hinnehmen: Wer früh berufsunfähig wird, hat zwar Anspruch auf eine mit einem Versicherer vereinbarte BU-Rente, kann aber in dieser Zeit seine AV nicht mehr dotieren. Versicherungsjahre werden ihm in dieser Zeit zu einem niedrigen Betrag angerechnet, sodass zum Beispiel sein Anspruch auf eine Erwerbsminderungsrente gesichert ist. Wer früh primär verhaltensbedingte „Zivilisationskrankheiten" wie Herz und Kreislauf, Diabetes, eine Reihe von Krebsarten erleidet, kann vielleicht eine auskömmliche AV nicht lange genießen, weil sich seine Lebenserwartung erheblich verkürzen kann. Gute AV macht nur Spaß, wenn man langfristig und gesund etwas davon hat, so etwa ab 20 Jahren AV-Genuss aufwärts nach Renteneintrittsalter. Das ist nur mit gesundheitlicher Prävention im eigenen Lebensstil erreichbar: Wie stelle ich sicher, dass mich sogenannte Zivilisationskrankheiten gar nicht erst erreichen? Auch AV gepaart mit medizinischer Dauerbehandlung macht keine Freude: Alters-, Risiko- und Gesundheitsvorsorge aus einer Hand.

Teil VII: Perspektiven nachhaltiger Vorsorgesicherung

Eine nachhaltige Vorsorgesicherung mit dem Kern AV verlangt, dass sich die Politik nachhaltig einbringt. Deshalb versuchen wir, Anregungen für die politische Gestaltung mit den Schwerpunkten staatlicher Rahmen für die AV, ergänzt um Eigenverantwortung und Flexibilisierungsregelungen zu geben. Ohne obligatorische Pflicht auch für eine eigenverantwortliche private AV geht es nicht. Bürger müssen sich ständig informieren können. Deshalb schließen wir dieses Buch mit einem Vademecum für Vorsorge mit dem Schwerpunkt AV ab.

Literatur

Pornschlegel, S. (2017): Schluss mit der Stagnation, in: Frankfurter Allgemeine Sonntagszeitung vom 17.09.2017.

Inhaltsverzeichnis

Abbildungsverzeichnis

Tabellenverzeichnis

Teil I

Grundlagen und Szenarien der AV

Überblick und AV-Szenario auf dem gemeinsamen Bahnsteig aller AV-Interessierten

Wir starten mit einer Erläuterung wesentlicher begrifflicher, methodischer und wirtschaftlicher Grundlagen der AV. Das soll interessierte Laien an das brisante Thema AV heranführen und es für „Experten" auffrischen, sodass sich alle AV-Interessierten auf dem gemeinsamen Erkenntnis-Bahnsteig vereinen. Es folgen Einflussfaktoren des demografischen, wirtschaftlichen, arbeits- und gesellschaftspolitischen Umweltszenarios auf die Entwicklung der AV, die sich im permanenten Wandel befinden und fallweise Anpassungsentscheidungen für die Weiterentwicklung des AV-Angebotes verlangen.

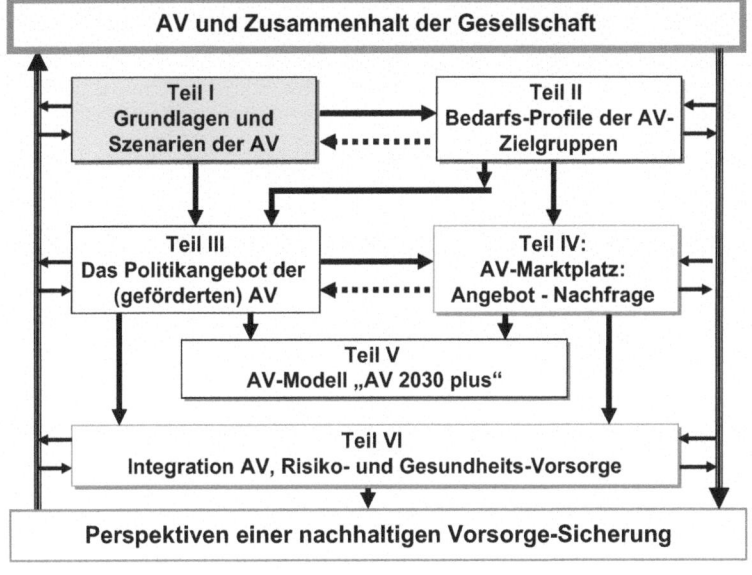

1.1 AV geht alle an

Ziel: Sicherung des allgemeinen AV-Verständnisses
Wir möchten alle Bürger erreichen, denn AV geht fast jeden an, wobei gut versorgte „Millionarios" prozentual an der Gesamtbevölkerung kaum ins Gewicht fallen. Wer das AV-Sortiment kennt, kann auch die richtige Motivation aufbauen, um Szenarien, Analysen, Schlussfolgerungen und Vorschläge zu verstehen und sich die Materie zu eigen zu machen. Deshalb schicken wir eine AV-Warenkunde voraus, die helfen soll, dass auch Nicht-Experten ohne Verständnisprobleme einen Überblick bekommen und gern weiterlesen.

Wichtiges Thema für junge Erwachsene
Wer nicht gerade Großerbe ist, für den gilt: AV ist ein Thema, dem man sich bereits in jungen Jahren widmen muss, am besten zum Zeitpunkt des Berufseintritts. Das gesetzliche Rentensystem steuert nach 45 Beitragsjahren nicht in die Lebensstandardsicherung, sondern landet zwischen Existenzsicherung und Altersarmutsgrenze. Wer meint, darüber erst einmal nachzudenken, wenn man schon über 40 ist, möge bedenken: Alle monetär basierten AV-Varianten, die auf Altersarmutsvermeidung und Lebensstandardsicherung ausgerichtet sind, funktionieren nach dem Einzahlungs-/Beitragshöhe-Zeit-Prinzip, und die Finanzmathematik lässt sich nun einmal nicht ausmanövrieren.

Wenn junge Erwachsene beim Thema AV den Kopf in den Sand stecken kann ein zu spätes Erwachen grauenvoll sein! Deshalb ist es alarmierend, dass viele junge Erwachsene zögerlich in AV investieren, weil sie die Regelungen zur AV nicht verstehen. Zu diesem Ergebnis kommt der Jugendforscher Klaus Hurrelmann in einer Studie (vgl. Hurrelmann 2010). Ein solches Verständnis sei die Voraussetzung, um zur eigenen Zukunftssicherung bereit zu sein. „Betriebliche Altersversorgung" und im Alterseinkünftegesetz (AEG)

© Springer Fachmedien Wiesbaden GmbH, ein Teil von Springer Nature 2018   3
H. Benölken und N. Bröhl, *Altersvorsorge am Scheideweg*,
https://doi.org/10.1007/978-3-658-21837-9_1

benutzte Begriffe wie „Entgeltumwandlung" seien böhmische Dörfer. Als Konsequenz des Unverständnisses zögen viele bei grundsätzlich knappen finanziellen Möglichkeiten persönlichen Konsum und Hedonismus einer verantwortlichen Lebens- und Vorsorgeplanung vor. Wichtig sei es, bereits junge Erwachsene davon zu überzeugen, eng begleitend mit dem beruflichen Werdegang sich eine auskömmliche AV in mehreren Schichten aufbauen (einen prägnanten Überblick über die Gefühlslage jüngerer Bürger beim Thema Altersvorsorge vermittelt Beeger 2017).

1.2   AV-Schichten-Architektur

Man unterscheidet heute drei AV-Schichten:

- Schicht 1: Gesetzliche Rentenversicherung (GRV), Basisrente, berufsständische Vorsorgewerke, in denen Versicherte entweder nach dem Umlageverfahren Rentenpunkte oder einen Kapitalstock aufbauen. Je früher Versicherte Entgeltpunkte in der GRV oder ähnlich strukturierten berufsständischen Versorgungswerken aufbauen, umso nachhaltiger erwerben sie Versorgungsanrechte im Zusammenwirken von Zeit und Einzahlungshöhe. Hinzu kommt die kapitalgedeckte Basisrente für Selbstständige und für jedermann.
- Schicht 2: Betriebliche Altersvorsorge (bAV) mit den fünf Durchführungswegen (kurz DW) Pensionskasse, -fonds, Direktversicherung, Direktzusage, Unterstützungskasse und die Varianten der Riester-Rente: Versicherungs-, Bank-, Fonds- und Wohn-Riester
- Schicht 3: Kapitalgedeckte Formen der AV mit staatlicher Förderung in der Auszahlphase bei klassischen Rentenversicherungen (ermäßigte Besteuerung im Rahmen des Ertragsanteils der Rente, oder bei einer Kapitalzahlung alleinig bezogen auf den Unterschiedsbetrag zwischen Ein- und Auszahlung) sowie freie Vorsorgeanlagen.

Generell gilt für alle drei Schichten: Die Gesetze der Finanzmathematik sind bestimmend. Bei kapitalgedeckten Formen nach der Zinseszinsformel, bei umlagebezogenen Formen ergibt sich die Rendite durch eine Verbesserung des Verhältnisses von Einzahlern und Rentenempfängern und allgemeinen Lohnsteigerungen.

Bei kapitalgedeckten Verfahren (Regelfall in der zweiten und dritten Schicht) sind die erreichbaren AV-Volumina in hohem Maße von der Entwicklung des Zinsniveaus abhängig, bei Anlagen in Aktien von der Kursentwicklung und den Ertragsausschüttungen. Die in der privaten AV oftmals maßgeblichen Zinseszinseffekte fallen in Niedrigzinsphasen weitgehend weg.

1.3   Gesamtwirtschaftliche Einflussfaktoren

Strukturelle Verwerfungen durch die Niedrigzinsphase

Konzentrieren wir uns auf Anlagen in unterschiedlichen nominellen Ersparnisformen. Da im Niedrigzinszeitalter nominelle Anlagen hier wenige Erträge bringen und Zinseszinseffekte gegen Null tendieren, zeichnet sich folgende Entwicklung ab: Von den 5,2 Billionen EUR Geldvermögen der Deutschen sind rund zwei Billionen auf Giro-, Tages-, Festgeld- und Sparkonten angelegt, mit der Konsequenz, dass der Sparer dafür fast keine Zinsen bekommt. Verglichen mit früheren Zinsphasen gehen den Sparern durch diese Niedrigzinspolitik der EZB pro Jahr 40 bis 60 Mrd. EUR verloren. Damit vermehrt sich das Geld auf Spar- und in Festgeldkonten kaum mehr wie in früheren Phasen. Das wirft die Frage auf, wie man Geld in Zukunft auf für seine AV anlegen kann.

Abb. 1.1 verdeutlicht die Problematik und zeigt, wie viel ein 35-Jähriger bei welchem Zinsniveau von seinem Einkommen sparen müsste, um mit einer privaten AV 30 Jahre später seine Lebensstandardsicherung zu finanzieren.

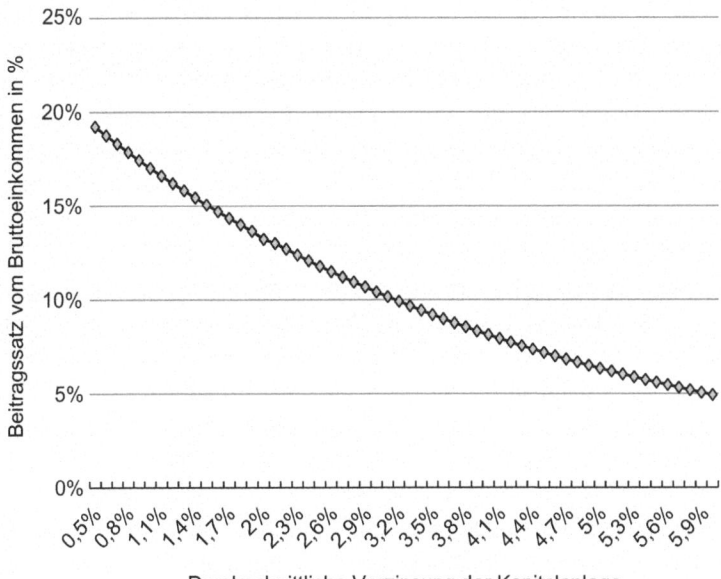

Abb. 1.1 Beitragssatz in Abhängigkeit vom Zins in der kapitalgedeckten AV. (Quelle: eigene Darstellung in Anlehnung an Gischer 1996, S. 274–279)

Beispiel

Beispielhafte Annahmen für einen 35-Jährigen:

Durchschnittlicher Einkommens-/Rentenanstieg p. a.	2 %
Rentenauszahldauer	20 Jahre
zusätzliche Privatrente vom Bruttoeinkommen vor Renteneintritt	20 %
Beitragsperioden aktiv	30 Jahre
Bruttoeinkommen 2017	37.000 EUR
Bruttoeinkommen 2047	ungefähr 67.000 EUR
Bruttorente 2047; 20 % vom Einkommen	13.400 EUR

Umgewichtungen durch eine älter werdende Bevölkerung

Was das niedrige Zinsniveau für die private AV bedeutet, ergibt sich im Rahmen der demografisch ungünstigen Altersstrukturverschiebung für die GRV: Die Bevölkerung wird im Durchschnitt immer älter. Für das Jahr 2030 erwartet man bei unveränderten Rahmenbedingungen weniger als 45 % der deutschen Bevölkerung im erwerbsfähigen Alter zwischen 20 und 67 Jahren. Unterstellt man, dass die Arbeitslosenquote (sechs Prozent der erwerbsfähigen Bevölkerung) und die Erwerbstätigkeitsrate von Frauen mit 70 % der weiblichen Bevölkerung im erwerbsfähigen Alter etwa konstant bleiben, würde sich bei unveränderten Steuerungsparametern Folgendes ergeben: Der Anteil der Gesamtbevölkerung im erwerbstätigen Alter nach heutigen Maßstäben sinkt auf unter 35 %, während der Anteil der Nichterwerbstätigen (Kinder, Jugendliche bis 20 Jahre, Arbeitslose, nicht berufstätige Ehepartner, Rentner sowie Pensionäre) gleichzeitig auf über 65 % ansteigen würde.

Da neben dem relativen Absinken des Anteils der Einzahler in die AV-Systeme aller Schichten auch der Staat für Beamte keine Pensionsrückstellungen gebildet hat, droht eine Erhöhung der Steuerlastquote, um die AV der im Ruhestand Befindlichen zu alimentieren. Was bleibt dann an AV für die heute unter 50-jährigen Erwerbstätigen noch übrig?

Diese Entwicklungen führen zu einer Abnahme des Vertrauens der Bürger in eine auskömmliche AV. So verwundert es nicht, dass nach aktuellen Umfragen nur 26 % der Erwerbstätigen glauben, finanzielle Freiräume zur Zukunftsvorsorge zu haben. Wenn es angesichts einer potenziellen Erhöhung der Steuerlastquote künftig noch schwieriger wird, AV zu betreiben, kann die Kluft zwischen arm und reich weiter auseinanderdriften. Damit würde ab 2030 (nach heutigen Maßstäben gemessen) nur etwa ein Fünftel der Bevölkerung für das Alter vorsorgen können.

Was lehrt uns diese prognostizierte Entwicklung?

Wir dürfen heute nicht von der Hand in den Mund leben. Um Altersarmut zu vermeiden, muss auch für diejenigen, die heute glauben, nicht die finanziellen Mittel zu haben, fürs Alter vorsorgen, eine existenzsichernde AV verfügbar sein. Denn je weiter wir in die

Zukunft denken, je schwieriger wird es, AV zu betreiben. So kann der Staat bezüglich der Absicherung seiner Bürger im Alter an seine Grenzen stoßen.

Können Migranten die AV-Töpfe sanieren? Nur mittel- oder langfristig und nur bei vollständiger Integration in den Arbeitsmarkt. Bevor genügend jüngere beruflich Integrierte ausreichend in die Rentenkassen einzahlen, wird eine längere Zeit vergehen. Zudem sind zusätzliche Belastungen für ältere Flüchtlinge zu erwarten: Die Pro- und Kontra-Argumente können sich langfristig die Waage halten und damit außer Betracht bleiben.

Wenn ein Erwerbstätiger später einmal ein bis zwei Rentner ernähren müsste, wären soziale Unruhen nicht ausgeschlossen. Die Politik ist gefordert.

Veränderte Prämissen für die AV-Schichten
Die Politik erstreckt sich auf die Variation von Parametern, die in ihrer Gesamtheit geeignet sind, die Relation von Beitragszahlern und Vorsorgeempfängern der Anzahl und dem finanziellen Umfang nach relativ konstant zu halten. Das gilt zunächst für die erste Schicht.

1.4 Parameter, die alle Schichten betreffen

Zu diesen Parametern zählen das Renteneintrittsalter, die Erwerbstätigenquote von Personen über 65 (ab 2030 gleitend ab 67) im Allgemeinen und Frauen im Besonderen.

Renteneintrittsalter
Nach den Erfahrungen mit der Einführung der Rente mit 67, als deren Folge die SPD einen großen Teil ihrer Stammwähler verlor, wird die Politik (das gilt für alle Parteien) auf Jahrzehnte einen großen Bogen um das Thema offizielle Erhöhung des Renteneintrittsalters machen. Aber die vom BMAS inzwischen durchgesetzte „Flexi-Rente" erlaubt der Politik, durch Feinsteuerung dieses Instruments einen ähnlichen Effekt zu erreichen wie mit einer „offiziellen" Erhöhung des Renteneintrittsalters nach dem Auslauf aller Kohorten im Jahr 2030: Man kann danach zwar auch mit 67 Jahren abschlagsfrei in Rente gehen, aber auf der Basis welchen Rentenniveaus? Noch bei einer unteren Bandbreitenmarke von 45 % des letzten Nettoeinkommens oder niedriger, wie Skeptiker fürchten? Der Anreiz, im Hinblick auf ein höheres Rentenniveau weiter zu arbeiten, zum Beispiel bei der GRV mit sechs Prozent Zuschlag pro Jahr, ist sehr groß und wird viele motivieren, nach skandinavischem und Schweizer Vorbildern zum Beispiel bis 75 mit einer erheblichen Teilzeitquote erwerbstätig zu bleiben. Damit hat die Politik einen vergleichbaren Effekt erreicht wie mit einem festgeschriebenen Anstieg des Renteneintrittsalters auf beispielhaft von etwa 69 oder 70 Jahren für alle, was gegen gewerkschaftlichen Widerstand kaum durchsetzbar sein dürfte.

Erwerbstätigenquote von Frauen

Eine Reihe von gestaltenden Maßnahmen (Erhöhung von Elternteilzeiten für beide Partner, Gleichstellung von Frauen in organisatorischer und einkommensmäßiger Hinsicht
mit Männern, flächendeckende Verfügbarkeit von Kita-Plätzen) stärkt den Anreiz vieler
Frauen, ihre erwerbstätigen Zeitangebote zu erhöhen und so auch ihre AV zu verbessern.

Prämissen für die zukünftige Gestaltung der GRV

Für die GRV sind folgende Prämissen relevant, die sich zum Teil noch in der politischen
Diskussion befinden: die Einführung von Schwellenwerten für die Beitragshöhe, die bei
maximal 22 % fixiert sind. Hier fragt man sich nach der Sinnhaftigkeit von Senkungen
des Rentenbeitrags in den vergangenen Jahren auf unter 17 %, statt zum Beispiel verfügbare Mittel in einer „Demografie-Reserve" anzulegen.

Kontrovers diskutiert ist die Festlegung eines unteren Schwellenwertes für die
Netto-Rentenhöhe nach Sozialversicherungsbeiträgen vor Steuern bei Renteneintritt.
Die Vorausberechnungen bewegen sich zwischen 46 und 43 % des letzten aktiven
Einkommens.

Die Summe dieser Maßnahmen, die Einnahmen und Ausgaben des GRV-Topfes regu-
lieren, und Maßnahmen, die indirekt das Renteneintrittsalter beeinflussen, haben das
Ziel, die Planbarkeit der GRV im Rahmen dieser drei Schrauben auch nach 2030 zu
sichern.

Zudem werden Erwerbsminderungsrenten bei vorzeitigem Ausscheiden aus dem
Erwerbsprozess aus gesundheitlichen Gründen um bis zu 50 EUR angehoben. Schließlich erfolgt eine gleitende Angleichung von Ost- und West-Renten bis 2025.

Nur wenn die Zahl der Beitragszahler steigt oder mindestens konstant bleibt, würde es
nach 2030 keine Probleme mit der GRV. Aber wie soll das gehen, wenn die Geburtsjahrgänge seit den Siebzigerjahren teilweise nur etwas mehr als die Hälfte der Geburten in
den Sechzigerjahren ausmachen (vgl. Deutsche Rentenversicherung Bund 2017, S. 292)?
Dann liegt es nahe, an die Einbeziehung von Selbstständigen und von Beziehern anderer
Einkommensarten über Arbeitseinkommen hinaus zu denken.

Ein wichtiger Punkt ist die Einbeziehung von etwa drei Millionen Selbstständigen
in die GRV, von denen ein großer Teil in der AV als nicht ausreichend abgesichert gilt,
sodass sie im Alter der staatlichen Grundsicherung zur Last fallen können. Eine Einbeziehung in die GRV soll dieser Belastung der Sozialkassen vorbeugen. Es deutet sich
ein politischer Grundkonsens an mit der Einschränkung, dass Wirtschaftskreise dafür
plädieren, nachgewiesene Absicherungen über private Versicherungen als befreiend
anzuerkennen.

Schließlich noch zur Mütterrente: Einbezogen werden sollen auch Mütter mit drei
(bisher zwei) anerkannten Versicherungsjahren, deren Kinder vor 1992 geboren wurden. Während sich hier politisch ein Kompromiss abzeichnet, ist die Frage der Finanzierung dieser Leistung aus der GRV oder aus dem Steuersäckel strittig. Für die letztere
Variante spricht, dass es sich um eine versicherungsfremde Leistung handelt, die nicht die

GRV-Einzahler und -Bezieher belasten sollte. Zudem: Warum sollen GRV-Berechtigte die Mütterente von Ehepartnern von Beamten und Bürgern, die von anderen als von Arbeitseinkommen leben, mittragen? Hier gibt es keine soziale Adäquanz, und die Abwehr des Finanzministers unter dem Aspekt der schwarzen Null ist sozialpolitisch zu hinterfragen.

Zu erwähnen ist noch die Basis- oder Rürup-Rente für Selbstständige: Hier sind derzeit über steuerliche Regelungen hinaus keine neuen politischen Initiativen bekannt.

Prämissen für die zukünftige Gestaltung der bAV
Die zweite Vorsorgeschicht im Rahmen der bAV wird aktuell durch Verbesserung ihrer Rahmenbedingungen im Rahmen des „Betriebsrentenstärkungsgesetzes" aus dem Dornröschenschlaf geholt. Die neuen Regelungen: Die Freistellung von Arbeitgebern von der Garantie der Verpflichtung zur Gewährleistung der beim Abschluss vereinbarten Rentenhöhe.

Eine wichtige Neuerung ist die halb-obligatorische Verpflichtung von Arbeitnehmern zu einem bAV-Beitritt, wenn das tarifvertraglich geregelt wird: Jeder Arbeitnehmer ist einbezogen, wenn er sich nicht ausdrücklich dagegen entscheidet (Opting-out-Ansatz). Dabei soll der steuerlich geförderte Anlagebetrag von vier Prozent auf acht Prozent des Bruttoeinkommens der GRV-Bemessungsgrenze erhöht werden.

Ein weiteres Thema ist die Ausdehnung der bAV-Nutzung von Großunternehmen über die Einbindung der bAV in Tarifverträge auch auf den Bereich kleiner und mittlerer Unternehmen (KMU), soweit letztere tarifpolitisch engagiert sind. Da KMU vielfach in Branchen ohne tarifliche Bindungen agieren, will der Gesetzgeber diesen als weiteren Anreiz anbieten: Arbeitgeber, die für Geringverdiener mit bis zu 2200 EUR Monatseinkommen jährlich zwischen 240 und 480 EUR in die bAV einzahlen, erhalten dazu einen staatlichen Zuschuss von 30 % (72 bis 144 EUR). So wird die bAV zum Bestandteil der Sozialpolitik.

Schließlich fehlt noch die Steigerung der Attraktivität der Riester-geförderten bAV: Während hierfür derzeit in der Anspar- und Auszahlungsphase Sozialbeiträge fällig werden, sollen diese in Zukunft nur noch für Sparbeiträge gezahlt werden.

Ziel der neueren Initiativen des BMAS: Den Anwendungsbereich der bAV wesentlich verbreitern, vor allem auf Geringverdiener die bisher keine bAV hatten, weil vorher die spätere Rente bei Geringverdienern voraussichtlich mit der Grundsicherung verrechnet wurde. Zumindest wird zukünftig bei Minirenten (im Rahmen der Grundsicherung von aktuell ungefähr 800 EUR) den Beziehern ein Freibetrag aus Zusatzrenten im Rahmen der Regelbedarfsstufe II von Hartz IV von aktuell rund 200 EUR pro Monat gewährt. Insgesamt werden die Haftungsrisiken in der bAV für reine Beitragszusagen weg vom Arbeitgeber auf den AV-Bedürftigen übertragen. Damit erfolgt eine gleiche Art der Risikoübertragung, wie es der Staat im Jahr 2000 mit der Rentensenkung in der GRV getan hat. Am Ende kann das Thema Rentenreformen seit der Jahrtausendwende als großes Programm der Risikoübertragung vom Staat und den Produktgebern hin zum Bürger begriffen werden. Abb. 1.2 verdeutlicht die Zusammenhänge.

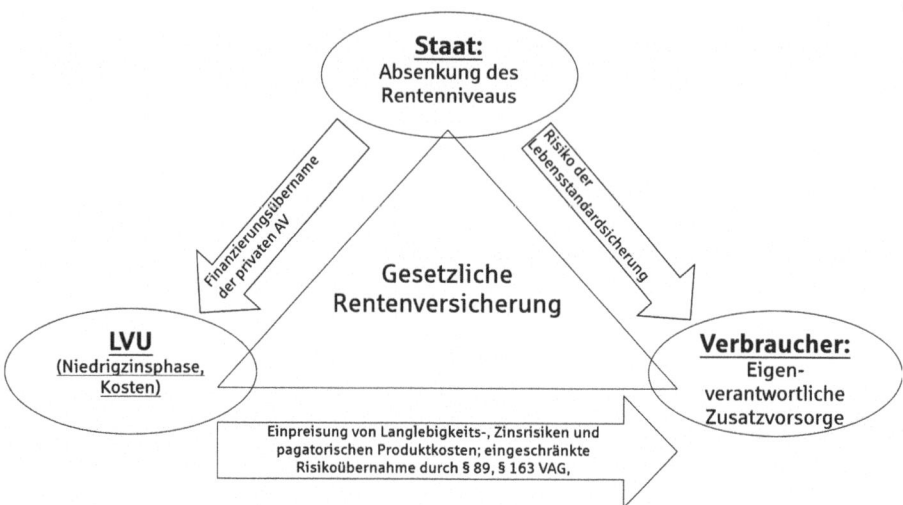

Abb. 1.2 Der Staat als Risikoverlagerer. (Quelle: eigene Darstellung)

Prämissen für die zukünftige Gestaltung der Riester-Rente

In letzter Zeit wurde die Riester-Rente kontrovers diskutiert. Tendenzen:

- Beschneidung von als überzogen angesehener Kostenbelastung durch Verwaltung und Vertriebswegen von derzeit bis zu 20 %, was Zulagen absorbieren und damit zu einer faktischen Negativrendite führen kann. Damit soll die Riester-Rente wieder attraktiver werden, vor allem mit Blick auf die nicht durch Abschlussprovisionen belastete Bank-Riester-Variante sowie abgeschwächt auch auf den „Wohn-Riester".
- Erhöhung der Grundzulage von 154 auf 175 EUR.
- Erhöhung der Attraktivität von „Riestern" auch für Niedriglohn- und Hartz-IV-Bezieher: Private Ersparnisse sollen wie bei bAV-Renten nicht mehr voll auf die Grundsicherung angerechnet, sondern ein Betrag von etwa 200 EUR monatlich soll freigestellt werden.

Der Aufbau einer auskömmlichen AV ist für viele Menschen kein Selbstläufer: Mit einer Kombination von finanziellen und organisatorischen Gestaltungselementen sollen sie in die Lage versetzt werden, sich unter intensiver Nutzung der staatlichen Anreize eine auskömmliche AV zu einem frei „nach oben" gewählten Zeitpunkt aufzubauen. Das erfordert eine noch intensivere Beratung als bisher.

Literatur

Beeger, B. (2017): „Bloß nicht dran denken!" in: FAZ, 14.01.2017.

Deutsche Rentenversicherung Bund (2017): Rentenversicherung in Zeitreihen, Ausgabe 2017, Berlin.

Gischer, H. (1996): „Die Höhe der Rentenversicherungsbeiträge im Kapitaldeckungsverfahren: Einige einfache Zusammenhänge und Beispielrechnungen.", in: Wirtschaftswissenschaftliches Studium (WiSt), 25. Jahrgang.

Hurrelmann, K. (2010): „Jugend, Vorsorge, Finanzen – Herausforderung oder Überforderung"; Studie 2010, erstellt im Auftrag des Versorgungswerks Metall- und Elektroindustrie Metallrente.

Szenarien zur AV und Altersarmut

2

Szenario 1: „Kinder, geht's uns gut!"

Deutschlands Rentner leben lange, haben viel freie Zeit und jede Menge Geld. „Es geht ihnen besser als allen Generationen vor ihnen" (vgl. Oberhuber 2017).

Soweit lassen wir Rentner zu Wort kommen, die noch mit über 50 % ihres aktiven Einkommens in den Ruhestand gingen, einer niedrigen Steuerkohorte beim Renteneintrittsalter (begann mit 50 % und steigt bis 2040 auf 100 %) angehören und damit einen hohen Steuerfreibetrag genießen. Dieser Bericht von gutversorgten Rentnern, die sich vieles leisten können, orientiert sich vielleicht am gehobenen Leserpublikum der renommierten FAZ, aber er zeigt eine Tendenz auf, die für viele durchaus real ist. Bei genauerer Betrachtung von Abb. 2.1 ist klar: Drei Viertel der GRV-Rentner beziehen für sich allein genommen eine Rente, die maximal die Untergrenze der Armutsgefährdungsschwelle erreicht.

Szenario 2: „Rentner sucht Job"

Deshalb ist auch die folgende Entwicklung gut verständlich: „In Deutschland arbeiten doppelt so viele Ältere wie noch vor zehn Jahren. Viele brauchen zusätzliche Einkünfte …". Ihre Chance suchen sie zum Beispiel über das Internetportal „RentaRentner". Das Statistische Bundesamt zählte 2016 auf Basis eines Mikrozensus (=repräsentative Haushaltsbefragung) 942.000 Rentner mit vergüteter Nebentätigkeit, was elf Prozent der Rentner zwischen 65 und 74 Lebensjahren (2006: nur fünf Prozent) entspricht. Grund für den Arbeitsdrang im Alter dürfte nicht in jedem Fall Langeweile sein.

Zudem vermutet man noch eine Dunkelziffer, wenn man das mit anderen Quellen (zum Beispiel Minijob-Statistiken der Bundesagentur für Arbeit) abgleicht. Die Schätzungen reichen bis zu 1,4 Mio. Das sind 16 % der 65- bis 74-Jährigen.

Als Grund für die Jobber im Rentenalter wird auch die Eigenmotivation der fitten Ruheständler genannt. Zudem gibt es Anreize ihrer Arbeitgeber, auf Teilzeitbasis länger

© Springer Fachmedien Wiesbaden GmbH, ein Teil von Springer Nature 2018

H. Benölken und N. Bröhl, *Altersvorsorge am Scheideweg,*
https://doi.org/10.1007/978-3-658-21837-9_2

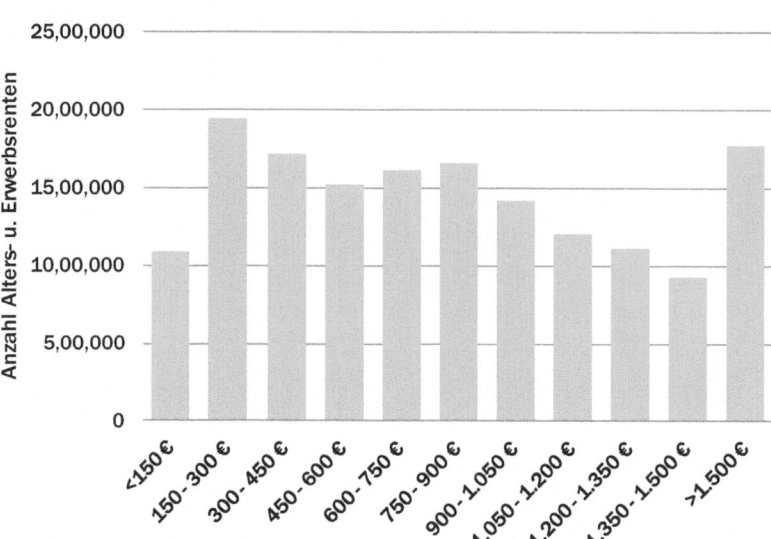

Abb. 2.1 GRV-Schichtung der Alters- und Erwerbsrenten. (Quelle: Deutsche Rentenversicherung Bund 2017, S. 38 ff.)

zu bleiben. Viele nehmen das an, um sich soziale Kontakte zu erhalten. Für unser Thema „Altersvorsorge" ist primär wichtig, wie viele Menschen weiterarbeiten, weil sie nicht nur wollen, sondern müssen, weil das Renteneinkommen nicht reicht. Da die Mikrozensus-Zahlen das nicht quantifizieren können, ist ein Blick in den (nach anderen Kriterien aufgebauten) Armutsbericht der Bundesregierung erforderlich. Demnach ist es etwa jeder zweite, also damit eine halbe Million, bei denen das „Muss" eine Rolle spielt. Was noch wichtiger ist: Die Zahl nimmt zu.

Damit nähern wir uns der Ursachenforschung: Seit der Einführung des Alterseinkünftegesetzes (AEG) im Jahr 2005 erleben wir eine Umgewichtung der AV: Von primär staatlicher AV mit ergänzender Betriebsrente (deren Bedeutung weitgehend auf Großunternehmen auf der Basis von Tarifvereinbarungen der Sozialpartner beschränkt blieb) und staatlich gefördertem Konsumsparen („Vermögensbildung" genannt) zum Mischsystem von GRV und privater Vorsorge. Aber was folgt daraus, wenn die Kühe zur gut gefüllten Tränke geführt werden, aber nicht „saufen"? Dieses Bild passt für das ergänzende private Vorsorgeangebot mit dem Schwerpunkt „Riester-Sparen": Vier Prozent des Vorjahres-Bruttoeinkommens bis zum Höchstbetrag von 2160 EUR sind als Beitragshöchstgrenze bei Riester-Verträgen durch Steuervorteile oder Zulagen förderfähig. Aber die Realität sieht leider so aus: Nur 40 % der Berechtigten von fast 40 Mio. haben einen Riester-Vertrag. Das Bild wird noch ungünstiger, wenn man die Besparung betrachtet: Sie liegt bei den einzelnen Produktarten (Bank-, Versicherungs-, Fonds-, Bauspar-Riester) im Durchschnitt unter zwei Prozent der Beitragsbemessungsgrenze der GRV von 76.200 EUR (West im Jahr 2017) pro Jahr, geprägt durch viele Mini-Verträge von fünf Euro monatlich, um sich Zulagen zu sichern. Dafür werden neben Budgetbeschränkungen auch bürokratische Hemmnisse genannt.

Und damit sind wir auf der Fährte des So-tun-als-ob-Gesetzgebers: Er erfand den „Riester-Faktor", der etwa den geförderten vier Prozent entsprach, die Arbeitnehmer und weitere Berechtigte jährlich sparen „würden". Der Gesetzgeber hat das Riester-Sparen ohne jede Obligatorik der Entscheidung der Berechtigten überlassen, und die haben den Förderrahmen nur marginal in Anspruch genommen. Damit fehlt weitgehend das private Riester-Vorsorge-Standbein: Wenn nur 40 % ein Viertel der möglichen Summe sparen, fließen in den gesamten Riester-Topf gerade einmal zehn Prozent des Volumens des vom Gesetzgeber gut gefüllten Fördertopfes.

Ohne Riester obligatorisch zu gestalten, hat der Gesetzgeber das aber als Riester-Faktor in die GRV-Formel eingerechnet, wodurch die Quote des Renteneinkommens in Prozent des aktiven Einkommens von über 60 % im Jahr 2000 auf derzeit 48 % gesunken ist: weniger staatliche Rente, nur marginaler Ersatz durch private Vorsorge. Wenn dann noch wegen der Niedrigzinsphase die Rendite von Riester-Guthaben geschmälert und das angesammelte Guthaben auf eine Lebenserwartung verteilt wird, bei der 90 % der Sparer aus heutiger Sicht schon sterben, ohne das eingezahlte Geld zurückzubekommen, dann verbreitet sich schnell die landläufige Meinung: Private AV lohne sich nicht, und schon taucht dieser Slogan in populistischen Wahlkampfsprüchen auf.

Da ohne Riester-Illusionen viele Neurentner bis etwa 2030 dann bei voller Besteuerung in Rente gehen, wird der Anteil der Neurentner zunehmen, die von der GRV allein nicht leben können. Soll zunehmende Altersarmut durch Sozialkassen aufgefangen werden?

Szenario 3: Was ist bei der privaten AV zu erwarten?
Da des Deutschen liebstes Anlageprodukt die private Kapitallebensversicherung mit etwa 90 Mio. Verträgen ist (im Vergleich zu zusammen etwa 34 Mio. Riester- und bAV-Verträgen), betrachten wir ihr Szenario stellvertretend für die private Vorsorge. Tendenzen:

- Wichtig ist für den AV-Sparer die Entwicklung des „Rentenfaktors", ein Pendant zu dem oben erwähnten Riester-Faktor, der bei Vertragsabschluss vereinbart wird und besagt, wie viel Prozent der AV-Sparer von seiner Einzahlung als Rente erwarten kann.
- Ein Beispiel (aus einem Bericht in der Süddeutschen Zeitung vom 20.07.2017): Bei einem Rentenfaktor von 44 EUR pro 10.000 EUR Einzahlung kann er bei einer Versicherungssumme von 100.000 EUR 440 EUR erwarten. Damit müsste ein 65-Jähriger 84 Jahre alt werden, um das Eingezahlte wieder ausgezahlt zu bekommen. Die lakonische Mitteilung des Versicherers, man müsse wegen der Niedrigzinsphase leider den Rentenfaktor von 44 auf 38 EUR senken, bedeutet für den AV-Sparer: Er erhält nur noch 380 EUR Privatrente aus seiner Lebensversicherung und damit etwa 14 % weniger.

• Es ist zwar einleuchtend, dass wegen niedriger Zinsen Versicherer gezwungen sein
  können, ihre in besseren Zinszeiten versprochenen Leistungen zu reduzieren, sofern
  ihre Geschäftsbedingungen das erlauben. Es bleibt aber ein „Geschmäckle": Wo kann
  der Versicherer kürzen, und was wählt er hierzu aus? Bei branchenüblichen acht Prozent Vertriebskosten zeigt die Erfahrung, dass in diesem Bereich in den letzten Jahren kaum Kürzungen erfolgt sind. So fragt sich der Sparer: Warum wird nur bei mir
  gekürzt.

GRV-Szenarien bis 2030 …

Unter der Status-quo-Annahme, ein kontinuierlicher Zufluss der Beitragseinnahmen
durch eine moderate Produktivität der Wirtschaft bei einem hohen Beschäftigungsle-
vel sei gesichert, könnten die Beiträge bis etwa 24 % der Bruttolöhne steigen und die
Renteneinkommen lassen sich noch oberhalb von etwa 45 % stabilisieren. Beide Werte
stellen ein Politikum höchsten Grades da. Deshalb hat sich die Politik mit den „Haltelinien" 22 % (Beiträge) und 43 % Rentenhöhe (vom letzten Nettoeinkommen vor Steuern und nach Sozialversicherungsbeiträgen) festgelegt. Das erfordert eine weitere
Zuzahlung (derzeit etwa 100 Mrd. EUR jährlich) aus der Staatskasse an die Rentenversicherung. Auch dieses Szenario gilt zeitlich nur begrenzt bis etwa Mitte der Zwanzigerjahre, denn: Babyboomer-Jahrgänge gehen ab diesem Zeitraum sukzessive in Rente,
demografisch schwächere Jahrgänge, die erstmalig in den Arbeitsmarkt treten, müssen
deren Renten bezahlen. Berechenbar bleibt damit der GRV-Topf unter Berücksichtigung
der beiden Haltelinien nur etwa bis 2030. Etwa ab 2045, wenn die meisten der geburtenstarken Jahrgänge den Weg alles Irdischen gegangen sind, könnte sich das System von
allein wieder stabilisieren, wenn nicht die Lebenserwartung der Babyboomer und noch
stärker die Lebenserwartung der Folgegeneration steigen. Nicht besser ist es szenario-
seitig um die private AV bestellt: Unzureichende Abschlussbereitschaft der berufstätigen
Bevölkerung einschließlich Freiberufler, niedrige Besparung, schwache Renditen aufgrund der Niedrigzinsphase – es winken kaum 55 % insgesamt aus der GRV und privater
Vorsorge. Die Lebensstandardsicherung dürfte damit für breite Bevölkerungsschichten
in Gefahr sein. Soweit das GRV-Szenario, das noch um das Private-Vorsorge-Szenario
zu ergänzen ist: Lebensversicherungsvorsorgesparer können noch von höheren Durch-
schnittsverzinsungen aus Hochzinszeiten profitieren, müssen aber mit zunehmender
Nähe zum Renteneintritt auch mit für sie ungünstigeren Rentenfaktoren rechnen. Im
Hinblick auf das verfügbare Einkommen kann das dreimal „gekniffen sein" bedeuten:
Abbröckelnde GRV voll zu besteuern, abbröckelnde private Vorsorge durch Niedrigzinsphase und hoch kalkulierte Lebenserwartung.

… und für die Zeit danach: AV 2030 plus

Da ein duales Kollabieren des gemischten AV-Systems ab 2030 nicht auszuschließen ist,
hält sich die Politik vornehm zurück. Die Aussagen der SPD bewegen sich etwa auf der
Ebene des vorstehenden Status-quo-Szenarios mit Betonung der beiden „Haltelinien",

reichen aber nicht über 2030 hinaus. Die CDU lässt es mit der allgemeinen Feststellung bewenden, man müsse halt in den Zwanzigerjahren eine Rentenkommission einsetzen, um zu neuen Perspektiven zu kommen. Die Dreimal-gekniffen-Tendenz kann weitergehen, vielleicht gibt es AV-freundliche neue Lösungen irgendwann nach 2030 (oder 2045?).

Folgerungen für stabilisierende Korsettstangen in der GRV …
Dabei liegen die Anforderungen für die langfristige Gestaltung eines AV-System in der Luft, das Bürgern auch nach 2030 solide Versorgungsperspektiven ohne Altersarmut bietet:

- Das Haltelinienkonzept für die GRV ist nur beherrschbar, wenn an allen vier Schrauben (Beitragssatz, Renteneintrittsalter, Rentenhöhe und Bundeszuschuss) gefühlvoll synchronisiert justiert wird.
- Ohne eine Verbreiterung des Aufkommens durch Einbeziehung aller Berufsgruppen und Einkommensarten wird die Relation Beitragszahler zu Rentenbeziehern zulasten der Ersteren immer ungünstiger, bis Erstere die Rentner nicht mehr tragen können.
- Wenn zwei Beitragszahler einen Rentenbezieher tragen können, folgt im Umkehrschluss: Steigt die durchschnittliche Lebenserwartung um zwei Jahre, muss das Renteneintrittsalter um ein Jahr steigen. Sonst ist das Haltelinienmodell nicht mehr praktikabel.

… ergänzt um Korsettstangen für die private Vorsorge
Wenn man das System der gemischten gesetzlichen und privaten Vorsorge beibehalten will, sind auch bei diesem stabilisierende Korsettstangen einzuziehen:

- Ohne obligatorische Privatvorsorge-Regelungen lässt sich die Verbraucherzurückhaltung nicht auflösen. Die Opting-out-Regelung das „Betriebsrentenverbesserungsgesetz" ist hierfür ein erster Schritt. Aber ein sinnvoller ohne Garantien für die Auszahlungsphase? Hier ist wieder die Risikoverlagerung in Richtung Verbraucher zu erkennen.
- Auch an einer Novellierung des Riester-Komplexes führt kein Weg vorbei: Die zukünftig etwa 16 Mio. Bestandsrentner für Riester-Produkte brauchen Vertrauensschutz. Populistisch die Riester-Rente abzuqualifizieren nützt keinem. Man muss Geburtsfehler (Verwaltungsaufwand, Berechtigte, Obligatorik, Vermeidung eines Provisionswildwuchses) beseitigen.

Schließlich ist zu fragen, ob man das System der AV-Mischfinanzierung beibehalten oder mit Blick auf gute Erfahrungen unserer Nachbarn weiterentwickeln will.

Literatur

Deutsche Rentenversicherung Bund (2017): Rentenversicherung in Zahlen, Berlin.
Oberhuber, N. (2017): Kinder, geht's uns gut!, in: Frankfurter Allgemeine Sonntagszeitung vom 16.07.2017.

Zehn Sünden der AV-Politik

„Wenn wir millionenfache Altersarmut vermeiden wollen, brauchen wir eine auskömmliche Rente auch für Niedrig-Verdiener. Aber wer wenig Lohn hat, wird nur in Deutschland dadurch doppelt gekniffen, dass er auch weniger Rente bekommt."

„Diejenigen, die die Riester-Rente brauchen, können es sich nicht leisten. Und diejenigen, die sie sich leisten können, brauchen sie oft nicht."

Zwei Schlaglichter zu den Brennpunkten GRV und privater Zusatzvorsorge über die Riester-Rente. Nimmt man dazu noch die bAV, in deren Genuss primär Arbeitnehmer in Großunternehmen kommen, hat man wichtige Probleme der AV im Brennglas: primär einkommensabhängig, lückenhaft, zu teuer für viele. Zudem droht GRV-Rentnern eine Talfahrt: von früher über 60 % des aktiven Nettoeinkommens über derzeit 48 % bis nach 2030 auf 43 %, wenn die Politik nicht gegensteuert. So kam es zu diesem tristen Ergebnis.

3.1 Zu historischen Sünden der Politik ...

Gucken Politiker genau hin, was ihre in Gesetze gegossenen Beschlüsse bewirken? Denken sie mehr an Wahlgeschenke für die nächste Bundestagswahl als am Bedarf (vgl. Ries 2016; Öchsner 2016)?

- Sünde 1: Einlullen. „Die Rente ist sicher" gaukelt den Bürgern vor, eine GRV-Rente reiche ja, man brauche nicht privat vorsorgen und könne lustig weiter konsumieren. Alarmsignal: Nach einer TNS-Umfrage im Auftrag der Metallrente präferieren viele ihren Konsum und legen weniger Gewicht auf AV.
- Sünde 2: Unverbindliche bAV-Regelungen. Es gibt in Deutschland grundsätzlich keine (wie zum Beispiel in der Schweiz) obligatorische bAV-Regelungen. Ihre Ausgestaltung erfolgt in Deutschland durch die Tarifparteien mit der Konsequenz:

© Springer Fachmedien Wiesbaden GmbH, ein Teil von Springer Nature 2018
H. Benölken und N. Bröhl, *Altersvorsorge am Scheideweg*,
https://doi.org/10.1007/978-3-658-21837-9_3

Die Beschränkung von bAV-Abschlüssen auf diese hat dazu geführt, dass die bAV an Arbeitnehmern in mittleren Betrieben weitgehend vorbeigeht. Mit der reinen Beitragszusage fallen Rentengarantiewerte weg. Dadurch fehlt eine wichtige Planungsgrundlage für die Vorsorge: Ohne Erwartungswerte für spätere Alterseinkünfte stellt sich die Frage: „Wie viel soll man sparen, um individuelle Alterssicherungsziele (zum Beispiel Lebensstandardsicherung) zu erreichen?"

- Sünde 3: Beschränkung der GRV auf Gehalt-/Lohnbezieher. Nicht einbezogen sind Einkommen aus selbstständiger Tätigkeit (Ausnahme: „Kammerberufe", teilweise Handwerker) und Einkommen aus Kapitalvermögen.
- Sünde 4: Innerhalb der Gruppe der Berufstätigen Beschränkung auf Arbeitnehmer und Verschonung von Beamten, kaum Regelungen für Selbstständige.
- Sünde 5: Riester-Kannibalisierung durch Einführung des Riester-Faktors in die GRV-Rentenformel in der Hoffnung, Arbeitnehmer würden jährliche Höchstsparsummen von vier Prozent des Vorjahres-Bruttoeinkommens aus eigenem Antrieb ausschöpfen. Die geförderte Höchstsparsumme muss sich dem gesunkenen Zinsniveau nach oben anpassen.
- Sünde 6: Nebenkosten-Befrachtungen durch hohe Provisionsbelastungen der Varianten Versicherungs- und Fonds-Riester, die einen großen Teil der Zulagen bzw. Steuervorteile auffressen. Wenn heute Politiker diesen doppelten Kannibalisierungseffekt durch zu geringes Aufkommen und Renditeverzehr mit lautstarken Sprüchen wie: „Die Riester-Rente ist gescheitert!" kommentieren, beleuchten sie nur ihre eigenen Versäumnisse.

3.2   … kommen frische Sünden der „GroKo"

- Sünde 7: Einseitige Prioritäten für bis 2029 nachrückende Rentner zulasten der langfristig Aktiven, die über 2030 und besonders über 2040 hinaus erwerbstätig sind.
- Sünde 8: Verhätscheln der angehenden Rentner durch teilweise Rückkehr zur Rente mit 63. Hier wird die einzige positive Aktivität des vergangenen Jahrzehnts (Münteferings entschlossenes Durchsetzen der sukzessiven Rente mit 67) teilweise zurückgedreht. Sinnvoll wäre gewesen: Frühverrentung von gesundheitlich belasteten Arbeitnehmern, worüber Berufsgenossenschaften aussagefähige Statistiken führen, statt auch einer Million gesunder Arbeitnehmer den vorzeitigen Ruhestand praktisch nahe zu legen
- Sünde 9: Falscher Finanzierungstopf für die Mütterrente, für die es nach Auffassung des Bundesverfassungsgerichts Gründe gibt: Gleichstellung älterer Mütter mit den Leistungen für jüngere Mütter ab 1992, aber: Es ist keine vertretbare Leistung aus dem GRV-Topf und darf diesen nicht mit sechs Milliarden Euro jährlich belasten und ihn damit im Hinblick auf das Abfedern des demografischen Wandels schwächen. Für die Finanzierung dieser Sozialleistung ist die Gesamtzahl der Steuerzahler inklusive Beamte dar.

- Drohende Sünde 10: Soziale-Wohltaten-Mentalität der politischen Parteien. Zu nennen ist hier die sich schemenhaft abzeichnende „Lebensleistungsrente" für Arbeitnehmer mit mehr als 35 Versicherungsjahren. Wie bei der Rente mit 63 droht hier eine überteuerte Pauschalregelung, anstatt Zulagen nach genauen Kriterien zu prüfen. Generell gilt: Finger weg vom GRV-Topf, dafür ist die Steuerkasse dar, wenn man das politisch will.

GRV-Politik darf nicht zur Klientelpolitik für ältere Jahrgänge zulasten jüngerer Jahrgänge geraten.

So setzt sich Franz Müntefering, Arbeits- und Sozialminister von 2005 bis 2009, in sehr kritischer Form mit der Rentenpolitik der seit 2013 amtierenden „GroKo" auseinander: „Die Rente mit 63 und die Lebensleistungsrente sind Irrwege. Die große Koalition handelt populistisch statt verantwortlich." (vgl. Müntefering 2014; vgl. auch o. V. 2016, wo sich der Autor auf ein von der DRV in Auftrag gegebenes Gutachten an den Potsdamer Wirtschaftsforscher Bruno Kaltenborn bezieht).

Wenn Noch-Volksparteien große Bevölkerungsgruppen nicht mehr erreichen, ist das neben dem Flüchtlingsthema auch Ergebnis von Enttäuschungen über eine wenig nachvollziehbare AV- und auch Gesundheitspolitik. Wer sich hier unfair behandelt fühlt, flüchtet zur Partei der Nichtwähler oder vielfarbigen Protestwähler-Anbietern.

Dieser populistische Trend für (angehende) Bestandsrentner setzt sich fort (vgl. Mohr und Pennekamp 2018).

3.3 Warum die Politik sich wegduckt

AV-Killer Abgabenlast für Sozialversicherungen

Deutschland gilt im internationalen Vergleich als Land mit hoher Abgabenlast. Das gilt nicht primär für direkte Steuern, dessen moderate Progression niedrige Einkommensklassen verschont. Es gilt aber für indirekte Steuern wie die Umsatzsteuer und Verbrauchsteuern, die unterschiedslos alle Einkommensschichten belasten. Es gilt für die Belastung durch die Kranken- und damit durch die korrespondierende gesetzliche Pflegeversicherung: Zusatzbeiträge gehen ausschließlich zulasten von Arbeitnehmern, während Arbeitgeberanteile davon verschont bleiben. Für die AV von Menschen mit mittlerem Einkommen ergibt sich daraus: Je mehr sie mit gesetzlichen Abgaben belastet werden, umso weniger verbleibt ihnen für die AV in der zweiten und dritten Vorsorgeschicht. Politische Initiativen zur Entlastung sind kaum vorhanden.

Es fehlt in Deutschland eine ganzheitliche AV-Strategie als geschlossenes System zur gesetzlichen, betrieblichen und privaten AV, wie es die Schweiz praktiziert. Nach Einführung der umlagefinanzierten GRV im Jahr 1957 kam zwar die bAV hinzu, aber ohne obligatorische Regelungen. Damit blieb das ein Instrument für Tarifverhandlungen wie zusätzliche Urlaubstage und ging am gewerkschaftlich wenig organisierten Mittelstand weitgehend vorbei. Auch ein geschlossenes Privatvorsorgesystem ist kaum erkennbar.

Hier mal ein bisschen Geldvermögensförderung, dort Versuche einer Vermögensbildung in Arbeitnehmerhand, dazu Bausparförderung; mehr staatlich geförderte Konsumfinanzierung als geförderte AV. Das Tempeldach „Auskömmliche AV für alle" ruht auf drei instabilen Säulen.

AV in Deutschland: Spielwiese für Interessengruppen und staatlicher Verschiebebahnhof

- Beispiel GRV: Nach Kassenlage werden daraus auch GRV-fremde Leistungen finanziert. Im Gefolge der Wiedervereinigung und der Integration zugezogener deutschstämmiger Minderheiten aus Osteuropa, Finanzierung der Mütterrente für alle berechtigten Mütter aus der GRV, auch Mütterrente für nicht einzahlende weibliche Beamte und Selbstständige und Ehefrauen von Beamten und Selbstständigen.
- Beispiel bAV: Seit 2004 werden Betriebsrentner, deren Einzahlungen über die Arbeitgeber erfolgen, mit der vollständigen Kranken- und Pflegeversicherung (Arbeitgeber- und Arbeitnehmeranteil) belastet, während GRV-Rentner nur die Arbeitnehmeranteile und Zusatzkosten bezahlen. Logik ist kaum erkennbar, aber den Krankenkassen fehlte Geld: Die Politik bediente sich bei den nicht als Lobby organisierten Betriebsrentnern.
- Beispiel dritte Schicht: Für VL- (=vermögenswirksame Leistungen) und Bausparen, Vermögensbildung in Arbeitnehmerhand gab es kaum langfristige Perspektiven. Weil das für Vermögensbildung und AV wenig gebracht habe, ließ man es auslaufen.
- Selbstständige, Beamte, Bezieher von Kapitaleinkommen haben sich bisher erfolgreich gegen eine Einbeziehung in die GRV gewehrt. Das gilt auch für die Beibehaltung einer niedrigen Beitragsbemessungsgrenze und damit der Arbeitgeberanteile.
- Zum Ausgleich GRV-fremder Belastungen fordern primär Arbeitnehmervereinigungen einen Ausgleich für die GRV durch staatliche Zuschüsse: Spirale ohne Ende?

… und drängt Politiker in eine argumentative Defensive
Aktuelle Aussagen zur GRV: Alle beschwören die „Haltelinien" zur Beitragshöhe (maximal 22 %) und zum Rentenniveau (nicht unter 48 % bis 2025 bzw. 43 % bis 2030), aber bei unverändertem Renteneintrittsalter von 67 Jahren bis 2029 und dann auf „ewig". Diese Folgerung lässt außer Acht, dass die zusätzliche Lebenserwartung nach sozialen Gruppen zu differenzieren ist und lebenszeitverkürzende Faktoren (neben Schicht- und sonstiger harter Arbeit auch größere Anfälligkeit für Krankheiten bis zum früheren Tod bei ärmeren im Vergleich zu wohlhabenderen Bevölkerungskreisen) zu berücksichtigen sind. Statt sich einer differenzierten Diskussion zu stellen, wird die „Rente mit 67" als Lösung auf ewig beschworen.

So muss jeder seines eigenen AV-Glückes Schmied sein
Es gibt gute Rentenberater, sei es im Auftrag der DRV oder freiberuflich Tätige. Aber sind sie auch gute AV-Berater, die das Wechselspiel zwischen den drei Schichten zum

bedarfsgerechten Nutzen des Bürgers beherrschen? Die zweite Schicht im Bereich bAV funktioniert primär nach dem Prinzip der Betriebszugehörigkeit ohne Rückkoppelung zur ersten oder dritten Schicht. Letztere funktioniert primär provisionsgetrieben und trifft dabei manchmal den Bedarf der Bürger. Dieser muss sich den Weg durch den AV-Urwald selbst bahnen. Aber wie soll das gehen, bei möglicherweise unzureichender finanzieller Allgemeinbildung und fehlenden Erwartungswerten zum Gesamtversorgungsniveau (GVN) im Alter? Die Probleme fangen bereits damit an, realitätsnahe AV-Entscheidungen zu treffen. Die Entscheidungsproblematik in der AV ist schematisch in Abb. 3.1 dargestellt.

Systemvorbestimmte Zunahme von Altersarmut
Das Zusammenwirken von teils zweckentfremdeter GRV, lückenhafter bAV und dritter Schicht mit Käse-Löcher-Charakter. Das ist kein Schutzschild gegen Altersarmut. Niedrigverdiener beziehen eine noch niedrigere Rente, arbeiten vielfach in einem Betrieb ohne ein umfassendes bAV-Konzept, haben kaum Geld für private Vorsorge in der zweiten Schicht, vielleicht nur ein Mini-Riester, um die Zulagen zu kassieren. Mit diesem Konglomerat werden sie Aufstocker bis zur Grundsicherung und erleben dann, wie ihnen auch noch geringe Ersparnisse auf die Grundsicherung angerechnet werden. Wie können Bürger zwischen Normal- und Niedrigverdienst in diesem System Altersarmut vermeiden?

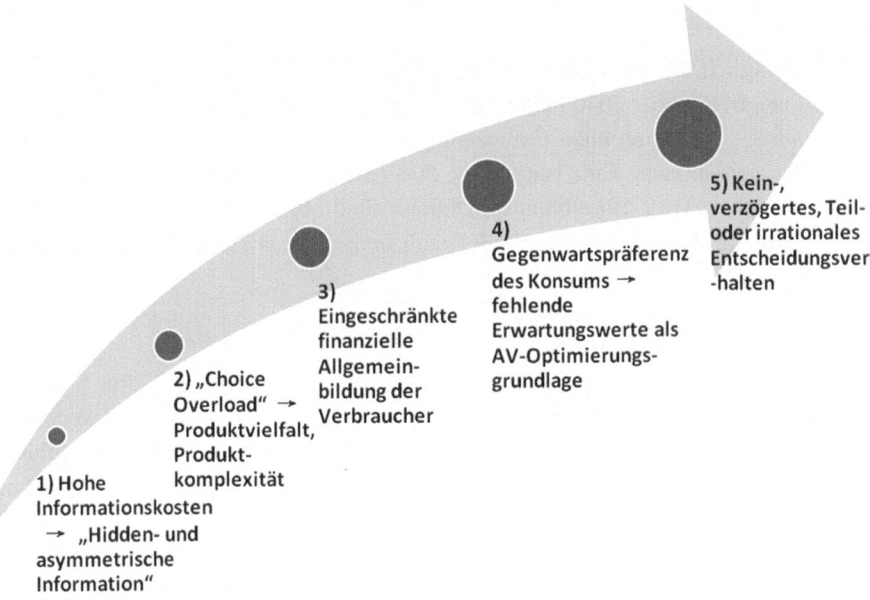

Abb. 3.1 AV-Entscheidungsmodell. (Quelle: eigene Darstellung)

Das wünschen sich die GRV-Versicherten

Zu den drei GRV-Stellschrauben Beitragshöhe, Renteneintrittsalter und Rentenniveau ist es hilfreich, sich auch die Meinung der GRV-Versicherten anzuhören. Am wenigsten Zustimmung findet derzeit nach einer Leser-Umfrage der Funke-Medien-Gruppe im September 2017 die Aussicht auf eine wesentliche Erhöhung des Renteneintrittsalters wie „Rente mit 70". Stimmen: „Soll ich dann mit dem Rollator oder Defibrillator zum Arbeitsplatz kommen?" – „Das können viele Menschen in Berufen wie Pflegedienst gar nicht mehr leisten." Beflissen neben Politiker – „Rente mit 70 mit mir nicht!" – das auf.

In ihren Einschätzungen orientieren sich Bürger an den Ist-Bildern und nehmen nicht zur Kenntnis, dass nicht nur die Lebenserwartungen gestiegen sind, sondern dass die Menschen auch immer gesünder altern. So ermittelte auf der Basis einer Langzeitstudie von über zehn Jahren bei drei Millionen Krankenversicherten die Medizinische Hochschule Hannover: Schlaganfälle, Lungenkrebs treten sukzessive in höherem Lebensalter auf, Multimorbidität im Alter ab etwa 60 nehme ab bzw. sei medikamentös immer besser beherrschbar. Das Herzinfarktrisiko habe sich bei über 60-Jährigen um ein Fünftel reduziert.

Hoffnungsvoll: GRV-Versicherte haben trotz „interessengeleiteter Miesmacherei der GRV" (DGB-Vorstand) ein hohes Vertrauen in die GRV und sind deshalb auch bereit, höhere Beiträge für mehr Rente zu akzeptieren, wie eine Forsa-Umfrage im Auftrag des DGB ergab. 64 % aller Befragten, sogar 79 % der 18- bis 29-Jährigen erklärten sich bereit, ein Prozent vom Bruttolohn mehr in die GRV bis 2030 einzuzahlen, wenn damit die GRV stabilisiert werden könne. Bemerkenswert: Die Befragten sehen im Gegensatz zu den Aussagen der politischen Parteien bereits vor 2030 erheblichen Gestaltungsbedarf für die GRV.

Es ist fraglich, ob das GRV-System durch höhere Beiträge mehr als nur kurzfristig, nämlich langfristig über 2040 hinaus (die heute 30-Jährigen gehen nach 2050 in Rente!) angesichts der demografischen Entwicklung (weniger Einzahler, mehr Rentenbezieher) stabilisiert werden kann. Eine langfristige 50-Prozent-Rentenhöhe ist ohne eine Verbreiterung der in die GRV Einzahlungspflichtigen (und ohne exorbitante Steuerzuschüsse) nicht erreichbar. Beispiel Schweiz: Jeder zahlt in die „Gesetzliche" ohne Beitragsbemessungsgrenze ein.

Fazit: Multi-Patchwork-System

Was droht dem Tempel-Dach „Auskömmliche AV für alle", das auf drei Säulen ruht, die durch unzureichende Stabilisierungsmaßnahmen gegen Erosion der Verwitterung preisgegeben sind und noch zusätzliche Einschusslöcher durch Lobbyisten-Einflussnahmen (Beispiel: blockierte Obligatorik der Riester-Rente) aufweisen? Bei zunehmend patchworkartigen Säulen kann das Dach einstürzen.

GRV-Patchwork: Gemessen an der Zahl derjenigen, die im Rentenalter GRV-Leistungen oder Grundsicherung (erwartet man nach heutigen Rahmenbedingungen für viele Solo-Selbstständige) beziehen werden, ist die Gruppe der Einzahlungspflichtigen zu schmal.

bAV-Patchwok: Die zweite Säule bAV ist ohne Abschlusspflicht bezogen auf die Gesamtzahl der Sozialversicherungspflichtigen (etwa 30 Mio. Bürger) lückenhaft: Mit nur 17 Mio. bAV-Verträgen hat nur etwas mehr als jeder zweite einen bAV-Vertrag, und die bestehenden Verträge wurden vielfach nicht mit vier Prozent des Bruttoeinkommens, wie vom Gesetzgeber unterstellt, sondern nur mit geringeren bis zu Mini-Beiträgen bedient.

Riester-Patchwork: Wenn der Gesetzgeber hierfür vier Prozent der Bruttoeinkommen veranschlagt und das durch ein geringeres Ansteigen der GRV durch Einrechnung des sogenannten Riester-Faktors berücksichtigt, ergibt sich Folgendes: Bei Nichtinanspruchnahme von Riester-Produkten oder nur Mini-Einzahlungen entwertet sich der GRV-Anspruch um den kumulierten Riester-Faktor: So kommen wir von ursprünglich fast 60 % des aktiven Einkommens in den Neunzigerjahren auf heute 48 % mit weiterer Rutschbahn-Gefahr. Es war ein Versäumnis, „Riester" nicht obligatorisch mit engen Opting-out-Regelungen zu gestalten. Wie man vernimmt, konnte sich die Politik gegen Lobby-Abwehrmaßnahmen nicht durchsetzen.

Das Drei-Schichten-Patchwork-System greift nicht zur Abwehr von Altersarmut.

3.4 Gebot: Nachvollziehbare AV-Ausgestaltung

Das fordern alle Altersgruppen von Berufseinsteigern bis zu Rentenbeziehern. Leitlinien:

- GRV-Einzahler erwarten Beitragsstabilität, Rentenbezieher Stabilität ihrer Bezüge.
- Nachrückende Rentnerjahrgänge wünschen heute primär Flexibilität: „Malocher" wollen tendenziell früher und ohne Abschläge in Rente gehen können, wenn sie das individuell bzw. ihre Berufsgruppe das rechtfertigen. Dem stehen viele Rentner gegenüber, die weitere Tätigkeit als Gnade betrachten müssen, um so ihre Rentenkasse aufbessern zu können.

Wege zur GRV-Stärkung
Diese müssen sich stärker an dem Prinzip der Leistungskongruenz orientieren: Die Höhe der Einzahlungen in der aktiven Berufsphase bestimmt derzeit die Höhe der Rentenbezüge. Das beginnt mit einer Absage an weitere GRV-fremde Belastungen. Sodann sind marktkonforme Chancen einer Einnahmeverbesserung für die GRV zu prüfen. Ansatzpunkte:

- Umgehende Umfinanzierung der Mütterrente aus Steuergeldern. Am Generationenvertrag partizipieren alle in Deutschland. Von daher ist es intergenerational gerecht, wenn sich die Gemeinschaft an dessen Finanzierung beteiligt.
- Angebot einer freiwilligen und versicherungsfähigen Weiterarbeit über die Regelaltersgrenze von 65 Jahren plus fünf Monate (im Jahr 2017) hinaus, ohne dies von

der Zustimmung des Arbeitgebers abhängig machen zu müssen: Warum nicht, wie in Norwegen, den Renteneintritt im Korridor von 62 bis 75 Jahren frei wählen lassen?

- Einbezug weiterer Einkommensarten in die GRV: Erträge aus Immobilien- und Kapitalvermögen. Man kann Untergrenzen festlegen, um kleine Vermögen nicht zu belasten.
- Einbeziehen von Selbstständigen. Diese Gruppe ist sehr heterogen: Gutverdiener, zum Teil in Kammerberufen mit ausreichender Basisversorgung, Handwerker mit bis zu 15-jähriger Versicherungspflicht. Altersarmut droht Millionen Solo-Selbstständigen, oft mit Einkommen unter 50.000 EUR. Überlässt man ihnen die Entscheidung über ihre AV, geht die Gesellschaft das Risiko ein, dass sie in Altersarmut geraten und die Sozialkassen für Aufstockungen und Krankenversicherungen belasten. Hier geht es nicht ohne eine Versicherungspflicht, vergleichbar dem Handwerker-Modell.
- Einbezug der Beamten in die GRV mit der gleichen Anspruchsgrundlage wie die GRV-Versicherten: Gerechtigkeit gegenüber der Gesellschaft. Welche politisch relevante Gruppierung zeigt den Mut, die Diskussion zu eröffnen?
- Die GRV würde sich so zur Erwerbstätigenversicherung für alle entwickeln.

Private AV vom Aschenputtel-Dasein befreien

Auch in der Niedrigzinsphase bleibt private AV ein „Muss": Wer in Edelkonsum und/oder Betongold flüchtet, bis er durch regionale Immobilienblasen und höhere Zinsen in fünf bis 15 Jahren erwischt wird, kauft sich damit Altersarmut ein. Es ist besser, auch bei niedrigen Zinsen zu sparen und je nach Vorsorgeart Steuervorteile und Zulagen zu nutzen als vermögenslos zu bleiben. Bei Versicherungsvarianten ist zu beachten: Bei kalkulierter höherer Lebenserwartung kann bei gleicher Prämie die monatliche Rente niedriger ausfallen.

Die Merkpunkte im Einzelnen:

- Die bAV sollte für alle Branchen durch zusätzliche staatliche Zulagen (ähnlich der Riester-Rente-und verbindliche tarifliche Arbeitgeberzulagen) attraktiver und damit verbindlich werden.
- Die Riester-Förderung ist verbraucherfreundlicher zu gestalten, indem Ersparnisse der Bürger und Zulagen nicht durch überzogene Verwaltungs-und Provisionsbelastungen für Vermittler absorbiert werden. Statt Erreichen einer Break-even-Ertragsschwelle aus Riester-Verträgen im Methusalem-Alter von etwa 90 plus ist diese bereits analog zur GRV spätestens 17 Jahre nach Renteneintritt bzw. Bezug einer Riester-Rente zu sichern, wenn nötig mit staatlichen Garantien. Zudem müssen Versicherer Sterblichkeitsgewinne dem Versicherungskollektiv (statt Anteilseignern) wieder gutschreiben, weil die tatsächliche Lebenserwartung geringer ist als die von Lebensversicherern kalkulierte.
- Im Nullzins-Zeitalter gilt: Steuervorteile und ersparte Sozialabgaben durch Entgeltumwandlungen bei der bAV und Zulagen oder Wahrnehmung von Steuervorteilen bei

der Riester-Rente bringen noch mehr Rendite als Kontensparen und Staatsanleihen, sofern diese Renditen nicht durch hohe Provisionsbelastungen aufgezehrt werden.

Wenn die Politik nicht mehr weiter weiß – beruft sie eine Renten-Kommission

Kann man von der Politik noch erwarten, dass sie in diesem Jahrzehnt den Kurs auf eine gerechte und effiziente AV bei GRV und privater Vorsorge neu justiert und nicht nur auf Langzeit-Kommissionen verweist? Gemäß Parteiprogrammen rechnen SPD und CDU vorsichtshalber nur bis 2030 und verweisen auf eine Kommission, die paritätisch mit den gesellschaftlichen Gruppen besetzt werden soll. Hier ist Misstrauen angesagt, denn das Ergebnis droht weniger sachbezogen, sondern interessengruppengeprägt zu werden. Gründe für dieses Misstrauen: Die Interessenlagen der Babyboomer-Nachfolge-generation, zum Beispiel vertreten durch die gesellschaftliche Gruppe Arbeitnehmerver-tretungen, sind bestandsorientiert. Arbeitgeberorientierte Interessen können den Aspekt Aufwandsbegrenzung im Fokus haben. Wer vertritt Interessen der jüngeren Generation bis 35, die erst nach 2050 in Rente gehen und mindestens keine Schlechterstellung als die Babyboomer erwarten, die bis etwa 2030 in Rente gehen? Wer übernimmt den Vor-sorgepart gegen Altersarmut? Soll das durch Einbinden von kirchlichen und karitativen Institutionen erreicht werden?

Damit die bereits aktuell bevorzugten angehenden Bestandsrentner der nächsten 15 bis 20 Jahre nicht per Kommission einseitig zulasten der jüngeren Jahrgänge und eher einkommensschwachen Gruppen bevorzugt werden, braucht eine solche Renten-kommission ein ihr vorgegebenes Leitbild, das alle Gruppen von Berufs- und damit GRV-Einsteigern bis zu angehenden Rentenbeziehern auf adäquatem wissenschaftlichen Niveau einbindet.

Literatur

Mohr, D. und Pennekamp, J. (2018): Politik für die Alten, in: Frankfurter Allgemeine Zeitung vom 10.02.2018.

Müntefering, F. (2014): Das ist ignorant!, in: Cicero, Nr. 3/2014.

Öchsner, T. (2016): Mut zur Lücke, in: Süddeutsche Zeitung vom 22.04.2016.

O. V. (2016): Rentenversicherung hält Koalitionspläne für Unfug. In: Frankfurter Allgemeine Zei-tung, vom 16.07.2016.

Ries, T. (2016): Die sieben Sünden der Rentenpolitik, in: Westfaltenpost vom 20.05.2016.

Wer bekommt wie viel/wie wenig Rente im Vergleich zum letzten Einkommen? Die Basis ist die Netto-Ersatzquote (NE), das Verhältnis des Netto-Rentenanspruchs zum Netto-Arbeitsentgelt vor Renteneintritt in 18 EU-Ländern. Zwar haben nur 27 % der EU-Bürger eine private AV, aber das ist nur dann bedenklich, wenn die GRV (wie in Deutschland) nicht für einen auskömmlichen Versorgungsstatus im Rentenalter ausreicht. Bei den folgenden Vergleichen nehmen wir an, dass die jeweils nationale Kaufkraft (innerhalb der der Industrieländer in der EU eine vertretbare Annahme) zu den regionalen AV-Gegebenheiten passt.

Die Ergebnisse eines Vergleichs aus der Welt am Sonntag vom 2. Juli 2017 (vgl. Stocker 2017) zeigen drei Gruppen:

- Sieben Länder mit einer NE von 80 % und mehr: In den Niederlanden mit 95 %, Österreich, Ungarn, Spanien, Portugal, Luxemburg (alle bei jeweils 90 %) und Italien (80 %) können Senioren von ihrer Rente auskömmlich leben. Ergänzende private Vorsorge ist in diesen Ländern im System nicht vorgesehen bzw. Eigeninitiativen überlassen.
- Es folgen sechs Länder mit einer NE von 70 bis 60 %: Frankreich, Dänemark, Finnland, Schweden, Belgien und Estland. Auch diese Länder setzen (Ausnahme: Belgien) ausschließlich auf die gesetzliche Rente, die den Bürgern noch eine NE von 70 % bringt.
- Das Schluss-Quintett bilden die Länder Griechenland, Polen (beide noch über 50 %), Deutschland (48,6 %), Irland (42 %) und Großbritannien (38 %). Deutsche erreichen auch mit privater Vorsorge in der Regel nur ein NE von 65 %, also unterhalb des GVN.

© Springer Fachmedien Wiesbaden GmbH, ein Teil von Springer Nature 2018
H. Benölken und N. Bröhl, *Altersvorsorge am Scheideweg,*
https://doi.org/10.1007/978-3-658-21837-9_4

- Der Durchschnitt der einbezogenen 18 EU-Länder liegt bei 70 % (gesetzlich) bzw.
  73 % (inklusive privater Vorsorge) klar vor Deutschland mit zusammen 67 %:
  Damit ist Deutschland neben den Schwellenländern Polen und Griechenland ein
  EU-Schlusslicht in der AV!

Das Lehrstück für Deutschland: Die GRV oberhalb einer NE von 50 % stabilisieren (das ist beileibe keine primäre „linke" Forderung, sondern ein Gebot der Menschenachtung und -würde) und private Vorsorge bei Riester und bAV mit engen
Opting-out-Regeln obligatorisch machen. So können 70 bis 75 % NE zusammenkommen, und damit ist Deutschland noch nicht unter den ersten sechs Ländern, also noch
nicht in der Euro-League (wie bei Sportwettbewerben) und noch zehn NE-Punkte von
Champions-League-Plätzen entfernt: Es ist einer führenden Wirtschaftsnation unwürdig, wenn Deutschland als Export- und Beschäftigungsweltmeister zugleich auch
Altersarmut-Europameister wird!.
        Hinweis: Nicht enthalten ist das Nicht-EU-Land Schweiz.

Literatur

Stocker, F. (2017): Wer bekommt wie wenig Rente im Vergleich zum letzten Lohn?, in: Welt am
        Sonntag vom 02.07.2017.

AV ist Basis des Wohlbefindens im Alter

Primär Bestandsrentner-Verwöhnung bei veränderten Rahmenbedingungen
Einige veränderte Rahmenbedingungen haben wir schon angesprochen: die Niedrigzinsphase, die Renditeträume für AV-Produkte platzen lässt; die länger werdenden Schatten des demografischen Wandels; kaum erkennbare langfristige Ansätze der Politik über Wohltaten für Bestandsrentner und den nächsten Wahltag hinaus. Denkt man an Bürger, die nach 2030 in Rente gehen und sich bei eher düsteren GRV-Aussichten im Rahmen seines langen und vielleicht noch längeren Berufslebens eine private AV aufbauen müssen? Welche Gruppe versteht es, großen politischen Druck auszuüben? Beitragszahler oder Rentner? Letztere steigen von 20 Mio. auf bis zu 27 Mio. ab 2030 und artikulieren sich gut organisiert, während Beitragszahler keine Lobby zu haben scheinen.

Systemwechsel nach internationalen Vorbildern anstreben
In den Versorgungssystemen anderer Länder finden wir folgende Gestaltungsmuster vor:

- Versorgungssysteme mit obligatorischer gesetzlicher Rente für alle Berufsgruppen und Einkommensartenbezieher, von der Bürger im Alter gut leben können.
- Versorgungssysteme mit einer Kombination von staatlicher Grundsicherung und privater Vorsorge, wobei letztere obligatorisch ist, wie zum Beispiel in der Schweiz. Hier sind Bürger sozusagen von Amts wegen stärker gegen Altersarmut geschützt.
- Dann schauen wir auf Deutschland: GRV nur für Angestellte, nicht für Beamte und Selbstständige, auf relativ niedrigem Niveau im internationalen Vergleich, ergänzt um fakultative private Vorsorge. Hier liegt das deutsche Problem: Bei unzureichender Nutzung der Möglichkeiten der geförderten privaten Vorsorge droht Altersarmut.

© Springer Fachmedien Wiesbaden GmbH, ein Teil von Springer Nature 2018
H. Benölken und N. Bröhl, *Altersvorsorge am Scheideweg*,
https://doi.org/10.1007/978-3-658-21837-9_5

Deutschland: Systemwechsel von primärer GRV zu GRV mit privater Beliebigkeit
Mit Inkrafttreten des Alterseinkünftegesetzes (AEG) im Jahr 2002 hat Deutschland
einen Systemwechsel eingeleitet, der sich für die AV-Nutzer zu einem zweischnei-
digen Schwert entwickelt hat. Nach jahrzehntelanger Diskussion und politischen
Beschwichtigungsaktionen („Die Rente ist sicher!") hat der Staat die Weichen für diesen Systemwechsel eingestellt: Einfrieren der GRV, Lückenschluss durch steuer- oder
zulagenbegünstigte private Vorsorge, aber: Deren Nutzung blieb ins Belieben der Bürger
gestellt. Private Vorsorgewege sollten frühere Geldvermögensformen ablösen, die sich
mehr als Konsumsparen als für AV geeignet erwiesen haben. Sie haben die Menschen
nicht dem Ziel einer stärkeren Bedeutung der eigenverantwortlichen Vorsorge näher-
gebracht. Die seit 2001 bestehenden Vorsorgeformen wie Riester-Produkte und weiter-
entwickelte Möglichkeiten der bAV leisteten für mehr eigenverantwortliche AV auch
aufgrund der hohen Mitnahmeeffekte für viele nur einen eingeschränkten Beitrag – weil
sie nicht obligatorisch waren: Es galt als Ausdruck der Freiheit des Bürgers, private AV
zu wählen – oder Gegenwartskonsum zu pflegen.

Letzteres wird ihm bei Riester-Produkten leicht gemacht: Wie bei allen Formen der
bisherigen Geldvermögensbildung fließt über die Steuerrückerstattung der Beiträge (falls
sich diese über die gezahlten Zulagen hinaus noch ergibt) das „eigentlich" für AV anzu-
legende Geldkapital wieder zu. So kann er entscheiden, ob er lieber konsumiert oder die
Steuerrückerstattung für seine AV spart. Das Ergebnis sind viele untertarifierte Riester-Verträge, geprägt von Mitnahmeeffekten. Bei der Entscheidung über Ausschöpfen der
AV-Anlage oder Konsum scheint bei vielen Bürgern Letzteres im Vordergrund zu stehen:
Was kann man sich für die Beträge, deren Nutzen man erst nach Jahrzehnten über eine
verbesserte AV erfährt, heute schon an erstrebten Konsumgütern leisten?

Nur bei der bAV behalten Arbeitgeber die Beiträge bei der Gehaltsabrechnung ein
und überweisen sie ans jeweilige Versorgungswerk. Arbeitnehmer sehen dieses Geld
nicht auf dem Konto, nur in der Gehaltsabrechnung und dem Jahreskontoauszug des Ver-
sorgungswerkes.

bAV-Vorsorgeanlagen sind also vom Prozessstandpunkt positiv zu beurteilen, nur
ihre Pflichtgemäßheit und Höhe sind unzureichend. Bei Riester-Anlagen kommt zu
dem für Arbeitnehmer verführerischen Prozessweg noch ein für die Wertsteigerung
wenig förderliches Anbieterverhalten hinzu: als zu hoch empfundene Kosten einiger
Produktgeber, sodass von den Zulagen zu wenig übrig blieb. Kommen noch unzureichende Renditen durch das niedrige Zinsniveau hinzu, wird schon Werterhaltung von
Riester-Anlagen schwierig. Das führt manchen Politiker zu vorschnellen „Riester ist
gescheitert"-Sprüchen.

Bürger brauchen Bewusstseinswechsel zum Gesamtversorgungsniveau (GNV)
Das GVN (Begriff aus dem Alterssicherungsbericht der Bundesregierung) liegt bei 75
bis 80 % des aktiven Einkommens als Summe von GRV und geförderter AV und hängt
neben dem individuellen Anspruchsniveau an die Lebensstandardsicherung (so weiter-
leben wie vor dem Renteneintritt) auch vom notwendigen finanziellen Spielraum ab, um

sich „Gesundheit" leisten zu können. Bei Leistungen von Krankenkassen und Kranken-versicherungen sind in den nächsten Jahrzehnten große Einschnitte zu erwarten. Wie können Bürger das notwendige GVN erreichen, um im Leben und beim Vermögensauf-bau auf wenig verzichten zu müssen?

AV-Bedarf im Mittelpunkt – Anbieter haben zu leisten
Der Bürger als AV-Bedürftiger will im Seniorenalter bei steigender Lebenserwartung ohne Furcht vor Altersarmut seinen Ruhestand genießen. Politiker, dem Gemeinwohl verpflichtet, müssen sich die Brille der Bürger aufsetzen, Anbieter „ganzheitlicher" AV-Beratung müssen sich in die Bedarfssituation ihrer Kunden versetzen und Produkte bedarfsgerecht anbieten, bei denen Kunden inklusiver staatlicher Förderung eine faire Nettoverzinsung erzielen (vgl. Abb. 5.1).

AV ist Absicherung fürs Alter und nicht mit Spekulation zu verwechseln. Verluste können der Einstieg in Altersarmut sein: Eintrittskarte für gemeinnützige Altersheime, in denen man auch das Gegenteil von selbst bestimmtem auskömmlichen Seniorendasein erleben kann. AV-Sparen ist ein Sparvorgang mit dem Ziel, den Endwert des Sparvermö-gens zu maximieren. Dazu braucht der Bürger hohe Transparenz im AV-Dschungel.

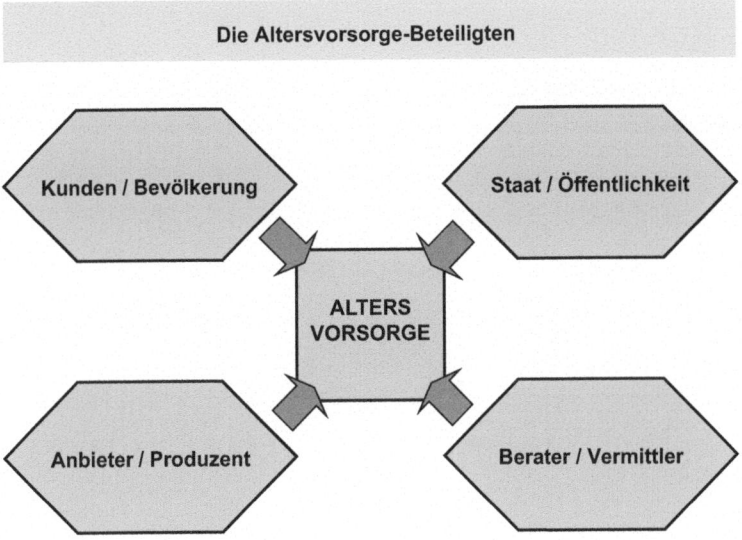

Abb. 5.1 Altersvorsorge-Beteiligte. (Quelle: eigene Darstellung)

Nach dem Einstiegsszenario zur Situation der AV im Teil I beleuchten wir im Teil II typische Lebenssituationen und Bedarfsprofile von AV-Zielgruppen im Hinblick auf das erstrebenswerte GVN. Das macht auch den politischen Handlungsbedarf transparent.

Diese AV-Zielgruppen sehen wir vom Bedarf, seien sie GRV-Versicherte oder auch nicht. Wir schlüsseln diesen Bedarf über insgesamt acht Rentenfragen auf, wobei es in der Natur der Sache liegt, dass dabei mehr die kritischen Aspekte der Bedarfszielgruppen nach vorn rücken. Das leitet über in eine differenzierte Altersarmut-Betrachtung, aufgehellt durch einige positive Aspekte.

Es folgt eine differenzierte Betrachtung des GVN von Rentnern, das sich in Prozent des aktiven Einkommens vor Renteneintritt (je nach individuellen Ansprüchen und Gesundheitszustand) bemisst und die Basis für einen AV-Genuss bei Wahrung des Lebensstandards bietet.

AV ist nach dem heutigen AV-System in Deutschland nicht für alle gleich, sondern berufsständisch differenziert. Deshalb betrachten wir differenziert die Bereiche Arbeitnehmer- (in diesem Rahmen speziell auch von Angehörigen des Öffentlichen Dienstes) und Selbstständigen-Vorsorge und die AV von Frauen, die immer noch „nachhinkt".

Breite Aufmerksamkeit findet derzeit in den Medien die Einschätzung von Experten, dass vor allem ab 2030, wenn die GRV-Einnahmen nach dem Renteneintritt der Babyboomer sinken, Altersarmut dramatisch zunehmen könnte. Das beleuchten wir zum Einstieg.

(Hiobs-)Botschaften für einzelne Zielgruppen

Für Menschen können „Botschaften" gut oder schlecht sein. Letztere nennt man im Volksmund auch „Hiobs-Botschaften" nach dem biblischen Propheten Hiob zur Zeit der babylonischen Gefangenschaft des israelischen Volkes. Hiobsbotschaften kann es für AV-Bedürftige geben, wenn die AV nicht für die Existenzsicherung und Beibehaltung eines auskömmlichen Lebensstandards im Alter ausreicht.

Der AV-Bedarf unterscheidet sich erheblich nach zielgruppenspezifischen Rahmenbedingungen. Hiobsbotschaften gibt es im Rahmen des internationalen Vergleichs primär in Deutschland, weniger in anderen Ländern. Die Begründung: In Deutschland ist die GRV in besonders hohem Maße an die Einkommensverhältnisse während der aktiven Zeit gekoppelt, wobei nicht alle, sondern nur „Arbeitnehmer" in die GRV einzahlen. Damit sind AV-Empfänger in Deutschland im internationalen Vergleich überproportional zur immer weiter um sich greifenden Altersarmut prädestiniert; im Vergleich zu Ländern, die über eine Grundversorgung verfügen, die für die Existenzsicherung ausreicht.

Mit einem Seniorendasein als Pensionär oder Rentner verbinden Bürger im Erwerbsalter mehr Zeit für Hobbies, Garten, Langzeiturlaub und andere schöne Dinge. Aber: Man muss es sich leisten, also finanzieren können. Das setzt auch eine gesundheitlich gute Verfassung voraus, ohne die sich ein ersparter Lebensstandard im Alter relativiert.

6.1 Rentenfrage 1: Bricht die Alterspyramide ein?

„Kinder kriegen die Leute sowieso." Das würde Konrad Adenauer angesichts der Entwicklung der Alterspyramide vom Tannenbaum mit einer breiten Basis an jungen Menschen und einer sich zur Spitze verjüngenden Anzahl Älterer zur Urne mit einem Großteil an Alten und nur wenig jungen Menschen als „mein dummes Geschwätz von gestern" abtun.

© Springer Fachmedien Wiesbaden GmbH, ein Teil von Springer Nature 2018
H. Benölken und N. Bröhl, *Altersvorsorge am Scheideweg,*
https://doi.org/10.1007/978-3-658-21837-9_6

Ein Grund für die demografische Entwicklung hin zu einer älteren deutschen Bevölkerung liegt in der seit Jahrzehnten niedrigen Geburtenrate. Ob es in Zukunft in der Mischung deutschstämmiger Bevölkerung und Migranten genug potenzielle Mütter gibt, um diese Entwicklung wieder umzukehren, kann man nur hoffen, auch wenn der Bevölkerungsrückgang auf heute 82 Mio. weniger drastisch ausfällt, als bis 2015 berechnet.

Die Bevölkerungsentwicklung wird auf den Kopf gestellt (vgl. Abb. 6.1). Der Anteil der mittleren Jahrgänge steigt nicht nur absolut, sondern verschiebt sich auch immer weiter nach oben. Die Anzahl der Neugeborenen hat sich seit den Babyboom-Zeiten in den Sechziger- und Siebzigerjahren nahezu halbiert. Die Kinderquote pro Elternpaar steigt zwar seit 2015 wieder etwas von 1,3 auf 1,5 an, aber es ist noch zu früh, um von einem nachhaltigen Effekt für die Alterspyramide zu sprechen. Man prognostiziert eine Zunahme der über 65-Jährigen und damit der beruflich nicht mehr aktiven Jahrgänge von knapp 20 % im Jahr 2000 auf deutlich über ein Drittel der Bevölkerung im Jahr 2040 zulasten der beruflich aktiven Jahrgänge. Durch Zuwanderung kann die Altersstrukturverschiebung nicht aufgehalten, sondern lediglich abgemildert werden. Ferner schätzt man den Anteil von Frauen im biologisch gebärfähigen Alter im Jahr 2040 auf lediglich 16 bis 18 % der Bevölkerung. Die Konsequenzen dieser Entwicklung malen Sozialpolitiker in grellen Farben. Außer den Herstellern von Produkten für Senioren dürften sich die Deutschen über diese Entwicklung kaum freuen.

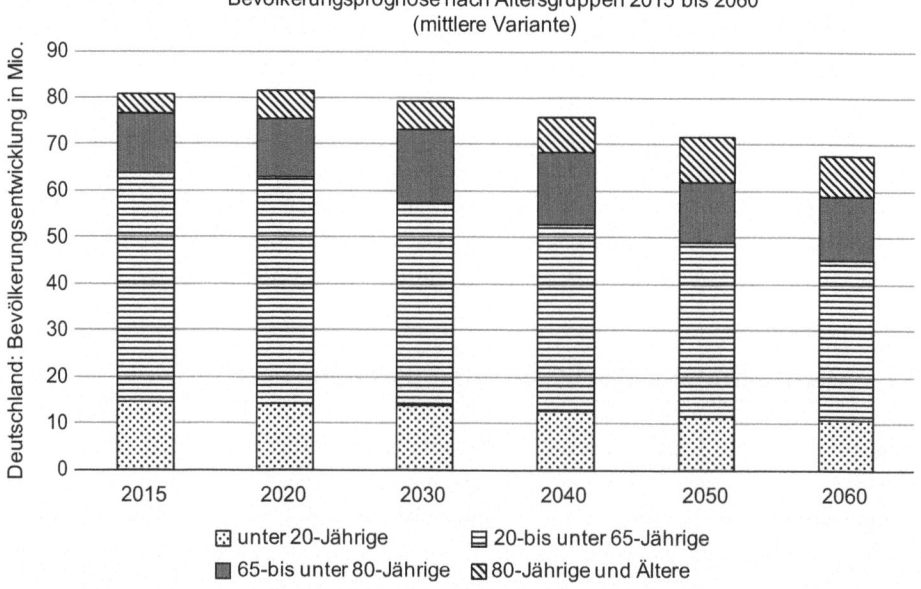

Abb. 6.1 Bevölkerungsentwicklung in Altersgruppen. (Quelle: Statistisches Bundesamt 2015, S. 47)

6.2   Rentenfrage 2: Blutet die GRV aus?

Die Einschätzung von Konrad Adenauer war die Wiedergeburtsstunde der GRV im Umlageverfahren, wonach Erwerbstätige nicht in eine Rentenkasse einzahlen, sondern eine „intergenerationelle Umverteilungsinstitution" befüllen, die nach Abzug des Verwaltungsaufwands die Renten an Ruheständler auszahlt. Damit wurde der Bismarck'sche Ansatz aus den 1870er-Jahren fortgesetzt, obwohl sich der damalige Wirtschaftsminister Ludwig Erhard primär für eine „marktwirtschaftliche" anstatt einer sozialpolitischen Lösung einsetzte (vgl. Abelshauser 2018).

Ein Rentenloch zwischen Beitragsaufkommen der Einzahler und der Summe der auszuzahlenden Renten bezuschusst der Staat mit Steuermitteln (derzeit 80 Mrd. EUR jährlich mit steigender Tendenz). Da das Steueraufkommen im Rahmen der demografischen Entwicklung mit der sinkenden Anzahl erwerbstätiger Einwohner zurückgehen wird, stellt sich die Frage: Wie kann man das wachsende Loch in der GRV füllen? Zur Frage nach der Stabilität der Rente vernimmt man folgende Einzelfragen:

- Wenn es immer mehr Alte und immer weniger Junge gibt: Kann der „Generationenvertrag" noch erfüllt werden? Kernproblem: Entweder droht eine Anhebung des Beitragssatzes, der Steueranteil oder die Beitragsbasis werden vergrößert. Im Gegenzug könnten altersfremde Leistungen der GRV wie die Erwerbsminderungsrente eingeschränkt werden.
- Falls die GRV-Renten zukünftig nicht mehr im Rahmen der Löhne steigen: Was ist eine Durchschnittsrente von derzeit etwa 1200 EUR in 20 Jahren noch wert?
- Bei einer durchschnittlichen Inflationsrate von zwei Prozent entsprechen 1200 EUR noch einer Kaufkraft von 807 EUR, bzw. Rentner müssten knapp 1783 EUR aufwenden, um sich die gleichen Konsumausgaben leisten zu können. An einer deutlichen privaten Aufstockung der AV führt dann bei Konstanz des Kreises der GRV-Einzahler kein Weg vorbei. Allerdings ist das Thema Inflation bei der GRV eher ein indirektes Problem, weil ihre Höhe an die Bruttolohnentwicklung gekoppelt ist. Steigen bei Inflation die Löhne, steigt grundsätzlich auch die Rente, wenn auch wegen der Rentenreformen der letzten Jahre nur im gedämpften Maße.

Gefährdet der Staat mit seinen Milliardenschulden die Rente? Wenn er nicht jeden fünften Euro seiner Einnahmen für die Schuldentilgung ausgeben müsste, könnte er das Geld unmittelbar als Rentenzuschuss verwenden. Dann könnten GRV-Bezieher gelassener in die Zukunft schauen.

Plastisch beschreibt die Frage des Ausblutens der GRV der Rentenexperte Werner Siepe in seinem Kommentar zum Rentenversicherungsbericht (2017) der Bundesregierung mit dem Bild von sieben guten und sieben schlechten Jahren: Gute Jahre, solange die Babyboomer einzahlen und damit auch die Zahl der Einzahler mindestens doppelt so groß ist wie die Zahl der Rentenempfänger. Wenn ab Mitte der Zwanzigerjahre die Babyboomer sukzessive ausscheiden, sinkt diese Quote, und dann beginnt die

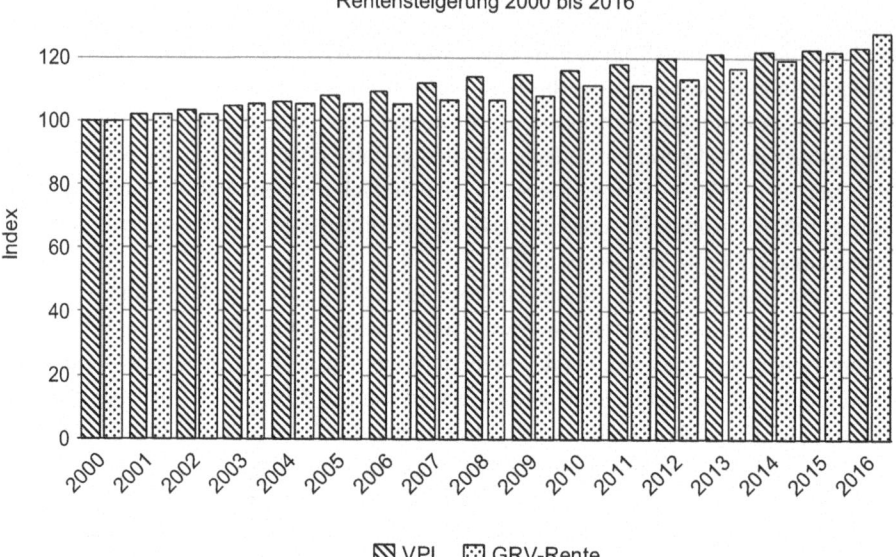

Abb. 6.2 Rentenanpassungen und Inflationsraten. (Quelle: Deutsche Rentenversicherung Bund 2017, S. 261, 272)

Phase der schlechten Jahre. An welchen Schrauben dreht dann die Politik: Mehr Einnahmen? Dämpfung des Rentenniveaus mit dem Griff zum Nachhaltigkeitsfaktor? Höheres Renteneintrittsalter? Populär ist nichts, aber ein langfristig-konsistentes GRV-Konzept wird gebraucht, das über 2030 hinausreicht (vgl. Öchsner 2017; Abb. 6.2).

Zu den grundsätzlichen Perspektiven

Gemäß Prognosen wird das Niveau der gesetzlichen Rente (mit dem Eintritt der geburtenstarken Jahrgänge) etwa ab und auf dem Niveau von 2022 stagnieren. Ursächlich dafür ist der sogenannte Nachhaltigkeitsfaktor in der gesetzlichen Rentenversicherungsformel, der den Anstieg des Rentenniveaus in dem Maße dämpft, wie sich der Rentnerquotient, das Verhältnis von Rentnern zu Beitragszahlern, verschlechtert.

6.3 Rentenfrage 3: Versagen private Absicherungen?

Sie können dann versagen, wenn man AV mit einem Casinobesuch verwechselt. „Um die Rente zockt man nicht", das heißt, sicherheitsorientierte Anlagen im Sinne von Garantieprodukten stehen an erster Stelle. So empfiehlt es sich bereits für junge Berufseinsteiger, sich langfristig eine sichere „Kasse" für die AV einzurichten. Wer darüber hinaus noch Geld für seine Spekulationskasse erübrigen kann, dem steht es frei, diese für gehobenes

Wohnen, Freizeitkonsum und Reisen oder auch für Aktienspekulationen zu verwenden. Aber die AV darf darunter nicht leiden. Private Absicherungen können also versagen, wenn in riskante Anlagen investiert wird und/oder Inflation Kapitalbestände aufsaugen würde.

„Zockerbeispiele" in der AV
In der Finanzmarktkrise erlitten Pensionsfonds in den USA exorbitante Wertverluste, wodurch ihr Wert auf einen Bruchteil absank. Das zwang viele Senioren wieder zur Arbeitssuche, und so gingen Bilder von 80-Jährigen als Werktätige an Supermarktkassen und Tankstellen, als Lagerarbeiter etc. um die Welt. Grund dafür war die Tatsache, dass in den USA vor allem in Aktienfonds investiert wurde. Die zu diesem Zeitpunkt als sicher geglaubte Zusatzvorsorge war mit einem Mal weg. Die staatliche Absicherung reichte in diesen Fällen nicht für den Lebensunterhalt. In Deutschland ist das prinzipiell nicht möglich, da stärkere Sicherungssysteme bestehen und die Anlagevorschriften restriktiver sind bzw. gehandhabt werden. Trotzdem können aufgrund von Kapitalverlusten nur die Garantiewerte der Produkte bei Renteneintritt zur Auszahlung gelangen, und diese können im ungünstigsten Fall unter der Inflation der vergangenen Jahre leiden. Ein zukünftiges „Jobben" ist für Rentner deshalb auch in Deutschland nicht auszuschließen.

Weitere Fragen, die Bürger zur Sicherheit von AV-Produkten stellen könnten

- „Verliere ich meine Betriebsrente, wenn mein Arbeitgeber insolvent wird?" Das ist nicht möglich, weil es gegen Betriebsrentenverlust zwei „Sicherungsanker" gibt: Zahlt das Unternehmen die Beiträge in eine Pensionskasse, Direktversicherung oder einen Pensionsfonds ein, sind diese beim jeweiligen Versicherer grundsätzlich vor dem Zugriff des Insolvenzverwalters geschützt und bleiben erhalten. Bei den Durchführungswegen Unterstützungskasse und Pensionszusage ist das Bestandsguthaben zusätzlich durch den Pensionssicherungsverein (PSV) in Köln geschützt. Dieser zahlt in der Regel bei Insolvenz.
- Sicherheit gibt es auch für alle Riester-Anlagen: Einzahlungen der Riester-Sparer, staatliche Zulagen und garantierte Verzinsungen sind krisenunabhängig gesichert. Beim Fonds-Riester können Kursverluste von Aktienfonds eine Verzinsung auffressen.

Außer mit dem geförderten AV-Sparen kann der Bürger (bei Vermeidung zu riskanter Anlagen) mit freiem Sparen für sein Alter vorsorgen. Lebensversicherungsansprüche sind beim Crash eines Versicherers über die Auffanggesellschaft Protektor geschützt, Bank- und Bauspareinlagen über spezielle Garantiefonds der einzelnen Finanzdienstleistungssektoren. Für Sparkassen, Kreditgenossenschaften und Mitgliedsinstitute des Bundesverbandes privater Banken gibt es die Sicherheit über gruppenbezogene Haftungsverbünde.

Diese Sicherheitseinrichtungen garantieren zwar den Werterhalt von Einzahlungen, in der Regel aber keine versprochenen Verzinsungen als Basis von Wertzuwächsen. Aber auch ein fehlender Wertzuwachs kann eine auskömmliche AV schon erheblich gefährden, vor allem unter Berücksichtigung eines fehlenden Inflationsausgleichs.

6.4   Rentenfrage 4: Müssen Menschen länger arbeiten?

„Rente mit 67 heißt: Verteilungsprozess zulasten nicht der Bestands-, sondern der Zugangsrentner" (Norbert Blüm in „Menschen bei Maischberger" am 24.11.2009).

Die nicht der öffentlichen Meinung verpflichtete Deutsche Bundesbank war kühner und rechnete vor, ein Renteneintrittsalter von 69 Jahren sei kaum vermeidlich, schließlich gebe es mit der Schweiz auch ein ernsthaftes Vorbild für eine solche Strategie. Damit sind wir bei Alt-Bundeskanzler Helmut Schmidt, der ein Renteneintrittsalter von 70 plus als langfristig unvermeidlich ansieht. Stehen also auch in Deutschland bald die 70-Jährigen an den Supermarktkassen und helfen den Kunden beim Eintüten?

Hier ist zu fragen, ob sich die Diskussion in eine sinnvolle Richtung bewegt, was beileibe nicht heißt, unterschiedlos Leute in der „Maloche" zu belassen. Es ist zu differenzieren zwischen Menschen, die primär körperlich gearbeitet haben und nach Jahrzehnten harter Arbeit erkennbare körperliche Verschleißerscheinungen aufweisen oder davon bedroht sind. Für sie bleibt ein Renteneintrittsalter zwischen 60 und 63 Jahren erstrebenswert. Hier muss die Politik diesen Bürgern ohne gravierende Abschläge den Ruhestand ermöglichen. Entsprechende Kriterien sind heute bereits seitens der Berufsgenossenschaften definiert.

Exkurs: Späteres Sterben und Sinnerfüllung auch im Seniorenalter

Ein großer Teil der Bürger arbeitet nicht mehr primär körperlich, sondern zählt zum Heer der Geistesarbeiter in der Dienstleistungsgesellschaft. Für diesen Kreis ist es logisch, strukturell höhere Lebenserwartungen durch den Fortschritt der Medizin und gesundheitlich bewusstere Lebensweisen auch bei der Planung des Ruhezustands zu berücksichtigen. Vielleicht ist eine Faustregel sinnvoll, wonach etwa die Hälfte einer steigenden Lebenserwartung sich auch im Renteneintrittsalter niederschlagen könnte. Beispiel: Die Lebenserwartung steigt um vier Jahre, der Eintritt in den Ruhestand findet zwei Jahre später statt. Soll es hier im Sinne der Gleichbehandlung eine Unisex-Regelung geben, oder soll sie auch den derzeitigen unterschiedlichen Lebenserwartungen von Frauen und Männern Rechnung tragen?

Historisch stärkere Belastung des männlichen Bevölkerungsteils, insbesondere durch harte körperliche Arbeit und beruflichen Existenzkampf sowie auch teilweise ungesündere Lebensweisen durch relativ höheren Alkohol- und Nikotingenuss haben bis heute vorliegende statistische Lebenserwartungswerte geprägt. In dem Maße, in dem Männern harte körperliche Arbeit erspart bleibt und sie auch gesünder leben, nähern sie sich den weiblichen Lebenserwartungen an. Wissenschaftlich interessant: Weibliche und männliche Klosterinsassen haben etwa die gleiche Lebenserwartung (Quelle?): Hier haben Männer nicht den in freier Wildbahn üblichen Existenzkampf und werden von harter Knochenarbeit verschont.

Damit stoßen wir auf den Zusammenhang zwischen Sinnerfüllung und Lebenserwartung: Je länger man einer geliebten Tätigkeit nachgehen kann, umso länger

kann man hoffen zu leben. Gegenbeispiel: Es ist bekannt, dass etwa 30 % der Berufsgruppe Top Manager nach ihrer „Zur-Ruhe-Setzung", die viele als bestrafende Zwangs-
pensionierung empfinden, das 75. Lebensjahr nicht überschreiten. Diese Gruppe der
„Abbauer" (nach Prof. Dr. Walter Simon) bewältigt mental kaum das Loch, nicht mehr
gefordert zu werden. Dieses Problem haben zwar die „Hobbyisten" nicht, sie leben,
aber schöpfen daraus keine Impulse für eine höhere Lebenserwartung. Das erreicht
nach Simon die dritte Gruppe, „Weitermacher" im bisherigen oder nahe dabei liegenden
Berufsumfeld. Sie fordern sich weiter, die grauen Gehirnzellen teilen sich bis ins bibli-
sche Alter, die Lebenserwartung steigt (Abb. 6.3).

Beispiele sind die Elder Statesmen Carl-Friedrich von Weizsäcker und Helmut
Schmidt: Sie sprühten auch als 90-Jährige noch vor Aktivität. Solche Beispiele könnten
dank des Fortschritts der Medizin zunehmen, wobei die berufliche Leistungsfähigkeit
lange erhalten bleiben kann. Für viele Berufsgruppen ist ein vorzeitiger Ruhestand weit
vor dem 67. Lebensjahr unabdingbar.

Ein höheres Renteneintrittsalter beinhaltet keine Rentenfrage, sondern regt Bürger
an, für sich das Beste daraus zu machen und sich schon früh selbst die Frage zu stellen, zu welcher Gattung man eigentlich gehört: Weitermacher oder Hobbyist, möglichst
aber keinesfalls Abbauer. Einschränkung: Wer körperlich hart gearbeitet hat, braucht
größere Freiheitsgrade bei der Entscheidung, wann er in seinen Ruhestand gehen will.
Hierzu muss eine adäquate Altersteilzeitgesetzgebung beitragen und das aktuelle Thema
Lebensarbeitszeitkonto frühzeitig beim jeweiligen Arbeitgeber auf die innerbetriebliche
Agenda kommen.

6.5   Rentenfrage 5: Ende von Frühverrentungszuschüssen?

Wie erwähnt, verfügen viele Menschen nach harter körperlich oder psychisch
belastender Arbeit nicht über die gesundheitliche Stabilität, um bis zum 65. Lebensjahr
zu arbeiten. Sie sind jedoch nicht so krank, dass sie im medizinischen Sinne berufsunfähig sind. Aber es gab sicherlich auch manche großzügige Auslegung bis zum Miss-
brauch dieser Regelung.

Die Brücke für Vorruheständler bisher: Im Rahmen der Altersteilzeit gab es einen
Zuschuss der Bundesagentur für Arbeit. Zudem gibt es oftmals tarifvertragliche
Zuschüsse, sodass man faktisch auch vor der Regelaltersgrenze ohne große Abschläge in
den Ruhestand gehen konnte. Die Förderung der Altersteilzeit durch die Bundesagentur
erfolgte letztmalig für einen Antritt der Altersteilzeit im Dezember 2009. Alternativ wäre
beispielsweise eine Eigenbesparung des Arbeitnehmers in Lebens- oder Langzeitarbeitskonten möglich, wobei entsprechende Vorsorgemöglichkeiten frühzeitig in die Ruhe-
standsplanung einbezogen werden können.

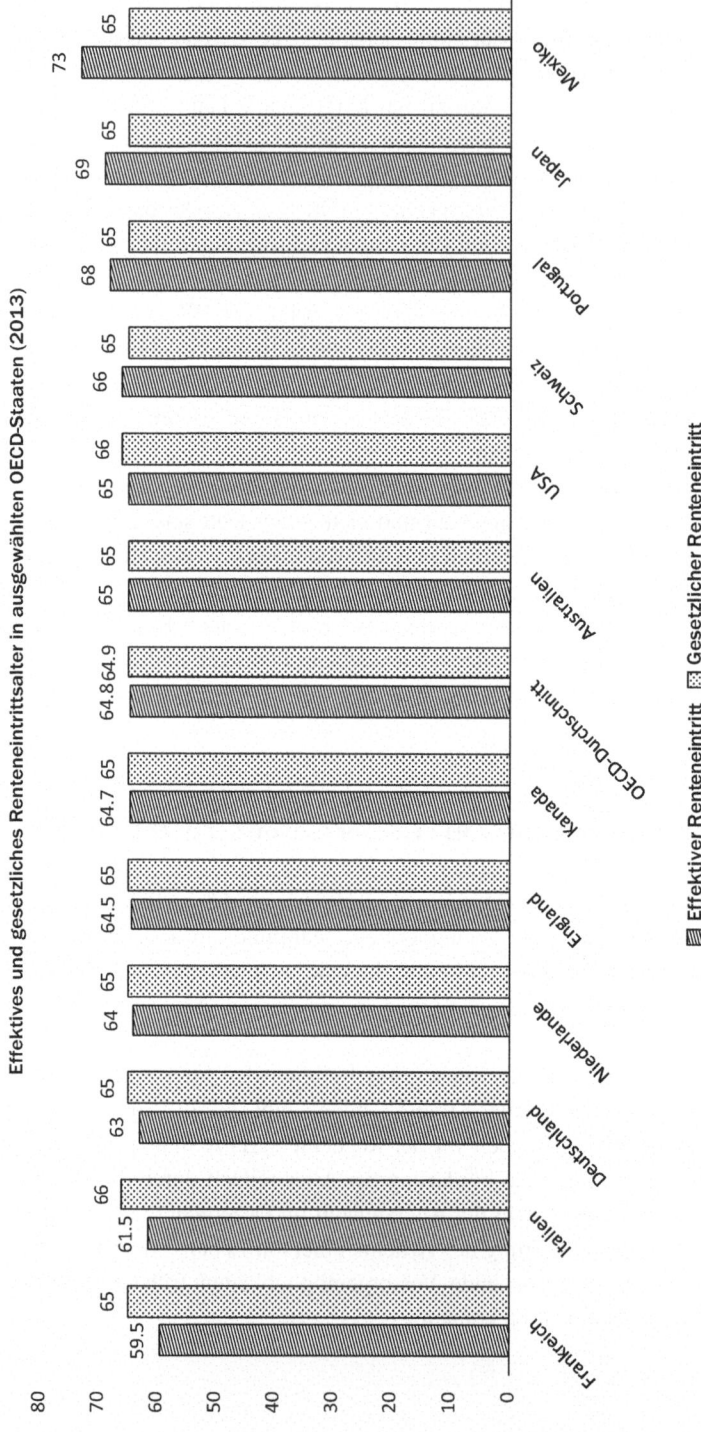

Abb. 6.3 Gesetzliches und tatsächliches Renteneintrittsalter. (Quelle: eigene Darstellung in Anlehnung an EU-Kommission und OECD 2013)

6.6   Rentenfrage 6: Reichen gesetzliche und private AV?

Gesetzliche und private Vorsorge reichen nur dann, wenn man frühzeitig mit dem Sparen anfängt und lange genug fürs Alter vorsorgt. Ältere Jahrgänge haben grundsätzlich weniger Probleme mit dem Sparen, allerdings haben sie auch weniger Zeit, noch einen ergänzenden Kapitalbestand aufzubauen. Dieser Punkt kommt dann voll zum Tragen, wenn die Inflation die Kaufkraft der Renten bei fehlenden Steigerungen im Rentenverlauf immer stärker schwächt. Für manche bleibt dann zukünftig vielleicht nichts anderes übrig, als ihr Vermögen zu „versilbern", das heißt konkret etwa das Haus zu verkaufen. Jüngere Jahrgänge „erwischt" die Rentenlücke in jedem Fall voll. Für sie ist zusätzliche Vorsorge durch kontinuierliches und ausreichendes Sparen zwingend notwendig. Wer über längere Zeiträume einen Patchwork-Lebenslauf mit unterbrochener Berufstätigkeit und damit niedrigeren Beitragseinzahlungen aufweist oder in Niedriglohnbranchen tätig ist, für den kann sich eine gravierende Unterdeckung aufbauen. Beschäftigte in einer solchen Situation haben auch keine nennenswerte private Sparfähigkeit. Das kann ganze Branchen betreffen, wie Beschäftigte im Einzelhandel, im Friseurhandwerk oder im Zustellbereich. Wer hingegen kontinuierlich bei durchschnittlicher Entlohnung tätig ist, kann sich auch ein durchschnittliches Versorgungsniveau aufbauen – neben der Budgetvor allem eine Planungsfrage!

Da die GRV in Zukunft eine sukzessive schmalere Versorgungsgrundlage bietet, bedarf sie der Ergänzung durch die seit 2002 gebildete geförderte zweite Vorsorgeschicht, die allerdings lediglich in der Ansparphase staatlich gefördert ist (vgl. Abb. 6.4): Der Staat gibt Zulagen (bei Riester-Produkten) und/oder gewährt Steuervergünstigungen bzw. Sozialversicherungsersparnis (bAV). Bürger können ihre AV in der dritten Schicht aufstocken, die bei Lebens- und Rentenversicherungen in der Ein- und Auszahlphase durch Steuervorteile noch gefördert sind.

Abb. 6.4 Die drei Schichten der Altersvorsorge. (Quelle: eigene Darstellung)

Diese Reihenfolge assoziiert auch eine adäquate Prioritätenfolge: Die GRV ist für alle sozialversicherungspflichtig Beschäftigten obligatorisch. Anlagen in der zweiten Vorsorgeschicht bedeuten im Sinne einer adäquaten Lebensstandardsicherung im Alter ein „Muss". In der dritten Vorsorgeschicht ohne staatliche Anreize besteht ein „Kann".

Auf die jeweilige Sinnhaftigkeit dieser Anlagemöglichkeiten und die individuelle Vorteilhaftigkeit gehen wir beim Bummel über den AV-Marktplatz ein. Wichtig: Da Einzahlungen in nahezu alle Anlagenformen institutionell gesichert sind (Haftungsregelungen), ist entscheidend: Tut der Bürger etwas in seiner AV, soweit es ihm finanziell möglich ist?

6.7   Rentenfrage 7: Schmelzen AV-Liquiditätspotenziale?

„Hier mehr Beiträge, da höhere Abzüge …". Die finanziellen Belastungen, die dem Bürger zunehmend die Liquidität entziehen, nehmen ständig zu, sodass das verfügbare Einkommen für AV beim Durchschnittsverdiener immer kleiner wird. Als wichtiger Punkt ist hier die sich heute abzeichnende und zukünftig immer stärkere Erhöhung der Gesundheitsausgaben Bürger mit zunehmenden Selbstbeteiligungen und Zusatzversicherungen zu nennen, letzteres, um einer Zwei-Klassen-Medizin im Krankheitsfall zu entgehen. Hinzu kommen Kosten für eine private Pflegeversicherung für den, der es sich (noch) leisten kann. Denn welcher Gutverdienende vertraut schon darauf, dass im Bedarfsfall die obligatorische gesetzliche Pflegeversicherung auch für gehobenen Pflegeanspruch reicht? Steigende Gesundheitszusatzausgaben im Alter bei gleichzeitig immer geringeren Leistungen der Krankenversicherung sind bei einer immer älter werdenden Gesellschaft automatisch vorprogrammiert. Bereits heute liegt der Krankenkostenanteil der 65- bis 90-Jährigen pro Jahr fast dreimal so hoch wie bei den 35- bis 65-Jährigen. Wenn man bedenkt, dass diese Altersgruppe einmal den Großteil der Bevölkerung ausmacht, ist klar, wie hoch die Leistungsbreite und Leistungstiefe der gesetzlichen Krankenversicherungen einmal sein wird. Allerdings rechnet man damit, dass auch schon im Rentneralter befindliche Bürger aufgrund gesundheitsbewusster Lebensweise altersbedingte Erkrankungen erst später als nach bisherigen Erfahrungswerten bekommen. Gesundheit im Alter wird deshalb zukünftig auch mit „Geld im Alter" zusammenhängen.

Zu erwähnen sind noch steigende Energiekosten und Belastungen von Familien für Kinderbetreuung und Nebenkosten des Schülerdaseins. So beobachtet man, dass „pfiffige" Stadtkämmerer in dem Maße die von Eltern zu tragenden Kosten für Betreuungseinrichtungen erhöhen, in dem diese erhöhte Freibeträge als Anreiz zum Kinderkriegen erhalten.

Schließlich ist noch die viel beklagte kalte Steuerprogression zu erwähnen. Wenn von nominellen Einkommenssteigerungen weniger als erhofft übrig bleibt, kann das auch dazu führen, den Riester-Vertrag nur mit dem 900-Euro-Durchschnitt (ohne Zulagen) zu besparen, auch wenn man weiß, dass damit das GVN aus der GVR und einer Riester-Rente weniger als 60 % des aktiven Netto-Einkommens betragen könnte.

Bürger resignieren, wenn mehrere Rentenfragen zusammenkommen. Hier brauchen sie Wegweisungen, um alle staatlichen Subventionen für Zusatzaltersvorsorge auszuschöpfen.

Auch Rentnern schert man das Budget weg

Es gibt Belastungen, denen auch Rentner nicht entgehen können: Gesundheitsausgaben und Nebenkosten des Wohnens, zudem die nachgelagerte Besteuerung der Renten, die kohortengemäß bis 2040 sukzessive auf 100 % des Renteneinkommens von Ruheständlern ansteigt. Wenn die beispielhaft vorgetragenen und weiteren Rentenfragen unter dem Mäntelchen objektiver Sorge verkauft werden, wirken sie allgemein besorgniserregend und können dann gefährlich werden, wenn sie eine düstere mentale Pandemie erzeugen.

6.8   Rentenfrage 8: Perspektiven der Generation 30plus?

„Die Eltern hatten mit 30 schon Haus, Familie und einen festen Job. Die Jungen plagt das Gefühl, nie mithalten zu können. Schade. Denn eigentlich geht es dieser Generation 30plus doch ziemlich prächtig" (vgl. Weiguny 2010, S. 41). Dieses Zitat beleuchtet die Spannweite, die wir nachfolgend auffächern. Kurt Biedenkopfs geflügeltes Wort von der „Drittelgesellschaft" gilt auch für die AV (vgl. Abb. 6.5).

Das erfolgreiche Drittel: Aufstiegsorientiert und schon gut im Sattel?

Markenzeichen: Überdurchschnittlich gute Ausbildung, leistungs- und aufstiegsorientiert, oft aus bürgerlichem oder Beamtenmilieu, neuurbane politische Orientierung. Man lebt zwar wegen notwendiger beruflicher Mobilität teilweise auch „aus dem Koffer", aber die Leitplanken sind auf eine überdurchschnittliche berufliche Entwicklung

Die typischen Vertreter der Drittelgesellschaft

Abb. 6.5 Rentenperspektiven dreigeteilt. (Quelle: eigene Darstellung)

mit entsprechenden Einkommensperspektiven gestellt. Auch über AV denken einige früh nach und lassen bei förderungsgetriebenen Vorsorgekomponenten der zweiten Schicht nichts „anbrennen", auch weil ein Großteil der typischen Arbeitgeber im Dienstleistungssektor und Industrieunternehmen (oft arbeitgebergeförderte) bAV-Regelungen anbieten. Diese Gruppe ist kein Fall für ein Absenken der Rente auf Armutsgefährdungsniveau. Auch hier tut sich eine Versorgungslücke (bezogen auf das sinkende Bruttoeinkommensniveau nach Renteneintritt) auf.

Das bodenständige Drittel: Einigermaßen auf der sicheren Seite?
Auch dieses Drittel hat eine solide Ausbildung, sei es in kaufmännischen Berufen, im Handwerk oder im Behördenbereich. Gemeinsames Kennzeichen: Der berufliche Einstieg über eine solide Azubi-Zeit ist gelungen. Sie gehen auf Nummer sicher. Wenn sie nicht Unternehmenspleiten zum Opfer fallen, verläuft das Leben in planbaren Bahnen, einschließlich einer eigenen Wohnung, oft im Mehrgenerationen-Familienverbund. Unter AV-Aspekten ist ihnen ein Eckrentnerdasein mit Riester-Renten-Zuschlag sicher. Da die mitverdienende Partnerin auch bei Familiennachwuchs eher den Regelfall als die Ausnahme darstellt, macht man sich, vorausgesetzt die Familie bleibt stabil und betreibt private Zusatzvorsorge, um die Alterssicherung wenig Sorgen, zumal man im Alter mietfrei wohnen kann.

Das unstete Drittel: Vom Jobnomaden bis zum Prekariat
Angehörige dieses Drittels haben häufig keinen stromlinienförmigen beruflichen Einstieg geschafft, sei es in eine Ausbildungszeit oder nach einem Neigungsstudium mit unsicheren beruflichen Aussichten. Das Spektrum reicht vom ewigen Gelegenheitsjobber bis zum „Dr. phil." als hauptberuflichem Taxifahrer, die alle eines eint: Die Vorsorge in der GRV leidet unter Patchwork-Konstellationen, für weiteren AV-Aufbau lässt die finanzielle Überlebenssicherung kaum Liquidität übrig. Ein unstetig besparter Mini-Riester ist oft das höchste der Gefühle. Besorgniserregend ist die Tatsache, dass dieses untere Rentenanwärterdrittel in den letzten Jahren immer stärker zunimmt.

6.9   Aber es gibt es auch frohe Botschaften!

Die nachgelagerte Besteuerung der Renten geht beispielsweise mit einer nie da gewesenen staatlich geförderten Ansparung in der Vorrentenzeit Hand in Hand. Zudem ist auch der Teil, den sich der Staat über Abgaben auf die Riester- und Pensionsrenten zurückholt nicht so hoch wie die Förderung in der Ansparphase! Es gibt noch weitere frohe Botschaften:

Individuelle Bereitschaft zur zeitlichen Flexibilisierung von Arbeit und Renteneintritt
Neben früherem Renteneintritt mit Abschlägen von 0,3 % pro Monat findet man auch zunehmend Beispiele für späteren Renteneintritt mit Zuschlägen von 0,5 % pro Monat. Letztere summieren sich auf sechs Prozent mehr Rente pro Jahr. Im Teil E erläutern wir

hierzu einen Ansatz des Demografen James Vaupel, wonach man auch mitten im Berufsleben Arbeitszeit und Renteneintritt individuell ausbalancieren könnte.

Lebensplanung für 111 plus
Die steigende Lebenserwartung von etwa ein bis zwei Jahren pro Jahrzehnt ist eine frohe
Botschaft, die viele glücklich macht und nur Rentenversicherer (sie erfanden das Unwort
„Langlebigkeitsrisiko") frustriert. Zwar kann man das nicht linear für die nächsten
100 Jahre hochrechnen, denn irgendwann flacht sich der Nutzen aus mehr Gesundheitsvorsorge und medizinischem Fortschritt ab. Zudem kämen viele heute jungen Bürger
dann dem sprichwörtlichen Herrn Methusalem sehr nahe. Aber warum nicht eine signi-
fikante Zahl als individuelle Lebensalter-Vision wählen? Man muss sich nur in seiner
gesamten Alterssicherungsplanung darauf einrichten!

Nicht nur biologisch länger leben, sondern dabei auch rüstig und fit bleiben
Bereits der erste Kanzler der Bundesrepublik Deutschland, Konrad Adenauer, erreichte
im Dienst fast das zehnte Lebensjahrzehnt, und noch nicht vergessen sind die erst kürzlich verstorbenen, auch jenseits der 90 Lebensjahre tatendurstigen Johannes Hesters,
Helmut Schmidt oder Carl-Friedrich von Weizsäcker. Wer sich ständig geistig fordert
und so im Kopf fit hält, muss nicht als Tattergreis enden.

6.10   Die Erkenntnis: Jeder ist seiner AV Schmied

Integration: Es wächst zusammen, was zusammen gehört
Deutschland ein Einwanderungsland: Für die sozialen Sicherungssysteme, also auch
für die GRV, bedeutet das durch Zuzug jüngerer Bürger eine Blutauffrischung. Voraussetzung ist allerdings eine erfolgreiche Integration der Neubürger. Hierzu hat der
„Sachverständigenrat für Migration und Integration" kürzlich ein positives Gutachten
vorgelegt (vgl. Sachverständigenrat Migration 2017). Maßstab ist nicht die Integration
in die polyzentrische Gesellschaft an sich, sondern gesellschaftliche Anerkennung in
Gestalt möglichst chancengleicher Teilhabe an den zentralen Bereichen des gesellschaftlichen Lebens. Das führt auch zur Verbreiterung der GRV-Einzahlerbasis.

AV heißt: Individualismus pur
In der AV ist jeder Fall individuell und so kaum standardisierbar: Die Berufseintritts- und
Erwerbsbiografie ist personenindividuell und damit in der Regel verschieden. Mit den
Einkommensverhältnissen unterscheiden sich auch die daraus fließenden Versorgungs-
leistungen. Staatliche Fördermöglichkeiten für Zusatzvorsorge sind in Abhängigkeit von
den Lebensumständen zu sehen (Familienstand, Berufsgruppe, Kinderanzahl, Steuersatz). Persönliche Lebensentscheidungen sind zudem familiengeprägt, mit der Möglichkeit individueller versorgungsrechtlicher Anrechnungen.

Der eine startet mit 16, der andere irgendwann

Wer im Teenager-Alter wie Peter Eifrig eine Lehre beginnt und damit seine GRV-Laufbahn startet, hat Chancen, zum Eckrentner zu werden. So kann er auch früh mit Riester anfangen. Damit sind für ihn beim planmäßigen Renteneintritt von 67 Jahren nach heutiger Preisbasis inklusive Riester-Zusatzrente fast 2000 EUR Gesamtbruttorente „drin".

Ganz anders AV-Perspektiven von Markus Studiosus, der bereits mit 30 Jahren eine abwechslungsreiche Vita vorweisen kann: Abitur mit 20 (nach einem Schüleraustausch-Jahr, das er dann anhängen musste), Zivildienst und danach Aufnahme eines technischen Studiums, Studienwechsel mit 24 zu einem sozialwissenschaftlichen Studium, Examen mit 29, danach ein Jahr Weltreise dank spendabler Eltern, mit 30 Orientierungspraktikum zum Start ins Berufsleben. Sein GRV-Konto enthält kaum anrechenbare Jahre und geringe Einzahlungen. Damit muss er bis zum Renteneintritt fast 50 % mehr GRV-Beitrag leisten als Peter Eifrig, muss also deutlich mehr verdienen, um ein Gleichziehen beim GVN zu erreichen.

Motto: Baue AV früh auf, so hast du ein hohes individuelles GVN mit 67.

AV wird durch Familie erst schön…

Hier gibt es viele Stichworte: Anrechenbare Betreuungszeiten für beide Partner, Riester-Zulagen bis zu 300 EUR je Kind. Wir werden bei unserem Bummel auf dem AV-Marktplatz diese einzelnen Facetten vorstellen und bewerten.

Mit 50 nochmals eine neue Karriere starten?

Manche machen das freiwillig, für andere ist es ein Ausweg bei Insolvenz des Unternehmens, in dem man Jahrzehnte tätig war. In einer solchen Situation sind auch bei knapper Kasse Mindestbeiträge für Anrechnungsjahre zu erbringen.

Gibt es etwas Motivierenderes als folgende Konstellation: Eine gute, aus mindestens zwei Zusatzverträgen kombinierte AV, daneben eine ausfüllende Teilzeittätigkeit, die mental nicht einengt – und dazu verdienen, obwohl man es zum Leben nicht unbedingt braucht?

Literatur

Abelshauser, W. (2018): „Die verflixte Bürgerversicherung.", in: Frankfurter Allgemeine Sonntagszeitung, Nr. 5, vom 04.02.2018.

Deutsche Rentenversicherung Bund (2017): Deutsche Rentenversicherung in Zeitreihen 2017, Berlin.

Öchsner, T. (2017): „Sieben gute und sieben schlechte Jahre", in: Süddeutsche Zeitung Nr. 268, 22.11.2017.

OECD (2013): Pensions at a glance.

Sachverständigenrat Migration (2017): Jahresgutachen 2017.

Statistisches Bundesamt (2015): Bevölkerung Deutschland bis 2060 – 13. koordinierte Bevölkerungsvorausberechnung.

Weiguny, B. (2010): Generation 30, in: Frankfurter Allgemeine Sonntagszeitung vom 23.05.2010.

Altersarmut als Gefahr für Millionen

7.1 Viele ahnen noch nicht die Gefahr „Altersarmut"

Basis: Armuts- und Reichtumsbericht der Bundesregierung

Die Einkommens- und Vermögensverteilung bei älteren Menschen ist sehr ungleich. Altersreichtum und -armut haben unterschiedliche Gründe. Die deutschen Haushalte sparen durchschnittlich rund zehn Prozent ihres Einkommens. Im internationalen Vergleich ist das relativ viel. Allerdings konzentriert sich die Ersparnis vor allem in den oberen Einkommensgruppen. Das untere Einkommensviertel spart so gut wie gar nichts und baut auch kein Vermögen auf. Ein Viertel der deutschen Haushalte hat zudem bei Rentenbeginn ein Vermögen von weniger als 20.000 EUR angespart und läuft damit Gefahr, ohne ausgleichende private Vorsorge in Altersarmut abzugleiten. In diesen Fällen kommt die Grundsicherung zum Tragen, eine Altersabsicherung auf Sozialhilfeniveau (im Jahr 2017 beziehen etwas mehr als eine Million Menschen Grundsicherung in Höhe von je nach Haushaltsausprägung etwa 800 bis 1300 EUR). Statistisch gesehen gibt es sogar einen Zusammenhang zwischen Einkommen und Erkrankungshäufigkeit (Gesundheitsbericht für Deutschland 2014) sowie Altersarmut und verkürzter Lebenserwartung.

Die WHO definiert Armut nach dem Einkommen. Danach ist arm, wer weniger als 60 % des durchschnittlichen Nettoeinkommens seines Landes zur Verfügung hat etwa 900 EUR in Deutschland. Besonders bei Arbeitslosen und Bürgern im Alter von 50 und 64 Jahren bis ins Rentenalter hinein ist ein Anstieg des Armutsrisikos im letzten Jahrzehnt beobachten (Abb. 7.1).

Weiterer dramatischer Einbruch droht

Wie schon in der Zunahme der Altersarmut bei den 50- bis 64-Jährigen angedeutet, kann nach einer aktuellen DIM-Studie (vgl. Deutsches Institut für Weltwirtschaft und Zentrum Europäische Wirtschaftsforschung 2017; vgl. auch Bertelsmann Stiftung 2017) die

© Springer Fachmedien Wiesbaden GmbH, ein Teil von Springer Nature 2018
H. Benölken und N. Bröhl, *Altersvorsorge am Scheideweg*,
https://doi.org/10.1007/978-3-658-21837-9_7

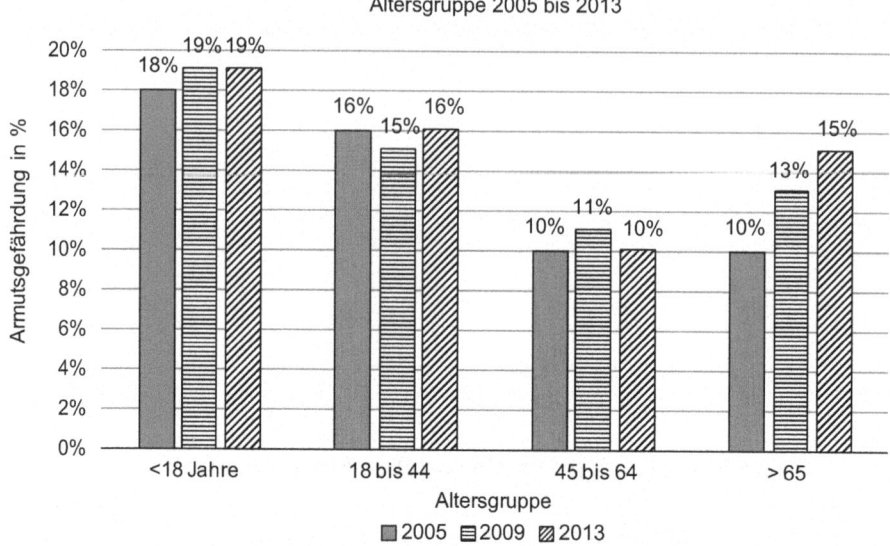

Abb. 7.1 Einkommensarmutsrisiko 2005 bis 2013. (Quelle: Deutscher Bundestag 2017, S. 323)

zukünftige Entwicklung noch trister sein als die Bestandsaufnahme. Berechnen kann man zwar, wie weit bei ansonsten konstanten Parametern das Rentenniveau abgleitet (bis etwa 43 %). Aber inwieweit droht Altersarmut den Jüngeren, wenn die GRV nicht auf eine neue zukunftsfeste Basis gestellt wird?

Vermeiden von Altersarmut ist, von Erbfällen abgesehen, mit überlegtem Vermögens- und Vorsorgeaufbau über Jahrzehnte erreichbar. Das Gelingen entscheidet über die Entwicklung der Mittelschicht in der Gesellschaft.

Armutsursache Familiensituation?

Es wäre zu pauschal, isoliert in familiären Konstellationen Armutsrisiken zu sehen. Zwar haben Kinderreiche grundsätzlich mehr Risiken auch im Hinblick auf die Finanzierbarkeit ihrer AV. Aber wie viel können Singles in Steuerklasse 1 ohne Familienbonus in der GRV-Anrechnung für den AV-Aufbau erübrigen, weil ihnen kein Partner bei der Finanzierung des Wohnens hilft? Auch sind mehrere Kinder unter dem Aspekt des Anrechts auf vielfältige Transferleistungen kein Risiko, wenn ausreichende Betreuungsmöglichkeiten für berufswillige Mütter bereitstehen. Differenzierte Antworten sind gefragt.

Das eigentliche Risiko: Verdrängen des Themas Alterssicherung in jungen Jahren!

Wenn viele junge Erwachsene das Thema Rente zu lange verdrängen, verzichten sie damit auf den Angriff als die beste Art der Verteidigung. Wie sich der Angriff gegen eigene Altersarmut und zum Aufbau einer akzeptablen Vorsorge individuell am besten formieren lässt, dazu wollen wir in diesem Buch Hilfen aufzeigen.

7.2   Ost-West-GRV-Szenarien für Frauen und Männer

GRV-Prognosen weisen einen sehr heterogenen Verlauf für Ost- und West-Rentenbezie-
her und jeweils differenziert nach Frauen und Männern auf:

- In den alten Bundesländern bleibt die GRV-Durchschnittsrente für Männer für alle
  Jahrgänge von 1942 bis 1961 (letztere gehen etwa um 2025 in Rente) bei 1100 EUR
  etwa gleich bzw. wird nur langsam steigen.
- In den neuen Bundesländern wird sie für Männer von einem um etwa zehn Prozent
  niedrigeren Ausgangsniveau um weitere 15 % sinken. Grund: Höhere Arbeitslosigkeit
  mit der Folge geringerer Einzahlungen in den GRV-Topf.
- Umgekehrt bei Frauen: Das Ausgangsniveau liegt in den neuen Bundesländern wegen
  der nahezu geschlechtsgleichen beruflichen Laufbahnen mit 785 EUR ein Viertel über
  dem Niveau von West-Frauen, deren Berufslaufbahn primär familiär bedingte Lücken
  aufweist, aber als Reflex höherer Arbeitslosigkeit rutscht es um zwölf Prozent ab,
- während mit zunehmender durchgängiger Berufstätigkeit das GRV-Niveau von West-
  Frauen um acht Prozent steigt und sich dem ihrer Ost-Artgenossinnen nähert (Abb. 7.2).

Veranschlagt man eine Geldentwertungsrate in den nächsten 15 Jahren mit durchschnittlich zwei Prozent und unterstellt zudem, dass die gesetzlichen Renten aufgrund der

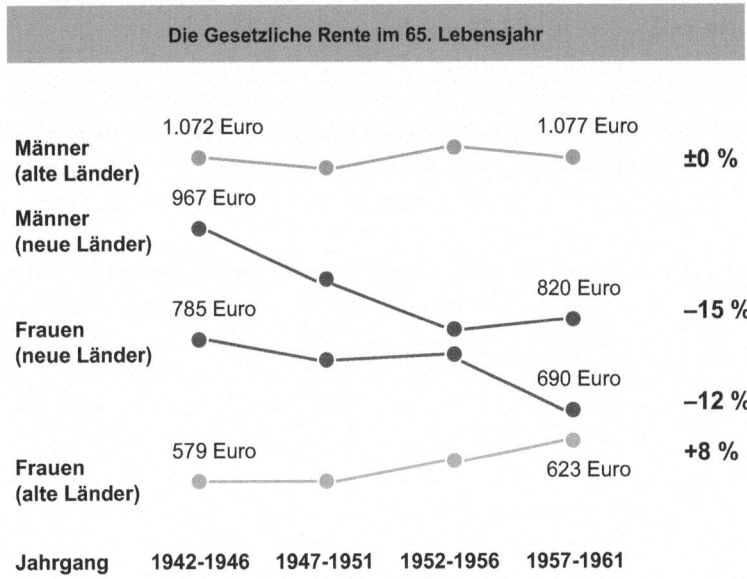

Abb. 7.2 Gesetzliche Rente im 65. Lebensjahr. (Quelle: eigene Darstellung in Anlehnung an
Deutsche Rentenversicherung Bund 2017, S. 12 ff.)

Rentenreformen in den nächsten Jahren um durchschnittlich ein Prozent steigen werden, verlieren alle Gruppen einen wesentlichen Teil ihres Realeinkommens im Alter: West-Männer
ein Fünftel, Ost-Frauen und -Männer je ein Drittel, während mit einem Verlust von nur zwölf
Prozent West-Frauen am glimpflichsten davon kommen, aber auf dem niedrigsten Niveau
aller Gruppen. Heute können Rentner mit einer Durchschnittsnettorente von 1100 EUR noch
bescheiden leben, in 15 Jahren unterscheiden sie sich bei einem etwa 15-prozentigen inflationsbedingtem Wertverlust ihrer Rente nur noch in dem Grad ihrer mehr oder weniger großen
Verarmung: 1100 EUR Rente abzüglich Kranken- und Pflegversicherung, abzüglich mindestens 300 EUR inflationsbedingtem Wertverlust. Der Abstand zur Grundsicherung wird
tendenziell zukünftig immer weniger erkennbar. Dann sind auch bescheidene Rentenerhöhungen nur ein Tropfen auf den heißen Stein der schleichenden Verarmung.

7.3   Differenzierte Entwicklung der Gesellschaftsgruppen

Die folgende gruppenweise Betrachtung steht unter dem Dach des West-Ost-Gefälles der
Rentenerwartungen. Dabei lassen sich folgende Bedrohungsstufen unterscheiden:

Gesellschaftliche Gruppen, die zukünftig von Altersarmut bedroht sind
Diese Gruppen leben entweder am oder auch auf der Basis ihrer eigenen Einkommensverhältnisse am Existenzminimum von etwa 800 EUR gemäß Grundsicherung und sind
als Aufstocker oft trotz Vollzeitarbeit auf Hartz-IV-Zulagen angewiesen. Damit verfügen
sie zwar über eine Überlebensbasis und bessern ihr Realeinkommen durch Gänge zur
„Tafel" auf. Es reicht mit diesen Zutaten zum Lebensnotwendigen.
   Aber: Ihre Perspektiven für eine eigenständige Einkommenssicherung beim Eintritt
ins Rentenalter können noch düsterer sein, denn für die Vorbereitung ihrer AV geschieht
viel zu wenig oder fast nichts bis auf anrechnungsfähige Jahre zum Mindestbeitrag in die
GRV. Damit ist auf Jahrzehnte schon vorprogrammiert: Sie bleiben Renten-Aufstocker.

Gesellschaftliche Gruppen, die auch bei moderater Inflation sukzessive verarmen
Viele sehen sich noch in wirtschaftlich akzeptablen Verhältnissen und erwarten aus heutiger Sicht eine Altersvorsorge, die zum auskömmlichen Leben reichen soll. Diese Erwartung
erweist sich als trügerisch, wenn sich die Inflation progressiver entwickelt als erwartete
Rentenansprüche. Da Fachleute ohne eine nachhaltige Änderung der Rentenformel keine
Zuwächse über maximal ein Prozent im Jahr, aber eine fast doppelt so hohe Inflationsrate
erwarten, bewegen sich viele Bürger ohne eine zusätzliche Versorgung möglichst mit dyna-
mischer Anpassung zunehmend und für sie überraschend in Altersarmut hinein.

Rentenaufstocker, später in Rente oder pünktlich in Rente mit Zuarbeit?
Wer bereits kurz vor der Rente steht, kann versorgungsmäßig bei pünktlichem oder
gar vorgezogenem Renteneintritt wenig gegen eine ihm bevorstehende unzureichende
Altersabsicherung tun. Vielleicht kann er ja sein Haus verkaufen oder beleihen. Will er

Rentenaufstocker werden, falls er es zu beruflich aktiven Zeiten noch nicht war? Oder will er die Möglichkeit nutzen, erst später, nach seiner individuellen Regelaltersgrenze in Rente zu gehen, gegen Erhöhung der Rente um 0,5 % pro Monat, also sechs Prozent jährlich? Oder stellt er sich zähneknirschend darauf ein, sich einen ergänzenden Teilzeitjob zu suchen?

7.4 Wachsende schichtenspezifische Differenzierungen

Die spätere Rentensituation hängt in Deutschland von der Erwerbsbiografie jedes einzelnen ab. Dabei profitieren die Berufe, in denen höhere Durchschnittsgehälter gezahlt werden. Berufe mit bundesdeutschen Durchschnittseinkommen gehören ohne Zusatz-AV zu den Rentenrisikogruppen. Aber auch bei den Gut- und Besserverdienenden oberhalb der Beitragsbemessungsgrenze bietet die gesetzliche Rente allein kein adäquates Absicherungsniveau. Pro 1000 EUR Jahresentgelt gibt es im Jahr 2017 gerade rund 82 Cent Bruttorente. Später fressen Steuern und Sozialabgaben einen beträchtlichen Teil der Rentenbezüge auf, sodass auch bei Gutverdienenden eklatante Absicherungslücken offen bleiben.

Ein weiterer Effekt kommt bei den „Besserverdienenden" hinzu, die über der Beitragsbemessungsgrenze der GRV verdienen: Bei allen darüber hinausgehenden Einkommensanteilen werden aufgrund der Beitragsfreiheit keine Rentenansprüche aufgebaut. Dadurch sinkt der Rentenanspruch im Verhältnis zum Bruttoeinkommen überproportional. Das Ergebnis ist ein noch stärkerer Absturz der Lohnersatzquote der gesetzlichen Rente im Ruhestand. Verhungern wird wohl keiner, viele müssten sich dann aber mit einem Lebensstandard abfinden, den niemand vorher wollte und so auch niemand eingeplant hatte (Abb. 7.3).

Die Krankenschwester und der Arzt, bei denen es gefunkt hat, sind beliebte Themen von Soap-Serien im Fernsehen. So schienen beide mehrere Fliegen mit einer Klappe zu schlagen: Sie konnte sich auf ein gemeinsames Leben mit gehobenem Einkommen einrichten, er war sich sicher, eine Frau als gute Gesprächspartnerin für seine beruflichen Probleme und bei Bedarf auch Unterstützung gefunden zu haben. „Ärzte heiraten keine Krankenschwestern mehr", fand der Verteilungsforscher Markus Grabka vom DIW heraus. „Heute heiratet der Arzt eine Ärztin. Die Schichten bleiben stärker unter sich als früher." So kann man sich gemeinsam in der Einkommensoberschicht ansiedeln. Da der Krankenschwester analog der Altenpfleger als potenzieller Ehepartner am Arbeitsplatz übrig bleibt, folgert er: „So leben gut verdienende Ärzte zusammen und wenig verdienende Pfleger. Die Gesellschaft spaltet sich auch beim Heiraten. Die Langfristwirkungen: Reich und sorgenfrei oder zumindest wohlhabend sind besonders ältere Paare, die mit ihrem Nachwuchs im Eigenheim leben."

Die gefährdete Mittelschicht der Gesellschaft
Studien und Berichte über den angeblich drohenden Absturz des Mittelstandes häufen sich. Die Mittelschicht verliert signifikant auch in der AV. Sie umfasst alle Einkommensbezieher, deren Einkommen zwischen 70 und 150 % des statistischen Durchschnittsentgelts

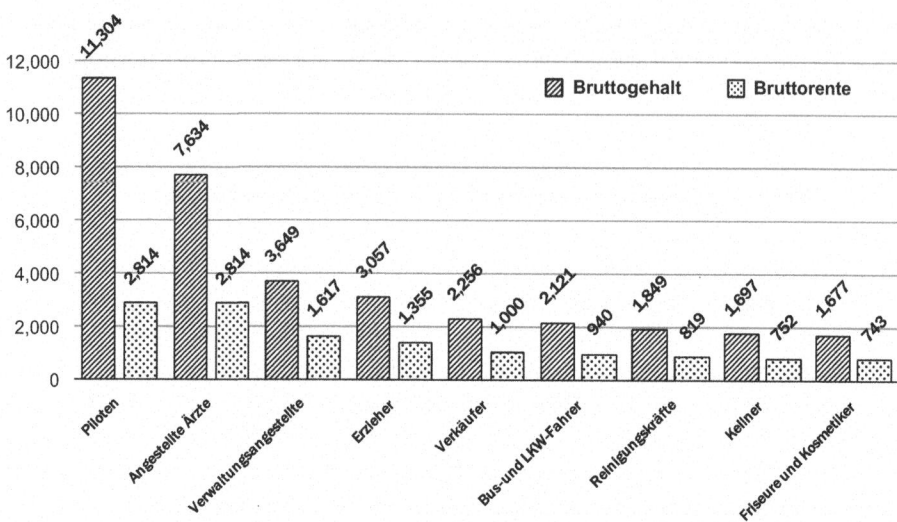

Abb. 7.3 Bruttoeinkommen zu Bruttorente. (Quelle: eigene Darstellung in Anlehnung an Statistisches Bundesamt 2017)

von derzeit rund 37.100 EUR liegt, also zwischen 26.000 und 55.650 EUR. Diese Mittelschicht hat sich nach einer McKinsey-Studie (Deutschland 2020) von 62 % der Einkommensbezieher im Jahr 2000 auf 54 % im Jahr 2008 reduziert.

Auch wenn man annimmt, dass einige den Aufstieg in die Oberschicht geschafft haben, könnte ein Teil dieser acht Prozent aller 43 Mio. Einkommensbezieher in Deutschland in die einkommensmäßig unteren Schichten abgerutscht sein. Die Konsequenzen für die AV sind erheblich: Die Wahrscheinlichkeit ist groß, dass diese Bürger im Falle ihrer Verrentung, soweit sie es noch nicht zu aktiven Zeiten sind, direkt in Grundversorgungssphären übergleiten: Unterschichteinkommen während der beruflich aktiven Zeit, Altersarmut im Rentenalter. Wegen der Anrechenbarkeitsvorschriften sind die legalen Möglichkeiten von Zuarbeit nach Renteneintritt gering, sozusagen eine Aufforderung zur Schwarzarbeit.

Literatur

Bertelsmann Stiftung (2017): Wandel der Arbeitswelt lässt Altersarmut steigen, Gütersloh 2017.
Deutsche Rentenversicherung Bund (Hrsg.) (2017): Rentenversicherung in Zahlen 2017, Berlin.
Deutscher Bundestag (2017): Bundestags-Drucksache 18/11980.
Deutsches Institut für Weltwirtschaft und Zentrum Europäische Wirtschaftsforschung (2017): Entwicklung der Altersarmut bis 2036, Studie im Auftrag der Bertelsmann Stiftung, Gütersloh 2017.
Statistisches Bundesamt (2017): Verdienste auf einen Blick, Wiesbaden 2017.

Bedarf von Senioren und ihr Versorgungsniveau

8

8.1 Durchschnittlicher Grundbedarf für Best Ager

Viele meinen, im Rentenalter würde man weniger Geld brauchen als als Berufstätiger: Kinder stehen auf eigenen Beinen, Eigentumsbesitzer haben ihre „Hütten" bezahlt, nur für Mieter könne es finanziell eng werden. Vor diesem Hintergrund glauben viele Wohneigentumsbesitzer, nicht in weitere AV investieren zu müssen, weil die ursprünglich 60 % des aktiven Einkommens gemäß Rentenformel im Alter bei mietfreiem Wohnen reichen würden.

Diese Annahmen sind für die Bürger mit nahe bevorstehendem Renteneintrittsalter noch realitätsnah, obwohl auch sie schärfer rechnen müssen, wenn die Nebenkosten des Wohnens laufend steigen. Geld braucht man zudem, weil rüstige Neurentner immer reiselustiger und gesundheitsbewusster werden. Hinzu kommen steigende Eigenbeiträge für medizinische Leistungen, wenn Krankenversicherer ihre Leistungen kürzen. Die Finanzierung dieser Zusatzkosten kompensiert einen Teil der familienbedingten Kosten zu aktiven Berufszeiten (Abb. 8.1).

Gemäß einer Bedarfsanalyse des BMAS brauchen Senioren etwa 70 bis 80 % ihres durchschnittlichen aktiven Netto-Einkommens vor Renteneintritt. Dieser Wert liegt etwa in der Mitte zwischen der heutigen reinen GRV-Durchschnittsrente und dem aktiven Einkommen.

© Springer Fachmedien Wiesbaden GmbH, ein Teil von Springer Nature 2018
H. Benölken und N. Bröhl, *Altersvorsorge am Scheideweg*,
https://doi.org/10.1007/978-3-658-21837-9_8

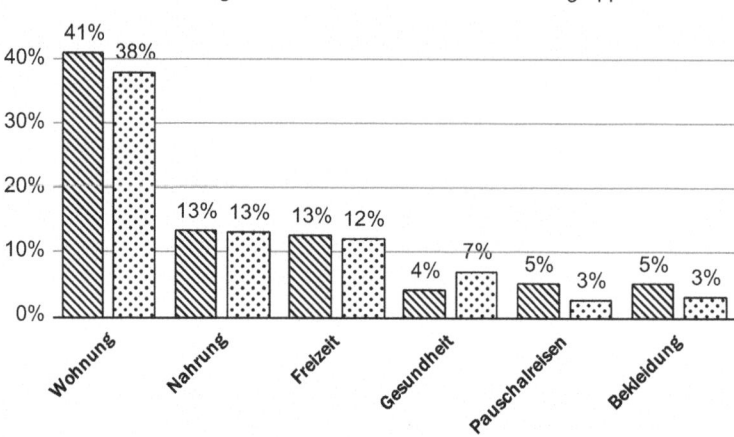

Abb. 8.1   Rentner geben mehr für Gesundheit aus. (Quelle: Statistisches Bundesamt 2017)

Versorgungsanspruchsniveau privater Haushalte

Mit folgender Fragenkaskade kann man das Anspruchsniveau an seine Versorgung und seine finanzielle Absicherung im Ruhestand, ausgehend vom letzten Bruttogehalt (100 %), vor Renteneintritt klären:

- Welche Erwartungshaltung an ihre finanzielle Absicherung haben sie? Mögliche Antwort: Sicherung des Lebensstandards der produktiven Arbeitsphase.
- Wie werden sich die Lebenshaltungskosten positiv verändern, weil wiederkehrende Zahlungen für Kinder in Ausbildung, Darlehenstilgungen, Vorsorgeaufbau etc. wegfallen? Antwort: Sie werden sich in den meisten Fällen um etwa 20 bis 30 % reduzieren.
- Welche finanziellen Mittel braucht man zusätzlich, um wachsende Belastungen für Gesundheitserhaltung abzudecken und sich im Ruhestand über die Grundbedürfnisse abdeckenden Lebenshaltungskosten hinaus auch etwas „leisten" zu können? Antwort: Dafür sind etwa zehn bis 20 % des letzten aktiven Arbeitseinkommens anzusetzen.
- Welches Anspruchsniveau an die Versorgung nach Einbeziehung von Ent- sowie Belastungsfaktoren errechnet sich insgesamt daraus? Antwort: Für „Top-Gesunde" mindestens 70 %, für gesundheitlich Belastete bis zu 100 % und mehr.
- Welche Versorgungsdeckung ist durch die GRV, bAV-Komponenten, zunehmend auch Riester-Renten, Dritte-Schicht-Einkommen (Rentenversicherungen, Zins- und Mieteinkünfte) gegeben? Antwort: Bei entsprechender Anspardauer und Ansparhöhe sind 70 % inklusive GRV-Rente durch Kombination von geförderten AV-Produkten erreichbar.
- Welche strategische Versorgungslücke resultiert aus dem Abgleich von Anspruch und bereits erreichtem Versorgungsniveau? In diesem Beispiel je nach Alterskohorte

(ohne Zusatzabsicherung): Für „Top-Gesunde" 20 %, für gesundheitlich Belastete bis zu 40 %. Wem das zu anspruchsvoll erscheint, muss folgende Alternative akzeptieren: Entweder eine erhebliche Einschränkung des persönlichen Lebensstandards, das heißt, man lebt als „lokaler" Rentner, der sich kaum etwas leisten kann. Oder man geht wieder zusätzlich arbeiten. Bei Störungen vor allem durch teure gesundheitliche Behandlungen wird der nur 60-Prozent-Versorgte sehr schnell zum Sozialhilfefall, dessen Lebenserwartung sich unter Umständen durch nicht adäquate Behandlung verkürzt.

- Wie können Haushalte diese Versorgungslücke durch individuelle Vorsorgemaßnahmen mit maximalem Wirkungsgrad schließen? Antwort: Indem sie Anlagen mit großer Hebelwirkung unter Berücksichtigung geförderter AV-Produkte als Privatpersonen (Riester, bAV) bzw. als Selbstständiger (Rürup-Rente) nutzen.

Wer seinen Ruhestand genießen will und konsumfreudig ist, muss sein Arbeitseinkommen aus seiner aktiven beruflichen Phase unter Berücksichtigung von Gesundheitskosten nahezu erhalten – oder Abstriche an seinen Lebensstandard machen bzw. dem Risiko ins Auge zu sehen, ein „Sozialfall" mit eingeschränkter persönlicher Selbstbestimmung zu werden!

8.2   Rentner- und Versorgungsniveau – Fallbeispiele

Antworten auf die Frage, wie weit die Renten reichen, liefern unterschiedliche Variationen für Singles, Paare mit und ohne Rentenberechtigung und Einbezug von Wohnalternativen:

- Rentnertyp A: Doppel-Rentenbezieher gut situiert, beide mit AV von 60 % inklusive GRV mit mietfreiem Wohnen: Auch wenn von ihren rund 3700 EUR Bruttorente für Nebenkosten des Wohnens, Kranken- und Pflegeversicherung, Steuern und Fixkosten 35 % abgehen, erlauben noch verbleibende 2400 EUR netto einen gehobenen Lebensstandard.

Alle anderen Kombinationen erfordern schärferes Rechnen.

- Noch komfortabel Typ B: Doppel-Rentenbezieher mit Bruttodurchschnittsrente aus 2017 (insgesamt rund 2600 EUR Rente) mit zwei vollen Durchschnittsrenten bei freiem Wohnen. Nach Abzug aller monatlichen Kosten bleiben 1500 EUR zum Leben.
- Doppel-Rentenbezieher Typ C wie vorstehend als Mieter. Wenn man die Nebenkosten und die Miete abzieht, bleiben kaum noch 1000 EUR. Es reicht noch zum auskömmlichen Leben und erlaubt auch mal eine Schnäppchenreise.
- Etwa die gleiche finanzielle Basis kann die Kombination Normalrentenbezieher und Bezieher einer halben Durchschnittsrente bringen (Typ D), wenn man mietfrei wohnt.

An dieser Stelle wird bereits deutlich, dass die Immobilie einen wichtigen Teil der Alterssicherung ausmacht. Es ist ein großer Unterschied, ob später in die Kalkulation der Lebenshaltungskosten im Alter noch die Miete einzubeziehen ist oder nicht.

Die folgenden Varianten nähern sich sukzessive der Altersarmut.

- Typ E beinhaltet Typ D als Einzelrentenbezieher, Single und Mieter. Diesem Typ bleibt wenig zum Leben über den täglichen Bedarf hinaus. Ein Single Typ E muss schon sehr sparsam sein, ein Paar als Typ E ist bereits als „altersarm" zu betrachten.
- Typ F bezieht eine unterdurchschnittliche Rente und wohnt zur Miete.

Die Rentnertypen A bis C dürften überall zu finden sein, wegen geringerer traditioneller Berufstätigkeit von Frauen die Typen D bis F heute wohl primär im Westen.

Zwar liefern Typisierungen nur grobe Orientierungshilfen. Das „Nettoversorgungsniveau" der gesetzlichen Rente ist eine Größe, die sich im Fluss befindet. Wie schon erwähnt, nimmt der Besteuerungsanteil der gesetzlichen Renten bis zum Jahr 2040 stetig zu, die Höhe der zukünftigen Steuersätze ist heutzutage noch nicht abzuschätzen, wobei gleiches für Sozialabgaben und allgemeine Teuerung gilt. Tab. 8.1 gibt aber Auskunft über ein paar Eckpfeiler, die auf das Nettoversorgungsniveau Einfluss haben.

Die Zahlen in Tab. 8.1 zeigen einen Durchschnittsverdiener mit 3100 EUR Bruttolohn im Monat. Nach Abzug von Steuern und Sozialabgaben bleiben noch rund 62 % seines Bruttolohns, das heißt 1932 EUR übrig. Wenn wir nun in die Zukunft hin zum

Tab. 8.1 Einkommensschätzung Single-Haushalt mit Immobilie. (Quelle: eigene Berechnung)

Einflussgröße	Einkommen heute (EUR)	Rente 2040 (EUR)
Bruttoeinkommen p. M./erwartete Bruttorente (z. B. Angaben aus dem Rentenbescheid)	3100	1744
./. Steuern (pauschaliert, Steurklasse I/IV)	527	192
./. Sozialabgaben	641	176
Nettoeinkommen	**1932**	**1376**
+ Zusatzeinkünfte	–	–
./. Mietausgaben/Immobilienfinanzierung/Wohnnebenkosten	−900	−400
+ Zusatzrenten (Riester, bAV)	–	–
./. Aufwand Zusatzrente	−100	–
./. Lebenshaltung[*]	−750	−943
Verbleiben[**]	**182**	**33**

[*]Es wird unterstellt, dass die Lebenshaltungskosten inflationsbedingt um 2 % p.a. ansteigen
[**]Der verbleibende Wert wird inflationsbereinigt ausgewiesen

Renteneintritt blicken, ergibt sich folgendes Bild: Bei 45 Renten-Beitragsjahren beträgt der Brutto-Rentenanspruch aus heutiger Sicht im Jahr 2040 rund 1744 EUR (in dem Beispiel gehen wir von 1744 EUR aus, weil bis zum Renteneintrittsjahr 2040 noch Rentensteigerungen von unterstellt einem Prozent erfolgen). Nach Abzug von Steuern und Sozialabgaben ergibt sich somit mit geschätzten 1376 EUR ein Nettorentenniveau von rund 71 % des heutigen Nettoeinkommens. Diese Sicht ist allerdings trügerisch und stellt einen der hauptsächlichen Fehler in der Rentenplanung dar. Genau genommen ist nämlich zum Ableiten des Vorsorgebedarfs nicht das aktuelle, sondern das Einkommen vor dem Renteneintritt ausschlaggebend, weil man zusätzlich auch noch von Lohn-steigerungen ausgehen kann. Falls das Nettoeinkommen in diesem Beispiel mit zwei Prozent pro Jahr steigt, ist zwischen 2017 und 2040 das Nettoeinkommen von 1932 auf 3047 EUR gestiegen. Damit ist das Rentenniveau in Wirklichkeit viel geringer und beträgt in diesem Fall 45 %.

Als Zwischenfazit können wir festhalten, dass sich in diesem Beispiel nur aufgrund der Zusatzrente von 33 EUR und der aufgrund der selbstgenutzten Immobilie entfallenden Mietzahlung die Versorgungssituation gerade noch ausreichend darstellt. Ohne das Eigen-heim als Zusatzvorsorge wäre unser Durchschnittsrentner wohl kaum, das heißt nur unter deutlichem Konsumverzicht, in der Lage, selbst seinen Lebensunterhalt zu bestreiten.

Im Kern stellt sich die Rentensituation so dar: Alles wird in Zukunft steigen, Löhne, Lebenshaltungskosten, Besteuerung, Abgaben und Krankenkosten. Aufgrund der Rentenreformen steigt die Altersrente aber nur wenig. Auf diese Weise entsteht die sogenannte Versorgungslücke.

8.3   Versorgungsbedarf für betreutes Komfort-Wohnen

Die vorstehenden Beispiele gehen von der Annahme aus, der Rentnerhaushalt versorge sich selbst. Wie sieht das aber aus, wenn das Paar oder der Einzelrentner betreutes Woh-nen in Anspruch nehmen will oder muss? Das illustriert folgendes Beispiel, das auf den realen Kosten eines bekannten Zentrums für betreutes Wohnen im Augustinum-Wohn-stift in Stuttgart-Killesberg aufbaut (Süddeutsche Zeitung, Ausgabe vom 27. März 2010, Beilage Vermögen und Vorsorge), mit dem Konzept: „Rundum versorgt und sorgenfrei" mit Vier-Sterne-Standard. In diesem Modell kauft man sich durch einen Anteil ein. Man gibt dem Träger ein Wohndarlehen, das auf die spätere betreute Miete angerechnet wird. Im Beispiel sind das 40.000 EUR bei 76 m² Wohnfläche. Bei Vollversorgung zahlt dieses Paar trotz der Anzahlung monatlich noch zwischen 4000 und 4500 EUR Miete, wozu zwei addierte Eckrentner-Einkommen in Höhe von ca. 2500 EUR nach heutigem Maß-stab bei weitem nicht reichen.

Man sieht: Dem Doppelrentner Typ A fehlt noch ein runder Tausender (gilt analog für ihn als Single), um sich gehobenes betreutes Wohnen in einem Ballungszentrum zu leis-ten, sodass er die Wahl hat, eine Bleibe „eine Nummer kleiner" zu suchen oder bei ent-sprechendem Komfortanspruch vielleicht auf preiswertere ländliche Regionen auszuweichen.

8.4   Struktur des Gesamtversorgungsniveaus (GVN)

Einem 45-jährigen ledigen Arbeitnehmer mit 2500 EUR Monatsbruttoeinkommen (das entspricht etwa 1600 EUR netto und einer kalkulierten Rente von rund 900 EUR) fehlen im Rentenfall auf Basis des GRV-Niveaus rund 45 % des aktiven Einkommens. Bei einer erwarteten Riester-Rente nach Abzug von Steuern von 250 EUR netto würde er sich bei Renteneintritt 70 Prozent-Marke der heutigen Einkommensbasis erreichen.

Mit Riester-Rente bei maximalem Sparbeitrag bedeutet in Abhängigkeit von der Anspardauer und einer moderaten Inflation von einem bis zwei Prozent: Bis zu 55 % Absicherung des späteren heutigen Einkommens sind möglich. Bezieht man eine moderate Inflation mit ein und unterstellt eine gedämpfte Anpassung der Renten an die Bruttolohnentwicklung, sieht die Situation vor Renteneintritt, wie die nachstehenden Beispiele zeigen, ziemlich „krass" aus (vgl. Tab. 8.2 und 8.3).

Die Erkenntnis: Riester-Besparung zu 50 % (also mit fast 88 EUR im Monat) bedeutet Absinken des addierten GRV- und Riester-Rentenniveaus auf unter 50 %!

Offen: Wie schließen Bürger die Vorsorgelücke (vgl. Abb. 8.2) zum persönlichen GVN? Mit Riester mit möglichst hoher Besparung, weil der Förderungseffekt für den AV-Sparer im Vergleich zu anderen Vorsorgealternativen am größten ist. Für ein GVN von 80 % sind noch weitere Vorsorgeprodukte drauf zu satteln.

Tab. 8.2 Beispiel 1 zum notwendigen GVN. (Quelle: eigene Darstellung)

Beispiel 1: Single, Alter: 25 Jahre, Jahresbruttoeinkommen: 30.000 EUR, Steuerklasse I, kirchensteuerpflichtig, keine Kinder	
Bruttoeinkommen pro Monat	Ca. 2500 EUR
Bruttoeinkommen bei 1,5 % Einkommenssteigerung im Jahr 2052:	Ca. 4672 EUR
Geschätzte Bruttoaltersrente ab 2052 (vgl. www.ihre-vorsorge.de/Finanzrechner-Rentenschätzer.html)	Ca. 1485 EUR (=32 % des Einkommensniveaus)
Riester voll, Jahresbeitrag 2100 EUR inklusive Zulage	1100 EUR Bruttorente (inklusive prognostizierter Überschussbeteiligungen; die Rentenberechnungen können Produktanbieter-spezifisch abweichen)
Absicherungsniveau GRV und Riester voll, bezogen auf 4672 EUR	55 % Gesamtversorgungsniveau

Tab. 8.3 Beispiel 2 zum notwendigen GVN

Beispiel 2: Familie, zwei Kinder (geboren 2006 und 2009), Alter: 38 Jahre (Vater) bzw. 36 Jahre (Mutter, Hausfrau), Jahresbruttoeinkommen: 36.000 EUR, Steuerklasse III	
Bruttoeinkommen pro Monat	Ca. 3000 EUR
Bruttoeinkommen bei 1,5 % Einkommens-steigerung im Jahr 2039	Ca. 4619 EUR
Geschätzte Bruttoaltersrente ab 2039 (vgl. www.ihre-vorsorge.de/Finanzrechner-Renten-schätzer.html)	Ca. 1875 EUR (=41 % des Einkommens-niveaus)
Riester voll, Jahresbeitrag 2100 EUR inklusive Zulage	411 EUR Bruttorente (inklusive prog-nostizierter Überschussbeteiligungen; die Rentenberechnungen können Produkt-anbieter-spezifisch abweichen)
Absicherungsniveau GRV und Riester voll	50 % Gesamtversorgungsniveau

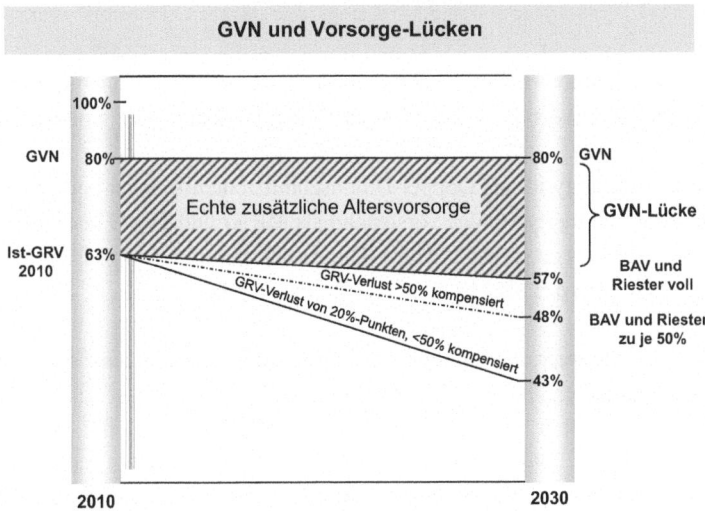

Abb. 8.2 Vorsorgelücke zum GVN. (Quelle: eigene Darstellung)

8.5 Das AV-Haus: GVN-Position für alle Gruppen

Im großen AV-Haus haben viele Platz, es fragt sich nur, auf welcher Etage (vgl. Abb. 8.3).

Hier knüpfen wir an die beschriebenen Vorsorgetypen an, berücksichtigen aber zusätzlich die individuelle Wohnsituation als geldwerten Bestandteil des GVN:

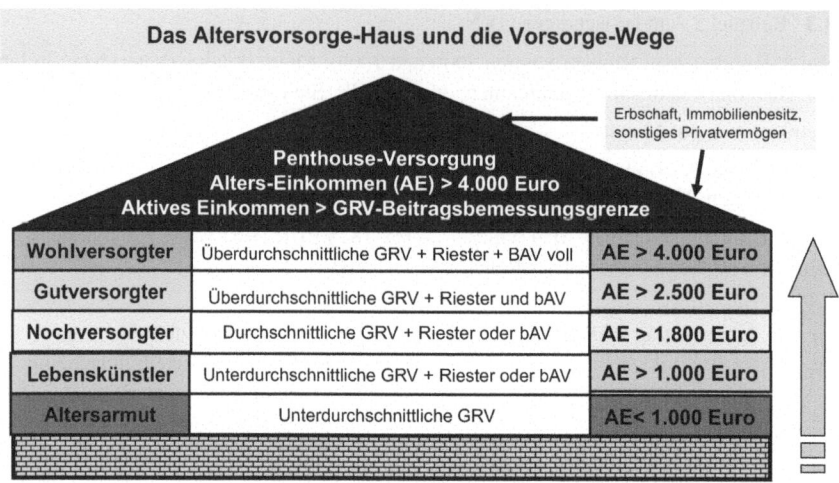

Abb. 8.3 AV-Haus. (Quelle: eigene Darstellung)

- Penthouse: Bei Rentnereinkommen über 5000 EUR wird die Wohnsituation sekundär.
- Wohlversorgte: Rentnertyp A als Doppel-Rentenbezieher, gut situiert, mit freiem Wohnen.
- Gutversorgte: Rentnertyp B als Doppel-Durchschnittsrentenbezieher bei freiem Wohnen.
- Noch Versorgte: Rentnertyp C wie vorstehend als Mieter und Typ D bei freiem Wohnen.
- Lebenskünstler: Rentnertyp D als Allein-Durchschnittsrentner mit Mietzahlung.
- Sozialfälle: Rentnertyp E als Mieter sowie Rentnertyp F.

Etagenwechsel im Rentneralter ist nur mit Zusatzjobs möglich, ansonsten muss man langfristig vorher planen.

In diesem Haus wohnt der Eckrentner ohne Mietkosten vielleicht noch in der Noch-Versorgten-Etage, aber wenn er als Alleinversorger Miete zu zahlen hat, ist ein Lebenskünstler-Dasein vorprogrammiert, dessen Haupthobby im Abgrasen von Schnäppchenangeboten in den großen Supermarktketten bestehen könnte.

Ebenso wie im Regelfall auf der Penthouse-Ebene die Sonnennutzung am größten ist und zum Souterrain hin abnimmt, scheint die Altersvorsorgesonne auch unterschiedlich auf die einzelnen Etagen. Auch in diesem Haus kann ein großer politischer Hauskrach entstehen, wenn Millionen in der untersten Etage nach der Sonne lechzen und Spartakusaufstände drohen: Großer politischer Sprengstoff in der Bürgergesellschaft!

Literatur

Statistisches Bundesamt (2017): Statistisches Jahrbuch 2017, Wiesbaden 2017.

Arbeitnehmer-Vorsorge: Marsch in die Altersarmut?

9

9.1 Gruppen mit geringem Altersarmuts-Risiko

Beispiel 1: Der Arbeitnehmer mit gehobenem aktiven Einkommen und Zusatzrente
Hier finden wir Angestellte in gehobenen Vergütungsklassen im Beitrag der GRV-Bemessungsgrenze und darüber. Damit ist bei entsprechender Berufs- und Einzahlungsdauer ein GRV-Anspruch von 1600 bis 2000 EUR gesichert, meist ergänzt über eine vertraglich abgesicherte Zusatzrente, zum Beispiel durch eine bAV. Damit liegt der Gesamtversorgungsanspruch zwischen 2000 und 3000 EUR brutto. Hier einzuordnen sind auch beamtete Angehörige des gehobenen und höheren öffentlichen Dienstes. Sie alle haben als Wohlversorgte oftmals ein Versorgungslevel mit Note 1 (ab 3000 EUR).

Beispiel 2: Der Eckrentner
Für viele Eckrentner sieht die Realität nüchtern aus: Mit 45 Jahren Einzahlungsdauer und einem Durchschnittsentgelt von rund 37.100 EUR (im Jahr 2017) voll beschäftigt ohne gravierende Störungen der Erwerbsbiografie, kann er noch etwa 1400 EUR Bruttorente (West) erwarten. Damit erreicht er als Nochversorger mit Eigenheim die Note 4. Bei Zahlung von Miete, zusätzlichen Abzügen wie Steuern, steigender Lebenshaltungs- und Gesundheitsausgaben sackt er ab zum Lebenskünstler mit Note 4 bis 5. Davor bewahrt ihn in vielen Branchen eine Betriebsrente, die eine Note wettmacht. Soviel zum gern glorifizierten „Eckrentner".

© Springer Fachmedien Wiesbaden GmbH, ein Teil von Springer Nature 2018
H. Benölken und N. Bröhl, *Altersvorsorge am Scheideweg,*
https://doi.org/10.1007/978-3-658-21837-9_9

9.2   Gruppen mit hohem Altersarmuts-Risiko

Beispiel 3: Spätstarter und Berufstätige mit unterbrochener Erwerbsbiografie
Die Gründe können lange Ausbildungszeiten, Sabbatjahre in jüngeren Jahren oder Umschulungsmaßnahmen sein. So beginnen sie erst im Alter von etwa 30 Jahren eine finanzmathematisch relevante AV aufzubauen. Die Eckrentner-Einzahlungsdauer können sie nicht mehr erreichen, vielleicht aber mit 40 Jahren GRV-Einzahlungsdauer bei überdurchschnittlichem Einkommen noch Bonuspunkte für ein Eckrentnerniveau erreichen. Bei niedrigerem Einkommen ist mehr als eine 4 beim Versorgungslevel nicht mehr drin. Bei höheren Belastungen ist der Abstieg auf eine 5, den wir Lebenskünstler nennen, vorprogrammiert.

Beispiel 4: Befristete Arbeitsverhältnisse „in Serie"
Gemäß einer Erhebung des Nürnberger Instituts für Arbeitsmarkt- und Berufsforschung (vgl. Reinberg 1999) ist der Anteil von Zeitverträgen bei Neueinstellungen auf 47 % gestiegen. Bei Kettenarbeitsverträgen, die nach verlängerter Probezeit beim gleichen Arbeitgeber in Daueranstellungen übergingen, ist das kein Nachteil für den AV-Aufbau.

Wenn ein befristetes Arbeitsverhältnis mit einem „Aus" nach Auslauf des Vertrags endet, muss sich der Arbeitnehmer eine neue Stelle suchen. Gelingt ihm das „just in time", erwächst ihm daraus entsprechend den vereinbarten Einkommensverhältnissen kein Nachteil für seine AV. Hat er aber zwischen mehreren Arbeitsverhältnissen Leerzeiten und in dieser Zeit einen ALG-I-Anspruch, verliert er die Differenz im Unterschied der Bemessungsbasis zwischen Vollgehalt und ALG-Bezug. Für ALG-I werden nur 80 % der regulären Rentenanwartschaften berechnet. Hat er wegen zu kurzer Beschäftigungszeiten keinen ALG-I-Anspruch, rechnet man ihm für die AV nur den Mindestbeitrag an: ein Loch, das Entgeltpunkte kosten kann und damit den GRV-Anspruch reduziert.

Ein Sonderfall sind Fälle der „Generation Praktikum" und auch der „Generation Warteschleife". Hier drängt sich das Bild vom Hamsterrad auf: Man muss immer schneller laufen, um nur auf derselben Stelle zu bleiben. Für das finanzielle Überleben mag das zwar reichen, aber für den AV-Aufbau dürften solche Zeiten verloren sein.

Krasse Auswirkungen auf die AV treten auf, wenn Bürger mit vielen befristeten Arbeitsverhältnissen bei unterschiedlichen Arbeitgebern und mit diversen Unterbrechungen, diese Entwicklung „dick" haben und in die Selbstständigkeit entfliehen: Selbst wenn das laufende Einkommen gesichert erscheint, bleiben meist Rücklagen für die AV auf der Strecke.

Beispiel 5: Mindestlohn-Bezieher
Auch bei lebenslanger Vollzeitbeschäftigung ist das Einkommen für diese Gruppe für den Aufbau einer auskömmlichen AV zu niedrig, wenn er nicht zweistellig wird. Wenn das aktive Einkommen schon unter 1500 EUR liegt, kann sich daraus kaum ein Rentenanspruch von mehr als etwa 600 bis 700 EUR auch bei eckrentnerähnlicher Berufsdauer

aufbauen. Hier lohnt sich auch der Aufbau einer zusätzlichen AV nur dann, wenn diese von der Anrechnung auf eine Grundsicherung freigestellt wird.

In diesem Zusammenhang ist es schockierend, dass nach Erkenntnissen des Bundesministeriums für Finanzen von den 8,4 Mio. Mindestlohnberechtigten nur zwei Drittel diesen auch bekommen, während 2,7 Mio. Berechtigte faktisch niedriger entlohnt werden (vgl. Öchsner 2018).

Auch wenn es in Dienstleistungsberufen nach Einführung des Mindestlohns 2015 Taschengeldzulagen durch Kunden gibt: Diese Nebeneinnahmen sind nicht sozialversicherungspflichtig und verbessern nicht den Aufbau einer auskömmlichen AV.

Beispiel 6: AV und Hartz-IV

Hier geht es um die Auswirkungen einer temporären oder chronischen Hartz-IV-Bezugsdauer im Hinblick auf die AV. Dabei sei angenommen, Hartz-IV-Jahre sind zwar anrechenbar für die Einzahlungsdauer in die GRV, aber ohne nennenswerte Punktegutschrift. Hier sind folgende Fälle denkbar:

Herr Schulze hat bis zum 53. Lebensjahr voll gearbeitet, inzwischen etwa 35 Rentnerjahre und einen GRV-Anspruch von 1000 EUR erreicht, der bei voller Weiterbeschäftigung bis zum 65. Lebensjahr auf etwa 1300 EUR ansteigen kann. Nun ist er als Opfer einer Rationalisierungsmaßnahme seines Arbeitgebers arbeitslos gemäß Arbeitslosengeld I (ALG I) und ab dem 55. Lebensjahr gemäß ALG II, und das bis zu seiner Verrentung mit 65 Jahren. Per Saldo ist sein GRV-Anspruch gerade mal auf 1100 EUR gestiegen. Er wohnt mietfrei, hat aber keine anderen Versorgungsbezüge. Hartz IV bringt ihm nur noch einen Rentenanspruch pro Jahr von zusätzlich 4,43 EUR. Nach Kranken- und Pflegeversicherungsabzug und Nebenkosten des Wohnens verbleiben ihm 700 EUR zum Leben. Er muss also scharf rechnen, aber das ist noch der günstigste Fall von Hartz-IV-Rentnern. Soweit das mögliche AV-Schicksal von diversen Arbeitnehmergruppen.

9.3 Zusammenhang von Arbeitslosigkeit und AV

Dieses gesellschaftspolitisch brisante Thema wollen wir nochmals auf den Punkt bringen:

- Franz Beschäftigt, Bruttoeinkommen 30.000 EUR, wird arbeitslos und bezieht 60 % ALG I (67 % bei Familien mit Kindern) seines aktiven Nettoeinkommens. Die Bundesagentur zahlt für ihn Rentenbeiträge in der ALG-I-Zeit in Höhe von 80 % des früheren Bruttoverdienstes. In dieser Beitragshöhe erwirbt er auch Anrechtspunkte in der GRV.
- Sollte er nach einem Jahr (für ältere Arbeitnehmer gelten Fristen bis zu 24 Monaten), noch keine neue Stelle gefunden haben, rutscht er in ALG II ab. Diese Zeit wird ihm zwar angerechnet, aber nur in Höhe eines fiktiven Monatsverdienstes von 450 EUR.

- Zudem ist er in der Branchenpensionskasse seines bisherigen Unternehmens bAV-versichert. Das entsprechend umgewandelte Entgelt könnte er zum neuen Arbeitgeber mitnehmen, der Vertrag wurde aber vorerst beitragsfrei gestellt.
- Vor zwei Jahren hat er zudem einen Vertrag über eine Riester-Rente abgeschlossen, der vorübergehend stillgelegt wurde.

Unterstellt man, Franz Beschäftigt habe nach einem weiteren Jahr eine neue Anstellung gefunden, könnten sich seine Versorgungsansprüche für das Jahr der Arbeitslosigkeit um mehr als zwei Drittel des vorherigen Jahres reduziert haben. Der Grund: Beim Abgleiten ins ALG II baut er kaum Ansprüche auf, sondern diese stagnieren fast vollkommen.

Fazit: Für einen überschaubaren Zeitraum verliert man zwar Versorgungspotenzial, aber kann es verschmerzen. Bei häufiger Arbeitslosigkeit ist das Risiko von Altersarmut groß.

9.4   Sind Staatsdiener eine besondere AV-Klasse?

Wenn öffentlich Bedienstete trotz sicherer Jobs mehr Geld in Form von Tarifanhebungen verlangen und diesem Streben auch mit Warnstreiks in Gesundheits- und Sozialeinrichtungen, Müllabfuhren etc. Nachdruck verleihen, kocht gemeinhin die Volksseele. Hier interessiert uns, ob diese Beschäftigtengruppe in ihrer AV Startvorteile hat und ggf. welche.

Allgemeine Ausgangssituation: Ein bisschen „gleicher" sind sie schon
Die erste Übergleichheit: Nahezu alle öffentlich Bediensteten haben nur ein geringes Arbeitslosigkeitsrisiko, wohl aber ein Versetzungsrisiko, das sie finanziell deutlich benachteiligen kann. Beispiel sind junge Polizeibeamte mit noch wenigen Dienstjahren, die von ihrem Dienstherrn in teure Metropolen mit kaum erschwinglichem Wohnraum versetzt werden. Damit ist ihnen dennoch bei ununterbrochener Erwerbsbiografie ein ungestörter AV-Aufbau sicher. Beamte haben Vorteile bei ihrem Pensionärs- bzw. Rentnereinkommen.

Speziell Beamte des öffentlichen Dienstes
„Der Staat hält zu seinen Beamten!" ist ein geflügeltes Wort, weil Beamte ihre Arbeitskraft dem Gemeinwohl zur Verfügung stellen und sie deshalb der Staat „unterhält".

Laut DIW schneiden bei der AV-Vermögensbildung besonders Beamte gut ab: „Beamten kommt zugute, dass sie keine eigenen Beiträge für die AV leisten müssen. Sie unterliegen auch keinem Arbeitslosigkeitsrisiko und haben deshalb ununterbrochene Erwerbsverläufe."

Steuereinnahmen sind das Rentenglück des Beamten, denn ohne sie würde die Quelle der finanziellen Absicherung der Pensionäre im Alter versiegen. Im Gegensatz zur GRV werden Beamtenpensionen aus Steuergeldern finanziert. Dabei kommen kein Generationenvertrag und keine Kapitaldeckung zum Tragen, damit gibt es auch keine Vorsorgereserve gegen zukünftig rückläufige Steuereinnahmen. Man schätzt die Finanzierungslasten für laufende Pensionen und Pensionsanwartschaften aller kommunalen, Landes- und Bundesbeamten auf mehr als 1000 Mrd. EUR für die nächsten 30 Jahre, womit schätzungsweise jeder zehnte aus Steuern eingenommene Euro für Beamtenpensionen ausgegeben wird.

Beamtenpensions-Lasten: Wer kann das bezahlen?
Bei rückläufigen Steuereinnahmen wird das Beamtenpensionssystem erheblich unter Druck kommen. Deshalb sind Kürzungen bei Beamtenpensionen durch Anpassung an die Kohorten-Regelungen der GRV nur eine Frage der Zeit. Eine generelle Verlängerung des Regel-Pensionseintrittsalters auf 67 Jahre ist deshalb absehbar. Zudem ist wahrscheinlich, dass es auch in der absoluten Höhe der Pensionen zu Kürzungen kommen wird.

Die Fakten: Nach fünfjähriger Dienstzeit wird ein Pensionsanspruch bei Beamten begründet, dessen Höhe sich nach der Besoldungsgruppe und nach der Anzahl der Dienstjahre richtet. So kann ein Beamter in der mittleren Besoldungsgruppe A8 (entspricht dem Durchschnittseinkommen) nach 40 Dienstjahren mit 2300 EUR Bruttopension rechnen. Ein sozialversicherungspflichtiger Durchschnittsverdiener erhält für 40 Jahre Beitragszahldauer hingegen nur eine Bruttoaltersrente von etwa 1241 EUR. Die Kürzungen durch Riester- und Nachhaltigkeitsfaktor aufgrund der Demografielasten der Bevölkerung im Bereich der GRV sind bei Beamtenpensionen bei der Höhe des Pensionsanspruchs gesetzlicherseits noch nicht berücksichtigt worden.

Wie groß die Belastung durch Beamtenpensionen sein wird, lässt sich besser abschätzen, wenn Dienstherren auf kaufmännische Buchführung umstellen: Es wird ersichtlich, wie viel für Beamtenpensionen zurückgestellt sein müsste.

Beamte haben ein Anrecht darauf, dass man ihnen „reinen Wein einschenkt", damit sie frühzeitig ergänzend AV-Vermögen aufbauen können (zum Beispiel mit Riester-Produkten), um zu erwartende Pensionskürzungen teilweise ausgleichen zu können.

Speziell Angestellte des öffentlichen Dienstes
Hinsichtlich Arbeitsplatzsicherheit und damit ununterbrochener Erwerbsbiografie sind sie Beamten fast gleichgestellt, vielleicht mit Ausnahme von Regiebetrieben der öffentlichen Hand, wenn die kommunalen Dienstherren diese privatisieren. Ihre Standardversorgung fällt inklusive der Zusatzversorgungswerke etwa 20 bis 30 % schmaler als die von Beamten (jeweils auf vergleichbaren Besoldungsstufen) aus, liegt aber je nach Laufbahn etwa eine Note über dem Versorgungsniveau in der gewerblichen Wirtschaft. Leitende Angestellte im öffentlichen Dienst sind mit heute vielfach üblichen privaten Zeitverträgen als Wohlversorgte zu bezeichnen, allerdings mit Wiederbestellungs- und damit auch Arbeitsplatzrisiko.

Literatur

Reinberg A. (1999): Der qualifikatorische Strukturwandel auf dem deutschen Arbeitsmarkt : Ent-
    wicklungen, Perspektiven und Bestimmungsgründe. Mitteilungen aus der Arbeitsmarkt- und
    Berufsforschung, Institut für Arbeitsmarkt- und Berufsforschung (IAB), Nürnberg [Institute for
    Employment Research, Nuremberg, Germany], vol. 32(4).
Öchsner, T. (2018): „Durchgerutscht", in: Süddeutsche Zeitung vom 29. Januar 2018.

Selbstständigen-Vorsorge: Quo vadis?

10

Selbstständige sind nicht versicherungspflichtig, sondern „eigenverantwortlich"
Selbstständige sind nicht immer selbstständig, das gilt auch für die AV. Hier gibt es unterschiedliche Typen, die von der Erwartung einer guten oder zumindest auskömmlichen AV bis zu armen Kirchenmäusen reichen als Dauer-Sozialhilfeempfänger.

AV bei Selbstständigen ist anderes gelagert als bei sozialversicherungspflichtig Beschäftigten: Im Mittelpunkt stehen in der Regel der Vermögensaufbau und das Vermögensmanagement. AV bedeutet unter anderem, den Vermögenswert des Betriebs zu maximieren und diesen bei Renteneintritt zu verkaufen bzw. zu verpachten. Selbstständige sind in ihrer AV-Motivation primär in dem Maße berührt, wie sie damit Steuern sparen können.

10.1 Gruppen mit Wohlhabend-Perspektiven im Alter

Freiberufler mit Mitgliedschaft in starken Zusatzversorgungswerken
Wer kennt sie nicht und beneidet sie beim Anblick ihrer repräsentativen Einfamilienhäuser oder Villen: Ärzte aller Fachrichtungen, Angehörige von rechts-, steuer- und sonstigen beratenden Berufen, Apotheker und auch viele Anbieter von speziellem Know-how mit Selbstständigen-Status. Sie sind alle nicht als Freiberufler auf die Welt gekommen, sondern verfügen zum Zeitpunkt der Firmengründung oft schon über einen Vorsorgesockel aus einer gehobenen Arbeitnehmertätigkeit. In der Regel sind sie Mitglied in berufsständischen Versorgungswerken, die für die eigenen Berufsgruppen eine Zusatzrente aufbauen. Das Versorgungsniveau unter Berücksichtigung von Ansprüchen an die GRV liegt bei etwa 3000 EUR monatlich, was allerdings üppige Beitragseinzahlungen in einkommensstarken Jahren erfordert. Damit sind sie versorgungsmäßig mit Beamten des höheren Dienstes vergleichbar. Der Versorgungslevel liegt zwischen Wohlversorgten und Penthouse-Versorgten.

10

© Springer Fachmedien Wiesbaden GmbH, ein Teil von Springer Nature 2018
H. Benölken und N. Bröhl, *Altersvorsorge am Scheideweg*,
https://doi.org/10.1007/978-3-658-21837-9_10

Inhaber von substanzreichen Handwerks- und Fertigungsbetrieben

Die Spanne des Versorgungslevels bei Handwerksbetrieben ist groß: Nicht viel schlechter als Freiberufler sind die Inhaber von eigenkapitalstarken Handwerks- und Fertigungsbetrieben dran. Zwar ist hier die Bedeutung von Versorgungswerken nicht gegeben, aber die Substanz der Betriebe (falls mehrere Arbeitnehmer beschäftigt sind) kann ein kontinuierliches Zubrot zur AV über Fortführung durch eigene Nachkommen oder Einsteiger von außen bieten. Der Versorgungslevel hat mehrheitlich die Note 2 als Wohlversorgte oder besser.

Handwerker als Lebenskünstler

Das Sprichwort „Handwerk hat goldenen Boden" ist sicherlich richtig, aber im Hinblick auf die AV ist entscheidend, wie man den Boden bewirtschaftet: Wem der Betrieb 100.000 EUR im Jahr vor Steuern übriglässt, also etwas über 8000 EUR im Monat, zählt zur Fünf-Prozent-Gruppe der Spitzenverdiener aller selbstständigen und unselbstständigen Haushalte. Nach Steuern und Absicherung gegen Lebensrisiken bleiben davon monatlich etwa 5500 EUR. Wenn er eine Gesamtversorgung von 2000 EUR monatlich erstrebt, muss er darin, etwa ab seinem 40. Lebensjahr, eine monatliche Einzahlung in eine Rentenversicherung in gleicher Höhe leisten. Ist er dazu bereit und hält er das bis zum geplanten Ablaufalter durch? Dann verbliebe ihm in der Ansparphase ein disponibles Einkommen von 3500 monatlich. Er ist einkommensmäßig etwa Beamten im gehobenen Dienst gleichgestellt: wenig Spielraum für kostspieligen Prestigekonsum!

Die Verwertung des Betriebes (Verkauf, Verpachtung) als Teil der AV zu planen, ist grundsätzlich möglich, aber angesichts eines hohen Angebotsüberhangs werden hier viele Erwartungen enttäuscht. Bei familieninterner Nachfolge gibt es meist kein Cash, aber man kann weiter mitarbeiten. Ein Level der Note 2 ist als Wohlversorgter möglich, bei geringer Ausgabendisziplin in der aktiven Phase kann er auch Note 4 als Nochversorgter sein.

Letztere Gruppe sind die Ein-Mann Handwerksbetriebe, die gerade einmal ihren Lebensunterhalt erwirtschaften. Bei stark schwankender Auftragslage und hoher Konkurrenz ist in dieser Gruppe der Aufbau einer adäquaten AV eher als schwierig anzusehen. Hier reicht die Spanne von gerade Nochversorgtem bis zum latenten Risiko von Altersarmut.

10.2 Gruppen mit latentem/hohem Altersarmuts-Risiko

Das wachsende Heer der Geistesarbeiter

Diese Gruppe hat das Problem, neben eigener Profilierung noch ausreichende Rücklagen für die eigene AV aufzubauen und speist sich primär aus zwei Quellen:

- Zielstrebige Jungunternehmer, die sich früh für die Selbstständigkeit entscheiden. Das können Musterstudenten sein, die so hervorragende Abschlüsse erreicht haben, dass sie auch für Großunternehmen sehr attraktiv wären, aber beschließen: „Ich arbeite für niemanden, nur für mich." Sie wollen ihr „eigenes Ding" machen und erwirtschaften auch die finanziellen Mittel, um sich ihre AV aufzubauen. Leuchtende Vorbilder sind unter anderem bekannte Erfolgsmenschen aus der IT-Branche („Silicon Valley").

- Die andere größere Gruppe ist eher unter der Rubrik „Flucht in die Selbstständigkeit" einzuordnen, Sie bewertet die Risiken, bei mehrfachen befristeten Arbeitsverträgen von Job zu Job zu laufen, genauso hoch, wie von Kunde zu Kunde zu laufen und um Aufträge zu buhlen. Sie kann in den folgenden Gruppen wiedererscheinen. Denkt diese Gruppe dabei auch rechtzeitig an die langfristige Alterssicherung?

Selbstständige Serviceanbieter und Franchisenehmer
Gemeint sind hier Betriebe, die durchaus eine gewisse Größe erreichen können wie zum Beispiel McDonald's-Bistros, deren Chefs, wie man hört, als Beteiligte mit kleinem Fixum arbeiten und auch mehrere Hilfskräfte (primär auf 450 EUR-Basis) beschäftigen. Mit den in solchen Branchen weiteren versicherungsmäßigen Fragen wollen wir uns hier nicht beschäftigen, denn es interessiert nur deren Leistungen für eine eigenständige AV. Wenn kein gesetzlicher Zwang dahintersteht, unterbleibt diese vielfach, aber wenn die Branche floriert, ziehen manche statt einer „trockenen" Vorsorgeplanung einen Prestige-konsum vor, den sie sich vermeintlich leisten können, der sie aber nicht davor bewahrt, langfristig zu verarmen. Versorgungslevel nur bei hoher Selbstdisziplin 4, also Nochver-sorgte, ansonsten Lebenskünstler, was erst recht für die folgende Gruppe Scheinselbst-ständige gilt.

Scheinselbstständige
Wer hat ihn noch nicht gesehen: Den freiberuflichen Kleintransporteur und Boten, der seine Aufträge mit dem Fahrrad zustellt? Und das mit Öko-Habitus, weil abgasfreie Fort-bewegung einen Beitrag zur Reinhaltung der Luft leistet? Soweit die Romantik in jün-geren, vielleicht noch mittleren Jahren, aber wie sieht es mit dem Aufbau einer AV aus, von der man leben kann, wenn das aktive Selbstständigen-Einkommen nur 1000 EUR erreicht und davon neben einer bescheidenen Miete in einer Wohngemeinschaft auch noch Lebenshaltungskosten zu bestreiten sind? Einmal Lebenskünstler, immer Lebenskünstler?

Zu guter Letzt: Existenzgründer
Männer machen sich oft in etablierten Berufszweigen des Handwerks oder als Frei-berufler selbstständig mit dem Ziel, sich auch eine AV Güteklasse 1 bis 2 aufzubauen. In die Selbstständigkeit bringen sie oft schon langjährige sozialversicherungspflichtige Zeiten ohne Patchwork-Unterbrechungen ein, dem sich die Mitgliedschaft in berufs-ständischen Versorgungswerken anschließt: AV bei erfolgreicher Existenzgründung gesichert.

Bei anderen Selbstständigen ist die Gefahr groß, in AV-Problemgruppen zu landen. Erfahrungsgemäß ist in dieser Gruppe der Anteil von Frauen relativ groß. Die Perspek-tiven: In der Selbstständigkeit recht und schlecht überlebt, bis die Kräfte nicht mehr reichen, dann das Altersdasein von der Grundsicherung fristen, bis das Heim die letzte Station wird.

Offene Fragen und Anregungen an die Politik

Die Forderung nach einer Basis-Pflichtversicherung ist seit Jahren zu hören. Ein Einstieg wurde mit der Einführung eines Basistarifs in der privaten Krankenversicherung für Selbstständige vollzogen, zwar noch nicht obligatorisch, aber „naheliegend". Der Weg ist richtig und wäre auch für die AV zu erwägen.

Was passiert, wenn 25 % von vier Millionen Selbstständigen keine ausreichende AV aufbauen? Da der Staat eine Existenzsicherungspflicht auch für diese Gruppe bis ins hohe Alter hat, müsste er sich die Mittel über Steuern von „Leistungsträgern" beschaffen, um sie dann an Selbstständige umzuverteilen. Damit könnte erheblicher sozialpolitischer Zündstoff verbunden sein. Deshalb ist die Regelung einer eigenständigen Vorsorgepflicht auch für Selbstständige unter Anrechnung befreiender eigener Leistungen überfällig.

10.3   AV-Merkpunkte für Selbstständige

Scheidung: Nicht nur oft Firmen-, sondern auch Vorsorgekiller

Für jeden lebenden Betrieb ist eine Scheidung als GAU anzusehen, wenn nicht für diesen Fall klare vermögensrechtliche Regelungen zwischen den Partnern bestehen. Sonst besteht die Gefahr, dass dadurch die Firmensubstanz bis zur Insolvenzgefahr vernichtet werden kann. Damit kann auch der Betrieb keinen Beitrag mehr zur AV leisten.

Das zweite Risiko: Selbstständige haben oft großen Nachholbedarf im Aufbau ihrer AV und damit einen zu geringen gemeinsamen Anspruchssockel. Wenn dieser noch wie ein Baumstumpf durch zwei geteilt wird (50/50-Teilung im Rahmen des Versorgungsausgleichs der während der Ehezeiten erworbenen Anwartschaften), gerät jeder für sich in Altersarmut, je nachdem wie viele Jahre noch zur AV-Regenerierung verbleiben.

Selbstständige müssen auch 30 % ihrer Einkünfte für Rücklagen reservieren, wie Arbeitnehmer, die es bei der Rücklagenbildung einfacher haben: Etwa 20 % des sozialversicherungspflichtigen Einkommens bekommen sie als einbehaltene Sozialversicherungsbeiträge (20 % des Bruttoeinkommens bis zur jeweiligen Beitragsbemessungsgrenze) nicht aufs Konto, sondern nur in der Lohnabrechnung zu Gesicht. Dazu kommen noch vier Prozent des Bruttolohns als „Riester" (die sieht er auf seinem Konto und muss sie selbst an seinen „Träger" überweisen) und weitere maximal vier Prozent bAV (bei Gehaltsumwandlung sieht er die nicht mehr auf dem eigenen Konto) und vielleicht noch private Zusatzversicherungen. Damit sind schon fast 30 % des Einkommens erreicht.

Einem solchen zumindest im Bereich der GRV obligatorischem Zwangssparprozess unterliegt der Selbstständige nicht, denn zunächst landen alle Einkünfte auf seinem Geschäftskonto, und bereits beim Abführen der Mehrwertsteuer und eventueller ertragsabhängiger Steuern fängt sein Herz an zu bluten. Nehmen wir an, er habe nach Disposition seiner Betriebsausgaben eine Privatentnahme auf sein Privatkonto überwiesen, von dem er dann Vorsorgedispositionen überweist: volle Krankenversicherung (einschließlich Arbeitgeberanteil), vielleicht Einzahlungen in die GRV als freiwilliger oder wenigstens Mindestbeitrag, für eine Direktzusage oder Rürup-Rente, die ein- oder andere Zusatzversicherung. Inwieweit kollidiert das mit seinem Anspruch, auch „zu leben"?

Aber er hat auch einen Vorteil: Während die GRV aufgrund der Umlagefinanzierung nur eine geringe Rendite abwirft, sind seine Privatrenteneinzahlungen voll verzinslich, wodurch sich (zumindest bis zur Niedrigzinszeit) sein eingezahltes Kapital durchaus verdoppeln und er damit eine wesentlich höhere Rente bei gleicher Einzahlungshöhe erzielen kann. Entscheidend ist: Mit hoher Selbstdisziplin sind Vorsorgeaufwendungen frühzeitig bedarfsgerecht vorzunehmen. Das ist ein erster notwendiger Schritt zur Vermeidung von Altersarmut.

Aber alles auf eine Karte setzen birgt große Risiken
Selbstständige investieren primär in ihr Unternehmen und nebenbei (oft unzureichend) in die Absicherung existenzieller Risiken wie Krankheit und Berufsunfähigkeit und meinen, für AV sei noch Zeit. Dabei übersehen sie, dass AV (aufgrund des weitgehenden Wegfalls der Zinseszinseffekte in Niedrigzinsphasen) keine Raketenstarts ermöglicht, sondern eine kontinuierliche Einzahlung über einen langen Zeitraum ab 20 Jahren erfordert. Wer also meint, mit 50 Jahren sich auch um AV kümmern zu können und dabei noch Leistungen als Gutversorgter zu erwarten, muss an die Grenze seiner finanziellen Möglichkeiten gehen.

AV von Frauen: (k)ein Sonderfall!?

11.1 AV: Prinzipiell Gleichberechtigungs-Thema

Nur gleichwertige Einkommen sichern gleichwertige Vorsorge
Auch für die AV gilt das Grundrecht, dass vor dem Gesetz alle Pflichtversicherten gleich sind. Wer sich mit der Frage befasst, wieso der GRV-Anspruch von Frauen ein Viertel unter dem von Männern liegt, muss an der relativen Einkommensgerechtigkeit der Geschlechter ansetzen. Insofern scheint es keines besonderen „Frauenkapitels" zu bedürfen, aber es gibt nicht nur historische Entwicklungen, sondern auch noch aktuelle Benachteiligungen, die einer AV-Chancengleichheit der Geschlechter entgegenstehen.

Sind Frauen es nicht gewohnt, eigenständig Alterssicherung zu planen?
Nach „Emma"-Herausgeberin Alice Schwarzer ist Alterssicherung von Frauen das Ergebnis ihrer ökonomischen Abhängigkeit über Generationen. Frauen müssten angeblich deshalb noch lernen, „mit Geld umzugehen." Nun gibt es nicht generell „die Frau", sondern Frauengruppen in unterschiedlichen Lebenssituationen, vereinfacht zwei große Gruppen:

- Frauen mit qualifizierter Ausbildung, hohem Ehrgeiz und entschlossen wahrgenommenen Berufschancen ziehen mit Männern gleich und erreichen auch eine vergleichbare Alterssicherung. Im Regelfall wird das auch durch ein progressives Umfeld (Familie, Freundes- und Studienkreis) gefördert.
- Frauen mit mittlerer Ausbildung und Qualifikation, die sich teilweise etwas schwerer tun, traditionelle Barrieren und manchmal Vorurteile zu überwinden. Wenn dann noch berufliche Unterbrechungszeiten oder eine Trennung hinzukommen, sind sie in großer Gefahr, sich in traditionellen Rollenklischees wiederzufinden, mit dem Nebeneffekt, dass ihnen die Finanzierung einer eigenständigen Alterssicherung schwer zugänglich ist.

© Springer Fachmedien Wiesbaden GmbH, ein Teil von Springer Nature 2018
H. Benölken und N. Bröhl, *Altersvorsorge am Scheideweg*,
https://doi.org/10.1007/978-3-658-21837-9_11

Das AV-Leitbild ist heute unisex: Alle Bürgerinnen und Bürger müssen unabhängig vom Geschlecht und statistischer Lebenserwartung bei der GRV und privaten Rententarifen gleichgestellt werden. Insofern ist der Gesetzgeber bemüht, über die Anerkennung von Betreuungszeiten für Kinder auch Frauen formal versorgungsmäßig gleich zu stellen.

Für Frauen, vor allem auch für junge Frauen zwischen 18 und 25 Jahren, ist AV ein virulentes Thema: Nach einer TNS-Infratest-Umfrage fürchten sich 40 % dieser Altersgruppe im Jahr 2017 vor Altersarmut, während es im Jahr 2008 nur 27 % waren.

11.2   Unterschiedliche Ausgangslagen in Ost und West

Politisches Ziel: Gleiche Altersvorsorge-Lebensverhältnisse in Ost und West
Die Herstellung gleicher Lebensverhältnisse in Ost und West nach der deutschen Wiedervereinigung ist weitgehend erreicht. Das Instrument ist neben dem Solidaritätszuschlag als Finanzierungstopf für Infrastrukturinvestitionen in den neuen Bundesländern eine Annäherung der Lohnniveaus in Ost und West, sodass nach aktuellen Prognosen ein Ost-West-Gleichstand bis zum Jahr 2019 erreicht sein könnte. Das ist auch eine wesentliche Basis für gleiche AV-Verhältnisse, die bis 2025 erreicht werden sollen.

Während das bisher höhere GRV-Versorgungsniveau von Frauen in den neuen Bundesländern aus der durchgängigeren Berufstätigkeit von Ost-Frauen im Vergleich zu West-Frauen resultiert, weckt die derzeitige Annäherung der Niveaus aufgrund der höheren Arbeitslosigkeit in östlichen Bundesländern gemischte Gefühle.

Historische Benachteiligung von West-Frauen auch in der AV
Historisch ist der Westen stärker von einer Rollenverteilung (der Mann geht hinaus ins Leben, drinnen waltet die Hausfrau) gekennzeichnet. Hier wirkt auch der Einfluss der katholischen Kirche nach, wie sich heute noch an der „Herdprämien"-Diskussion in Bayern zum Betreuungsgeld zeigt. Das hat für primäre „Heimchen am Herd" die Konsequenz, dass sie über eine geringe eigene AV verfügen und auch im laufenden Einkommen sowie versorgungsmäßig von ihren Partnern abhängig sind, mit Auswirkungen auf das durchschnittliche westliche Rentenniveau für Frauen. Die Ehe als mögliche AV-Institution könnten moderne Zeitgenossen als vernachlässigbares Relikt abtun, aber: Durch Hinterbliebenenrente und Versorgungsausgleich ist eine adäquate Grundabsicherung fürs Alter und für Lebensrisiken gegeben, ohne die viele im Fall der Fälle Sozialhilfeempfänger würden.

Dank beruflicher Gleichberechtigung und besserer Kinderbetreuung konnten sich Frauen in den neuen Bundesländern einfacher eine eigenständige AV aufbauen als im Westen, die zwar etwas unter dem Männer-Niveau, aber deutlich oberhalb der Grundsicherung liegt. Das gilt aber nur für Frauen, die schon im oder nicht weit entfernt vom Rentnerstatus sind.

11.3   Chancen für den Aufbau einer guten AV

Frauen können alles – wären da nicht die Männer
„Frauen sind gebildet, qualifiziert, ehrgeizig ..." (Reinhard K. Sprenger). Im Gegensatz zu Männern, die zum gegenseitigen Überbieten neigen, sieht Sprenger bei Frauen größere Fähigkeiten bei einer Vielzahl von Problemlösungsstrategien, aus Trainingserfahrungen für Partner von Familien-GmbHs, ohne unnötig Verlierer zu produzieren. Zudem seien sie im Weiterbildungs- und Hochschulbereich auf der Überholspur, was Christine Stimpel, Deutschland-Chefin der Personalberatung Heidrick & Struggles, zu dem Ausspruch veranlasst: „Frauen, eure Chancen standen noch nie so gut wie jetzt."

Bestätigt die Realität die Einschätzungen von Sprenger und Stimpel, sind damit beste Voraussetzungen für eine gute bis überdurchschnittliche berufliche Laufbahn gegeben, damit auch für den Ausbau einer adäquaten AV, die sie von Männern unabhängig macht.

Frauen brauchen keine Quotenbeförderer
Müssen Manager in Unternehmen und Verwaltung dafür sorgen, dass auch die jeweils organisationsspezifische Frauenquote erfüllt wird? Beispielsweise hat sich das Telekom-Management verpflichtet, 30 % aller 10.000 Führungspositionen an Frauen zu vergeben; gut für die AV der Nutznießenden. In das Quotenhorn stößt auch die Studie „Deutschlands Chefinnen – Wie Frauen es an die Unternehmensspitze schaffen" der Personalberatung Odgers Berndtson (vgl. Odgers Berndtson 2010). Aber wer sich (siehe Sprenger und Stimpel) durch eigene Qualifikation durchsetzt, für den ist das Wort „Quote", das aus dem politischen Bereich stammt, eher Ausdruck einer minderen Wertschätzung. „Selbst ist die Frau" bedeutet auch: Eine gute AV will man sich selbst verdienen.

11.4   Neue Benachteilungen beim AV-Aufbau

Es wäre befriedigend, wenn nach und nach Benachteilungen von Frauen beim Aufbau ihrer AV abgebaut würden und keine neuen Nachteile hinzukämen. Das ist aber leider nicht der Fall, und hierfür gibt es neue Beispiele.

Frauen überwiegend in Leichtlohngruppen vertreten
Viele Studien weisen nach, dass Frauen für gleiche Arbeit nicht gleichen Lohn bekommen. Das gilt neben ausführenden Funktionen nach einer DIW-Studie auch für den Vergleich von weiblichen und männlichen „Führungskräften" in gleichen Funktionen: Weibliche Führungskräfte verdienen im Durchschnitt 25 % weniger als ihre männlichen Kollegen. Als Grund haben die DIW-Forscher identifiziert, Frauen würden bei hierarchisch gleich klingenden Funktionen in Bereiche abgeschoben, die im Unternehmensgefüge strukturell niedriger dotiert sind. Die Konsequenz: Damit können

Frauen auch zeitkongruent nur eine um 25 % niedrigere AV aufbauen. Das gilt für GRV-Einzahlungen, bAV und Riester-Produkte, zumal wenn bei niedrigerem Einkommen auch die Liquidität fehlt.

Alleinerziehende Mütter in Hartz IV…

- 1,6 Mio. „Alleinerziehende" (davon 95 % Frauen) mit 2,2 Mio. Kindern unter 18 Jahren haben nach einer aktuellen Untersuchung des Hamburgischen Weltwirtschafts-Archivs (HWWA) ein monatliches Durchschnittsbudget von 1354 EUR, was sicherlich zum Leben sehr knapp und für den Aufbau einer AV unzureichend ist. Hier schlagen sich fehlende Krippen- und Betreuungsplätze signifikant nieder, denn wie sollen ohne diese organisatorische Unterstützung die betroffenen Frauen vollwertige Ganztagsarbeitsplätze finden mit dem Nebeneffekt, dass der Aufbau einer adäquaten AV so mit läuft? Dazu trägt auch eine Hartz-IV-Aufstockung je nach Kinderzahl nicht bei.
- Einer Frau mit zwei Kindern ohne Arbeitsstelle steht auf Hartz-IV-Basis ein höheres monatliches Familienbudget von 1500 EUR zur Verfügung, das sie mit einem 450 EUR-Job nach 65 % Anrechnung auf 1660 EUR aufstocken kann (unveröffentlichte Studie des Kieler Instituts für Weltwirtschaft, FAS 24. Januar 2010). Da sie durch berufliche Tätigkeit sogar weniger verdienen und es gar nicht verantworten kann, die Betreuung ihrer Kinder zu beeinträchtigen, hat sie bei fehlendem „Lohnabstandsgebot" nach Forschermeinung einen „perversen Anreiz". Wie lassen sich in dieser Betreuungszeit Ansprüche an eine GRV-Rente (für weitere Ersparnisse ist sowieso kein Geld da) aufbauen?

Eine solche Frau verliert ihre AV-Ansprüche, wenn sie sich einen (neuen) offiziellen Lebenspartner sucht. Also geht man Partnerschaften ein, die nicht „berichtsfest" (BA-Jargon) als Lebenspartnerschaften nachzuweisen sind und die „Trennungsprämie" (Ex-ifo-Chef Hans-Werner Sinn) nicht gefährden – für Familienpolitiker eine katastrophale Entwicklung.

… aber auch alleinerziehend als Erfolgsstory?
Die 1,6 Mio. Alleinerziehenden umfassen auch Frauen, die beruflich überdurchschnittlich erfolgreich sind und sich entsprechende Positionen und Einkommensverhältnisse erarbeitet haben. Sie können sich, wenn sie die Kinderbetreuung organisiert haben, voll auf ihren Beruf konzentrieren und sind damit Teil des Themas „alleinerziehend als Erfolgsstory" (Edith Schwab, Vorsitzende des Verbandes „Alleinerziehende Mütter und Väter").

Kontrapunkt: Die kinderlose erfolgreiche Einzelkämpferin mit gesicherter AV
Kein spezielles AV-Thema für Frauen, denn es gibt auch eine wesentlich größere Anzahl von beruflich erfolgreichen Männern mit gesicherter AV. Wir erwähnen dieses Frauen-

segment hier, weil es bei den noch gegebenen unzureichenden Betreuungsverhältnissen zeigt, wie die Gesellschaft mit den entsprechenden volkswirtschaftlichen Auswirkungen so ihre eigene Alterspyramide nach unten verschlankt.

11.5 Spezielle AV-Szenarien für Frauen

Auch bei partnerbezogener AV-Planung gilt die Weisheit: Bedenke das Ende!
Nicht nur jede dritte Ehe mündet in Scheidung, sondern auch der Anteil der Paare, die nach der silbernen Hochzeit noch auseinandergehen, ist in den letzten Jahren auf 20 % gestiegen. So gewinnt das Thema Scheidung für die AV zusätzliche Aktualität. Im Scheidungsfall verlieren in der AV zwar beide, weil Versorgungs- und Ausgleichszahlungen zu leisten sind und das Leben für beide teurer wird, weil man die gemeinsame Wohnung nicht in zwei Stücke teilen kann. Aber in dem Maße verlieren Frauen mehr, wie der Patchwork-Charakter ihrer Erwerbsvita ausgeprägter ist, auch wenn der Versorgungsausgleich seit dem 1. September 2009 gerechter geregelt ist und Frauen formal die Hälfte bekommen.

Jung gefreit, nie bereut …
Diese Regel behält nur dann Gültigkeit, wenn frisch verheiratete Paare bereits kurz nach der Hochzeit auch an die Rente denken. In diesem Sinne ist „verliebt, verlobt, verheiratet" um „vorgesorgt" zu ergänzen. Mit 30 Jahren können Frauen noch alles steuern: vor der Geburt einen „Riester" sicherstellen, den auch in Babypausen weiter führen, nach Erziehungszeiten auch weitere Auszeiten sozialversicherungsrechtlich mit Mini-Jobs und kleine Teilzeittätigkeiten absichern, um die GRV-Anrechnungszeit möglichst über 40 Jahre zu bringen.

Der Ehemann als primäre AV …
Dies mögen zwar manche Frauen noch als ideal empfinden, aber über die Jahrzehnte gilt: Vor langen Spaziergängen ist es auch bei Sonnenschein empfehlenswert, für alle Fälle einen Regenschirm mitzunehmen. Denn genau so bitter wie eine Scheidung wirkt sich der frühzeitige Tod des Partners auf die „Witwenrente" der verbliebenen Frau aus.

… wird abgelöst durch: Gemeinsam leben, getrennt für die Alterssicherung sparen
Damit lässt sich ein großes Armutsrisiko im Alter vermeiden. Das ist aus verschiedenen Gründen sehr wichtig: Ein Paar steht auf zwei Beinen, wenn der männliche Partner einmal zu dem Millionenheer von 50 plus-Männern zählen sollte, die arbeitslos werden, den beruflichen Anschluss nicht mehr finden und bei Hartz IV landen. Dann reicht nämlich eine Durchschnittsrente (dies liegt unterhalb der zuvor erläuterten Eckrente!) von aktuell rund 1200 EUR kaum für zwei, zumal, wenn man noch nicht mietfrei wohnen kann wie fast zwei Drittel aller Haushalte in Großstädten und Ballungszentren. Wenn die gemeinsame Rente, je nach Kombination der Arbeits- und Rentenverhältnisse, mit

Zusatzvorsorge bis zu 150 bis 200 % einer Normalrente erreichen kann, kann man davon nicht nur gemeinsam gut leben. Auch im Fall einer Trennung muss so keiner der Partner, ein Fall von Grundsicherung werden.

„Selbstständig" ist die Frau – auch in der AV?
Wir sprechen das hier unter dem Aspekt „Altersvorsorge" gesondert an, weil die Ausgangsvoraussetzungen unterschiedlich sind, wobei jeder Fall individuell ist und standardisierbare Aussagen nicht möglich sind. Wenn Frauen beim Sprung in die Selbstständigkeit statt in etablierten Berufszweigen des Handwerks oder als Freiberufler (und dann noch nach Unterbrechungen ihrer sozialversicherungspflichtigen Erwerbsbiografie) mit üblichen berufsständischen Versorgungswerken in AV-Problemgruppen im Selbstständigenbereich starten, kann die Alterssicherung auf der Strecke bleiben, vor allem, wenn noch Job und Kindererziehung zu vereinbaren sind. Beim Sprung von Frauen in die Selbstständigkeit als Flucht nach einer beendeten Partnerbeziehung, die für das gemeinsame AV-Konto wegen zu kurzer gemeinsamer Zeit noch nicht viel Ausgleichsansprüche hergibt, dürfen Fragen zur AV unter keinen Umständen vernachlässigt werden. Im vorgerückten Alter, wenn finanzmathematisch der Zug für nachhaltige Rentenansprüche abgefahren ist, alles auf eine Karte mit schmalem Vermögen für eine hochrentable Anlage zu setzen, ist dann sehr gefährlich. Ein Mindestniveau an AV zu sichern heißt: Früh beginnen und kontinuierlich durchhalten.

… was auch für die AV von 400.000 Selbstständigen im Rotlicht-Milieu gilt
Während Gesundheitsmaßnahmen hier allmählich greifen, ist das noch nicht für die Vermeidung von Altersarmut erreicht. Die Damen dieses Berufs haben nur zu 0,9 % gemäß einer Studie des Bundesministeriums für Familie (vgl. Bundesministerium für Familie, Senioren, Frauen und Jugend 2011) einen Arbeitsvertrag für ihr Gewerbe und weitere drei Prozent einen Vertrag für verwandte Wirtschaftstätigkeiten wie Bardame. Damit gehen 96 % keiner sozialversicherungspflichtigen Tätigkeit nach und sind auch nicht in der GRV versichert. Neben wenigen exklusiven Damen in diesem Genre mit festem Kundenstamm und Eigentumswohnung als Rücklage „lebt" die Mehrzahl bis man als 55-Jährige möglicherweise ausgebrannt ist. Statt AV bleiben dann Hartz IV, die Tafel und die Grundsicherung.

Der Gesetzgeber wollte im Jahr 2002 mit dem sogenannten Prostitutionsgesetz die rechtliche Stellung von Prostitution als Dienstleistung regeln und Prostituierten den Zugang zur Sozial- und Rentenversicherung eröffnen. Feste Anstellungsverhältnisse mit einklagbarem Lohn und allen Rechten und Pflichten eines Arbeitnehmers scheitern bisher an den Betroffenen, die lieber mit Rücksicht auf Verwandten- und Bekanntenkreis in der Anonymität verharren und deshalb auf sozialversicherungsrechtliche Absicherung und AV verzichten.

Frauen gelten zudem als die kritischeren Bankkunden im Vergleich zu Männern, so das Ergebnis einer TNS-Infratest-Umfrage bei 1000 Deutschen im Auftrag der Allianz. Das gilt auch für die Artikulation der befragten Kunden an die Qualität der Finanzberatung: Es sind besonders viele junge Frauen, die hohe Ansprüche äußern und der Finanzbranche nach unangenehmen Erfahrungen der Finanzmarktkrise besonders skeptisch gegenüberstehen. Im Hinblick auf sorgfältige Planung der AV folgt: Vor allem jüngere Frauen sind heute informationsmäßig und finanzpsychologisch gut darauf vorbereitet und wissen genau, was sie langfristig anstreben und wie sie bestehende Hemmfaktoren überwinden.

Der Anteil weiblicher Absolventen mit qualifizierter Ausbildung steigt rapide
Der inzwischen hohe Anteil weiblicher Absolventen in weiterführenden Schulen, praktischen Berufsausbildungsgängen und auch im Hochschulbereich zeigt, dass tradierte Verhaltensweisen („Du heiratest ja doch!") inzwischen für aktuelle Berufschancen und damit die AV kaum noch Hemmfaktoren darstellen. In Relation zum Starter-Anteil entwickelt sich der Anteil erfolgreicher Absolventen mit adäquaten AV-Chancen vielfach überproportional.

Gleichstellungssicherung und Diskriminierungsschutz reichen völlig
Naturschutzreservate für Mädchen und Frauen, die gefördert werden, brauchen aufstiegsbewusste engagierte Damen nicht. Die unisexe Nutzung der gegebenen Möglichkeiten und Chancen reicht. Wer gleiche Aufstiegs- und Entwicklungschancen hat, hat auch die Chance auf eine adäquate AV wie die männlichen Kollegen. Um Verstößen gegen das Gleichheitsprinzip in Verwaltung und auch in der Wirtschaft zulasten von Frauen vorzubeugen, gibt es in den Institutionen gesetzlich verankerte Gleichstellungsbeauftragte. Sie nehmen heute sicherlich noch sehr notwendige Aufgaben wahr, aber in einer aufgeklärten Bürgergesellschaft müsste man sich wünschen, dass man sie eigentlich eines Tages nicht mehr braucht, weil die durchweg erreichte Chancengleichheit sie überflüssig gemacht hat.

Literatur

Bundesministerium für Familie, Senioren, Frauen und Jugend (Hrsg.) (2011): Biografiemuster und Alterseinkommensperspektiven von Frauen, jährliche Aktualisierungen, Berlin 2011.
Odgers Berndtson (Hrsg.) (2010): Studie „Deutschlands Chefinnen 2010: Wie Frauen es an die Unternehmensspitze schaffen". Frankfurt am Main 2010.

Teil III

Politikangebot zur (geförderten) AV

Aus dem Bedarf ergeben sich Vorgaben für Inhalte und Gestaltung eines AV-Systems, das die Gesellschaft wertemäßig zusammenhält. Diese Vorgaben haben politisch Verantwortliche in Gesetzgebungsverfahren so umzusetzen, dass damit die Anforderungen der AV-Zielgruppen (B) auf dem AV-Marktplatz (D) weitgehend erfüllt werden können.

Den Einstieg bildet ein Überblick über die Drei-Schichten-Architektur, die das AV-System in Deutschland prägt. Es folgen jeweils differenzierte Analysen der ersten Schicht (GRV und ihre Surrogate), zweiten Schicht (bAV und Riester-Förderung) sowie dritten Schicht (weitgehend ungeförderte, aber zum Teil steuerlich begünstigte private Vorsorge). Auf diesen schichtspezifischen Analysen baut eine abschließende Effizienzeinschätzung der Drei-Schichten-Architektur auf.

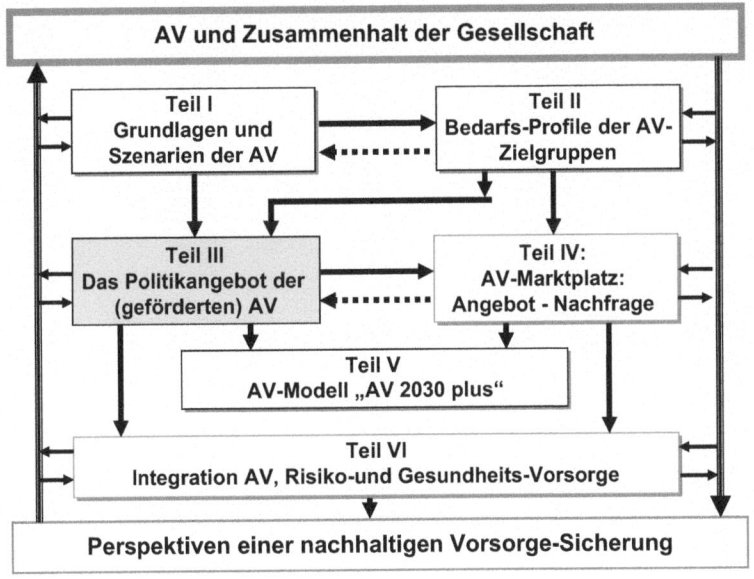

Im Teil I haben wir Ihnen im Schnelldurchlauf bereits einen Überblick über die Drei-Schichten-Architektur gegeben, den wir in diesem Teil III vertiefen.

Logischerweise wartet man jetzt auf das „Angebot" für AV-Zielgruppen gemäß deren Bedarfsprofilen. Im Teil II beleuchten wir vor dem politischen Förderungsangebot Vorsorgemöglichkeiten in den drei „Vorsorgeschichten" und gehen dabei auch auf die wichtigsten gesetzlichen Bestimmungen rund um geförderte AV einschließlich der steuerlichen Auswirkungen ein. In diesem Teil beschränken wir uns auf die rechtlichen Rahmenbedingungen. Hier findet der Leser noch keine „Produkttipps" und Berechnungsbeispiele, denn die sind dem AV-Marktplatz im Teil IV vorbehalten.

Politikangebot an AV-Zielgruppen 12

12.1 Entwicklung und Rahmenbedingungen

Bisher hohe Volatilität des politischen Umfeldes

Wissen Bürger beim sensiblen Thema AV, woran sie sind, wenn sie statt verantwortungsvoll gestaltender Politik eher wahlkampfbezogenen Lobbyismus erkennen? Die Politik bemüht sich zwar seit Gründung der Bundesrepublik, die AV für die Bürger so zu gestalten, dass möglichst alle ihren Ruhestand in wirtschaftlich auskömmlichen Umständen genießen können und von Altersarmut verschont bleiben. Aber auch wenn sich verlässliche Perspektiven über mögliche Zukünfte der GRV nur schwer darstellen lassen, gewinnen Bürger folgenden Eindruck:

- Langfristige politische Wegweisungen vor allem in den Jahren 2002 bis 2005 werden durch kurzfristig wechselnde Rentenpolitik nach wechselnden Stimmungslagen und populistischen Aspekten (primär die Situation im vergangenen Jahrzehnt) überlagert.
- Das zeigt die Diskussion über die Frage, ob und wann bei einem sinkenden Reallohnniveau auch die daran gebundenen Renten mit sinken dürften. Der Vorwurf an die Politik: Ihre Artikulation sei nicht konzept-, sondern mediengetrieben.
- Wichtige Einflussparameter staatlicher Zuschüsse zu den Rentenversicherungen unterliegen politischen Weichenstellungen in sozialversicherungsfremden Bereichen.

Das geht bis zur Abhängigkeit von Entscheidungen über Rentenzuschüsse von energiepolitischen Entscheidungen („Öko-Steuer") und von restriktiven EU-diktierten Stabilitätsnormen (Drei-Prozent-Neuverschuldungsgrenze) und damit verbundenen EU-Sanktionen, die zu Beschneidungen staatlicher Zuschüsse für die GRV (derzeit jährlich 91 Mrd. EUR, das heißt rund 30 % des Gesamtbudgets der GRV) führen können. Folgende Trendaussagen werden durch politisch populistische Einflüsse überlagert.

© Springer Fachmedien Wiesbaden GmbH, ein Teil von Springer Nature 2018
H. Benölken und N. Bröhl, *Altersvorsorge am Scheideweg*,
https://doi.org/10.1007/978-3-658-21837-9_12

12.2   Überblick über die Drei-Schichten-Architektur

Die Alterssicherung in Deutschland erfolgt in einer Vielzahl von Sicherungssystemen (Bundesministerium für Arbeit und Soziales 2016, S. 7).

In die GRV als wesentliche Säule der AV müssen nur alle sozialversicherungspflichtigen Arbeitnehmer einzahlen, und zwar jeweils hälftig Arbeitnehmer und Arbeitgeber. Bereits in den Fünfzigerjahren erkannten die verantwortlichen Politiker die hohe Bedeutung einer ergänzenden Eigenvorsorge, für die man diverse Anreize schuf: die Förderung des (Spar-)Kontensparens, des Bausparens, jeweils schmackhaft gemacht über Prämien-zulagen, und Sparen in Lebens- und Rentenversicherungen, gefördert über Steuerver-günstigungen. Zwar bestehen diese Anreizsysteme noch mit Einschränkung, werden aber überlagert durch neue Instrumente gemäß dem AEG mit höheren Zulagen und steuer-lichen Anreizen. Seit Einführung der Riester-Rente im Jahr 2001 unterscheidet man zwi-schen drei Schichten der AV:

Erste Schicht: GRV für Arbeitnehmer und Rentensurrogate durch andere Träger wie berufsständische Versorgungswerke und als jüngstes Beispiel die Basis-(„Rürup"-)Rente.

Zweite Schicht: Geförderte private AV, was sich auf die bAV und die Riester-Rente konzentriert.

Dritte Schicht: Private AV ohne oder nur noch mit geringen staatlichen Förder-anreizen, die ohne staatliche Zulagen aus dem Nettoeinkommen bespart wird und entweder der Abgeltungs-, Grund-, Spekulations- und günstigstenfalls der Ertragsanteil-besteuerung in der Bezugsphase (klassische Rentenversicherung) unterliegen.

Gesetzgeber: zukünftig zur Kontinuität verurteilt

Mit dieser Schichtenarchitektur soll die AV für die nächsten Jahrzehnte ihre weitgehend endgültige Struktur haben. Kann man vom Gesetzgeber, der im vergangenen Jahrzehnt beim Thema AV eher träge war, Handeln erwarten? Er hat sich in der Neugestaltung der Rentenformel sowie der ergänzenden Riester-Förderung, beides in Verbindung mit der von Jahr zu Jahr steigenden nachgelagerten Besteuerung, für einen langen Zeitraum festgelegt, aus dem er nicht kurzfristig ausscheren kann, ohne Millionen Bürger in Ver-wirrung und teilweise Altersarmut zu stürzen. Deshalb sehen wir für die AV Kontinui-tät und Berechenbarkeit. Wenn Altersarmut virulent wird, ist ein Griff zu zusätzlichen Instrumenten nicht auszuschließen, aber bei Besitzstandwahrung für alle Bürger, die sich bereits über die erste Schicht hinaus Vorsorgevermögen in der zweiten und dritten Schicht aufgebaut haben.

Umgewichtung kollektiver und individueller AV

Historisch ist AV ein Thema, das versorgungspolitisch durch die Träger der GRV gelöst wurde. Diese vereinigten bis zum Inkrafttreten des Alterseinkünftegesetzes zum 1. Januar 2005 über 85 % aller AV-Leistungen (Einzahlungen für Träger und komplemen-täre Versorgungseinrichtungen) auf sich. Den Hintergrund bildet der Generationenvertrag mit den Annahmen einer ausgewogenen Altersstruktur und eines stetig (leicht) steigenden Lohnniveaus mindestens in Höhe der jährlichen Inflationsraten. Es galt bisher das Prinzip von Rentensteigerungen gemäß dem Nettolohnzuwachs bei gleichzeitiger Ablehnung von Rentenkürzungen.

Umlageverfahren in Zukunft immer mehr überfordert

Die Geschäftsgrundlage der nettolohnbezogenen Rente auf der Basis eines Generationenvertrags mit Umlageverfahren ist aus folgenden Gründen zweifelhaft geworden:

- Die Relation Zahl der Einzahler zur Zahl der Rentner wird zunehmend ungünstiger (bei formaler Altersgrenze von 67 Jahren bis 2029) zulasten der Aktiven, sodass die Belastung der nachwachsenden Generation ab 2030 als inakzeptabel gilt (vgl. Abb. 12.1).
- Wegen des Globalisierungsdrucks gibt es kaum noch reale Nettolohnzuwächse, unter Berücksichtigung von steigenden wöchentlichen Arbeitszeiten in vielen Wirtschaftsbereichen sogar partiell Nettolohnreduktionen, begleitet von einem weitgehenden Abbau von freiwilligen Lohnbestandteilen, die über tarifliche Regelungen hinausgehen.

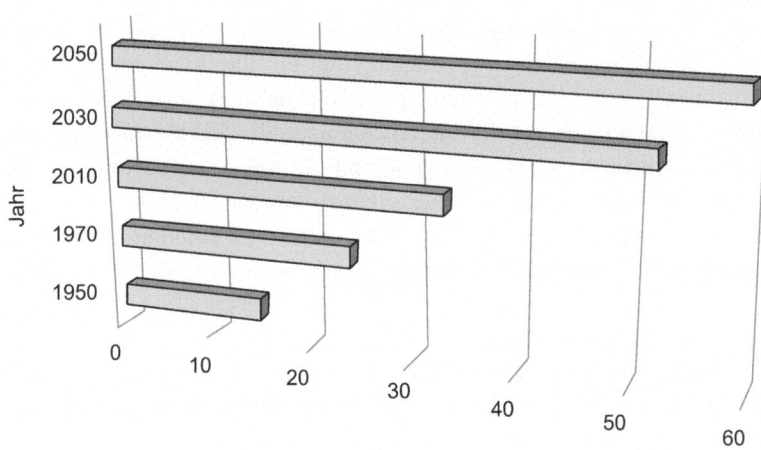

Zahl der Personen über 65 Jahre, die auf 100 Personen im erwerbsfähigen Alter (20-64 Jahre) kommen

Abb. 12.1 Entwicklung des Altersquotienten. (Quelle: eigene Darstellung in Anlehnung an Statistisches 2015, S. 45)

- Zu nennen sind schließlich Arbeitsplatzverluste durch Rationalisierungsmaßnahmen in Produktion und Verwaltung in vielen Branchen und im öffentlichen Sektor, was zu einem Rückgang der Zahl der Einzahler in das System führt.

Wenn die dominierende kollektive AV im Sinne des GVN langfristig immer weniger ausreicht, um einen Besitzstand wahrenden Ruhestand zu finanzieren und sogar für langjährige Einzahler in die GRV das Risiko besteht, auf Sozialhilfeniveau abzusinken, stellt sich für breite Bevölkerungsschichten der Zwang zum Aufbau einer eigenständigen individuellen AV, die Bürger nur nach dem Kapitaldeckungsprinzip aufbauen können.

12.3   Demografieszenario: Basis politischer Planung

AV-Strategien brauchen politisch-strategische Planung
Wie eine strategische Planung auf Umweltszenario und Unternehmensanalyse aufbaut, ist auch eine AV-Planung strategisch anzulegen. Wir starten mit einem Umweltszenario: Mit den Auswirkungen von soziodemografischen Veränderungen auf Nachfragestruktur und -entwicklung, ausgehend von der Wandlung der Alterspyramide der Bevölkerung „vom Tannenbaum zur Urne". Es folgt, vergleichbar einer Unternehmensanalyse, die Bestandsaufnahme in den Vorsorgeschichten.

Die wichtigsten Trends
Die Verschiebung in der Alterspyramide führt zum Rückgang von Nachwuchsnachfragern nach Finanzdienstleistungsprodukten, die für die Altersgruppe der 20- bis 30-Jährigen typisch sind, zum Beispiel Spar-, Risikoabsicherungs- und Wohnumfeldprodukte, was zeitverzögert auch für die Altersgruppe der 30- bis 40-Jährigen gilt. Als Folge nimmt der Anteil der Berufstätigen ab und der Anteil der Versorgungsempfänger (auch bei stufenweisem Anstieg der Altersgrenze) von derzeit 25 bis 30 % auf 35 bis 40 % der Bevölkerung zu. Das führt zur strukturellen Veränderung der Finanzdienstleistungsnachfrage und individuellen Vorsorgeplanung (Abb. 12.2).

Familienstrukturelle Entwicklungen
Groß- und Normalfamilien nehmen relativ zur Gesamtzahl der Haushalte ab, andere Lebensformen wie Familien ohne Trauschein, DINKs (Double Income, No Kids) und Singles zu. Einzelbürger und Familienverbünde mit ausländischen und Migrationswurzeln und deutschem Pass haben 20 % der Bevölkerung erreicht. Das führt zu einem sich sukzessive verändernden Verhaltensumfeld, das auch die Nachfrage nach Vorsorgeprodukten verändert.

Erbengeneration
In Deutschland wird bis 2030 ein Vererbungspotenzial in Billionenhöhe erwartet. Der Trend zur Erbengeneration betrifft zwar primär Altersgruppen ab 50, die damit

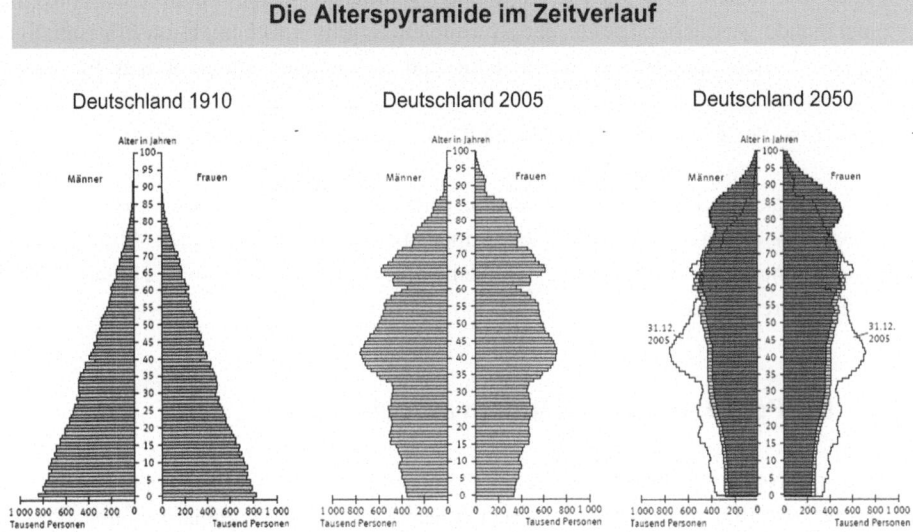

Abb. 12.2 Alterspyramide im Zeitverlauf. (Quelle: Statistisches Bundesamt 2015, S. 17)

den Zwang zu eigenverantwortlicher Vorsorge und zum Beispiel Investition in den Immobilienmarkt weniger spüren könnten. Aus zunehmender Lebenserwartung von Senioren folgt: Jüngere Jahrgänge müssen sich weiterhin ihren gewünschten Versorgungsstandard selbst aufbauen, weil der Erbfall für sie später, geringer (bei sukzessivem Kapitalverzehr der Erblasser durch Immobilienverrentung und Überangebotseffekte im Immobiliensektor), also weniger planbar ist.

Nationalitätenstruktur
Bei relativ konstanter bis nach 2030 leicht abnehmender Gesamtbevölkerung mit regional differenzierten Entwicklungen erhöht sich der ausländische Bevölkerungsanteil von derzeit zehn Prozent auf zwölf bis 15 % im Jahr 2030, zunehmend geprägt durch ausländische Normalfamilien, deren Nachfrage nach Vorsorgeprodukten sich dem deutschen Bedarf annähert.

Veränderungen in der Erwerbstätigenstruktur
Die Erwerbstätigenstruktur befindet sich im Wandel:

- Stagnation und sogar Rückgang der nicht selbstständigen Erwerbsbevölkerung bei gleichzeitig tendenziellem Anstieg der Selbstständigen.
- Statistische Daten zeigen das zwar vordergründig, aber das ist zu hinterfragen, denn festzustellen ist dabei eine überproportionale Zunahme von Scheinselbstständigen.

- Statistische Daten sind noch dürftig, doch Journalisten mit Spürsinn berichten in zunehmender zeitlicher Dichte über vermietete Tische an ehemals unselbstständige Kellner, Behandlungscenter für Friseure und vermietete Führerkabinen für Lkw-Franchisenehmer.
- Verkürzung der Bemessungsgrundlagen für die sozialen Sicherungssysteme.

In der GRV kann auch bei Konstanz versicherungspflichtiger Arbeitnehmer die Zahl der Einzahler von anwartschaftssichernden Mindestbeiträgen einschließlich Mindestlohnempfänger zunehmen. Es ist also eine Tendenz weg vom Vollzahler mit Eckrentner-Perspektive zu verzeichnen.

12.4   Die Politik war zum Handeln aufgefordert

Bis Ende der Neunzigerjahre herrschte die Auffassung, für die AV reiche operatives Ausbalancieren der Rentenformel und darüber hinaus die Wohneigentumsförderung. Philosophie: auskömmliche Rentnerversorgung durch die GRV als Regelfall, Altersarmut als individuell übers Sozialamt zu korrigierende Ausnahme. Erst ab 2000 nahm sich die Politik systematisch des Themas AV in mehreren Etappen an:

- Altersvermögensgesetz (AVmG) vom 26. Juni 2001: Durch Einführung der Riester-Rente Aufbau einer staatlich geförderten und kapitalgedeckten zusätzlichen AV sowie Rechtsanspruch auf bAV, Verabschiedung des Gesetzes zur staatlichen Förderung (AltZertG).
- Als Nachfolgegesetz des AVmG das Alterseinkünftegesetz (AEG) zum 1. Januar 2005: stufenweise Umstellung von Renten der GRV, berufsständischer Versorgungswerke und landwirtschaftlicher Alterskassen von 2005 bis 2040 auf nachgelagerte Besteuerung. Gleichzeitig sukzessiv ansteigende Steuerfreiheit in der Ansparphase von AV-Produkten. Umstellung der Direktversicherung als Durchführungsweg der bAV von der Pauschalversteuerung (20 %) in der Ansparphase und Steuerfreiheit bei Leistungsbezug auf (im Prinzip richtige) steuerfreie Ansparung und nachgelagerte Besteuerung bei Bezug.
- Reduktion des Steuerprivilegs der Kapitallebensversicherung durch Ablösung von Steuerfreiheit der Kapitalauszahlung und Übergang zu hälftiger Versteuerung der Erträge.
- Gesetz zur Sicherung der nachhaltigen Finanzierungsgrundlagen der GRV (RV-Nachhaltigkeitsgesetz) 2004: Änderung der Rentenanpassungsformel mit Einführung eines im Vergleich zum Lohnanstieg rentensenkenden Nachhaltigkeitsfaktors. Anhebung der Altersgrenze für die frühestmögliche Inanspruchnahme der Altersrente wegen Arbeitslosigkeit oder nach Altersteilzeitarbeit auf das 63. Lebensjahr ab dem 1. Januar 2006.

- Das RV-Altersgrenzenanpassungsgesetz vom 20. April 2007: Inhalt des Gesetzes ist die stufenweise Anhebung der Regelaltersgrenze von 65 auf 67 Jahre, beginnend ab dem Jahr 2012 und endend im Jahr 2029 (mit dem Geburtsjahrgang 1964).
- Das Eigenheimrentengesetz (EigRG) zum 1. Januar 2008, das mit der Einführung des „Wohn-Riester" Bauwilligen gefühlt die Eigenheimförderung zurückgab.

Fazit: Die Tränken scheinen gefüllt, aber die Leute müssen auf breiter Ebene informiert werden, damit sie sich dorthin begeben. Das erfordert umfassende Information. Was hat die Politik nach den Erfahrungen der Regierung Schröder (abgewählt 2005 wegen der „Agenda 2010", die mit der AV-Politik verflochten war) zur Information beigetragen?

Nach 2005 wurden noch zwei bereits in der Ära Schröder auf den Weg gebrachte und im GroKo-Koalitionsvertrag von 2005 verankerte strategische Vorhaben umgesetzt: „Rente mit 67" und das Eigenheimrentengesetz (EigRG). Die Wiederentdeckung der Strategischen AV durch die Politik seit 2013 erfolgte mit der Kombination von zwei für die Stabilität der GRV nicht förderlichen Themen: der teilweisen Rolle rückwärts bei der Rente mit 67 auf Rente mit 63 für alle GRV-Versicherten mit mindestens 45 Versicherungsjahren und der Aufstockung der „Mütterrente", finanziert aus der GRV. Die Schwachstellen dieses „GroKo-Rentenpakets":

- Statt differenzierter Lösungen für gesundheitlich belastete und weniger belastete Berufsgruppen hat man alle Arbeitnehmer, die die Kriterien 63 Jahre und 45 Versicherungsjahre erfüllten, über einen Kamm geschoren, als wenn sie alle der viel zitierten Berufsgruppe Dachdecker und Angehörige von Pflegeberufen angehören würden.
- Die Mütterrente wird aus dem GRV-Topf bezahlt.

Was hingegen die Politik ab 2008 versäumt hat:

- Frühzeitige Nachbesserungen bei Hartz IV mit dem Schwerpunkt Schonvermögen, um auch bei Hartz-IV-Empfängern einen minimalen Anreiz zum AV-Sparen zu erhalten.
- Einführung obligatorischer Regelungen für die Nutzung der bAV- und Riester-Möglichkeiten für die private AV im Gefolge der AEG- und EigRG-Einführung.
- Nachhaltige Durchsetzung der bAV- und Riester-Ersparnis für private AV.
- Verbreiterung der Aufkommensbasis für die GRV, zum Beispiel durch Einbeziehung von Selbstständigen und weiterer Einkommensarten.

Stattdessen hat man nach der Reinkarnation der GroKo im Jahr 2013 nicht vorgenannte Pflichtenheft-Versäumnisse aufgearbeitet, sondern mit der Zurück-zur-Rente mit 63 und Erhöhung der Mütterrente zur Pflege jeweiliger Klientel eine zunehmende Distanz jüngerer Bürger („Was passiert mit meiner AV nach 2040?") zur AV-Politik billigend in Kauf genommen. Das ist vermutlich auch ein wesentlicher Grund für deren unterproportionale Wahlbeteiligung (vgl. Börsch-Supan 2017).

Literatur

Bundesministerium für Arbeit und Soziales (2016): Rentenversicherungs- und Alterssicherungsbericht 2016, Berlin 2016.

Börsch-Supan, A. (2017): Eine Regel für die Rente, in: Süddeutsche Zeitung, vom 1. Juli 2017.

Statistisches Bundesamt (2015): Bevölkerung Deutschlands bis 2060; 13. koordinierte Bevölkerungsvorausberechnung, Wiesbaden 2015.

Erste Schicht: GRV und ihre Surrogate

13

13.1 Umlageverfahren seit Adenauer

Wesentlicher Träger der GRV ist die Deutsche Rentenversicherung (Zusammenfassung der Bundesversicherungsanstalt für Angestellte und der Landesversicherungsanstalten für gewerbliche Arbeitnehmer). Eine vergleichbare Funktion haben für Selbstständige und Freiberufler berufsständische Versorgungswerke. Für letztere Kreis ist die Rürup- bzw. Basisrente gedacht. Diese Versorgungsträger sichern Versorgungsempfänger und hinterbliebene Ehepartner in der ersten Schicht ab, aber mit nur teilweise vererbbaren Leistungen.

Die Gretchenfrage nach der „Rendite" der GRV
Was bringt die „Gesetzliche" den Bürgern für ihre GRV-Pflichtbeiträge? Diese Frage lässt sich nur eingeschränkt anhand einer rechnerischen GRV-Rendite beantworten. Es sind auch Aspekte zu berücksichtigen, die nicht nur monetär zu bewerten sind, sondern sich auf die Absicherung von Lebensrisiken im Generationenvertrag beziehen.

GRV sichert ein langes Leben und zusätzliche Risiken ab
Die GRV sichert das „Langlebigkeitsrisiko" ab. Keiner braucht Befürchtungen zu haben, dass bei langer Lebenserwartung, das Geld für die Renten einmal nicht mehr reichen wird. Es ist für alle ein großer Vorteil, dass dieser Sachstand vertrauen schafft, sich allerdings geldseitig nur schwer bewerten lässt. Die GRV sichert zudem noch weitere Risiken ab: Witwen-, Waisen- und Erwerbsunfähigkeitsrenten. Dadurch wird ein soziales Netz gewebt, das Sicherheit und Vertrauen für vielen Menschen in Deutschland bereitstellt.

© Springer Fachmedien Wiesbaden GmbH, ein Teil von Springer Nature 2018
H. Benölken und N. Bröhl, *Altersvorsorge am Scheideweg*,
https://doi.org/10.1007/978-3-658-21837-9_13

Duale Zielsetzung: Basis-Existenzsicherung und moderate Rendite bei höheren Renten
Bei einem zeitlich unbegrenzten Rentenbezug (auch auf hohem Rentenniveau) ist schon die
Frage ihrer gesellschaftlichen Ziele angesprochen: ein Existenzsicherungsziel als Solidar-
leistung aller Versicherten und darüber hinaus das Ziel einer moderat verzinslichen Anlage.

GRV-Zahlen für die alten Bundesländer
Die Rentnerzahlen 2016 differenziert nach alten und neuen Bundesländern zeigen das in
Tab. 13.1 dargestellte Bild.

- Gut dran sind 22,1 % der Männer mit einer Rente über 1500 EUR, die Eckrentner-Ein-
  zahlungszeiten von 40 bis 45 Jahren vorweisen können, aber erheblich über dem Durchschnittseinkommen lagen. Davon kann auch ein Seniorenpaar auskömmlich leben.
- 32 % der männlichen Rentner mit Renten ab 1050 EUR und bis 1500 EUR müssen
  schon schärfer rechnen, zumal wenn sie Mieter und Alleinverdiener sind, braucht man
  auch die (kleinere) Rente der Partnerin. Die verbleibenden 38 % laufen bereits unter
  „Altersarmut", falls keine weiteren Einkünfte vorhanden sind.
- In diesen beiden gehobenen GRV-Rentenklassen sind nur zwölf Prozent aller Frauen
  zu finden.
- Mit einer eigenen und einer Witwenrente kann man noch auskömmlich überleben.
- 88 % der drei Millionen Frauen als Rentenbezieher, besonders Witwen, „sind arm dran".
- Die Zahlen für Doppel-Rentenbezieher sind etwas freundlicher, aber gemäß GVN
  kann man nur leben, wenn man mietfrei wohnt und/oder eine gute private Vorsorge
  hat.

Tab. 13.1 Schichtung der Altersrenten 2016. (Quelle: Deutsche Rentenversicherung Bund 2017,
S. 37)

Schichtung der Altersrenten im Jahr 2016; Aufteilung nach Geschlecht				
Rentenhöhe (EUR)	Alte Bundesländer		Neue Bundesländer	
	Männer (%)	Frauen (%)	Männer (%)	Frauen (%)
<150	7,09	6,61	0,50	0,40
150–300	6,07	17,24	1,00	1,90
300–450	5,30	15,29	1,50	3,30
450–600	5,55	12,78	3,50	7,30
600–750	6,14	13,38	7,60	16,70
750–900	7,37	12,90	13,20	26,30
900–1050	8,39	9,31	17,20	20,40
1050–1200	10,01	5,45	17,70	11,10
1200–1350	11,41	3,25	13,70	6,20
1350–1500	10,55	1,86	9,00	3,50
>1500	22,13	1,92	15,20	3,00

GRV-Zahlen für die neuen Bundesländer

- Bei 15 % im oberen Segment entfallen fast 40 Prozent auf das Segment zwischen 1050 und 1500 EUR. Das ist eine Auswirkung der hohen Arbeitnehmerquote ohne private Vorsorge.
- Frauen mit eigener Rente liegen mit 14,1 % in der Vergleichsgruppe über Westniveau, während männliche Rentner und Witwer einige Punkte darunter liegen.
- In den beiden oberen Rentensegmenten befinden sich 24 % aller Rentnerinnen.
- Doppelrentenbezieher im Osten liegen hingegen etwas über Westniveau.
- 51 % aller männlichen Ost-Rentner beziehen Renten über 1000 EUR.
- Das gilt hingegen nur für 23 % aller Ost-Rentnerinnen.
- Nahezu alle Witwen/r-Renten liegen nur im Grundsicherungsbereich.

Über alle Gruppen hinweg kann man nur vier Millionen und damit 20 % aller heutigen GRV-Bezieher als noch relativ wohlhabend (deutlich über Eckrentnerversorgung) einstufen. Die Perspektiven sind allerdings wesentlich düsterer:

- In diesem Bereich ist durch Mortalität mit einem starken Abbröckeln zu rechnen.
- Ruheständler leiden unter diversen Nullrunden, sodass Rentenzuwächse eine erwartete Durchschnittsinflation von einem bis zwei Prozent kaum zur Hälfte kompensieren können.
- Damit kann der Anteil der Rentner mit auskömmlichen Einkommen bereits in den kommenden 15 bis 20 Jahren unter zehn bis zwölf Prozent aller Rentenempfänger sinken.

Das wird zwangsläufig einen kollektiven Ruf nach Aufstockungslösungen bewirken.

Lässt sich ein GRV-Quoten-Korridor quantifizieren?
Eine Quantifizierung in einem Korridor ist nur schwer möglich, zumal es auch ein breites Spektrum von Expertenmeinungen (Rürup-Kommission und Sachverständigenrat zur Beurteilung der gesamtwirtschaftlichen Entwicklung) gibt. Wichtige Einflussfaktoren:

- die Beachtung einer generellen Relevanz der Rentenformel über die Tagespolitik hinaus
- globalisierungsgeprägte Wirtschafts- und damit verbundene Einkommensentwicklung
- die langfristige konjunkturelle und Arbeitsmarktentwicklung
- die Entwicklung der Erwerbstätigkeitsstruktur und Beschäftigtenquoten der Bevölkerung
- politische Entscheidungen zu den Faktoren Lebensarbeitszeit und GRV-Abgabenquote
- die langfristige Geldwertentwicklung

Eine Best-Case-Perspektive unter der Prämisse eines moderaten Lohnanstiegs in der Nähe der Inflationsraten in den nächsten 20 Jahren kann zum Absinken der Rentenquote

Tab. 13.2 Anteil der Alterssicherungssysteme am Rentenvolumen. (Quelle: Bundesministerium für Arbeit und Soziales 2016, S. 13)

Alters- sicherungs- systeme	Deutschland			Alte Länder			Neue Länder		
	Alle (%)	Männer (%)	Frauen (%)	Alle (%)	Männer (%)	Frauen (%)	Alle (%)	Männer (%)	Frauen (%)
GRV	77	72	83	72	67	79	98	98	99
bAV	7	10	4	10	8	5	3	5	2
ZÖD	3	3	3	3	3	4	0	1	0
BV	13	15	9	15	18	12	1	1	0
AdL	1	1	1	2	1	2	0	0	0
BSV	1	1	0	1	1	0	0	0	0

des jeweiligen Netto-Lohnniveaus für Durchschnittsverdiener auf etwa 45 bis 48 % ab 2030 führen, aber in einer Worst-Case-Perspektive ist ein Absinken unter 42 % nicht ausgeschlossen, vor allem für Ehepaare, bei denen nur ein Partner in die GRV eingezahlt hat. Dieses Bild hellt sich unter Berücksichtigung von Zusatzrentenvereinbarungen etwas auf.

GRV bestreitet in der ersten Schicht den überwiegenden Anteil der Rentenbezüge
Drei von vier Euro (77 %) des allgemeinen Rentenleistungsvolumens der Versorgungsempfänger fließt aus der GRV, gefolgt von der Beamtenversorgung (BV) mit 13 % (vgl. Tab. 13.2).

Davon abzugrenzen sind Daten über Rentner, die in der aktiven Phase in andere Versorgungssysteme eingezahlt haben. Das erklärt den geringen Anteil von Versorgungsempfängern außerhalb der GRV in den neuen Ländern: Zu DDR-Zeiten war die AV mit der Einheitsrente solidarisch geregelt, auf niedrigem Niveau und nur differenziert nach erreichten beruflichen Positionen (vgl. Bundesministerium für Arbeit und Soziales 2016, S. 23 ff.).

13.2   Versorgungsregelungen im öffentlichen Dienst

Regelungen im Öffentlichen Dienst (ÖD) betreffen Beamte, die diese Gruppe dominieren, aber auch Angestellte vorrangig in gehobenen Besoldungsgruppen (vgl. Bundesministerium für Arbeit und Soziales 2016, S. 32 ff.).

- Beamte stellen mit 13 % aller „Werktätigen" eine große Gruppe dar. Die „Beamtenversorgung" (BV) beschert ihnen Brutto-Durchschnittspensionen von über 2500 EUR, womit sie die Hitliste der Versorgungsempfänger anführen, und dank einheitlicher Besoldungsgruppen fast unterschiedslos bei Männern und Frauen.

- Angestellte im ÖD, etwa zehn Prozent aller GRV-Empfänger, können von der „Zusatzversorgung öffentlicher Dienst" (ZÖD bzw. ZVK und VBL) profitieren, die ihnen je nach individueller Situation die GRV-Rente um 250 bis 850 EUR monatlich aufstockt, bezogen auf die GRV-Rente also etwa 20 bis 50 %, mit denen Angestellte des ÖD bessergestellt sind als Angestellte in der gewerblichen Wirtschaft ohne Zusatzversorgung. Männer liegen aufgrund ihres höheren Anteils in höheren Besoldungsgruppen deutlich vor Frauen.
- Dank sicherer Arbeitsplätze in der aktiven Berufsphase und mit einer privilegierten Versorgung lohnt es sich, öffentlich Bediensteter (auch als Angestellter) zu sein.

13.3 Berufsständische Versorgungswerke

Außer im Öffentlichen Dienst gibt es hier ein breites Spektrum von Alters- und Hinterbliebenen-Vorsorgeträgern mit einem allerdings nur geringen Anteil in Relation zur GRV.

Eine gute Rentenversorgung bieten Versorgungswerke für Freiberufler mit aktuell durchschnittlich 2000 EUR monatlich, wovon GRV-Eckrentner nur träumen können. Damit liegen Versorgungswerkrenten im Durchschnitt fast doppelt so hoch wie bei Normalbürgern.

Rentenversichert in einem Versorgungswerk sind Selbstständige in land- und forstwirtschaftlichen Berufen, sowie Freiberufler wie Ärzte, Architekten, Steuerberater, Ingenieure, Anwälte und Psychotherapeuten. Ferner auch Künstler oder Schriftsteller bei „Freischaffenheit" über die jeweilige Künstlersozialkasse. Versichert sind Alter, Tod und Berufsunfähigkeit, meistens in besserem Maße als in der GRV. Nachteilig ist dagegen in der Regel die fehlende Anrechnung von Kindererziehungszeiten wie in der GRV.

Auch wenn die Zukunft dieser Einrichtungen nicht gefährdet ist, zeigen die Zahlen: Diese Beziehergruppen müssen um eine Aufstockung der Traditionsversorgung nachdenken, sei es durch den Aufbau einer zusätzlichen Rürup-Rente oder durch Ersparnisse in der dritten Vorsorgeschicht. Die zweite Vorsorgeschicht ist Freiberuflern prinzipiell versperrt. Die „guten alten Zeiten" in den Versorgungswerken verschlechtern sich auch deshalb, weil Freiberufler im Durchschnitt länger leben und somit ihre Langlebigkeit auch entsprechend finanziert werden muss. Viele Versorgungswerke kürzen deshalb die Durchschnittsverzinsung und erweitern den Rentenregeleintritt auf die Vollendung des 67. Lebensjahres. Um das Versorgungsniveau zu halten, empfiehlt es sich deshalb für Freiberufler, ergänzend eine Rürup-Rente abzuschließen oder die Eigenbeiträge in das Versorgungswerk zu erhöhen. Falls der Ehepartner voll Riester-berechtigt ist, kann der Freiberufler auch einen Zulagenvertrag über den Ehegatten abschließen: Geschenktes Geld vom Staat!

13.4   Lebensarbeitszeitkonten: Flexibel in die Rente

Das Instrument „Lebensarbeitszeitkonten" (auch „Zeitwertkonten"), geregelt im „Gesetz zur sozialrechtlichen Absicherung flexibler Arbeitszeitregelungen" (Flexi-Gesetz von 1998), ist kein eigenständiges Versorgungssystem, ermöglicht es aber, individuell den Renteneintritt (bzw. Vorruhestand) ohne Einbußen in der Rente flexibel zu gestalten. Dieses System läuft allein über die Betriebe durch die flexible (Brutto-)Einzahlung von einbehaltenem Monatslohn, Überstunden, nicht genommenen Urlaubstagen sowie Sonderzahlungen in sparvertragsähnliche Produkte, sicherheitsorientierte Versicherungslösungen oder Geldmarktfonds. Vorteil: Die Gehaltsbestandteile werden brutto ohne Abzug von Steuern und Sozialversicherung angelegt. Bei adäquater Verzinsung der bei einem Finanzdienstleister über den Arbeitgeber angelegten Gehaltsbestandteile und regelmäßiger Besparung können wegen des „doppelten" Zinseszinseffektes ein bis zwei Jahre „Vorruhestand" bei Auszahlung des Sparguthabens als monatlicher Bruttolohn vor dem regulären Renteneintritt herauskommen. Falls der Arbeitgeber die Auszahlungsphase vor Rentenbeginn noch bezuschusst, ist eine Arbeitszeitkonto (AZK) ein interessanter „Vorruhestandsturbo" ohne große Rentenabschläge.

In der Vergangenheit nutzten primär Großunternehmen aufgrund betrieblicher Vereinbarungen dieses Instrument, mittlerweile ist die Einführung von Zeitwertkonten in etlichen Tarifverträgen verankert und bietet vielfältige Gestaltungsmöglichkeiten in der Praxis. Lebensarbeitszeitkonten bieten auch körperlich stark belasteten Berufsgruppen im Baubereich, Berufsfahrern und Pflegeberufen eine eigenverantwortlich besparbare Alternative, ohne Abschläge früher in Rente zu gehen. Eine allgemeine Verbreitung dieses AV-Instruments lässt allerdings noch auf sich warten.

13.5   GRV-Ersatz für Selbstständige: Basis-Rente

Die GRV für Selbstständige ist die Basis- oder (nach Bert Rürup) „Rürup-Rente", die erstmalig im AEG von 2005 verankert wurde. Sie ist mit Anlagemöglichkeiten bis zu 20.000 EUR pro Jahr für Ledige bzw. 40.000 EUR pro Jahr für Verheiratete (zusammen veranlagt) ein Ersatz für nicht Sozialversicherungsfähige und so konzipiert, dass sie dank des großzügigen Sonderausgabenabzugsbetrags auch für einen gehobenen Lebensstandard ein akzeptables Versorgungsniveau bietet (vgl. Tab. 13.3). Diese „Freiberufler-Rente" unterliegt der Einschränkung, dass sie nur primär für die individuelle Absicherung ohne weitergehenden Vererbungsanspruch konzipiert ist bzw. eine ergänzende Versicherung erforderlich wäre, um auch diese Aspekte abzudecken.

Tab. 13.3 Steckbrief der Basis-Rente. (Quelle: Deutsche Rentenversicherung Bund 2018, S. 18 ff.)

Steckbrief der Basis-Rente	
Einführung	2005
Zielgruppe	Primär Selbständige, aber auch Beamte und sozialversicherungspflichtig Beschäftigte
Abschlüsse bis Ende 2016	2,1 Mio. Verträge
Art der Förderung	Steuersonderausgabenabzug
Frühester Auszahltermin der Rente	Altverträge ab Vollendung des 60. Lebensjahres, bei nach 2011 abgeschlossenen Verträgen nicht vor Vollendung des 62. Lebensjahres.
Maximalbetrag p. a.	20.000 EUR für Ledige, 40.000 EUR für Verheiratete
Steuerliche Abzugsfähigkeit der Beträge in %	Sukzessive steigend, als Anteil vom Sparbetrag: 2017 = 84 %; 2018 = 86 %; 2019 = 88 %; …; …; ab 2025 = 100 %
Kapitalabfindung	Nicht möglich, da nur Rentenzahlungen gesetzlich zulässig sind.
Versteuerung	Analog der gesetzlichen Rente und sukzessive ansteigend bis 100 % der Rente im Jahr 2040; Versteuerung dann zum individuellen Steuersatz
Vererbung	Nicht möglich, falls vertraglich nicht vereinbart. Bei vertraglicher Vereinbarung sind verschiedene Optionen möglich: Rentengarantiezeit, Hinterbliebenenrente usw.

13.6 Innovation Mini-Teilrente mit Teilzeitjob

Seit dem 1. Juli 2017 können Arbeitnehmer vorzeitig eine Rente beantragen und gleichzeitig beim Arbeitgeber auf Teilzeitbasis weiterarbeiten. Damit können sie sich zum Zeitpunkt der Beantragung der Teilrente den gültigen Status der nachgelagerten Besteuerung (aktuell 74 %) sichern und auf Teilzeitbasis (zum Beispiel 80 %) sozialversicherungspflichtig beschäftigt zusätzlich arbeiten.

Mit dieser Flexi-Rente Teil 2 soll es Arbeitnehmern erleichtert werden, flexibel in den Ruhestand zu gehen, sich aber gleichzeitig zum frühestmöglichen Zeitpunkt einen günstigen Status bei der nachgelagerten Besteuerung zu sichern. Zudem können Arbeitnehmer damit ihre Abschläge für einen vorzeitigen Renteneintritt reduzieren, zum Beispiel bei 20 % Teilrente auch nur 20 % des jährlichen Abschlags von 3,6 %. Da hier jeder Fall individuell anders gelagert ist und die Beiträge für die Kranken- und Rentenversicherung zu berücksichtigen sind, empfiehlt sich eine individuelle Rentenberatung. Der Gewinn für Arbeitnehmer: Gewinn eines hohen Maßes an Flexibilität bei Optimierung der kohortenabhängigen Steuerlast.

13.7   Effizienzbewertung der ersten Vorsorgeschicht

Warnende Stimmen schon in den Achtziger- und Neunzigerjahren
Es ist unter anderem das Verdienst von Kurt Biedenkopf und Meinhard Miegel, bereits
auf der Basis von soziodemografischen Prognosen auf langfristige Risiken für die GRV
hingewiesen zu haben, was manche damals als überflüssige Panikmache abtaten. Die
Zeitschrift „Die politische Meinung" (Nr. 362/Januar 2000) zeichnete im Beitrag „Die
Rente am Scheideweg" ein düsteres Bild und forderte eine entschlossene und weitsich-
tige Reform für das GRV-System. „Die Zukunft der Rente könnte in einer Zukunft ohne
Rente münden, wenn nicht endlich der große Wurf gelingt." Zu diesen Mahnungen
kommen Warnungen vor der Aushöhlung des GRV-Systems durch versicherungsfremde
Leistungen. Die GRV könne ihre Substanz verlieren und primär von Zuschüssen aus
Steuermitteln abhängig werden.

Von Versorgungslücken zur Systemgefährdung und Anpassungszwängen
Welche Perspektiven zeichnen sich angesichts weniger Einzahler und mehr Rentenempfänger für den durchschnittlichen Beitrag, die Rentenhöhen und den notwendigen
Bundeszuschuss ab? Können sie das Anspruchsniveau durch staatliche Vorsorge- und
Surrogatträger befriedigen? Welche Versorgungslücken zeichnen sich ab? Um das vor-
urteilsfrei zu beurteilen, ist es notwendig, das vergangenheits- und zukunftsbezogen zu
trennen:

- Zu Zeiten einer kontinuierlichen Steigerung des Lohnniveaus, verknüpft mit der Rentenformel ohne Manipulationen bot die GRV einem großen Teil der Bevölkerung eine
  zwar nicht üppige, aber für die breiten Lebensbedürfnisse ausreichende Versorgung.
- Das galt auch für die daran geknüpften Versorgungssysteme BV und ZÖD, deren
  Leistungen prozentual im gleichen Verhältnis wuchsen.
- Damit wurden BSV-Einrichtungen erfasst, deren Leistungen auf GRV-Sockeln auf-
  bauten.

Aber die Zukunft sah bis 2015 für GRV-orientierte Versorgungssysteme wenig rosig aus:

- statt kontinuierlicher Lohnaufwärtsentwicklung eher Stagnation oder sogar Rück-
  gänge
- statt Kontinuität in der Anwendung der Rentenformel Nullrunde um Nullrunde
- Anpassung der BV (Gleichheitsgrundsatz des Grundgesetzes) und anderer Versorgungssysteme nach unten

Seit 2015 profitiert das Rentenniveau vom kontinuierlichen Wirtschaftswachstum.

Damit ergeben sich folgende Anpassungszwänge für die einzelnen Gruppen:

- Klassische GRV-Rentner brauchen kapitalgedeckte ergänzende Versorgungen.
- Darüber müssen auch zunehmend BV- und ZÖD-Empfänger nachdenken.
- Versorgte aus BSV-Systemen müssen auftretende GRV-Versorgungslöcher durch Erhöhungen der Kapitaldeckung ausgleichen oder reduzierte Versorgungen hinnehmen. Unter steuerlichen Aspekten kann „Rürup" für sie zum Muss werden.

13.8   Ist die GRV in ihrer Struktur überlebensfähig?

In Analogie zur Radio-Eriwan-Antwort: Im Prinzip jein, wenn

- die Politik jeden Ansatz vermeidet, die der GRV neue Lasten aufbürden könnte,
- man ein Modell findet, um steigende Lasten durch höhere Rentenzahlungen an Neurentner ab 2025 und niedrigere Beitragseinnahmen durch schwächer besetzte Jahrgänge zu vermeiden.

Vermeidung weiterer Lasten
Zusätzliche Lasten wie die Erhöhung der Mütterrente für alle Frauen sowie die temporäre Rückkehr zur Rente mit 63 haben bereits die GRV überfordert. Weitere Lasten wie

- Eine weitere Erhöhung der Mütterrente für alle berechtigten Mütter zulasten der GRV
- Die Umsetzung der Forderung einer „Solidarrente" nach österreichischem Muster (1000 EUR im Monat) für alle GRV-Berechtigte mit niedrigem Einkommen oder sogar alle Bürger im Rentenalter mit niedrigem Einkommen würde die GRV mit einem zweistelligen Milliardenbetrag (je nach Ansatz bis zu 30 Mrd. EUR) jährlich belasten. Wenn man das politisch will, muss man den Kreis der GRV-Einzahler vergrößern.

Durch weitere Lasten für die GRV ohne eine systemimmanente Gegenfinanzierung würde eine Entwicklung eingeleitet, bei der der Steueranteil der Rentenfinanzierung von derzeit einem Drittel zunehmend größer und sogar die Beitragseinnahmen übertreffen könnte. Das kann zu einem langsamen Dahinsiechen der GRV im Sinne der Umlagefinanzierung durch Generationenvertrag führen.

Modifikation des Renteneintrittsalters
Auch wenn die Politik eine wesentliche Erhöhung des Renteneintrittsalters zum Tabu erklärt; der Wissenschaftler muss sich damit auseinandersetzen, er will ja nicht wiedergewählt werden. In der Sache müsste man, wenn man gravierende Erhöhungen der Beitragseinnahmen und Rentenkürzungen ausschließt, die geschätzte Rentenbezugsdauer

zum Parameter machen. Daraus errechnet sich auf der Basis der Entwicklung der Lebenserwartung ein Renteneintrittsalter, das mit weiterer Zunahme der Lebenserwartung kontinuierlich nach oben anzupassen wäre.

Verbreiterung des Kreises der GRV-Sozialversicherungspflichtigen

- Hier hat Deutschland mit den Systemen in den Niederlanden und der Schweiz gute Muster: Einbeziehung aller Einkommensarten auf der Basis der steuerlichen Veranlagung mit sechsstelligen Beitragsbemessungsgrenzen.
- Einbeziehung aller Berufsgruppen, also auch Selbstständige und mittelfristig Beamte.

Damit überwindet die GRV ihre größte Schwachstelle, nämlich die Entkoppelung von niedrigem Arbeitseinkommen und niedriger Rente als kaum vermeidbarer Weg in die Altersarmut, und erfüllt den Anspruch einer Existenzsicherung für alle, was aus ordnungspolitischer Sicht auch zum Wesen einer modernen Solidargesellschaft gehört.

Folgerungen für die Weiterentwicklung der GRV

Um von einem Jein zu einem Ja zu kommen, erscheint der Weg am erfolgversprechendsten, die GRV zu einer Basisversicherung zur Existenzsicherung für alle weiter zu entwickeln auf der Basis einer Gegenfinanzierung durch Einbeziehung aller Einkommensarten und Berufsgruppen. Das ist auch eine wesentliche Basis für die im Teil E vorgestellte Konzeption *AV 2030 plus*.

Literatur

Bundesministerium für Arbeit und Soziales (2016): Rentenversicherungs- und Alterssicherungsbericht 2016, Berlin 2016.
Deutsche Rentenversicherung Bund (2017): Rentenversicherung in Zahlen 2017, Berlin 2017.
Deutsche Rentenversicherung Bund (2018): Heute die Zukunft planen, Berlin 2018.

14.1 Charakteristika der bAV

Gesetzliche und betriebliche AV Hand in Hand

Die bAV ist mit über 17 Mio. Anspruchsberechtigten nicht nur die älteste, sondern auch heute noch die wichtigste Form der AV in der zweiten Schicht. Historisch ist sie aus den Bemühungen von Großunternehmen hervorgegangen, ihre Mitarbeiter über die staatliche Rente hinaus mit einer eigenen betrieblichen Sozial- bzw. Pensionskasse versorgungsmäßig abzusichern. Das war sozialpolitisch verdienstvoll und machte als erwünschten Nebeneffekt das jeweilige Unternehmen als Arbeitgeber für qualifizierte Mitarbeiter langfristig attraktiv. Die damit zum Unternehmen erzeugte Bindung prägte soziologisch das Zusammengehörigkeitsgefühl zum Beispiel der „Kruppianer" und „Siemensianer".

Diese Urform der betrieblichen Pensionskasse hat sich als Grundcharakter auch in der heutigen bAV erhalten. Heutzutage findet eine Differenzierung der bAV in fünf Durchführungswegen (DW) statt, diese jeweils mit unterschiedlichen produktspezifischen Ausprägungen. Die heutigen bAV-Möglichkeiten haben bis auf die sogenannte Direktzusage meistens mit dem „Betrieb" in Bezug auf die Mittelverwaltung nur indirekt zu tun. Sie bezeichnet primär den Ort, an dem diese Vorsorgeleistung abgeschlossen wird. Insofern ist bAV heute ein mehrfach deutbarer Name. Geblieben ist allerdings: Der Arbeitgeber hat das Recht, den DW festzulegen, der Mitarbeiter hat hier erst die freie Wahl, wenn der Arbeitgeber sich nicht positioniert.

Zwei Mitgliederkreise: Anspruchsberechtigte als Leistungsempfänger und Noch-Einzahler

Im Gegensatz zu Riester-Verträgen, wo es bisher aufgrund der kurzen Existenz primär Einzahler gibt, hat die bAV zwei Formen von Anspruchsberechtigten:

© Springer Fachmedien Wiesbaden GmbH, ein Teil von Springer Nature 2018   105
H. Benölken und N. Bröhl, *Altersvorsorge am Scheideweg,*
https://doi.org/10.1007/978-3-658-21837-9_14

- Mitglieder, die sich bereits im Ruhestand befinden und aus der bAV wie auch aus der GRV Leistungen beziehen.
- Mitglieder als Einzahler, die noch im aktiven Berufsleben stehen. Sie können jährlich bis zu vier Prozent (seit dem 1. Januar 2018: acht Prozent) sozialversicherungspflichtigen Einkommens durch Entgeltumwandlung steuer- und sozialversicherungsfrei anlegen. Der kleine Haken: Im Umfang der Anlage erfolgt auch eine Kürzung der GRV-Bemessungsgrundlage, also weniger GRV-Punkte.

Neuere Entwicklung und heutige rechtliche Grundlagen

Der Gesetzgeber hat die bAV-Regelungen zum 1. Januar 2002 und 2005 novelliert und alle heute üblichen fünf DW, nämlich Pensionskasse, Pensionsfonds, Unterstützungskasse, Direktversicherung und Direktzusage hinsichtlich ihrer steuerlichen Hebelwirkungen weitgehend angepasst, um ihnen eine größere Breitennutzung zu sichern.

Der Durchbruch litt unter mehrjährigen Diskussionen zur teilweisen zeitlichen Beschränktheit der Förderung (Befristung der Sozialversicherungsersparnis) und dem konkurrenzseitigen Ausverkauf des Steuervorteils der Lebensversicherung im Jahr 2004. Das führte in der Bevölkerung auch zur Verunsicherung über die individuelle optimale Vorsorge und zu Torschlusspanik-Verhalten hinsichtlich Nutzung von Lebensversicherungen und erschwerte anderen Vorsorgeformen die für ihre Verbreitung notwendige Akzeptanz.

Nachfolgend erläutern wir, welche Versorgungsziele mit der bAV erreicht werden sollen und wie ihre Marktpenetration langfristig einzuschätzen ist (Tab. 14.1).

Mit der Einführung des Betriebsrentenstärkungsgesetzes (BRSG) zum 1. Januar 2018 wurde der Anlagebetrag für alle Durchführungswege von vier Prozent auf acht Prozent des sozialversicherungspflichtigen Einkommens erhöht, also 6096 EUR von 76.200 EUR, um damit die bAV noch attraktiver zu machen.

14.2 Anspruchsberechtigte nach Durchführungswegen

Die Anspruchsberechtigten der bAV teilen sich, wie schon einleitend erwähnt, auf in Einzahler und Leistungsempfänger. Die Einzahler gliedern sich wie in Tab. 14.2 dargestellt.

Pensionskassen

Die Pensionskassen haben seit 2003 am meisten von der Renaissance der bAV profitiert: Nach 1,4 Mio. (Dezember 2003) stieg die Zahl der Versicherten bis Ende 2015 auf 4,8 Mio. – ein gut genutzter DW mit einer zweistelligen jährlichen Steigerungsrate, wobei sich der Anstieg ab 2005 abflacht. Die größte Pensionskasse ist die „Metall-Rente" der Metall- und Elektroindustrie, getragen von der IG Metall und dem Arbeitgeberverband Gesamtmetall.

Tab. 14.1 Steckbrief der betrieblichen Altersversorgung. (Quelle: Bundesministerium der Finanzen 2013, S. 284 ff.)

Steckbrief der Betrieblichen Altersversorgung	
Novelierungen	2002/2005/2017
Durchführungswege	Pensionskasse, Pensionsfonds, Direktversicherung, Unterstützungskasse, Direktzusage
Zielgruppe	Sozialversicherungspflichtig Beschäftigte, Geschäftsführer
Aktive Anwartschaften bis Ende 2016	20,4 Mio.
Art der Förderung	Steuer- und/oder Sozialversicherungsersparnis
Maximaler Höchstbetrag	8 % der Beitragsbemessungsgrenze der gesetzlichen Rentenversicherung des jeweiligen Jahres steuerfrei (2017: 6350 EUR p. M. ABL, 5700 EUR p. M. Ost NBL). 4 % der BBG sozialabgabenfrei in den Durchführungswegen Pensionskasse, Direktversicherung und Pensionsfonds. In den Durchführungswegen Direktzusage und Unterstützungskasse höhere steuerfreie Umwandlungsmöglichkeiten als 8 % der BBG der GRV
Steuer- und Sozialabgabenförderung	Die Beiträge werden vom Arbeitgeber über die Lohnabrechnung steuer- und sozialabgabenfrei vom Bruttoeinkommen abgezogen. Die sonst zu entrichtenden Abgaben werden dann ohne Abzüge im Rahmen der Entgeltumwandlung direkt an den Versorgungsträger überwiesen. Das macht einen Förderanteil in Höhe des individuellen Lohnsteuer- und ggf. Sozialversicheurngssatzes (Arbeitnehmer- und zukünftig Arbeitgeberanteil) aus. Dieser kann bis zu 70 % betragen
Frühester Auszahlbeginn	Je nach Vertragsgrundlage zwischen dem 60. und 63. Lebensjahr (neuere Verträge sehen das 63. Lebensjahr vor). Bis auf die Durchführungsweg Pensionsfonds ist wahlweise eine Einmal- oder Rentenauszahlung möglich
Abgaben in der Auszahlphase	Bis auf Altverträge im Durchführungsweg Direktversicherung (Förderungsgrundlage § 40b EStG) sind die Rentenzahlungen voll und zum individuellen Steuersatz zu versteuern. Die Rentenzahlungen sind ab einem (geringen) Schwellenwert zudem sozialversicherungspflichtig

(Fortsetzung)

Tab. 14.1 (Fortsetzung)

Steckbrief der Betrieblichen Altersversorgung	
Vererbung	Ansparphase: An den Ehegatten, bzw. eingetragene Lebensgemeinschaften und Kinder (bis 25. Lebensjahr) i. d. R. volle Vererbbarkeit, ansonsten an Dritte in Höhe des Sterbegelds in Höhe von aktuell 8000 EUR
	Auszahlphase: Individuelle Regelungen gemäß Vertragsgrundlage, wie etwa Hinterbliebenenrente oder vereinbarte Rentengarantiezeiten

Tab. 14.2 Anspruchsberechtigte nach bAV-DW. (Quelle: Bundesministerium für Arbeit und Soziales 2016, S. 19)

Aktive BAV-Anwartschaften				
	2001	2005	2009	2015
Direktzusagen und Unterstützungskassen	3,9	4,7	4,5	4,7
Direktversicherungen	4,2	4,1	4,3	5,1
Pensionsfonds	0	0,1	0,3	0,4
Pensionskassen	1,4	4,1	4,5	4,8
Öffentliche Zusatzversorgungskassen	5,1	5,3	5,1	5,4
Gesamt	**14,6**	**18,3**	**18,7**	**20,4**

Direktversicherungen

Dieser DW liegt seit 2001 bei über vier Millionen Arbeitnehmern und stieg bis Ende 2015 auf 5,1 Mio. Mit dem AEG 2005 wurde er in der staatlichen Förderung den DW Pensionskasse und Pensionsfonds gleichgestellt. Im Gegensatz zu Pensionskassen behalten Anbieter Vertriebs- und Abschlusskosten ein, was bei Übertragung des Guthabens bei Arbeitgeberwechsel bzw. Beitragsfreistellung zu finanziellen Nachteilen führen kann.

Pensionsfonds

Seit 2002 gibt es den DW Pensionsfonds, bei dem die Anlage der Beiträge sich stärker auf Aktien fokussiert als bei anderen DW. Die Zahl der Anwartschaften stieg von 88.000 im Jahr 2003 auf über 400.000 zum Ende des Jahres 2015. Pensionsfonds blieben bisher eher Stiefkinder der bAV. Gründe: eher risikoorientierte Anlage, Beschränkung der Kapitaloption bei Auszahlung und damit verbundene verminderte Attraktivität. Die Ansprüche an Pensionsfonds sind über den Pensionssicherungsverein rückgedeckt und so gegen Insolvenzen gesichert. Das kostet Arbeitgeber im Gegensatz zu Pensionskassen und Direktversicherungen jährliche Beiträge, was diesen DW auch bei Arbeitgebern nicht besonders beliebt macht.

Direktzusagen und Unterstützungskassen
Unterstützungskassen werden vornehmlich über Arbeitgeber als arbeitnehmerfinanzierte und mit einem Versicherungsunternehmen als dort rückgedeckte Variante angeboten. Die vom Arbeitnehmer umgewandelten Beiträge werden durch einen externen Träger verwaltet. Als Absicherung müssen vom Arbeitgeber zudem Beiträge an den Pensionssicherungsverein abgeführt werden, der bei Insolvenz für den Arbeitgeber einspringt. Durch dieses Dreifachsystem der Absicherung (externer Versorgungsträger, Pensionssicherungsverein PSV und Arbeitgeber) braucht sich der beteiligte Arbeitnehmer keine Sorgen um seine Anwartschaften machen.

Steuerlich kann Entgelt in unbegrenzter Höhe umgewandelt werden, wobei im Bereich der Sozialversicherung lediglich ein Freibetrag in Höhe von 2640 EUR (im Jahr 2017) ausnutzbar ist. Zu beachten ist zudem, dass die Unterstützungskasse grundsätzlich nur gleichbleibende oder steigende Beiträge vorsieht und dies deshalb bei finanziell angespannten Situationen des Arbeitnehmers problematisch sein kann.

Gegenüber den DW Pensionskasse, Pensionsfonds und Direktversicherung besteht bei Arbeitgeberwechsel kein Anspruch auf Weiterführung. Bei vorab vom Vermittler ggf. einbehaltenen Vertriebs- und Abschlusskosten kann dies zusätzliche finanzielle Verluste bedeuten.

Auf Basis von Statistiken des Pensionssicherungsvereins und Berechnungen von TNS Infratest ergaben sich für Dezember 2007 4,6 Mio. Beschäftigte mit Anwartschaften aus Direktzusagen und Unterstützungskassen, gegenüber 2001 eine Steigerung um 19 %. Die Zahl ist mit 4,7 Mio. Verträgen Ende 2015 fast unverändert geblieben.

Fazit zum Wachstum der Durchführungswege
Insgesamt waren im vergangenen Jahrzehnt Pensionskassen und Direktversicherungen der Wachstumsschwerpunkt der bAV, mit deutlichem Abstand gefolgt von den ebenfalls leicht wachsenden DW Unterstützungskassen und Pensionsfonds. Demgegenüber wuchsen Anwartschaften beim DW Direktzusage mit Rückdeckungsversicherungen nur moderat (vgl. Bundesministerium für Arbeit und Soziales 2016, S. 129 ff.).

14.3 Partnerschaftliche Formen der bAV-Finanzierung

Die Lebensweisheit, wonach die Musik bezahlt, wer sie bestellt hat, gilt auch für die Finanzierung von bAV-Einzahlungen. Ursprünglich leisteten primär Unternehmen als freiwillige betriebliche Sozialleistungen Einzahlungen in die bAV, aber die Gewichte verschieben sich seit 2002 zu den Arbeitnehmern bei den betriebsbezogenen DW (vgl. Abb. 14.1).

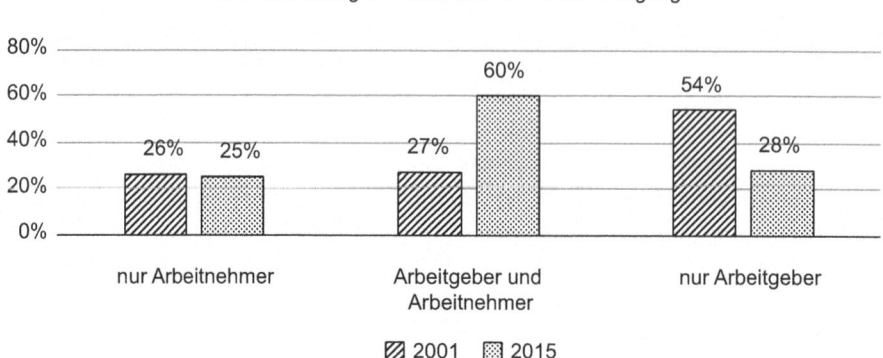

Abb. 14.1 Finanzierung der bAV. (Quelle: Bundesministerium für Arbeit und Soziales 2017, S. 138)

Der Anteil der rein unternehmensfinanzierten bAV hat sich seit 2001 um ein Drittel reduziert, fast im gleichen Maße nehmen Mischfinanzierungen zu, meistens in Form von Zuschüssen, die Arbeitgeber Arbeitnehmern zur Entgeltumwandlung zahlen. Diese Entwicklung hat mehrere Gründe: Zum einen werden über rein arbeitgeberfinanzierte Pensionszusagen oder Unterstützungskassen Verbindlichkeiten in der Bilanz des Unternehmens aufgebaut, welche, wenn sie nicht kongruent durch zweckgebundenes Vermögen rückgedeckt werden, oftmals kaum mehr zu finanzieren sind. Was das bedeutet, haben Wirtschaftsinteressierte in den letzten Jahren bei den mühevollen Ausfinanzierungen von betrieblichen Pensionslasten zum Beispiel bei Fusionen und beabsichtigten Börsengängen verfolgen können.

Zum anderen regeln immer mehr Tarifverträge, ob, wie viel und welche Arbeitgeberleistungen in die bAV fließen, falls sich der Arbeitnehmer an einer Entgeltumwandlung im Unternehmen beteiligt. Hierbei stellt sich für die Unternehmensparteien oft eine sogenannte „Win-Win"-Situation dar: Der Arbeitgeber spart aktuell noch seine Sozialanteile auf den vom Arbeitnehmer umgewandelten Betrag, das sind in der Regel 20 %. Bei 1200 EUR bAV im Jahr spart der Arbeitgeber dadurch 240 EUR. Bei 20 Jahren durchschnittlicher Laufzeit kommen pro Arbeitnehmer knapp 5000 EUR Personalkostenersparnis für den Arbeitgeber zusammen. Allerdings werden auf Basis des Betriebsrentenstärkungsgesetzes in Zukunft die Arbeitgeber 15 % ihrer Sozialversicherungsersparnis an Arbeitnehmer weitergeben müssen.

Arbeitgeber zahlen Zuschüsse aufgrund tarifvertraglicher Regelungen teilweise auch als vermögenswirksame Leistungen. Dadurch können sich beispielsweise pro 100 EUR monatlicher Entgeltumwandlungen bis zu 70 % Förderquote ergeben, das heißt, der Arbeitnehmer zahlt nur einen geringen Teil seiner AV selbst. Den Rest übernehmen Staat und Arbeitgeber.

14.4   Neues Sozialpartner-Modell

Zum 1. Januar 2018 trat das „Betriebsrentenstärkungsgesetz" (BRSG) in Kraft, das dem bAV-Modell neuen Rückenwind verleihen soll. Insbesondere sollen so auch kleine und mittlere Unternehmen (KMU) ohne tarifliche Bindungen in hohem Maße erreicht werden.

Hierzu zunächst ein Blick auf den Aktionsradius der bisher genutzten fünf DW: Die DW Pensionskasse und Pensionsfonds sowie Unterstützungskasse betreffen spezielle Einrichtungen, die bei größeren Unternehmen üblich sind. Der Regelungsbedarf ist im Regelfall nur ein Teilbereich von laufenden tarifvertraglichen Regelungen. Damit geht bAV weitgehend an KMU vorbei. Neben diesen drei Organisationsvarianten der Durchführungswege (DW) verbleiben die beiden Individualvarianten der DW, nämlich die Direktzusage primär für leitende Mitarbeiter und Direktversicherung für die breite Arbeitnehmerschaft. Auch für den letztgenannten DW braucht man eine administrative Abwicklungskultur in den Unternehmen, die bei KMU nur in geringem Maß gegeben ist. Zudem neigen primär inhabergeführte KMU dazu, die Haftung für die bAV möglichst zu vermeiden. Das sind die Hauptgründe, weshalb sich bisher bAV-Regelungen in KMU kaum durchsetzen konnten.

Im BRSG ist eine Haftung für die Rentenhöhe bei der Produktgattung „reine Beitragszusage" nicht mehr vorgesehen, womit das BRSG arbeitgeberfreundlicher wird. Im Einzelnen: Arbeitgeber sind verpflichtet, 15 % der jährlichen Einzahlung der Arbeitnehmer zuzuschießen. Arbeitgeber können zudem noch einen besonderen Zuschuss bei Geringverdienern (bis 2200 EUR monatlich) von 240 bis 480 EUR je nach Höhe der Arbeitnehmerersparnis zuschießen. Der Anreiz für beide Partner liegt in der steuerneutralen Entgeltumwandlung der Ersparnis bzw. des Zuschusses, der zusätzliche Anreiz für den Arbeitnehmer im Aufbau einer zusätzlichen privaten AV.

14.5   Zukunftsperspektiven der bAV-DW

Bei welchem DW ist ein Bedeutungszuwachs zu erwarten oder sogar wahrscheinlich?

Genereller Trend: Gleitflug-Abflachung der Wachstumskurve
Die gesetzlichen Neuregelungen der Jahre 2001 und 2002 brachten dem Riester-Markt und dem bAV-Markt einen riesigen Wachstumsschub. Im Unterschied zum Riester-Wachstum, das primär von Individualentscheidungen geprägt ist, haben in der bAV auch Entscheidungen von Unternehmen und Tarifvertragspartnern das Wachstum gefördert.

Dieser Trend nimmt zu. Aufgrund der grundsätzlichen Vorteilhaftigkeit der bAV für das Unternehmen durch die Sozialabgabenersparnis des Arbeitgebers werden Arbeitgeberleistungen zunehmend in die bAV „gelenkt". Im Gleichklang werden traditionelle

Arbeitgeberleistungen als „Vermögenswirksame Leistungen" für beispielsweise Bausparverträge zurückgehen. Damit ist vorprogrammiert, dass das bAV-Wachstumspotenzial sich bei relativ konstanter Anzahl von Wirtschaftsunternehmen in der Volkswirtschaft noch weiter ausweiten kann. Wir haben bereits 2011 geschätzt, dass bis etwa 2015 noch drei bis vier Millionen Verträge Neugeschäftswachstum „drin" sein könnten, womit der Gesamtmarkt dann bei 18 bis 19 Mio. Anspruchsberechtigten liegen könnte. Das Wachstum wird voraussichtlich primär die DW Pensionskasse und Direktversicherung betreffen.

Unterstützungskassen: Potenziale schon weitgehend erschlossen
Beim bisherigen Wachstum bei diesem DW ist zu beachten, dass sich bereits viele Unternehmen mit einer adäquaten Betriebsgröße für diesen DW in der Vergangenheit vornehmlich bei leitenden Angestellten positioniert haben. Deshalb rechnen wir in dieser Arbeitnehmergruppe nicht mehr mit weiterem rasantem Wachstum.

Direktversicherungen, Pensionskassen, Pensionsfonds: Gewinner oder Auslaufmodelle?
Für ein weiteres moderates Wachstumspotenzial spricht: Beim Sprung vom GRV + Riester-Paket zum GVN fehlen dem Normalbürger 15 bis 20 % „GVN-Basispunkte". Die kann er mit einer sorgfältig ausgewählten Pensionskasse oder Direktversicherung schließen. Inwieweit der einzelne den gesamten Förderungsspielraum (bis zu acht Prozent des sozialversicherungspflichtigen Einkommens ab 2018) ausschöpft, hängt von seiner Liquidität und konkurrierenden Konsumpräferenzen ab. Zudem könnten Pensionskassen zulasten der anderen bAV-DW gewinnen. Ihr Vorteil für Arbeitnehmer: Verteilung der Vertriebs-/Abschlusskosten über die gesamte Laufzeit. So bleibt bei Arbeitsplatzwechsel ein Großteil des Kapitals erhalten. Bei anderen DW werden die Abschlusskosten oft in den ersten Jahren einbehalten. Ein größeres Wachstum im Gesamtmarkt ist eher noch bei kleineren und mittleren Betrieben zu erwarten, die die Vorteile der bAV (Sozialabgabenersparnis durch Entgeltumwandlung) noch nicht nutzen.

Sozialpartnermodell: Wachstumsmotor für den bAV-Markt?
Das Sozialpartnermodell muss ab 2018 erst einmal seine Durchsetzungsfähigkeit beweisen, solange ist das Fragezeichen noch berechtigt. Diese Produktgattung führt in dem Maße zu höheren Risiken beim Arbeitnehmer, wie diese beim Arbeitgeber sinken, weil keine Garantien seitens des Arbeitgebers mehr erforderlich sind. Nimmt der Arbeitnehmer ein derartiges Produkt überhaupt an? Das Produkt bietet aber auch Chancen, weil sich bei noch langfristig niedrigen Zinsen (überschuldete EU-Länder brauchen mindestens bis 2030, um sich so weit zu entschulden, dass sie sich wieder moderate Verzinsung ihrer Staatsschulden leisten können) eine attraktive Möglichkeit bietet, über risikoreichere Anlagestrategien (das Produkt wird überwiegend über Fonds rückgedeckt) AV-Potenzial aufzubauen.

Direktzusagen: Auslaufmodell, obwohl Bindungsmittel für Leistungsträger?
Die Wachstumsperspektiven dieses DW sind dadurch beeinträchtigt, dass sich der Interessentenkreis mit dem Kreis überschneidet, für den die Basisrente gedacht ist. So konkurrieren dieser DW und die Basisrente um die individuell günstigsten Förderungsvorteile. Zudem müssen Unternehmen für Versorgungszusagen Pensionsrückstellungen bilden. Das kann sie neben anderen Finanzierungsproblemen auch aufgrund der sich verschärften gesetzlichen Bestimmungen bei Leistungspflicht an die Grenze der Kapitaldienstfähigkeit bringen, vor allem unter dem Aspekt „BILMOG" (Bilanzrechtsmodernisierungsgesetz). Das führt zur Erhöhung des Pensionsrückstellungsbedarfs, was wir nicht weiter vertiefen.

Fazit: Trend zum bAV-Mengengeschäft
Die DW Pensionskasse und Direktversicherung können den anderen Wegen den Rang ablaufen, weil diese einfach handhabbar sind und sich insbesondere die Pensionskasse weiterhin über Tarifverträge ihren Weg sucht. Und das Sozialpartnermodell könnte ein erfolgreicher Dritter im DW-Erfolgstrio werden.

14.6   Effizienzbewertung der bisherigen bAV-Förderung

Knapp zwei Drittel der Arbeitnehmer sind bAV-Sparer: Eine Erfolgsstory seit 2002. Dem haben auch Unsicherheiten hinsichtlich der steuerlichen Förderung der Lebensversicherung bis 2004 mit Auswirkungen auf Direktversicherungen und das jahrelange Gezerre zum Thema Eigenheimzulage keinen Abbruch getan. Die Annäherung der Förderungsvorteile in den DW gewährt Chancengleichheit, sodass im Rahmen ihrer Auswahlrechte Arbeitgeber und Arbeitnehmer sich den individuell attraktivsten DW aussuchen können. Angesichts der Reduktion anderer Steuerbegünstigungen ist eine noch stärkere Nutzung der bAV möglich. Wermutstropfen: geringe KMU-Erfassung, was mit dem Sozialpartnermodell gelingen soll.

Literatur

Bundesministerium für Arbeit und Soziales (2016): Ergänzender Bericht der Bundesregierung zum Rentenversicherungsbericht 2016 gemäß § 154 Abs. 2 SGB VI (Alterssicherungsbericht 2016), Berlin 2016.
Bundesministerium für Arbeit und Soziales (2017): Alterssicherungsbericht der Bundesregierung 2017, Berlin 2017.
Bundesministerium der Finanzen (2013): BMF-Schreiben 24.07.2013, "Steuerliche Förderung der privaten und betrieblichen Altersversorgung", Berlin 2013.

15.1   Riester-Rente als „Lückenfüller" der GRV

„Die großzügige Förderung der Riester-Rente ist primär eine Förderung der Versicherungs- und Fondsgesellschaften: Es geht fast die gesamte Förderung für die Abschlusskosten drauf" (Norbert Blüm in „Menschen bei Maischberger" am 24. November 2009).

„Riestern": Verwirrspiel im Meinungsstreit?
Namensgeber ist Walter Riester, der als Bundesminister für Arbeit und Sozialordnung die Förderung der freiwilligen AV durch eine AV-Zulage und Steuer-Sonderausgabenabzug einführte, um so alle sozialversicherungspflichtig Beschäftigten gleich zu fördern. Für die Nutzung dieser AV-Verträge hat sich das Wort „riestern" eingebürgert, mit den Varianten Versicherungs-, Fonds-, Bankspar-, seit 2008 auch Bauspar-Riester-Verträge. Alle Riester-Produkte werden in gleicher Weise durch Zulagen- und Sonderausgabenabzug gefördert.

Zweckbestimmung der Riester-Rente und ihre Anbieter
Die Riester-Rente soll die abschmelzende GRV und eine sich daraus entwickelnde Rentenlücke mit einem vom Bürger angesparten Kapitalstock so kompensieren, als wenn das GRV-Rentenniveau auf dem Niveau von 2002 konstant bleiben würde. Gemäß dem „Riester-Faktor" in der GRV-Rentenformel wird das Rentenniveau in dem Maße gesenkt, wie Bürger beim privaten „Riestern" eine Zusatzrente aufbauen können. So wurde indirekt die GRV zum Teil auf kapitalgedeckte Beine gestellt, allerdings nicht zwangsverpflichtend, sondern auf freiwilliger Basis. Ein progressiv nach Familienstand und Kinderanzahl und deren Geburtsterminen gestaffeltes Zulagensystem sollte die Bürger motivieren, bereitwillig für die gewählten Rieste-Produkte vier Prozent

© Springer Fachmedien Wiesbaden GmbH, ein Teil von Springer Nature 2018   115
H. Benölken und N. Bröhl, *Altersvorsorge am Scheideweg*,
https://doi.org/10.1007/978-3-658-21837-9_15

ihres sozialversicherungspflichtigen Einkommens anzusparen. Nach der damaligen Rentenreform waren die vier Prozent allerdings noch ausreichend, um die Rentenlücke zu füllen. Heute reicht ein regelbesparter „Riester" allein kaum, um ein adäquates Versorgungsniveau zu erreichen. Anbieter von Riester-Produkten sind Lebensversicherer, Fondsgesellschaften, Banken und seit 2008 auch Bausparkassen.

Schließen der GRV-Lücke mit Riester: Lebensillusion oder Realität?
Mit dem Slogan „Schließen einer GRV-Lücke" hat man das Riester-Konzept politisch verkauft. Es gibt für Riester-Sparer keinen Automatismus, weil beide Systeme unabhängig voneinander sind. Die Lückenfüllerthese gilt nur für Riester-Sparer, die früh anfangen und kontinuierlich vier Prozent ihres Bruttoeinkommens in einem Riester-Produkt ansparen. Hierzu bringen wir beim Bummel über den Riester-Marktplatz Berechnungsbeispiele (vgl. Teil E).

Gefährlich wird eine Riester-Versorgungsillusion für Bürger, die nur eine geringe Sparrate aufbringen. Beim Einkommen von 30.000 EUR müsste die Besparung zur Gewährung der Zulagen in voller Höhe bei vier Prozent, das heißt 1200 EUR inklusive der vom Staat gezahlten Zulagen liegen, aber sie erreicht derzeit mit den allgemeinen jährlichen Durchschnittsbeiträgen von 800 bis 900 EUR nur knapp zwei Drittel von dem, was für ein Schließen der GRV-Lücke nötig wäre. Daraus baut sich nur eine Mini-Riester-Geldrente von 100 bis 200 EUR je nach Besparungsdauer auf. Ohne politische Aufklärung geraten Bürger in die Gefahr von Selbsttäuschungen.

Historische Entwicklung
Die Riester-Rente gibt es seit dem 1. Januar 2002. Ihre Akzeptanz war zunächst nur eingeschränkt gegeben, wofür man folgende Gründe nennt:

- Bürokratische Überfrachtung: Man beklagte die Kompliziertheit des Antrags für Förderberechtigte und Vermittler, was auch zur Zurückhaltung der Vertriebspartner beitrug.
- Schlussrallye der Kapitallebensversicherung: Der Rückbau der steuerlichen Freistellung des Ertragsanteils der Lebensversicherung löste bei vielen Bürgern die Reaktion aus, sich schnell noch die volle Freistellung zu sichern. Was blieb als Liquidität noch für die neue Riester-Rente? (Tab. 15.1)

Nach dem zähflüssigen Start 2001/2002 galt die Riester-Rente im Jahr 2005 schon als „tot". Das hat sich durch Reformen bei der Abwicklung (Dauerzulagenantrag, Erhöhung der Kinderzulage auf 300 EUR je Kind, Berufseinsteiger-Bonus entkrampft. Riester-Produkte haben sich vor allem für Familien mit Kindern zum Marktrenner entwickelt.

Tab. 15.1   Steckbrief der Riester-Rente. (Quelle: Bundesministerium der Finanzen 2013, S. 7 ff.)

Steckbrief der Riester-Rente	
Einführungsjahr	2001/2002
Zielgruppe	Primär Familien mit Kindern; alle sonstigen sozialversicherungspflichtig Beschäftigten und Beamte; mittelbar förderberechtigte Ehepartner
Abschlüsse per 6 – 2017	16,51 Mio. Verträge
Art der Förderung	Zulagen und steuerlicher Sonderausgabenabzug
Höchstförderrahmen	4 % des Vorjahresbruttoentgelts, maximal 2100 EUR
Zulagenförderung	Grundzulage 175 EUR p. a.
	Kinderzulage: 185 p. a. bei Kindern, die vor 2008 geboren sind; bei Kindern die ab 2008 geboren sind, erhöht sich die Zulage auf 300 EUR p. a.
	Berufseinsteigerbonus: 200 EUR einmalig für Personen, die das 25. Lebensjahr noch nicht vollendet haben
Steuerförderung	Falls der individuelle Steuersatz höher ist als die Zulagenförderquote, kann der Sparbetrag bis zur Höchstgrenze von 2100 EUR (Zulagen werden bei der Berücksichtigung abgezogen) als Sonderausgabenabzug nach § 10a EStG mit der Einkommensteuererklärung geltend gemacht werden. Dadurch partizipieren auch Förderberechtigte mit hohem EInkommen und bezogen auf den Gesamtsparbetrag geringen Zulagen, mit einer Förderquote in Höhe des individuellen Steuersatzes
Frühester Auszahlungsbeginn	Bei Altverträgen vor dem Jahr 2011 ab Vollendung des 60. Lebensjahres; bei Verträgen danach nicht vor Vollendung des 62. Lebensjahres. Bei einigen Berufsgruppen mit früherem Rentenbeginn ist ein vorzeitige Auszahlung möglich
Hartz IV Sicherheit	Das gebildete Altersvorsorgevermögen ist pfändungssicher
Kapitalzahlung bei Rentenbeginn	Abfindung von sogenannten Kleinbetragsrenten (in 2018 maximal rund 29,75 EUR pro Monat) als Einmalauszahlung. Ansonsten sind max. 30 % als Einmalbetrag am Ende der Auszahlphase entnehmbar, das restliche Kapital wird verrentet
Versteuerung bei Rentenbeginn	Nachgelagerte Versteuerung zum individuellen Steuersatz
Vererbung	Ansparphase: Nach Rückzahlung von Zulagen und erhaltener Steuerförderung ist eine föderschädliche Vererbung an Dritte möglich. Ansonsten ist das Vertragsguthaben förderunschädlich bei Tod durch Übertragung auf den Vertrag des Ehepartners übertragbar
	Rentenphase: Es greifen vertragsspezifische Regelungen. So kann eine Hinterbliebenenrente gezahlt werden, oder es kommt zu einer Auszahlung des Restkapitals

15.2   Entwicklung der Riester-Produktvarianten

15.2.1 Entwicklung der Riester-Produktvarianten seit 2002

Es gab bis zum dritten Quartal 2017 über 16,5 Mio. Riester-Sparer, die sich der Übersicht in Tab. 15.2 auf die einzelnen Riester-Produkte aufteilen.

- Riester-Lebensversicherungen, die mit über zwei Dritteln noch den größten Anteil haben.
- Jeder fünfte Riester-Vertrag entfällt auf einen Riester-Fondsparplan, weil dieser Variante hohe Renditeerwartungen und die Abstinenz vieler Kreditinstitute zugutekamen.
- Der Riester-Banksparplan, mit fünf Prozent lange im Dornröschenschlaf, weil sich viele Institute wegen hoher Anlaufkosten bei zunächst kleinen Ersparnissummen zurückhielten.
- Der erst zum 1. Januar 2008 eingeführte Wohn-Riester hat es inzwischen bis auf einen Anteil von elf Prozent geschafft.

Tab. 15.2 Entwicklung der Riester-Produktvarianten im Zeitverlauf. (Quelle: Bundesministerium für Arbeit und Soziales 2017)

Entwicklung der Riester-Abschlüsse nach Produktgattungen			
Jahr	Versicherungs-verträge	Bank-sparverträge	Fonds-verträge	Wohn-Riester/Bau-sparverträge
2001	1,400	0	0	0
2002	2,998	150	174	0
2003	3,451	197	241	0
2004	3,557	213	316	0
2005	4,524	260	574	0
2006	6,388	351	1,231	0
2007	8,194	480	1,922	0
2008	9,285	554	2,386	22
2009	9,995	634	2,629	197
2010	10,484	703	2,815	460
2011	10,998	750	2,953	724
2012	11,023	781	2,989	953
2013	11,013	805	3,027	1,154
2014	10,030	814	3,071	1,377
2015	10,996	804	3,125	1,564
2016	10,903	774	3,174	1,691
II-2017	10,821	762	3,183	1,740

15.2.2 Versicherungs-Riester: noch der Platzhirsch

Während des aktiven Arbeitslebens zahlt man monatliche Beiträge (maximal vier Prozent des sozialversicherungspflichtigen Einkommens inklusive Zulagen) in eine private Rentenversicherung ein und erhält daraus beim Renteneintritt eine zusätzliche private Rente vom Versicherer ausgezahlt. Für Vertragsabschlüsse seit dem 1. Januar 2007 gilt für die Einlagen (gezahlte Beiträge und staatliche Zulagen) eine Mindestverzinsung von 0,9 % (ursprünglich 3,25 %) vor Abzug von Vertriebs- und Verwaltungskosten. Letztere reduzieren die zugesagte Rendite in Abhängigkeit vom jeweiligen Versicherer um bis zu 1,5 %. Zusätzlich fallen in der Regel Überschüsse an, diese sind nicht garantiert und sind in der Niedrigzinsphase teilweise unter zwei Prozent gesunken. Der Versicherungs-Riester: geringes Risiko, mittlere Ertragschancen bei relativ hohen Abschluss- und Verwaltungskosten.

15.2.3 Fonds-Riester: im Angesicht der Finanzmarktkrise

Auch beim Riester-Fondssparplan spart der Kunde feste monatliche Beträge. Der Fondsanbieter legt das Kapital in Aktienfonds, Rentenfonds oder anderen Wertpapieren an. Die Ertragschancen hängen von der jeweiligen Anlage ab, sind aber bei steigenden Börsenkurven durchweg höher als bei privater Rentenversicherung oder Banksparplänen. Eine Mindestrendite ist nicht garantiert, nur den Erhalt des Kapitals (Eigenbeiträge und staatliche Zulagen; gilt für alle Riester-Produkte) bei Renteneintritt muss der Anbieter garantieren.

Der Fonds-Riester hat ein höheres Risiko, das maximal auf die Rendite des angesparten geförderten Kapitals bezogen ist, aber auch hohe Ertragschancen; ein Produkt für risikobereite AV-Sparer, was die Frage aufwirft: Hat die damit verbundene Spekulation Platz in einer seriösen AV-Planung? In Zeiten niedriger Zinsen mit Sicherheit, Verwaltungskosten von drei bis vier Prozent des Einzahlungsbetrages als Ausgabenaufschläge der Fonds können die Anlagerendite aber in Zeiten mit Börsenflaute schnell aufzehren.

15.2.4 Bank-Riester: ewiges Dornröschen?

Beim Banksparplan baut der AV-Sparer mit monatlich festen Beiträgen ein Guthaben auf. Die Verzinsung wird von der jeweiligen Bank festgelegt, hängt vom allgemeinen Marktniveau ab und unterliegt keinen Mindestanlagebestimmungen wie beim Versicherungs-Riester. Häufig lehnt sich der Zins an die Umlaufrendite für zehnjährige Bundesanleihen oder eine Mischung von kurzfristigen und langfristigeren Kapitalmarktpapieren an und steigt über Bonusvereinbarungen mit der Laufzeit und/oder der Ansparsumme.

Beim Riester-Banksparplan fallen in der Ansparphase keine Abschlusskosten an. Es gibt kein Risiko. Die Erträge wachsen dementsprechend aber auch nur langsam. Der Bank-Riester eignet sich für Sparer, die Wert auf langfristige Anlage, Sicherheit, Flexibilität und Transparenz legen. Auch wer vorher aussteigt, geht kein Verlustrisiko ein. Die Rendite von Banksparplänen liegt aber voraussichtlich lediglich im Bereich des Versicherungs-Riesters. Beim Bummel über den Riester-Marktplatz erläutern wir die Möglichkeiten des Bank-Riesters auch für (primär jüngere) Kunden mit Wohneigentumsplänen. Produktanbieter von Riester-Banksparplänen sind Kreditinstitute.

15.2.5 Wohn-Riester: Nachzügler auf der Überholspur

Die bestehende Riester-Förderung wurde (ab 2008 beginnend) auf zertifizierte Bausparverträge und zertifizierte Immobiliendarlehen ausgeweitet. Ferner kann man bei Bau oder Kauf einer Immobilie das Guthaben aus allen bestehenden Bank-, Versicherungs-, Fonds-Riester-Verträgen zu 100 % entnehmen, um dies als Eigenkapital für eine neu beginnende Finanzierung oder bei Rentenbeginn zur Entschuldung der selbstgenutzten Immobilie zu nutzen. Alle Riester-Varianten sind entnahmebetragfähig.

Vorteile für Bürger mit Ambitionen für eigengenutzte Immobilien von Wohn-Riester-Bausparverträgen: Sie sichern sich einen niedrigen Darlehenszins und bezahlen mit niedrigen Zinsen in der Ansparphase. Die Finanzierung eines Bauvorhabens wird kalkulierbar.

Damit hat der Gesetzgeber die Riester-Rente gegenüber anderen AV-Formen mit dem EigRG weiter aufgewertet. Es ist bei zukünftigen Immobilienfinanzierungen ggf. mit einer obligatorischen Nutzung der Förderung durch den Kunden zu rechnen.

15.2.6 Welches Riester-Produkt macht langfristig das Rennen?

Bekannt ist, wie viele der insgesamt geschätzt 35 Mio. originären Riester-Berechtigten, nämlich knapp die Hälfte, 2017 ein Riester-Produkt nutzen. Bei den Fragen nach einem langfristigen Zukunftstrend bei den Produktschwerpunkten haben Veränderungen des Umweltszenarios, wie im Teil A dargestellt, erhebliche Bedeutung.

Wie wird sich die Zahl der Riester-Nutzer bis 2025 entwickeln?
Seit der Novellierung der Riester-Bestimmungen im AEG 2005 ist der Riester-Bestand von vier Millionen Mitte 2017 auf 16,5 Mio. und damit jahresdurchschnittlich um etwa eine Million Verträge gestiegen – keine Bestätigung für voreilige Sprüche wie „Riester ist gescheitert!" Auch wenn sich die Entwicklung der Riester-Neuabschlüsse in den letzten Jahren abgeschwächt hat, könnte die Erhöhung der Grundzulage auf 175 EUR seit 2018 in Kombination mit den bei Rentenbezug eingeräumten Freibeträgen (2018 rund 200 EUR),

die einen Schutz vor der Verrechnung von Riester-Rentenzahlungen mit der Grund-sicherung vorsehen, und der Stärkung von Riester im Rahmen der bAV das Neugeschäft beflügeln. Diese Prognose unterstützt die jüngste Gleichstellung der Riester-Rente in der Sozialversicherungsfreiheit, wenn diese im Rahmen der bAV über den Arbeitgeber durch-geführt wird. Wenn sich bis 2025 der jährliche Zuwachs moderat fortsetzt, sind in diesem Zeitraum etwa 21 Mio. Riester-Vertragsbestand zu erwarten, was einer Ausschöpfungs-quote von über 60 % entspricht. Dabei gehen wir davon aus, dass die Politik weiterhin wach und zunächst auf die für Riester (und auch die bAV) bestehenden Chancen hinweist.

Warum werden nicht alle Berechtigten erreicht? Mögliche Restriktionen: Unzureichende finanzielle Möglichkeiten, Bürger haben bereits hohe Alternativ-abschlüsse im Bereich bAV oder private Rentenversicherung getätigt. Andere erkennen weder ihr AV-Problem noch die Nutzung von Riester als adäquaten AV-Baustein. Für ältere förderberechtigte Berufsgruppen (Bürger ab 55) lohnt sich der Abschluss gegebenenfalls nicht.

Warum haben sich die Riester-Produktschwerpunkte so verteilt wie bisher?
Es bieten sich folgende Begründungen für die bisherige Aufteilung des Riester-Kuchens an:

- Die primär privatwirtschaftlich organisierte Versicherungsbranche legte mit ihrem Riester-Angebot einen Blitzstart hin und genoss damit das Glück der ersten Stunde. Die Mehrzahl der Unternehmen konnte autonom entscheiden, schnell am Markt sein zu wollen. Verbundinterne Abstimmungen betrafen nur den genossenschaftlichen Gruppenversicherer und die öffentlichen Versicherer, was Zeit kostete, sodass diese Versicherer in der Aufteilung des Marktkuchens hinterher hinkten.
- Die Fondsanbieter-Branche folgte mit etwas geringerem Tempo, startete dann aber mit der von Volksbanken vertriebenen „UniProfiRente" ab dem Jahr 2006 durch (bislang 1,3 Mio. Verträge); gefolgt von den Sparkassen und deren Fondsanbieter Deka.
- Der zögerliche Start des Bank-Riester hat mehrere Gründe. Viele Institute scheuten zunächst vermeintliche Kosten bei diesem in der Startphase kleinteiligen Geschäft. Die Prioritäten der privaten Banken waren beginnend ab 2007 auch durch die Finanz-marktkrise gebunden.
- Den Wohn-Riester gibt es erst seit 2008. Bis dahin vermissten die Bürger seit dem Fortfall der Eigenheimzulage im Jahr 2006 ein Instrument zur Förderung des Wohn-eigentums.

… und wie könnten sich die Riester-Produktschwerpunkte in Zukunft verteilen?
Für die Beantwortung dieser Frage gibt es durchaus berechenbare Ansatzpunkte. Sie sind einerseits in der Sache an sich begründet. Darüber hinaus unterstellen wir, dass das absatzhemmende Gerede vom „Scheitern" verstummt und die Anbieter Parameter setzen.

- Starten wir beim Wohn-Riester. Wir haben bereits in der ersten Auflage dieses Buches bei einem Ist-Bestand von 0,5 Mio. Verträgen eine Schätzung von drei bis vier Millionen Verträgen für 2015 abgegeben und sehen uns mit derzeit 3,2 Mio. Verträgen im strategischen Korridor.
- Parameter der Anbieter: „Nutzen Sie das günstige Zinsniveau für Ihren Eigenheimerwerb und schalten Sie die Gefahr steigender Zinsen durch einen Wohn-Riester-Vertrag aus!"
- Damit ist ein Anstieg auf etwa fünf Millionen Wohn-Riester-Verträge „drin".
- Nun zum Bank-Riester: Anbieter können Dornröschen mit folgender Botschaft wachküssen: „In der Niedrigzinsphase kann der Bank-Riester mit den erhöhten Zulagen ein rentables Produkt sein. Und zu 100 Prozent sicher ist diese AV-Anlage auch." 500.000 Bank-Riester-Verträge können realistisch sein, wenn Anbieter entdecken, dass dieses Produkt mit Zulagen ohne Kosten ein sehr gutes Kundenbindungsmittel ist. Ein weiteres zugkräftiges Argument für einen Zuwachs des Bank-Riester: „Wenn Sie langfristig Wohneigentumserwerb nicht ausschließen, machen Sie erst einmal einen Bank-Riester. So machen Sie nichts falsch und können später auf einen Wohn-Riester umsteigen."
- Zum Versicherungs-Riester: Da Lebensversicherer wegen kaum noch darstellbarer Garantieverzinsungen ihre Bemühungen im Neugeschäft zurückgenommen oder sogar schon eingestellt haben, ist das Halten des Bestandes an Versicherungs-Riester-Verträgen schon ein ambitioniertes Ziel.
- Zur zukünftigen Entwicklung des Fonds-Riester: günstige Börsenentwicklung und damit hohe Renditen sprechen für weiteres Wachstum. Dieses veranschlagen wir mit einer Million, somit schätzen wir den Gesamtmarkt bis 2025 bei 20.5 Mio. Verträgen ein.
- Die Anbieter von Fonds- und Versicherungs-Riester-Verträgen müssen sich zudem mit der Kritik an den branchenüblichen Abschlusskosten auseinandersetzen (vgl. Bundesministerium für Arbeit und Soziales 2016).

15.3   Effizienzbewertung der Riester-Förderung

Riester-Sparer fragen, ob und welcher „Riester" für ihre AV sinnvoll sei. Dabei sind Geburtsfehler und derzeit in der Öffentlichkeit zu hörende Vorwürfe gegen die „Riester-Rente" zu bewerten.

15.3.1 Bewertung aus Sicht 2010

Schleppender Riester-Wirkungsgrad in der Zeit von 2002 bis 2004…
Wir wollen die Effizienz anhand einiger Prüfkriterien bewerten:

- Bei Produktstart im Jahr 2002 waren die Beitragshöchstgrenzen und die Zulagenförderung zunächst so niedrig, dass nur wenig AV-Vermögen sinnvoll angespart werden konnte (vgl. Tab. 15.3). Erst seit 2008 werden Jahresbeiträge gefördert, die einen sinnvollen AV-Aufbau vieler Gesellschaftsschichten möglich machen.

- Den Ausgleich der sich öffnenden GRV-Versorgungslücke kann die Riester-Rente nur erfüllen, wenn Bürger Riester-Verträge nach Maßgabe der Vier-Prozent-Regelung voll besparen.
- Prüfkriterium Einbeziehung möglichst aller GRV-Kunden: Dieses Ziel wurde wegen bekannter Hemmfaktoren (Bürokratismus im Antragsverfahren, Verunsicherung wegen nicht erkennbarer Förderperspektiven anderer Vorsorgebausteine) nur teilweise erreicht.

… über erheblich gesteigerten Wirkungsgrad in der Zeit von 2005 bis 2007
Zu den beiden vorstehenden Kriterien: Die Besparung hat sich nur etwas erhöht. Der Einbeziehung möglichst aller aktuellen GRV-Kunden kommt man mit einem Anstieg auf fast zehn Millionen Riester Sparer (fast 30 % der GRV-Einzahler) schon deutlich näher.

… zu einem hohen Wirkungsgrad-Schub seit 2008!

- Die Besparung der Geldrenten-Riester-Verträge stieg zwar kaum, aber mit einem Anstieg auf 13 Mio. Riester-Verträge sind 35 % der GRV-Kunden auch Riester-Kunden.
- Dazu trug auch das EigRG zum 1. Januar 2008 mit der Einführung des Wohn-Riesters bei und bescherte mit der Immobilienrente dem Riester-Komplex einen Entwicklungssprung.
- Für ein Prüfkriterium Zielgruppensignifikanz gemäß ASB 2016: Danach müssten 67 % aller Riester-Sparer im Einkommensbereich bis 30.600 EUR (das entsprach 2008 dem analogen GRV-Anteil) liegen. Doch sind die Einkommensbezieher unter diesem Durchschnitt unterrepräsentiert, obwohl sie der Aufstockung durch eine

Tab. 15.3 Zulagenförderung und Eigenbeitrag für Riester-Produkte. (Quelle: eigene Darstellung in Anlehnung an Bundesministerium der Finanzen 2013, S. 22 ff.)

Jahr	Altersvorsorgezulage p. a.		Eigenbetrag p. a.		
	Grundzulage (EUR)	Kinderzulage (EUR)	Mindestbetrag für volle Zulage[a]	steuerlich absetzbarer Höchstbetrag (abzgl. Zulagen) (EUR)	Mindest-(Sockelbetrag) (EUR)
2002–2003	38	46	1	525	45/38/30
2004–2005	76	92	2	1,050	45/38/30
2006–2007	114	138	3	1,575	60
2008–2017	154	185/300[b]	4	2,100	60
ab 2018	175	186/300[b]	4	2,100	60

[a]bezogen auf das Vorjahresbruttoeinkommen inklusive der voraussichtlichen Zulage
[b]für ab 2008 geborene Kinder

spätere Riester-Rente am dringendsten bedürften. Hingegen zeigen sich hohe Mitnahmeeffekte: Auch Höherverdienende nutzen Riester-Sparen, für das es keine Einkommensgrenzen gibt, intensiv.

Interessant ist die Begründung, warum viele Riester-Förderungsberechtigte bisher nur
einen teilweisen Gebrauch von der Zulagenförderung machen: Mangelndes Zutrauen
zum Staat, Präferenzen für andere rentablere Produkte, zu niedriges Einkommen,
unzureichende Liquidität wegen Belastung für den Kapitaldienst für eigengenutzte
Immobilien, sodass für die Nutzung weiterer AV-Möglichkeiten keine Liquidität mehr
verfügbar sei.

Fazit zur Wirkungsgrad-Bewertung und Versuch einer Zukunftsprognose
Der Gesetzgeber hat nach verstolpertem Start 2002 die Riester-Rente durch die
AEG-Novelle 2005 und mit dem EigRG erheblich aufgewertet, sodass man das Ries-
ter-Konzept und die Riester-Entwicklung als positiven Beitrag zur AV bilanzieren kann.
Noch vorhandene Unebenheiten zeigen wir beim AV-Shopping über den Riester-Markt-
platz (Teil E) auf.

Perspektive 2010: Effizienzausblick in die Zukunft

- Die Besparungshöhe bei Geldrenten-Riester-Verträgen könnte durch Sensibilisierung
  der Bürger steigen, aber noch stärker beim Wohn-Riester, denn wer baut oder kauft,
  will Zulagen maximal nutzen.
- Wir nähern uns in den nächsten fünf Jahren der realistischen Riester-Nutzergrenze
  von bis zu 21 Mio. Bürgern, womit über 60 % der GRV-Kunden erfasst sind.
- Nach dem Wegfall der 10.000 EUR-Grenze für den sogenannten „Eigenheiment-
  nahmebetrag" bei anstehender Baufinanzierung kann sich ein Trend von anderen
  Riester-Produkten zum Wohn-Riester entwickeln. Lassen sich Inhaber von Versiche-
  rungs- und Fonds-Riester-Verträgen von den bei einem Switch verlorenen Abschlusskosten bremsen, zumal sie weniger heraus bekommen als sie mit Förderzulagen
  eingezahlt haben (gilt bei Versicherungs-Riester-Verträgen in der Regel nur für die
  ersten fünf Jahre)? Oder gilt das Motto: Wenn Immobilienerwerb, dann Augen zu
  und durch, was den Wohn-Riester beflügeln könnte? Beim Wechsel vom Bank- zum
  Wohn-Riester würden Riester-Kunden keine Abschlusskosten verlieren.

15.3.2 Was ist an aktuellen „Vorwürfen" dran?

In der teilweise wenig sachbezogenen Diskussion, ob die Riester-Rente „gescheitert" sei,
hört man folgende „Vorwürfe" (hervorragend zusammengefasst in einem Beitrag von
Dyrk Scherff in der Frankfurter Allgemeinen Sonntagszeitung vom 24. April 2016):

- Vorwurf 1: Mangelnde Rendite: Riestern lohne sich nur für Menschen, die ein „Methusalem"-Alter erreichen. Bis etwa 2016 erreichte man in der Kombination von effektiver Verzinsung und Zulagen nach Untersuchungen des Instituts für Vorsorge und Finanzplanung eine Durchschnittsrendite von 3,6 %, die zwar in der Niedrigzinsphase etwas abgesackt ist, aber dank Zulagen immer noch als attraktiv bezeichnet werden kann.
- Vorwurf 2: Riester schütze nicht vor Altersarmut. Das gilt zwar für den unter-, aber nicht über Jahrzehnte regelbesparten Riester-Vertrag. Wer letzteren durchhält, kann damit seine GRV mit Blick auf das GVN erheblich aufbessern.
- Vorwurf 3: Riester lohne sich nur für Familien. Unter dem Aspekt „Zulagen" ist zwar richtig, dass sich ein Riester mehr für Familien lohnt, insbesondre mit Kindern, die nach 2008 geboren sind. Aber auch Kinderlose können Beiträge steuerlich absetzen, sodass mindestens Gutverdiener von der Riester-Rente profitieren können.
- Vorwurf 4: Die Riester-Rente sei unflexibel. Das ist richtig, aber bei Lichte betrachtet kein Vorwurf an, sondern ein Kompliment für den Gesetzgeber. Die Erfahrungen mit gut gemeinten vermögenswirksamen Leistungen, die sich primär als Konsumsubventionen entpuppt haben, haben den Gesetzgeber weise gemacht: Deshalb die Regelung, nur 30 % bei Fälligkeit förderungsunschädlich zur Auszahlung kommen zu lassen, den Rest nur in monatlichen Raten, aber ungeschmälert bis ins Methusalem-Alter: Riester kennt kein „Langlebigkeits-Risiko".
- Vorwurf 5: Riester-Verträge kann man nicht vererben. Das gilt nicht für die Sparphase, in der Ehepartner und kindergeldberechtigte Kinder angesparte Beträge einschließlich Zulagen ausgezahlt bekommen, wenn sie diese in einem anderen Riester-Vertrag anlegen. Andere Erben erhalten nur die eingezahlten Beträge abzüglich der gezahlten Förderung. Vererbungsbestimmungen in der Auszahlphase sind oftmals den Regelungen zur GRV und ungeförderten Rentenversicherungen angepasst.

Das Fazit dieser sachlichen „Vorwürfe": Riester bietet eine sinnvolle Ergänzung der AV, obwohl einige Einschränkungen ihre Attraktivität schmälern. Manche Novellierungsvorschläge betreffen nicht das Riester-Produkt an sich, sondern Verfahrensregeln, zum Beispiel Verzicht auf eine Verrechnung mit der Grundsicherung. Das würde die Attraktivität auch für Geringverdiener steigern. Reduktion der Garantievorschriften bei Beiträgen und Zulagen bei langen Laufzeiten: Ein Beitrag zum Abbau bürokratischer Hürden.

Hinzu kommen Vorwürfe, die sich auf das Handling und Vertriebsusancen beziehen:

- Vorwurf 6: Riester sei kompliziert. Das galt in den ersten Jahren, aber das Handling wird den Riester-Sparern über Dauerantragsverfahren weitgehend abgenommen. Sie müssen nur noch Familienstandsveränderungen (Hochzeit und Geburt) und Gehaltsveränderungen melden, weil diese Faktoren die Höhe der Prämie beeinflussen.
- Vorwurf 7: Die Riester-Rente mache nur die Versicherungen reich. Wenn Vertriebskosten die Zulagen auffressen, ist tatsächlich Handlungsbedarf angesagt. Ansonsten verursachen die Verwaltung und der Vertrieb einschließlich Werbung auch tatsächlich Kosten für die Versicherer.

Das Riester-Angebot ist ein sinnvoller Baustein für die AV von Arbeitnehmern und berechtigten Familienangehörigen, wenn es von den Beteiligten richtig genutzt wird. Das betrifft besonders die laufende Besparung in der vorgesehenen Höhe von jährlich vier Prozent des sozialversicherungspflichtigen Einkommens. Ein Geburtsfehler ist die fehlende Obligatorik, die der Gesetzgeber nach dem, was man hört, gegen Lobby-Widerstand nicht durchsetzen konnte.

Bürokratische Überfrachtungen sind inzwischen abgebaut. Politiker, die aus populistischen Gründen von einem Scheitern sprechen, sei empfohlen, sich zunächst einen sachlichen Überblick zu verschaffen.

Einen guten Überblick über die vielfältigen Auswahlkriterien von Riester-Produkten (Steuervorteile, Zulagen, Sicherheit, Steuerlast in Verbindung mit dem Wohnförderkonto) vermittelt der Beitrag von Daniel Mohr (vgl. Mohr 2016).

Literatur

Bundesministerium für Arbeit und Soziales (2016): Rentenversicherungs- und Alterssicherungsbericht 2016, Berlin 2016.

Bundesministerium für Arbeit und Soziales (2017): „Statistik zur privaten Altersvorsorge (Riester-Rente)", http://www.bmas.de/DE/Themen/Rente/Zusaetzliche-Altersvorsorge/statistik-zusaetzliche-altersvorsorge.html, letzter Abruf: 1. März 2018.

Bundesministerium der Finanzen (2013): BMF-Schreiben 2013, „Steuerliche Förderung der privaten und betrieblichen Altersversorgung", Berlin 2013.

Mohr, D. (2016): „Riester lebt!", FAZ, Nr. 180, 05.08.2016. Vgl. auch Scherff, Dyrck: „Ist die Riester-Rente gescheitert?". In: FAS, Nr. 17, 24.04.2016.

Dritte Schicht: Ungeförderte Private Vorsorge

16

16.1 Überblick über Schwerpunkte und Entwicklungen

Heterogener Sammeltopf ohne einheitliche Datenbasis

Diese Schicht umfasst alle individuellen Vorsorgeleistungen für Vermögensaufbau und Altersvorsorge, sei es als Ersparnisse bei Banken, Rentenversicherungen, Wertpapiere, Investmentfonds, Immobilieneigentum etc., also alle Kapitalanlagen, aus denen adäquate Erträge als Zinsen, Dividenden, private Rentenansprüche und Mieten fließen können. Auch die Bildung von Produktivvermögen in Arbeitnehmerhand ist hier einzuordnen.

Für die erste und zweite Schicht gibt es einheitliche Daten, für die dritte Schicht gilt dies nicht, sondern man muss es aus Einzelquellen kombinieren:

- Bankensektor: Datenbasis der Deutschen Bundesbank sowie Banken-, Sparkassen- und Raiffeisenverbände
- Assekuranzdaten: Gesamtverband der deutschen Versicherungswirtschaft (GDV).
- Für Fondsanbieter der Bundesverband Investment und Asset Management e. V. (bvi)
- Dann wird es schwierig: Auch die Volkswirtschaftliche Gesamtrechnung bietet im Hinblick auf Vermögen und Vorsorge keine einheitliche Datenbasis: Vermögensbildung bei Versicherungen bezieht über Daten zum Spar- und Vorsorgeverhalten von Bürgern auch Altersrückstellungen für Krankenversicherungen als fiktives Geldvermögen ein.

© Springer Fachmedien Wiesbaden GmbH, ein Teil von Springer Nature 2018
H. Benölken und N. Bröhl, *Altersvorsorge am Scheideweg*,
https://doi.org/10.1007/978-3-658-21837-9_16

16.2   Geldvermögensanlagen: Rendite versus Risiko

Wie die Deutschen ihr Geldvermögen in der dritten Schicht anlegen
Ersparnisse bei Banken und in Wertpapieren
Ältere Bürger bevorzugten das klassische Sparbuch als Anlageform, doch seit den Achtzigerjahren gewinnen alle Vorsorgeformen zulasten von Bankeinlagen (vgl. Abb. 16.1). Sparen für die Altersvorsorge bei Banken war in den vergangenen Jahren kein Thema, könnte es aber bei steigenden Zinsen mit dem Bank-Riester wieder werden. Davon profitierten Anlagen in Wertpapieren und Investmentzertifikaten, seit 2005 einschließlich des Fonds-Riesters.

Ersparnisse bei Versicherungen
Seit einigen Jahren klagt die Lebensversicherungsbranche über schwaches Neugeschäft, was nicht verwundert: Wenig Rendite, denn in mehreren Etappen haben die Versicherer wegen des niedrigen Zinsniveaus ihre Überschussbeteiligungen zurückfahren müssen. Zudem besteht ein verringerter steuerlicher Anreiz.

Bei privaten Lebens- und Rentenversicherungen halten Versicherungssparer nur ein Drittel der abgeschlossenen Verträge bis zum Ablauf durch und verwendeten bis zum Eintritt der Reformen zur privaten Altersvorsorge das Kapital etwa in folgender Reihenfolge: Schuldentilgung, Wiederanlage, Edelkonsum (z. B. ersehnte Kreuzfahrt), Verrentung als

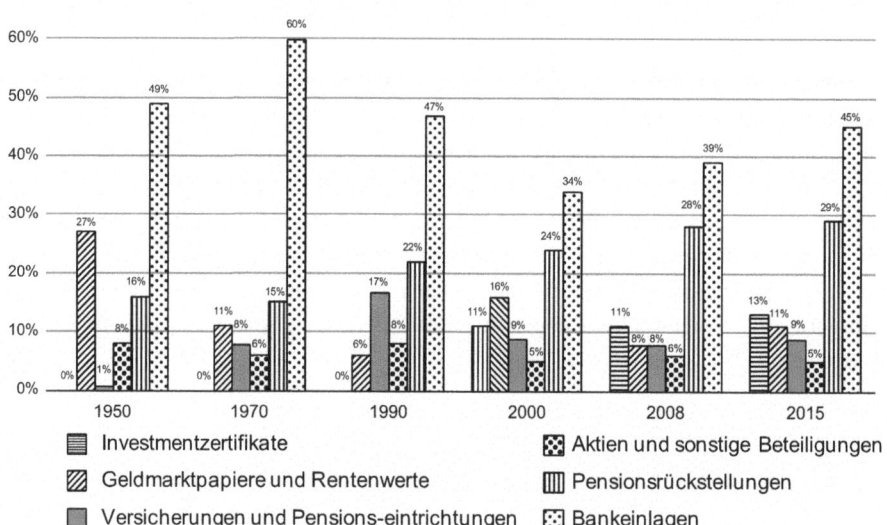

Abb. 16.1 Geldvermögensanlage der Deutschen. (Quelle: Deutsche Bundesbank 2017)

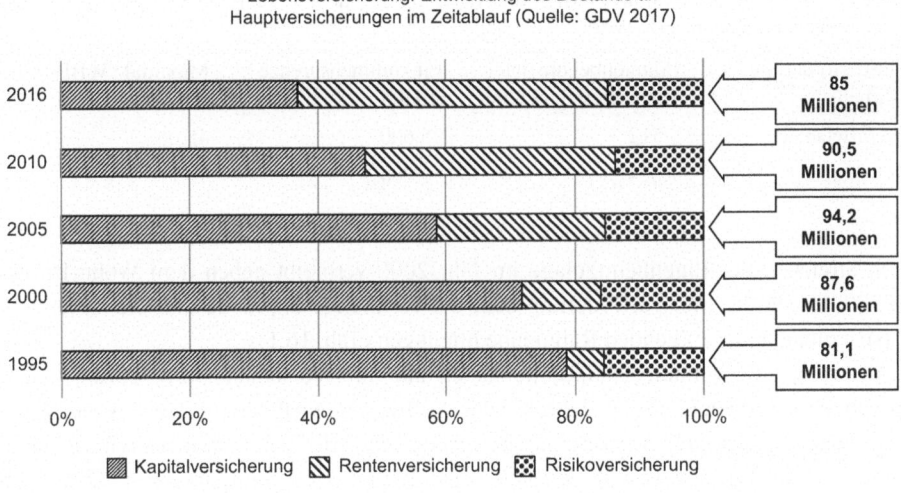

Abb. 16.2 Bestand an Lebensversicherungen im Zeitablauf. (Quelle: GDV 2017)

Baustein der Altersvorsorge. Wiederanlagen können in Altersvorsorge münden, aber zeit-verzögert auch bei Tilgungen und späterem Konsum landen. Nun befindet sich der Lebens-versicherungsmarkt seit einigen Jahren im Umbruch:

Wie Abb. 16.2 zeigt, sinkt der Markt an Lebensversicherungen seit den letzten 16 Jahren bis auf eine absolute Höhe von ca. 85 Mio. Verträgen im Jahr 2016. Deutlich erkennbar ist die stetige Zunahme an Rentenversicherungsverträgen zulasten der Kapital-lebensversicherung. Hier spiegelt sich deutlich der Umbruch des Rentensystems wider: Kapitallebensversicherungen als (steuergefördertes) Instrument des Konsumsparens ver-lieren stark zulasten der rentenversicherungsförmigen Policen, die primär der Altersvor-sorge dienen.

16.3 Immobilienanlagen: der Klassiker

16.3.1 Durchwachsene Wertsteigerungen

Eigengenutzte Immobilien (Erwerb bis 2007)
Eherner Bestandteil der Eigentumsbildungs- und Vorsorge-Philosophie in Deutschland ist die selbstgenutzte Immobilie als wesentlicher Baustein des Privatvermögens und damit auch einer auskömmlichen AV über die ersparte Miete. Dennoch ist mit wenig über 40 % die Wohneigentumsquote in Deutschland im internationalen Vergleich noch sehr niedrig. Diese Häuslebauer-Philosophie hat sicherlich in den vergangenen Jahrzehnten ein hohes Maß an Berechtigung, sodass die Politik sie bis etwa 2006 vor allem mit der Eigenheim-zulage und Pendlerpauschale neben der Förderung des Bausparens intensiv gefördert hat.

Tab. 16.1 Wohnungsbauprämie (WBP) mit Änderung seit dem 1. Januar 2004; gemäß §§ 2a, 3 Wohnungsbau-Prämiengesetz (WoPG)

Bausparförderung (jährlich)	Prämienbegünstigter Höchstbetrag (EUR)	Einkommensgrenze (EUR)	Maximale WBP (EUR)
Alleinstehende	512	25.600	45,06
Verheiratete	1,024	51.200	90,11

Nach Streichen der Eigenheimzulage im Jahr 2006 verbleibt neben dem Wohn-Riester (ab 2008) noch die Bausparförderung über die Wohnungsbauprämie und die Arbeitnehmersparzulage unter folgenden Rahmenbedingungen (Tab. 16.1):

Anspruch auf Wohnungsbauprämie haben alle in Deutschland unbeschränkt steuerpflichtigen Personen ab 16 Jahren oder Vollwaisen unabhängig vom Alter, wenn sie prämienbegünstigte Aufwendungen leisten und die Einkommensgrenzen nicht überschreiten. Begünstigt sind beispielsweise Beiträge an Bausparkassen, aber auch Aufwendungen für den Erwerb von Anteilen an Bau- oder Wohngenossenschaften. Grundsätzlich beträgt die Prämie 8,8 % der Aufwendungen, sofern diese mindestens 50 EUR jährlich betragen. Aufgrund der prämienbegünstigten Höchstbeträge für Alleinstehende und Verheiratete ergeben sich jedoch jährliche Höchstprämien, die in Tab. 16.2 ersichtlich sind.

Anspruch auf Arbeitnehmersparzulage haben alle Arbeitnehmer in Deutschland, die Einkommen aus nicht-selbstständiger Arbeit beziehen, wenn sie prämienbegünstigte Aufwendungen leisten und die Einkommensgrenzen nicht überschreiten. Begünstigt sind vermögenswirksame Leistungen, also Geldleistungen, die der Arbeitgeber für den Arbeitnehmer anlegt. Die Prämie für die Bausparförderung beträgt neun Prozent der Aufwendungen bei einem Höchstbetrag von 470 EUR pro Person. Damit liegt die maximale ASZ bei 43 EUR.

Der Anreiz zur Bildung von Wohneigentum ist im Vergleich zur Vergangenheit seit 2006 als stärker zu bewerten: Für eine durchschnittlich verdienende Familie mit einem Erwerbstätigen und zwei Kindern gibt es durch die Riester-Förderung fast 800 EUR Förderung pro Jahr. Bei einem Doppelverdienerhaushalt ohne Kinder gibt es je nach Höhe der Steuerförderung, die sich nach der Einkommenshöhe bemisst, bis etwa 1700 EUR pro Haushalt.

Tab. 16.2 Arbeitnehmersparzulage (ASZ) mit Änderung seit dem 1. Januar 2004, gemäß § 13 Fünftes Vermögensbildungsgesetz (5. VermBG)

Bausparförderung (jährlich)	Prämienbegünstigter Höchstbetrag (EUR)	Einkommensgrenze (EUR)	Maximale ASZ (EUR)
Alleinstehende	470	17.900	43
Verheiratete	940	35.800	86

Fremdgenutzte Immobilien

Ältere Bürger werden sich noch an die „Bauherrenmodelle" und attraktive Abschrei-
bungsregelungen sowohl für vermietete Wohnobjekte wie auch vermietete gewerbliche
Immobilien erinnern. Das hat die Politik unter dem Aspekt des Subventionsabbaus weitgehend gestrichen. Im Hinblick auf geförderte Altersvorsorge hat diese Anlagekategorie
heute nur noch eingeschränkte Attraktivität, auch unter dem Gesichtspunkt der Eigen-
tumseinschränkung durch ein sehr verbraucherfreundliches Mietrecht.

16.3.2 Kann die Immobilie zur Falle werden?

Nach landläufiger Meinung gilt ein eigenes Heim zwar als sichere Geldanlage und
Schutz gegen Inflation, aber es kann auch zur Falle werden, wie folgende Fragen zeigen:

- Irrtumsgefahr 1: Spart man mit einer kreditfinanzierten Immobilie Miete? Statt sub-
  tiler Vergleiche der Vermögensverhältnisse von Wohneigentürmern und Mietern sei
  hier nur genannt: Ist eine Alternativanlage, zum Beispiel in Wertpapieren, mit ihren
  Ertrags- und Vermögens-Kumulationswirkungen dagegen gerechnet? Was ist für die
  AV günstiger?
- Irrtumsgefahr 2: Hat eine Immobilie einen beständigen Wert? Wertverlust kann eintreten durch öffentliche Planungsmaßnahmen für neue Straßenführung, Entsorgungsde-
  ponien, Belästigung durch Fluglärm und Windkrafträder.
- Irrtumsgefahr 3: Packt der Immobilieninvestor alle Eier in einen Korb, womöglich
  kreditfinanziert, und trägt damit ein erhebliches Klumpenrisiko? Wenn der Korb fällt,
  bleibt noch ein Rührei-Rest. Solches geschieht, wenn ursprünglich als gut oder geho-
  ben eingeschätzte Wohngebiete sich zu sozialen Brennpunkten entwickeln. Wenn
  dann für die sich entwertende und kaum verkäufliche Immobilie noch eine Finanzie-
  rungslast (Notverkauf mit Versteigerung?) abzutragen ist, bleibt kaum noch etwas für
  den Aufbau der AV.
- Irrtumsgefahr 4: Ist eine Immobilie eine solide AV, wenn sie schwer liquidierbar ist?
  Ihre Werthaltigkeit leidet, wenn ihre Rendite wegen administrativer Auflagen, zum
  Beispiel Mietpreisbremse, nicht reicht und sie deshalb schwer verkäuflich ist? Und
  wie steht es mit dem Risiko, bei Trennung von einem langjährigen Partner das Eigenheim in zwei Stücke zu zerteilen?
- Irrtumsgefahr 5: Frisst die Immobilie, soweit ihr Eigentümer noch berufstätig ist, die
  Liquidität für einen weitergehenden AV-Aufbau? Das ist möglich, wenn das GVN
  nicht ohne einen weiteren AV-Baustein neben der GRV abgedeckt werden kann.

- Irrtumsgefahr 6: Bleibt die Immobilie schwer verkäuflich, wenn ihr Eigner wegen Arbeitslosigkeit die Region wechseln muss, um anderweitig eine neue Arbeitsstelle anzutreten? In ländlichen Regionen können Vermögensverlust oder Hinnahme von Hartz IV oder sogar beides drohen. Ein Notverkauf macht Wertbeständigkeit und Inflationsschutz zunichte.

- Irrtumsgefahr 7: Frisst eine zu große Immobilie, zum Beispiel wenn die Kinder aus dem Haus sind, in hohem Maße die sehnlichst erreichte AV auf?

Man muss diese Aspekte und vielleicht noch weitere bedenken, wenn sich eine Immobilie nicht als AV-Vernichter entpuppen soll (vgl. Beck 2016).

16.4   Arbeitnehmerbeteiligung am Produktivvermögen

In wiederkehrenden vermögenspolitischen Diskussionen seit mehreren Jahrzehnten taucht das Thema Arbeitnehmerbeteiligung regelmäßig mit einem Spektrum von gesellschafts- und wirtschaftspolitischen Begründungen auf. Inwieweit trägt es zur Altersvorsorge bei?

Schlagen Arbeitsplatzrisiken auch auf Altersvorsorge durch?
Zwar wurde jahrzehntelang über dieses Thema engagiert diskutiert, aber bisher ist es nicht zu einem Durchbruch auf breiter Front in der Wirtschaft gekommen. Insbesondere von den Arbeitnehmerorganisationen wurden in der Vergangenheit Modelle für Mitarbeiterkapitalbeteiligungen skeptisch beurteilt und tendenziell mit der Begründung bekämpft, die Beteiligung von Arbeitnehmern am Unternehmen des Arbeitgebers führe zu einer unzumutbaren Kumulation von Vermögens- und Arbeitsplatzrisiken und tauge nur für Schönwetterzeiten. Auf Unternehmensseite standen in der Vergangenheit vor allem „weiche Faktoren" wie Motivation und sozialökonomische Gerechtigkeit im Vordergrund.

Deutschland noch in einer Nachzüglerposition
Wie viele Unternehmen haben ihre Mitarbeiter am Kapital des Unternehmens beteiligt? Das Institut für Arbeitsmarkt- und Berufsforschung (IAB 2002) geht von etwa 52.000 Unternehmen aus, das Ifo-Institut in München (September 2002) schätzt, es seien mit 66.000 Unternehmen sogar rund 3,1 % aller Unternehmen in Deutschland.

Gemessen am Standard vergleichbarer europäischer Industrienationen liegt Deutschland bei der Mitarbeiterkapitalbeteiligung noch im hinteren Mittelfeld. Wie eine Mitteilung der EU-Kommission vom Juli 2002 betreffend die „Rahmenbedingungen für die Förderung der finanziellen Beteiligung der Arbeitnehmer" als letzte aktuelle Quelle (Schätzung) belegt, profitieren gerade einmal zehn Prozent der deutschen Arbeitnehmer von Modellen der betrieblichen Kapitalbeteiligung. Zum Vergleich: In Frankreich waren es zur gleichen Zeit 23 % der Arbeitnehmer und in Großbritannien sogar 30 %; der EU-Durchschnitt erreicht 16 %.

Der höhere Verbreitungsgrad in einigen Ländern wird vor allem auf andere gesetzliche Rahmenbedingungen zurückgeführt. Diese reichen von einem gesetzlichen Zwang zur Mitarbeiterbeteiligung wie etwa in Frankreich bis zu großzügigen steuerrechtlichen Regelungen in einer Reihe von anderen Ländern. Nicht zuletzt wird also auch die im internationalen Vergleich niedrige (und im Jahr 2004 gekürzte) Förderung in Deutschland ebenfalls dazu beigetragen haben, dass es nicht zu einem Durchbruch bei der betrieblichen Mitarbeiterkapitalbeteiligung gekommen ist.

Das scheint sich nun zu ändern. Das politische und wirtschaftliche Interesse an diesem Thema ist sprunghaft gestiegen. Auf der politischen Ebene wurden in einem breiten Konsens umfassende Initiativen zur Förderung der Mitarbeiterkapitalbeteiligung angekündigt. Im Unternehmensbereich sprechen inzwischen ganz handfeste wirtschaftliche Gründe wie verbesserte Eigenkapitalbasis und höhere Produktivität für Mitarbeiterkapitalbeteiligungen. Und auch im Gewerkschaftsbereich stößt dieses Thema zunehmend auf Zustimmung. Dort sieht man als wesentliche Rahmenbedingung für betriebliche Vereinbarungen den Abschluss obligatorischer Konkursausfallversicherungen an, um die Kumulation von Vermögens- und Arbeitsplatzrisiko zu vermeiden.

Auch wenn der Ausbau von Mitarbeiterkapitalbeteiligungen in Deutschland in den nächsten Jahren massiv durch (bisher allerdings nur angekündigte) Verbesserungen der Rahmenbedingungen gefördert wird, auch wenn die diese Entwicklung unterstützende partnerschaftliche Unternehmenskultur stärker praktiziert würde, so ist dennoch nicht damit zu rechnen, dass auf diesem Wege Mitarbeiterkapitalbeteiligungen auf absehbare Zeit eine bedeutsame Komponente des Vorsorgekapitals mit entsprechendem Sparverhaltens wird.

Abschätzung der Auswirkungen auf das gesamte Dritte-Schicht-Volumen
Auf den Punkt gebracht: Derzeit ist der Aufmerksamkeitswert dieser Formen einer individualisierten AV in der öffentlichen Diskussion mit Sicherheit größer als die quantitative Bedeutung in überschaubarer Zukunft. Allerdings muss man davon ausgehen, dass die Vorsorgeformen „Beteiligung am Produktivvermögen" und die schon kurz erwähnten „Zeitwertkonten" langfristig eine größere Bedeutung gewinnen können.

16.5 Synopse: Ersparnisbildung in der dritten Schicht

Die relativ hohe Bedeutung institutioneller Finanzdienstleister (Kreditinstitute, Versicherungen, Kapitalanlagegesellschaften, Bausparkassen) als Träger der Altersvorsorge der dritten Schicht wird sich in Zukunft nicht wesentlich ändern. Neue Formen können erst langfristig messbare Bedeutung gewinnen bzw. der Aufbau der Altersvorsorge über Immobilienerträge (mit erheblichen regionalen Differenzierungen) stellt sich eher schwierig dar.

Ein etwas größeres Gewicht könnten Kapitalerträge aus Immobilien gewinnen, weil im Zuge der Finanzkrise eine Flucht in die Sachwerte zu registrieren ist. Doch dürfte das mangels eines ständigen Nachschubs an attraktiven Immobilienstandorten überschaubar bleiben.

Exotenanlagen wie Rohstofffonds können zwar Schlagzeilen machen, aber hinsichtlich statistisch relevanter Anteile kaum in Erscheinung treten. Bleibt noch Gold als Anlage, dessen Preis derzeit einen historischen Höchststand aufweist. Aber wer traut sich an eine Anlage ran, die unverzinslich ist und deren Wert in den nächsten fünf Jahren wieder um 20 % sinken kann?

Literatur

Beck, H. (2016): Wenn die Immobilie zur Falle wird, in: Frankfurter Allgemeine Sonntagszeitung vom 10. September 2016.

Deutsche Bundesbank (2017): Private Geldvermögen in Deutschland auf Rekordniveau, zitiert nach: Frankfurter Allgemeine Zeitung, 14.07.2017.

GDV (2017): Die deutsche Lebensversicherung in Zahlen 2017, Berlin 2017.

Effizienzeinschätzung des Drei-Schichten-Systems

17.1 Maßstäbe: GVN und Benchmarks

Politisches Wunschziel: Freiwilliges Aufstocken des GRV-Zwangssparens
Viele Bürger sparen nicht freiwillig für ihre AV, wenn kein heilsamer Zwang dahintersteht. Der Gesetzgeber verpflichtet nur Arbeitnehmer im Rahmen der Beitragsbemessungsgrenze (2018; 6500 EUR West und 5800 EUR Ost) zum Zwangssparen in der ersten Schicht. Alle weiteren Entscheidungen für ihre individuelle AV treffen Bürger freiwillig. Mit Förderzulagen und steuerlichen Vergünstigungen in der zweiten Schicht bietet der Gesetzgeber freiwillig wahrzunehmende Anreize, aus der dritten Schicht hält er sich nahezu heraus. Insgesamt sollen die Vorsorgeschichten so aufeinander aufbauen, dass für möglichst alle Versorgungsempfänger ein akzeptables GVN gemäß definierter Ansprüche erreichbar ist.

Realität im Sockel GRV
Die Realität sieht gemäß Alterssicherungsbericht der Bundesregierung 2016 sehr nüchtern aus:

- Die Untergrenzen für das Rentenniveau vor Steuern sinken gemäß Rentenformel von 53 % (2005) über 46 % (2020) auf 43 % (2030) des zuletzt erreichten Arbeitseinkommens.
- Die GRV hat einen Anteil von 75 % aller Alterssicherungssysteme vor der Beamtenversorgung (elf Prozent), der bAV (sechs Prozent) und allen anderen Systemen der ersten Schicht.
- In den alten Bundesländern beziehen 87 % der über 65-Jährigen eine Rente aus der GRV, in den neuen Bundesländern, wo es historisch keine bAV gibt, sogar 99 %.
- Positiv: Gesteuert über den Nachhaltigkeitsfaktor kann sich das GRV-System an demografische Entwicklungen in gewissen Grenzen anpassen.

© Springer Fachmedien Wiesbaden GmbH, ein Teil von Springer Nature 2018
H. Benölken und N. Bröhl, *Altersvorsorge am Scheideweg*,
https://doi.org/10.1007/978-3-658-21837-9_17

Die Aufstockungseffekte aus der zweiten Schicht

- 70 % der Beschäftigten sorgen neben der GRV entweder über bAV und/oder die Riester-Rente zusätzlich privat für ihr Alter vor. Warum nur 70 %?
- Die AV für Frauen liegt deutlich niedriger und variiert nach alten/neuen Bundesländern und Familienstand. Zudem beziehen Frauen in geringerem Umfang bAV-Leistungen.
- Je nach Haushaltskonstellation wird der aggregierte Alterseinkünfteanteil aus der ersten und zweiten Schicht zukünftig zwischen 82 und 90 % betragen, das heißt Einkünfte aus der privaten Vorsorge der dritten Schicht werden zwischen zehn Prozent und 18 % schwanken.
- Riester und bAV-Förderung erreichen die Zielgruppe unterer Einkommensbezieher, aber ein Drittel der Zulagenempfänger hat ein überdurchschnittliches Einkommen.
- Die bAV hat sich seit der Novellierung im Januar 2002 kontinuierlich weiterverbreitet. Während Ende 2001 nur 38 % der Beschäftigten in der Privatwirtschaft Anspruch auf bAV hatten, waren es im Juli 2004 bereits 46 %. Zusammen mit dem öffentlichen Dienst haben derzeit bereits 60 % der Arbeitnehmer (etwa 15,7 Mio.) Anwartschaften auf Betriebsrenten aufgebaut. Ein erheblicher Teil der an der bAV Nichtbeteiligten nennt als Grund, man habe bereits früher ausreichend für das Alter vorgesorgt.
- Bei der Kumulation aller Vorsorgeformen haben 82 % aller Arbeitnehmer Anwartschaften in mindestens einem weiteren Sicherungssystem, neben der bAV auch Renteneinträge aus steuerbegünstigten privaten Rentenversicherungsbeiträgen.
- Aber bAV-Durchschnittsbeitragshöhen reichen nicht, um Versorgungslücken aufzufüllen.

17.2 Horizontales und vertikales Schichten-Patchwork

Wir untersuchen die Frage, ob das Drei-Schichten-System primär auf dem Papier steht, real aber viele Löcher aufweist. Man verbindet mit einer Schicht, dass sie die betrachte Ebene vollständig bedeckt, im Idealfall wasserdicht abschließt. Diesem Anspruch wird das Drei-Schichten-System nicht gerecht, weil die erste und zweite Schicht für sich unvollständig sind und die dritte Schicht damit auf einer zerrissenen und schiefen Ebene aufsetzt.

- Erste-Schicht-Lücken: GRV-versichert sind in der Regel nur unselbstständige Arbeitnehmer, keine Selbstständigen, keine nicht Berufstätigen (außer ALG-I-Bezieher), keine Bezieher von Kapitaleinkommen und anderen Einkommensarten und Angehörige von Kammerberufen in deren Versorgungswerken. Damit ist im Generationenvertrag nur drin, wer sich für eine bestimmte berufliche Richtung entschieden hat. Da beruflich aktive Selbstständige nicht in der GRV sind, bleibt damit auch ein signifikanter Teil der Bevölkerung außerhalb der demografischen Struktur: In dem Maße, wie jüngere Bürger sich für die Selbstständigkeit entscheiden, entziehen sie sich dem Generationenverbund der Gesamtbevölkerung. Demografische Ausgewogenheit innerhalb der GRV-Enzahler und Rentenbezieher gerät so zum Zufall.

- Unter dem Aspekt Altersarmut ist zwischen einer Mini-Rente und einer Maxi-Rente über 2000 EUR im Monat alles möglich. Grund ist die Eins-zu-Eins-Abhängigkeit der Höhe der AV von der Höhe des aktiven Einkommens auch in schlecht bezahlten Berufen.
- Zweite-Schicht-Lücken: Die bAV ist bisher nur auf Berufstätige in abhängiger Stellung als Arbeitnehmer beschränkt. Da die bAV nicht umlagefinanziert, sondern kapitalgedeckt ist, schlägt die demografische Struktur der Gesamtbevölkerung auf sie zwar nicht unmittelbar durch, aber längerfristig ist mit einer Stagnation neuer Mitglieder für die einzelnen Durchführungswege zu rechnen. Für Riester-Produkte gilt das grundsätzlich ebenfalls, was aufgrund der kleinen Volumina durch Familienangehörige nur wenig beeinflusst wird.
- Dritte-Schicht-Beliebigkeit: Hier gilt marktwirtschaftliche Freiheit. Unter dem Aspekt AV ist zu bedenken: Selbstständige sind darauf angewiesen, sich ohne Solidarschutz sowie steuerliche Vergünstigen und Zulagen „frei schwebend" eine AV aufzubauen. Das kann nur hervorragend verdienenden Selbstständigen, aber keinen Durchschnitts- und schon gar nicht Geringverdienern gelingen: eine für Altersarmut prädestinierte Gruppe.

Schlussfolgerungen für die zukünftige AV-Modellierung

- Geschlossenheit des Systems in der ersten Schicht: Keiner kommt raus, dann hat auch keiner das Recht, durch Altersarmut der Gemeinschaft zur Last zu fallen. EU-Nachbarn von Deutschland bieten hierzu überwiegend geeigneten Anschauungsunterricht.
- Sicherung gegen Altersarmut mit zum Beispiel mindestens 1000 EUR pro Monat, zudem an die Inflation gekoppelt wie in Österreich.
- Sicherung eines akzeptablen stufenweisen GVN der AV-Bezieher: Kann in der zweiten Schicht durch Lebensstandardsicherung über Existenzsicherung hinaus gegeben sein.

Fazit: Löcherige Schichtenarchitektur ergänzt Deutschlands Schlusslichtposition in der AV

Löchrigkeit gilt in horizontaler (Erfassungsradius der jeweiligen Schicht) und vertikaler (Durchgängigkeit von unten nach oben) Hinsicht. Damit kommt damit das deutsche AV-System eher einem Schweizer Käse mit Löchern gleich als einem lochlosen kompakten Gouda.

17.3 Stärken-Schwächen-Synopse des deutschen AV-Systems

Die Aspekte Sicherung eines akzeptablen GVN und Vermeidung von Altersarmut der drei AV-Schichten werden hinsichtlich ihrer Einschätzung und Auswirkungen zusammen geführt (Tab. 17.1).

Brückenschlag zum und Ausblick auf das Gesamtversorgungsniveau (GVN)
Der Alterssicherungsbericht der Bundesregierung 2016 schließt mit der Feststellung:

> Das Gesamtversorgungsniveau ist weder mit dem im Rentenversicherungsbericht dokumentierten Bruttorentenniveau noch mit dem Sicherungsniveau vor Steuern vergleichbar. Zum einen werden beim GVN neben der gesetzlichen Rente auch die Riester-Rente und die Privatrente einbezogen. Zum anderen berücksichtigt das Netto-Gesamtversorgungsniveau – anders als das Sicherungsniveau vor Steuern – die auf das Erwerbseinkommen und Alterseinkünfte zu zahlenden Steuern.

Wie entwickelt sich das für Arbeitnehmer erlebbare GVN unter Berücksichtigung des AEG und des RV-Nachhaltigkeitsgesetzes zur Dämpfung des Rentenanstiegs und des Übergangs von vor- zu nachgelagerter Besteuerung von Alterseinkommen? Der Alterssicherungsbericht der Bundesregierung bringt Beispiele von typischen Rentnern, „um den Einfluss verschiedener (Erwerbs-)Biografien vor dem Hintergrund der Reformmaßnahmen auf die Einkommenssituation im Alter aufzuzeigen." Das Spektrum künftiger Veränderungen für wesentliche biografische Aspekte zeigt der Alterssicherungsbericht der Bundesregierung am Beispiel von sechs Modellfällen, die nach Einkommenshöhe differenziert sind. Wer es genau wissen will, liest selbst nach. Zusammenfassend lässt sich jedoch sagen:

- Für Alleinstehende bleibt das GVN nahezu unverändert,
- bei Single-Geringverdienern steigt es sogar langfristig,
- während es für Single-Besserverdienende langfristig rückläufig ist.
- Für Familien mit Kindern steigt das GVN in Zukunft deutlich an,
- Ausnahmen sind hier wieder besserverdienende Familien, deren GVN sich reduziert.

17.4 Bedarfsmosaike für AV-Zielgruppen

Die einzelnen Puzzle-Teillösungen für alle drei Schichten lassen sich zu unterschiedlichen (halb-)vollständigen Bedarfsmosaiken für AV-Zielgruppen zusammensetzen (Tab. 17.2).

Tab. 17.1 Stärken-Schwächen-Synopse des deutschen AV-Systems. (Quelle: eigene Darstellung)

Schicht	Instrumente	Zielgruppen	Bemessungsgrundlage	Auswirkungen	St = Stärke S = Schwäche
1	GRV	Arbeitnehmer	Sozialversicherungspflichtiges Einkommen	Mini-Einkommen = Mini-GRV-Rente = Gefahr für Altersarmut	S: Geringes Einkommen = Altersarmut
		Selbstständige	Mindestbeitrag freiwillig	Geringe Einzahlung: Altersarmut-Gefahr	S: Keine Obligatorik
		Andere Einkommensarten	Nicht erfasst	Potenzialverlust des GRV-Aufkommens	S: Kein Soli-Beitrag
		Nicht Berufstätige	Nicht durch GRV erfasst	Keine eigene Versorgung	S: Altersarmut
	Beamtenversorgung	Bund, Länder, Kommunen u. a.	Laufbahngruppen	Keine Bildung von Vorsorge-Fonds	Potenzialverkürzung
	Basisrente	Selbstständige	Steuerpflichtiges Einkommen	Bei hoher Steuerprogression sinnvoll	Für Mehrzahl unattraktiv
	Arbeitszeitkonten			Transformation Zeit in Einkommen	Flexible Lebensplanung

(Fortsetzung)

Tab. 17.1 (Fortsetzung)

Schicht	Instrumente	Zielgruppen	Bemessungsgrundlage	Auswirkungen	St = Stärke S = Schwäche
2	bAV allgemein	Sozialversicherungspflichtige Beschäftigte	8 % des steuerpflichtigen Einkommens	GRV-Aufstockung Beitrag zur GVN-Erreichung	S: Nur Arbeitnehmer S: Keine Obligatorik
	Versorgungskassen	Kammerberufe Berufsgruppe Öff. Bedienstete	Kassenspezifisch	GRV-Aufstockung Beitrag zur GVN-Erreichung	St.: Beitrag zur GVN-Erreichung
	Riester-Produkte	Arbeitnehmer	4 % des steuerpflichtigen Einkommens	GRV-Aufstockung Beitrag zur GVN-Erreichung	S: Nur Arbeitnehmer und mittelbar Förderberechtigte S: Keine Obligatorik
		Familienangehörige	Mindestbeitrag 5 E p.m.	Rentable Anlage durch Zulage	Beitrag zur AV-Sicherung
3	Geldvermögen	Jedermann, der „es" hat	Verfügbare Liquidität	Lebensstandard-Sicherung	St: Eigenverantwortung
	Immovermögen	Jedermann, der kreditwürdig ist	Verfügbare Liquidität	Mietfreies Wohnen direkt/ indirekt	St: Eigenverantwortung
	Produktivvermögen	Arbeitnehmer in Unternehmen	Bewertete Anteile u. a.	Arbeitspartizipation und AV-Beitrag	Gesetzliche Regelungen

Tab. 17.2 Bedarfsmosaike für AV-Zielgruppen. (Quelle: eigene Darstellung)

Schicht	Soll	Ist: Gruppen	Fehlende Gruppen	Handlungsbedarf
1 GRV Existenz-sicherung	Einbeziehung aller Bürger	Arbeitnehmer, freiwillige Ein-zahler	Selbstständige andere Einkom-mensarten Nicht Berufstä-tige, Beamte	GRV für alle Überleitungs-konzept Beamte-Konzept
2a bAV Lebens-standardsicherung	Einbeziehung aller Berufstä-tigen	Arbeitnehmer nur selektiv ÖD-Arbeitnehmer	Selbstständige	bAV-Obligato-rik Umsetzung BRVG Ries-ter-Obligatorik
2b Riester Lebensstan-dard-Sicherung	Einbeziehung aller Bürger	Arbeitnehmer Familienangehö-rige	Selbstständige	Berechtigten-Erweiterung Kos-tenbereinigung
3 Gehobener Lebensstandard	Verfügbar für alle	Alle Bürger	Keine	Steigerung der steuerlichen Attraktivität

Knapp unterhalb des GVN: Eckrentner mit voller Besparung in der zweiten Schicht

Für sozialversicherungspflichtige Arbeitnehmer gibt es ein relativ vollständiges Mosaikbild in Kombination von GRV auf Eckrentnerniveau oder höher, wenn sie zudem die Höchstbeträge in der bAV und bei Riester-Produkten ausschöpfen. Einschließlich von bAV-Ertragsbestandteilen, Riester-Zulagen und Renditen sind additiv 15 bis 20 % Aufstockungspotenzial zur GRV-Rente erreichbar, die also zum aktuellen GRV-Rentenniveau von 48 % des aktiven Einkommens hinzukommen. Das ergibt zusammen 63 bis 68 % des aktiven Einkommens und liegt damit noch unter dem für die Lebensstandardsicherung notwendigen GVN von 75 %! Soll das durch Ersparnisse in der dritten Schicht ausgeglichen werden?

Im Altersarmut-Hamsterrad: GRV-Rentner mit verbundener Besparung der Zweiten Schicht

Für Bezieher niedrigerer sozialversicherungspflichtiger Einkommen und bei Teilzeittätigkeit ist ein Absturz in Altersarmut fast vorprogrammiert, denn mit dem GRV-Rentenanspruch sinken relativ auch die mit dem niedrigen Einkommen gekoppelten Sparmöglichkeiten für bAV- und Riester-Produkte. Können diese Bürger drohender Altersarmut mit weitgehend ungeförderten Ersparnissen in der dritten Schicht entrinnen?

Wer sichert die Beratungsqualität?

Wer berät AV-Sparer, wenn sie Rat brauchen? Objektiven Rat gibt es durch Berater der GRV, Verbraucherzentralen, in Unternehmen mit bAV-Tarifregelungen auch durch interne Spezialisten. Aber sieht es in kleinen und mittleren Unternehmen (KMU) aus, wo zum Beispiel Mitarbeiter bei Direktversicherungen auf sich gestellt sind?

Wer berät AV-Sparer bei Riester-Produkten entsprechend seinem Bedarf? Hier wirkt sich aus, dass der Gesetzgeber die Beratung bei Riester-Produkten auf Produktgeber delegiert hat. Kann man von einem Außendienstmitarbeiter einer Versicherung oder Fondsgesellschaft, der sich unter dem Druck sieht, seine Zielvereinbarungen zu erfüllen, erwarten, dass er einen Wohn-Riester verkauft, wenn der Kunde signalisiert, dass er mittelfristig beabsichtigt, Wohneigentum zu erwerben? Die Botschaft hört er wohl, aber … er sieht seine Ziele.

Fazit: „Es ist Zeit für eine neue Rente." Zu diesem Ergebnis kommen Rürup, und Wagner (vgl. 2016).

Deutschland braucht einen durchgängig neuen Ansatz für das AV-System. Dazu stellen wir im Teil E das Modell AV 2030 plus vor.

Literatur

Rürup, Bert und Wagner, Gert G. (2016): Es ist Zeit für eine neue Rente, in: DIE ZEIT, Nr. 15, 31.03.2016.

Einkaufsbummel über den AV-Marktplatz

Der AV-Marktplatz ist der logische Ort, an dem das AV-Angebot, vertreten durch die Absatzmittler des Politikangebots (Teil III) und Nachfrager der AV-Zielgruppen (Teil II) aufeinander treffen. Angesichts des differenzierten Angebots der Drei-Schichten-Struktur und der AV-Zielgruppen ergibt sich ein sehr umfassendes Marktszenario mit den Schwerpunkten: Marktplayer. Anbieter und ihre Eignungspotenziale, Nachfrager, Klippen beim AV-Aufbau, Spezialszenarien der Erste Schicht-, bAV- und Riester-Marktplätze, Dritte-Schicht-Marktplatz, AV-optimierte Gesamtberatung. Das führt synoptisch zu der Betrachtung, ob angesichts dieser unendlichen Fülle von Einzelheiten der AV-Markt sich für die AV-Kunden wie ein Tohuwabohu darstellt.

AV-Beratung steht pointiert unter dem Diktat einer Beratung im Interesse der AV-Kunden, denn bei Fehlern ist der Schaden für diese immens. Deshalb widmen wir der Qualität der AV-Beratung über eine Reihe von Prüfkriterien hohe Bedeutung.

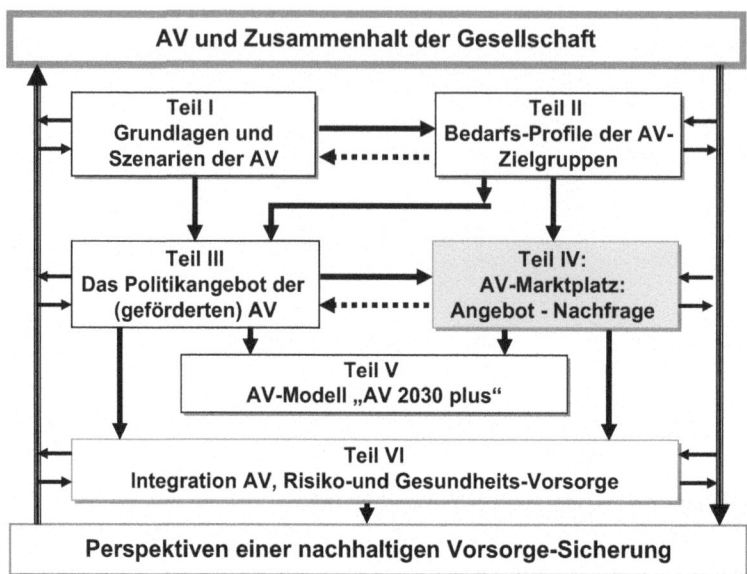

Da der Staat nicht selbst AV-Produkte verkauft, sondern nur Rahmenbedingungen festlegt, braucht er für den Vertrieb geeignete Absatzmittler der einzelnen Branchen der Vorsorgeindustrie, um das Angebot in den Markt zu bringen. Diese Absatzmittler können Produktgeber sein: die DRV, Versicherungsunternehmen, Kreditinstitute, Bausparkassen und Fondsgesellschaften sein, Finanz- und Versicherungsmakler, auch Kreditinstitute, die neben eigenen AV-Produkten (zum Beispiel Riester-Banksparplan) als Ausschließlichkeits- oder Mehrfachvermittler Angebote weiterer Produktgeber offerieren.

Wir bewerten keine Einzelanbieter und vermeiden auch Pauschalbeurteilungen von Gruppen. Für das persönliche Urteil können sich AV-Nachfrager an unseren Bewertungshilfen und Prüflistenangeboten orientieren.

Anbieter auf dem AV-Spielfeld 18

18.1 Anbieter-Markt: Facettenreiches Ensemble

Wir wollen dem Bürger, der primär in anderen Lebensumfeldern zu Hause ist, für seine AV-Entscheidungen einen Überblick über seine potenziellen Marktpartner verschaffen.

Kaum überschaubare Zahl von Anbietern
Finanzdienstleistungen mit dem Anspruch, für AV geeignet zu sein, bietet bundesweit und in jeder Region Deutschlands eine dreistellige Zahl von Produktgebern an:

- Etwa 60 Versicherer bieten ihre bAV- und Riester-fähigen Lebensversicherungen über eigene Vertriebswege und/oder über Makler und Mehrfachagenten und/oder Verbundpartner primär aus der Kreditwirtschaft an.
- Überregional agierende Großbanken, die im Konzern eine eigene Bausparkasse oder Fondsgesellschaft haben und beim Angebot von Versicherungen kooperieren.
- Etwa 400 Sparkassen und 900 Genossenschaftsbanken. Sparkassen haben im Gepäck regional tätige Versicherer, Bausparkassen und eine Fondsgesellschaft, Genossenschaftsbanken je eine Versicherung, Bausparkasse und Fondsgesellschaft.
- Eine zweistellige Anzahl von Wertpapierfondsanbietern. Hinzu kommen viele offene Immobilienfonds, auf die wir hier nicht eingehen.
- Private Bausparkassen, primär Töchter von Versicherern, deren Zahl allerdings durch Konzentration laufend abnimmt.
- Zudem Makler, die Produkte mehrerer Anbieter mit dem Zauberwort „unabhängig" von einzelnen Produktgebern als Verkaufsargument offerieren.

Ein bedarfsgerechtes Anforderungsprofil soll die Anbieterauswahl erleichtern.

© Springer Fachmedien Wiesbaden GmbH, ein Teil von Springer Nature 2018
H. Benölken und N. Bröhl, *Altersvorsorge am Scheideweg*,
https://doi.org/10.1007/978-3-658-21837-9_18

Gesucht: AV-Spezialist mit Orientierung am Kundenbedarf?
Gefragt ist der Spezialist für AV, der seine Aufgabe darin sieht, Bürger bei einer individuell maßgeschneiderten Vorsorge zu beraten. Steht bei den Verbund- oder Produktanbietern der Kundenbedarf im Vordergrund ihrer Absatzbemühungen? Dann müsste es das primäre Bemühen dieser Anbieter sein, bei ihren Kunden jeweils im Analysegespräch das notwendige (das heißt auch unter Berücksichtigung der individuellen Wohnsituation) GVN zu identifizieren und gemäß den Kundenpräferenzen mit zusätzlicher AV abzudecken. Im Sinne langfristiger Kundenbindungen werden Anbieter das grundsätzlich anstreben. Aber letztlich bestehen doch auch viele Interessenkonflikte, die es gilt zu enttarnen.

18.2   Assekuranz-Anbieter: Jede Mutter lobt ihre Butter

Primär eigenständige überregionale Unternehmen bei begrenztem Gruppenwettbewerb
Die deutsche Assekuranz ist primär privatwirtschaftlich organisiert, wobei sich Aktiengesellschaften und Versicherungsvereine auf Gegenseitigkeit etwa die Waage halten. Die „Öffentlichen" Versicherer, überwiegend in Sparkassenhand, kommen auf einen Marktanteil von etwas über zwölf Prozent, der genossenschaftliche Gruppenversicherer R + V auf etwa neun Prozent. Zusammen erreichen beide Gruppen ungefähr den Prämienmarktanteil der Allianz-Gruppe.

Etwa 55 % des heutigen Versicherungsangebots im Privatkundenmarkt bieten die Versicherungsgesellschaften über ihre unternehmenseigenen Vertriebswege an, seien es freiberufliche oder angestellte Außendienstmitarbeiter. Der Makler- und Bankenvertrieb bringen es bisher gerade auf je 15 %, wovon im Bankenvertrieb fast die Hälfte durch Genossenschaftsbanken für die R + V produziert wird. Das gilt für den „Bestand", wie Insider das Prämienvolumen einer Gesellschaft bzw. aggregiert einer Gruppe oder der gesamten Branche nennen. Im Neugeschäft der letzten Jahre haben Bankvertriebswege zwar schon einen größeren Anteil, aber das schlägt sich erst sehr allmählich im Bestand nieder. Der Rest von etwa 15 % entfällt auf Annex-und Direktvertriebe ohne personellen Außendienst.

Eigene Vertriebswege und Bankenvertrieb: Domänen von „Serviceversicherern"...
Der sprichwörtliche Herr Kaiser von der Hamburg-Mannheimer und seine Außendienstkollegen, Bankmitarbeiter als Auch-Versicherungsverkäufer verkörpern den Typ Serviceversicherer mit dem wesentlichen Kennzeichen: Menschen zum Anfassen, die Beratung anbieten und im Leistungs- und Schadenfall als Kümmerer und Ansprechpartner bereitstehen. Diese Service-Versicherer mit ihren Vertriebswegen weisen einen markanten Punkt auf: Sie wollen nur ihr eigenen Produkte verkaufen, vielleicht noch Produkte von befreundeten Spezialversicherern (zum Beispiel Rechtsschutz) aus dem Konzernumfeld als weitere Handelsmarken. Man bietet aber prinzipiell keine konzern- oder

unternehmensfremden Konkurrenzprodukte an. Ihr Angebot ist vergleichbar der Automobilindustrie: Auch VAG-Vertragshändler bieten keine BMW-Modelle an, wohl aber konzernmäßig verbundene Porsche-Typen.

… bei denen das Angebot zweitklassig gerankter Produkte einkalkuliert ist!
Branchenweisheit: „Ein guter Verkäufer verkauft auch ein mittelmäßiges Produkt." Aus Kundensicht ist es ein zweischneidiges Schwert, wenn Versicherer nur ihre eigenen Produkte anbieten. Sind die Produkte „top" und die Beratungsqualität stimmt, kann das dem Kunden durchaus Vorteile bieten. Laufen die Produkte unter ferner liefen, und der auf „Ausschließlichkeit" festgelegte Außendienst bietet sie dem Kunden alternativlos an, kann diesen das langfristig einen Teil seiner erstrebten AV-Rendite kosten.

Wie Bürger AV-Beratung erleben können
Große Versicherungsgesellschaften unterhalten engmaschige Vertriebsnetze. Das Vertriebsnetz des Branchenführers Allianz ist in seiner Dichte nahezu vergleichbar mit den Filialnetzen von Sparkassen oder Genossenschaftsbanken: Je 5000 Einwohner gibt es etwa einen Ansprechpartner. Etwa zehn große Versicherer beschäftigen mehrere 1000 Außendienstmitarbeiter. Kleinere Gesellschaften sind entweder regional fokussiert und/oder verkaufen über Makler und Mehrfachagenten. Die R + V als viertgrößte Gesellschaft der Branche verkauft über etwa 12.000 Filialen von Genossenschaftsbanken. Auf Direktvertrieb ausgerichtete Gesellschaften erlebt der an AV-Produkten interessierte Bürger neben der Werbung nur im Internet und in den verbraucherorientierten Bereichen der Wirtschaftspresse. Da sie ihre durch eingesparte Außendienstmitarbeiter geringeren Kosten zum Teil in Preisvorteilen für Kunden weitergeben, rangieren sie bei Tarifvergleichen meist auf den vorderen Plätzen.

Gemäß der föderalen Struktur Deutschlands sind auch die „öffentlichen Versicherer", heute weitgehend im Besitz der Sparkassenverbände, föderal aufgeteilt. Sie vertreiben ihre Angebote als Produktgeber über Sparkassenfilialen und eigene Geschäftsstellen.

18.3   Kreditinstitute: spät den AV-Markt entdeckt!?

Übliche Altersvorsorge-Positionierung von Banken und Sparkassen
Kreditinstitute sind im AV-Markt später gestartet als die Assekuranz und haben deshalb im Vergleich zur letzteren erst ein geringeres AV-Volumen aufgebaut. Ihr Spätstart ist darin begründet, dass man früher AV- mit Versicherungsgeschäft gleichsetzte und Kreditinstitute andere Kerngeschäftsfelder besetzt hatten (Einlagen sammeln, Kredite vergeben, Wertpapiergeschäfte für Kunden). Die Hinwendung zur AV bedeutete insofern einen Paradigmenwechsel. Die Assekuranz hatte einen historischen Startvorteil, den die Kreditwirtschaft erst langsam aufholt. Ernstzunehmende Anteile im AV-Markt haben bis dato primär Genossenschaftsbanken und Sparkassen aufgebaut.

Die AV-Angebote von Kreditinstituten konzentrieren sich auf folgende Schwerpunkte:

- Langfristiges Vorsorgesparen auf dem Sparbuch, wie es die Bürger noch bis weit in die Neunzigerjahre hinein pflegten, scheint heute immer stärker aus der Mode zu kommen, wie am sukzessiven Absinken langfristiger Sparpositionen in den Bankbilanzen abzulesen ist.
- Vermögensberatung für Kunden mit gehobenem monatlichem Geldeingang auf dem Girokonto. Schwerpunkt ist die Vermittlung von Wertpapier- und Fondsanlagen.
- Man hat den Eindruck, das Angebot von Banken beschränkte sich in den Neunzigerjahren bis weit in dieses Jahrzehnt auf Anlagen in der dritten Vorsorgeschicht, seien sie bilanzwirksame oder vermittelte Produkte gegen Provision. Das VL-Sparen verlor aufgrund abnehmender Förderung seinen Anreiz für Kunden, Ersatz für den Durchschnittsverdiener war wenig zu entdecken.
- Zwar stiegen auch Kreditinstitute nach anfänglichem Zögern in das Riester-Geschäft zum Schließen der GRV-Lücke nach den Rentenreformen ab 2002 ein. Dabei spielte aber zunächst das mögliche eigene Produkt Bank-Riester kaum eine Rolle. Primär vermittelte man Versicherungs-Riester-Produkte und Fonds-Riester-Produkte. Erst ab 2005 setzte bei Sparkassen und Genossenschaftsbanken ein Breitenvertrieb ein, der sie im Riester-Bestandsgeschäft inzwischen zu Marktführern gemacht hat.
- Die Bedeutung einer Vermittlung von bAV-Produkten in der zweiten Vorsorgeschicht im Branchendurchschnitt ist noch gering, ändert sich aber inzwischen: Genossenschaftsbanken haben sich mit einem Marktanteil im bAV-Neugeschäft von aktuell 20 % (2009) inzwischen „gemausert". Die Sparkassen-Finanzgruppe liegt bei ca. sieben bis acht Prozent Marktanteil, wobei von den Großbanken kaum Marktdruck ausgeht. Genossenschaftsbanken- und Sparkassenmarktanteile wachsen zulasten traditioneller Versicherungsvertriebe durch konsequente Ausnutzung großer Kundereichweite, wie beispielsweise der Sparkassen, von bis zu 50 % und mehr.
- Eine größere Bedeutung hat(te) für Banken die Bausparvermittlung, nicht nur unter der Devise AV, sondern auch für sogenannte Renditesparer: Bausparen als rentables Anlageprodukt dank früher im Vergleich zu heute üppigerer Förderung für Kunden, die nicht primär an Wohneigentumsbildung interessiert waren. Bei den aktuell niedrigen Zinssätzen entwickelt sich das Bausparen zunehmend zum Ladenhüter. Der Lichtblick ist das Wohn-Riester-Geschäft. Zum Vermittlungsgeschäft zählt auch das VL-Bausparen. Dort hat es bei höheren VL-Leistungen des Arbeitgebers zudem seine Existenzberechtigung, zumal man damit Sondertilgungen auf die bestehende Baufinanzierung oder Renovierungsmaßnahmen in gewissen Zeitabständen durchführen kann.

Als Partner der Bürger für AV gewinnt die Kreditwirtschaft nach langjähriger Teilabstinenz mit knapp vier Millionen verkauften Riester-Verträgen nach und nach ein AV-Profil.

AV-Aufstellung der Kreditwirtschaft nach Wettbewerbergruppen

Die deutsche Kreditwirtschaft ist geprägt durch Gruppenwettbewerb von privaten Banken, öffentlich-rechtlichen Sparkassen und Genossenschaftsbanken. Ihre Position in der AV:

- Sparkassen-Finanzgruppe: An der Spitze der Vorsorgeprodukte stehen die Versicherungsvariante „S-Prämienrente", die Bank-Riester-Variante S-Vorsorge-Plus und die Deka-Bonusrente. Daneben gibt es in bescheidenem Umfang (rund sieben Prozent Marktanteil) ein bisschen bAV. Der Wohn-Riester ist seit einigen Jahren im Kommen.
- Genossenschaftsbanken: Ihr Beitrag zum Schließen der GRV-Lücke erfolgt primär durch Vermittlung der Fondsvariante „Uni-Profirente", als Standby-Angebot flankiert durch den Versicherungs-Riester der R + V und den Wohn-Riester der Bausparkasse Schwäbisch Hall, ergänzt um den Bank-Riester der Genossenschaftsbanken.
- Private Banken: Kaum Bank-Riester-Angebot, eher Fokus auf den Fonds-Riester des jeweiligen verbundenen Fondsanbieters, noch etwas Versicherungs-Riester. Auch bei bAV-Produkten herrscht bis auf Aktivitäten der Deutschen Bank weitgehend Fehlanzeige.

Damit sind Kreditinstitute in der zweiten Vorsorgeschicht (primär Genossenschaftsbanken und Sparkassen) die Gruppe mit dem stärksten Neugeschäftswachstum.

18.4 Fondsgesellschaften: Verbund- und Hausmarken

Gruppenwettbewerb bestimmt die Struktur der Fondsgesellschaften

Die Struktur der Fondsgesellschaften mit Schwerpunkt Wertpapierfonds folgt ebenfalls den Grundlinien des Gruppenwettbewerbs: Großbanken haben jeweils ihre eigenen Fondstöchter, die Sparkassen-Finanzgruppe mit der Deka-Bank und der genossenschaftliche Bankenverbund mit der Union Investment jeweils ein Gemeinschaftsunternehmen. Wichtig:

- Die Deka-Bank (über Sparkassen) und Union Investment (über Genossenschaftsbanken) sind exklusive Anbieter in ihren Gruppen: Ein Sparkassenkunde kann auch bei aktivem Interesse (zum Beispiel aufgrund von positiven Pressemeldungen) keine Union-Fondsprodukte über seine Hausbank erwerben. Das gilt umgekehrt auch für Kunden von Genossenschaftsbanken, falls sie an Deka-Produkten interessiert wären. Daneben platzieren beide Fondsgesellschaften noch ihre Produkte primär an institutionelle Anleger.
- Aus Großbankenkreisen vernimmt man, man verstehe sich bei entsprechendem Kundeninteresse auch als Vermittler für „Fremdfonds", wobei aber wenige Informationen zur relativen Bedeutung solcher Fremdvermittlung vorliegen.

Gruppenübergreifende Durchlässigkeit ist noch kein Thema. Andere Vertriebswege wie zum Beispiel freie Finanzvermittler eröffnen zwar den Zugang auch zu hausbankfremden Fonds, haben aber bisher eine vergleichsweise geringere Bedeutung.

Weitere Fondsanbieter

Auch die großen Assekuranzkonzerne haben eigene Fondsgesellschaften, deren Management (nicht Bestände, die sind strikt getrennt zu halten) teilweise auch durch das Management ihrer eigenen umfangreichen Kapitalanlagen erfolgt. So haben daran interessierte Ausschließlichkeitsvermittler der Gesellschaften die Möglichkeit, sich mit entsprechenden Fachkenntnissen auch als „Vermögensberater" zu positionieren.

Uns interessieren hier nur Fondsgesellschaften im Hinblick auf AV, sei es mit Riester-Produkten oder Wertpapierfonds im Rahmen von möglichen Anlagen in der dritten Vorsorgeschicht. Letztere genießen allerdings keine steuerlichen oder sonstigen Fördervorteile mehr, die Erträge daraus unterliegen der vollen Ertragsbesteuerung, sei es im Rahmen der Abgeltungssteuer oder im Rahmen der individuellen Steuererklärungen.

Zudem gibt es im Markt zahlreiche offene Immobilienfonds, überwiegend außerhalb des Gruppenwettbewerbs, wozu wir einiges auf dem Dritte-Schicht-Marktplatz erläutern.

18.5   Bausparkassen-Fokus: mietfreies Wohnen im Alter

Selbstverständnis: Geborene Betongold-Anbieter

Bausparkassen sahen sich traditionell als Mitgaranten einer auskömmlichen AV durch mietfreies Wohnen im Alter. Ihr Traditionsprodukt Ansparplan mit Zuteilungsanspruch für einen anschließenden Kreditvertrag bei vertragsgemäßer Besparung hat sich mit dem Wohn-Riester im Rahmen des Eigenheimrentengesetzes zum Zweitproduktangebot entwickelt:

* Der riesterfähige Bausparvertrag mit einer Anspar- und einer Finanzierungsphase.
* Der klassische Bausparvertrag, seit dem 1. Januar 2008 mit einer strikten Zweckbindung an eine wohnungswirtschaftliche Verwendung, wenn der Bürger im Rahmen der festgelegten Einkommensgrenzen von 25.600 für Ledige und 51.200 für Verheiratete in den Genuss der Bausparförderung kommen will.

Das durch Prämien attraktive Renditeprodukt Bausparen der Vergangenheit bleibt in Verbindung mit VL- und Riester-Förderung attraktiv.

Derzeitige Aufstellung des Bausparkassensektors

Im Jahr 2000 gab es noch 30 Bausparkassen (BSK), davon 13 regionale LBS der Sparkassen (vergleichbar den öffentlichen Versicherern) und etwa 17 private BSK, deren Hauptgesellschafter vielfach Versicherer sind. Ihre Zahl ist heute auf die Hälfte geschrumpft.

Der Branchenführer ist die BSK Schwäbisch-Hall, primär im Besitz der genossenschaftlichen Zentralbank DGZ. Falls man alle LBS der Sparkassen als Einheit sieht, würde sich das Bild zu deren Gunsten verschieben. Die Konzentration der privaten BSK folgte teilweise Zusammenschlüssen der Mutter-Versicherer und auch Großbanken. Jede der verbliebenen Großbanken hat eine Bausparkasse, deren Verträge über Bankfilialen verkauft werden.

Bei den LBS haben die großen Bundesländer Nordrhein-Westfalen, Bayern, Baden-Württemberg (mit Rheinland-Pfalz), Hessen (mit Thüringen), Niedersachsen und das kleinste Bundesland Bremen noch ihre eigene LBS, ansonsten teilen sich mehrere Bundesländer eine LBS.

Es gab einmal eine Direkt-BSK, vergleichbar mit Direktversicherern: die Quelle-Bausparkasse, die 2009 als Drittgeschädigte in den Insolvenzstrudel des namensgleichen Versandhändlers geriet, obwohl sie mit ihm kapitalmäßig nicht verflochten und betriebswirtschaftlich gut positioniert war. So kann sich Massenpsychologie auf Unbeteiligte verheerend auswirken.

Wie AV-Kunden Bausparkassen erleben
Die LBS-Gruppe verkauft ihre Verträge über eigene Geschäftsstellen und Sparkassen, die BSK Schwäbisch Hall über Genossenschaftsbanken, private BSK-Großbankentöchter über die Filialnetze der Banken, Versicherungs-BSK über die Außendienste ihrer Versicherungsmütter, für die der Absatz von Bausparverträgen ein Zubrot zum eigenen Geschäft ist.

18.6 Finanzdienstleistungsverbünde

Prinzip der Verbünde
„Verbünde" verstehen sich als eine Allianz von unterschiedlichen Produktgebern (Banken, Versicherungen, Bausparkassen, Fondsgesellschaften) in einem Absatzverbund. Daneben haben die Partner oft noch ihren eigenen Produktvertrieb. Mit kombiniertem Angebot erhebt der Verbund den Anspruch, im Sinne eines One-Stop-Shopping alle relevanten Finanzdienstleistungsprodukte aus einer Hand anzubieten.

Diese Philosophie hört sich zunächst faszinierend an, hat aber auch ihre Schattenseiten, wie folgendes Beispiel illustriert: In einem Verbund-Lebensmittelmarkt gibt es einen Obst- und Gemüsestand mit jeweils einer Apfel-, Apfelsinen-, Tomaten- und weiteren singulären Obst- und Gemüsesorten, eine Käsetheke mit einem mageren, einem fetteren Schnittkäse, das Gleiche für Weichkäse etc., einen Getränkestand mit einer Pils-, Weißwein-, Rotweinsorte etc. Es ist also alles zu bekommen, aber man kann nur nicht zwischen mehreren Apfelsorten mit unterschiedlichen Geschmacksnuancen wählen, sondern muss mit der Apfelsorte vorlieb nehmen, die im Angebot ist, ob sauer, süß, klein oder groß. Ist der Verbraucher damit zufrieden?

Closed-Shop-Prinzip mit jeweils nur einem Produktgeber

In der Praxis kann ein Verbund Schwachpunkte im Angebot haben: Einige Produkte, die teurer sind als bei anderen Verbünden oder Einzelanbietern, ein Lebensversicherungsprodukt mit einer unter dem Marktniveau liegenden Überschussbeteiligung und so weiter. Der Käufer kann sich bei diesem Verbund mit den ihm günstig erscheinenden Produkten eindecken sowie auf ihm weniger günstig erscheinende Produkte verzichten – und weiter schauen bei anderen Anbietern. Das ist auch ein Fingerzeig für Bürger bei der Deckung ihres AV-Bedarfs, nach dem Motto: In jedem Fall das Beste, das weniger Gute aber außen vor lassen und Eindecken je nach Angebot auch von mehreren Absatzverbünden. Das dient der individuellen Optimierung des eigenen AV-Portfolios.

Verbünde verstehen sich als Closed Shops, sodass „ausbüxen" kaum möglich ist. Vor allem auf der Bankenvertriebsebene bekommt man manchmal Produktschwächen verbundener Produktgeber schmerzlich zu spüren, indem Kunden die Wahl haben, die Produkte kaufen müssen, die dort angeboten werden – oder Käufe verweigern, falls sie zum Beispiel seitens der Stiftung Warentest als gut bis sehr gut getestete Produkte über den Versicherungspartner der Bank oder Sparkasse vermissen. Zur Vermeidung von Kundenverlusten kann das zum zusätzlichen Angebot außerhalb des Verbundpartnerangebots führen, genannt „Ventillösungen" nach dem Motto: Viele wissen es, aber keiner spricht darüber.

Überblick über die großen Verbünde

In Deutschland gibt es Verbünde aus Kreditinstituten, Versicherungen, Bausparkassen und Spezialisten (wobei wir uns hier auf Produktgeber für AV beschränken), die sich primär nach dem Kriterium gleiche Rechtsform gefunden haben:

- Die Sparkassen-Finanzgruppe mit Sparkassen im Verbund unter dem Dach der regionalen Sparkassenverbände, Landesbausparkassen, öffentlichen Versicherungen, die durchweg nach dem Regionalprinzip (primär Bundesländer) aufgestellt sind, ergänzt um die bundesweit arbeitende Deka-Bank als Fondsanbieter und für die bAV-DW Pensionskasse und Pensionsfonds die Sparkassen-Pensionsmanagement.
- Der genossenschaftliche Finanzverbund, in der sich ebenfalls unter dem Dach von Regionalverbänden örtliche Volks- und Raiffeisenbanken sowie die bundesweit agierende R + V-Versicherungsgruppe, die Bausparkasse Schwäbisch Hall und die Union-Investment-Gruppe (UI) verbinden.
- Einen festen Verbund bilden auch die elf regionalen Sparda-Banken mit der DEVK-Versicherungsgruppe sowie ebenfalls mit der Bausparkasse Schwäbisch Hall und der UI.
- Auch private Banken haben ihre Kooperationspartner in anderen Finanzdienstleistungssektoren, die wir hier nicht alle aufzählen können.
- Hinzu kommen Versorgungswerke für Altersvorsorge, zum Beispiel Pensionskassen.

Bevor man prüft, ob auch andere Mütter schöne Töchter haben, lohnt es sich mit möglichen Vorteilen eines „Verbundangebotes zu befassen". Verbünde decken das Komplettangebot für alle ihre Kunden mit erstrebter ganzheitlicher Beratungsqualität ab. Eine solch gute Beratungsqualität kann so hoch zu werten sein, dass das kleine Schwächen im Verbundangebot überkompensieren kann. Bürger, die sich ihre AV-Menükarte selbst zusammenstellen, können auch Fehleinschätzungen unterliegen, deren Folgen wesentlich gravierender sein können als eine temporär (was sich in zehn Jahren anders darstellen kann) nicht optimale Überschussbeteiligung.

18.7 Finanzdienstleistungsvertriebe: unabhängig?

Von der Strukturvertriebs-Genesis…
Finanzdienstleistungsvertriebe wie der AWD und MLP sind aus kleinen Strukturvertriebsanfängen („Pyramid Selling Organisations") entstanden. Man ordnet sie der Gruppe der Makler zu, die als klares Berufsethos „Best-Advice"-Angebote haben: Vermittlung des für den Kunden situativ bestmöglichen Angebots.

Makler wollen gewissenhaft den individuellen Bedarf zum Wohle ihrer Kunden decken, als Basis für eine möglichst langfristige Kundenbindung. In dem Maße, wie sie wie Strukturvertriebsmitarbeiter Produkte von einem oder von mehreren Produktanbietern um jeden Preis verkaufen wollen, entfernen sie sich vom Best-Advice-Anspruch. Zu bedenken ist Folgendes: Auch Makler leben von den Abschlussprovisionen, die sie durch die Produktvermittlung erhalten. Niedrige Provisionen bieten wenig Anreize für Makler, ein Produkt zu verkaufen, auch wenn es gute Leistungen für die Kunden bietet. Ein Produkt mit hoher Abschlussprovision birgt für Makler einen hohen Anreiz zur Vermittlung, allerdings schmälern hohe Abschlussprovisionen die Performance des Produktes, weil diese in den Tarif einkalkuliert werden. Somit ist der „Best Advice" des Maklers nicht immer ein Best Advice für den Kunden. Interessenkonflikte zwischen Makler und Kunde sind somit nicht auszuschließen.

… über ein System von stringenten Erfolgsfaktoren …
Rückblickend betrachtet haben strukturierte Vertriebe eine Evolution durchgemacht. So haben sie in der Vergangenheit von folgenden Erfolgsfaktoren gelebt:

- Eigene, bedingungslose Erfolgsorientierung in einer sich selbst auferlegten hierarchischen Vergütungspyramide.
- Stringenter Mitarbeiteranbau: Gewinnen von Menschen im jungen bis mittleren Alter aus den unterschiedlichsten Berufszweigen, um zukünftig als „Finanzberater" oder „Vermögensberater" tätig sein zu können.
- Größere verkäuferische Offensivität und Abschlussorientierung im Vergleich zu Versicherungsvertretern.
- Vorteilsargumentative Akteure, ausgestattet mit gut verständlichen Produkten, die das Neugeschäft auch aus ihrem Verwandten- und Bekanntenkreis generieren.

- Der Verkauf via „Kurzanalyse des Kundenbedarfs" und geschickt aufgebauter Gesprächsführung und Beratungsbroschüren.
- Anbieten mehrerer, miteinander verzahnter Einzelprodukte im Rahmen einer einheitlichen Bedarfslösung zum „Mitnahmepreis", mehr anbieterzentriert als bedarfsorientiert.

Diese Erfolgskriterien haben sich bis in die heutigen Tage nicht wesentlich verändert. Als Reaktion auf publik gewordene umstrittene Verkaufsmethoden (wie „AUA-Methode" = Anhauen, Umhauen, Abhauen) und der zunehmenden Aufgeklärtheit in der Öffentlichkeit hat sich die Spreu vom Weizen getrennt. Unter dem Diktat von erhöhter Qualität in Training, Beratung und IT ging ein Teil der strukturierten Einzelvertriebsgesellschaften alter Couleur in größeren Einheiten auf bzw. in ganz neuen Vertriebsgesellschaften (geführt von erfahrenen Vertrieblern der früheren Jahre); diese starteten etwa mit Begleitung von Versicherungsgesellschaften.

Der andere Teil wurde vom Markt absorbiert oder arbeitet mit überschaubarer Schlagzahl nur noch in Nischenmärkten. Aufgrund des Erwachens der etablierten Konkurrenz, die zum Beispiel ihre gebundenen Einfirmenvertreter gleichwohl auf Rundum-Abdeckung getrimmt haben, bleibt zunehmend für strukturierte Vertriebe mittlerer Größe kein Platz mehr. Man hat sich die Erfolgsfaktoren von Strukturvertrieben selbst zunutze gemacht (Analyse, Verkaufstraining, Incentives, Steuerung)! So schrumpft die Marktlücke für typische Strukturvertriebe immer mehr. Einige von ihnen haben nur durch zähe Arbeit und Flucht nach vorn den Sprung zu qualifizierten Beratungsgesellschaften ohne eine pyramidenartigen Vertriebsstruktur geschafft, viele aber sind ausgeschieden oder sind vom Ausscheiden bedroht.

Die Zusammenstellung eines individuellen, komplexen Lösungsangebotes scheitert häufig an der Qualifikation von Außendienstmitarbeitern von strukturierten Vertrieben, die oft nur einen Ausschnitt des AV-Angebotes wie die Sparten Leben oder Unfall beherrschen.

… zu problemlösenden Finanzdienstleistern
Die Zukunft der FDL-Kunden schien in Deutschland einst erfreulich klar vorgezeichnet: Immer wohlhabendere, anspruchsvollere Kunden sollten auf immer höher qualifizierte, komplett sortierte Finanzdienstleister treffen. Für den Vertrieb derartiger Lösungen boten sich, zum Teil aus Strukturvertrieben hervorgegangen, FDL-Vertriebe als Beratungsgesellschaften neuen Typs an. Beispielhaft für dieses Konzept sind Gesellschaften wie die DVAG, der AWD, MLP, OVB oder Bonnfinanz und auch Plansecur OVB zu nennen. Besonders unter qualitativen Aspekten scheint der Vertrieb von Versicherungslösungen nicht beliebig veränderungs- und erweiterungsfähig zu sein. Das von FDL-Vertrieben neuen Typs verfolgte Allfinanzkonzept stellt hohe Anforderungen an die fachliche Ausbildung der Mitarbeiter, ein Anspruch, der in der Praxis oftmals nur schwer gehalten werden kann.

Konsequenzen für Versicherungsunternehmen und andere Produktgeber
FDL-Vertriebe sind für den Vertrieb von Versicherungsprodukten durch die Gesellschaften wie Best-Advice-Makler zu behandeln. Bestands- und umsatzstarke

FDL-Vertriebe sehen sich wie industrielle Captives, mit ihren Versicherungspartnern auf Augenhöhe, es sei denn, diese haben Produkte mit Alleinstellungsmerkmalen, die sie nur zu verteilen brauchen.

18.8   Chancen für bedarfsgerechte AV-Beratung

Das Spektrum der Anbieter und ihre AV-Schwerpunkte zeigen:

- Finanzdienstleistungsstrukturvertriebe können AV-Beratung bieten und führen diese Kompetenz im Panier. Einschränkungen durch Produktgeberbindungen sind möglich.
- Auch Anbieter aus der Kreditwirtschaft können mit ihren jeweiligen Verbundpartnern ein Komplettangebot für private AV und bAV und eine qualifizierte ganzheitliche Beratung für eine umfassende Altersabsicherung anbieten. Wichtig für Kunden: Die Beratung muss ganzheitlich im Hinblick auf den individuellen Bedarf erfolgen.
- Bei anderen Anbieter, die auch Produktgeber sind, muss man im Hinblick auf eine vorurteilsfreie AV-Beratung hinterfragen: Bietet ein Assekuranzagent einem 50-jährigen Kunden mit hohem Sicherheitsbedürfnis einen bedarfsgerechten Bank-Riester-Vertrag seiner verbundenen Bank oder Sparkasse an, wenn er die Chance sieht, einen Versicherungs-Riester oder eine Rentenversicherung seiner Gesellschaft zu verkaufen, was auch der eigenen Zielerfüllung dienen dürfte? Und welcher Außendienstmitarbeiter einer Bausparkasse nutzt eine identifizierte freie Liquiditätsspitze (zum Beispiel nach Abschluss einer Darlehenstilgung) nicht für den Abschluss eines neuen Bausparvertrags, auch wenn die Frage eines Wohneigentumserwerbs noch sehr vage ist?
- Produktbezogene Qualitätsunterschiede bei AV-Produkten sind mit Vorsicht zu interpretieren. Vergleiche von Renditen und Überschussbeteiligungen über Jahrzehnte liefern zwar Ranking-Schlagzeilen. Diese sind aber für die reale AV wenig aussagefähig, wenn die jeweiligen Garantiezeiten, das heißt die Hinterbliebenenleistungen bei Tod während des Rentenbezugs (im Regelfall zehn Jahre) wesentlich kürzer sind. Zudem wiegen einen die Angaben zu Überschussbeteiligen und bisherigen Wertentwicklungen in einer Scheinsicherheit: Bei in der AV gegebenen Anlagehorizonten von bis zu 45 Jahren können sich die Stars von einst schnell zu „Kellerkindern" entwickeln. Da machen auch die paar Jahre gute Performance des Kapitalstocks nicht viel aus.
- Wichtiger als langfristig schwer messbare produktspezifische Renditevorteile ist die Qualität der ganzheitlichen Beratung. Mangelhafte Erkundung des eigentlichen Vorsorgebedarfs des Kunden, falsch gesetzte Prioritäten im Schichten-Paternoster, verschenkte Förderungen und die Inkaufnahme vermeidbarer steuerlicher Belastungen haben einen größeren Einfluss auf die Wohlstandssicherung als produktspezifische Nuancen.

Auf die Qualität der Beratung kommt es an, Produktbelange können sich wandeln.

Anforderungsgerechte Eignungspotenziale

19

Anbieter haben primär die Produktbrille auf, AV-Nachfrager orientieren sich an ihrem Bedarf, sofern sie dafür die richtigen Informationen haben. Welche Eignungspotenziale brauchen Anbieter, um AV-Nachfrager primär bedarfsgerecht und nicht produktzentriert zu beraten? Vorher stellt sich die „Schubladisierungsfrage".

19.1 Schubladisiert: Für AV-Beratung abgefackelt?

Basis ist die Irrlehre, Mengengeschäft sei „gebrachtes" Geschäft, kein „Holgeschäft"
In den Neunzigerjahren kam die Irrlehre auf, Mengengeschäft sei gebrachtes, nur Individualkundengeschäft sei Holgeschäft. Das erwies sich als fantastischer Geschäftsbesorgungsvertrag für aggressivere Wettbewerber, zum Beispiel für ganzheitlich auftretende Finanzdienstleistungsvertriebe. Flugs teilte man die Kunden in entsprechende Kundengruppen ein. Eine solche „Schubladisierung" von Bürgern, primär in der Kreditwirtschaft, weniger in anderen Finanzdienstleistungssparten anzutreffen, kann sich zu einer Gefahr für eine individuelle AV-Beratung durch Berater auswirken, wenn sogenannte Mengengeschäftstypische Produkte an Kunden der Schublade Mengengeschäft mit Kampagnen verteilt werden sollen.

Mit „schubladisieren" kann man einen Vorgang beschreiben, bei dem Anbieter Kunden nach EDV-technisch messbaren Kriterien (üblich sind: monatlicher Geldeingang, Geldvermögen, sei es auf einem Sparkonto oder in einem Wertpapierdepot, Lebensalter) bestimmten „Segmenten" zuordnen und in entsprechende Schubladen einsortieren. Diesen Schubladen ordnet man dann bestimmte Produkte bzw. Produktbündel mit dem

Anspruch zu, sie seien für Kunden dieser Schublade besonders geeignet. Diese einzelnen Schubladen haben häufig folgende Aufkleber:

- „Private-Banking-Kunden", die maximal drei Prozent der Bevölkerung umfassen, intensiv zu betreuen und entsprechend tiefgründig zu beraten sind.
- „Betreuungskunden", etwa zehn bis zwölf Prozent der Bevölkerung, für individuelle Beratung.
- „Finanzkunden" (den diskriminierendem Unterton „Mengengeschäftskunden" verkneift man sich heute). Für diese „Kunden des Mengengeschäfts" glauben viele Anbieter, keine individuelle Beratungskapazität vorhalten zu müssen. Vielmehr überschüttet man diese Kunden mit Kaskaden von Produktwerbung, und wenn sie bei Interesse vorsprechen, berät man sie produktspezifisch mit dem Ziel des Verkaufsabschlusses.

Diese sich anspruchsvoll „Segmentierung" titulierende Einsortierung von Bürgern in Schubladen der Anbieter hat fatale Auswirkungen auf eine ganzheitliche AV-Beratung.

Segmentierungen sind fraglich, weil sie auf unvollständigen Informationen basieren
Was wissen schubladisierende Anbieter wirklich über ihre Kunden im Hinblick auf deren individuellen AV-Bedarf? Lebensverläufe mit daran gekoppelten GRV-Anrechten? bAV-Anrechte je nach Unternehmen und Branche? Nebeneinnahmen, die über ein anderweitiges Konto laufen? Vorhandenes Eigentum, zum Beispiel in Immobilien? Erbperspektiven?

Segmentierungen liefern Momentaufnahmen mit kurzen Halbwertzeiten
Auch wenn man die Story vom 55-jährigen Studenten, der sich seit 30 Jahren in der Schublade Mengengeschäft befindet, als nicht repräsentativ ansieht, haben Klassifikationen von Kunden unterhalb dem Nobelsegment mit einem Anteil von drei Prozent nur eine zeitlich begrenzte Aussagekraft, wie folgende Beispiele erläutern:

- Vielen Mengengeschäftskunden gelingt es, im beruflichen Aufstieg ihr Einkommen zu steigern, sodass sie in die Gruppe Betreuungskunden vorstoßen. Merken das Anbieter? Nehmen sie diese Kunden aus der Schublade Mengengeschäft, sortieren sie in die Schublade Betreuungskunden ein und ordnen sie individuell einem Berater zu?
- Umgekehrt können gehätschelte Betreuungskunden ihre Stellung verlieren und haben, falls ihnen das nach dem 50 Lebensjahr passiert, geringe Chancen auf einen neuen Job mit den möglichen Folgen: Im zweiten Jahr der Arbeitslosigkeit Hartz-IV-Empfänger, nach und nach Verzehr von privatem Vermögen bis zur Grenze des Hartz-IV-Schonvermögens, schleichende Verschuldung durch Vollausschöpfung eines großzügigen Dispositionskredits aus Zeiten als Betreuungskunde. Registrieren das Anbieter?

Auch wenn Anbieter mit Schubladen-Migrationsprogrammen versuchen, veränderte Einkommenssituationen zeitnah abzubilden: Was bringt es angesichts der vielen Informationen über Kunden, die man nicht hat?

Organisatorische Schubladenumsetzung: Ganzheitliche Beratung nur für 15 Prozent der Bürger?
Oft vernimmt man von Kreditinstituten, sie würden ihre Mengengeschäftskunden Standardfilialen mit dem Ziel einer ökonomischen Abwicklung zuordnen und die Top 15 % auf erlesene separate Betreuungseinheiten mit individueller Beraterzuordnung. Im Klartext heißt das: Persönliche Beratung ist oftmals für Betreuungskunden reserviert, für Mengengeschäftskunden ist eine ganzheitliche AV-Beratung im System nicht vorgesehen.

Besonders die „restlichen" 85 % der Bürger brauchen individuelle AV-Beratung!
Untersuchungen zufolge haben besonders Bürger mit eher niedrigem Einkommen nur einen geringen Durchblick durch den AV-Dschungel. Sie sind besonders auf kompetente Beratung angewiesen, die sie vor Altersarmut im Rahmen gesetzlicher und einkommensmäßiger Möglichkeiten bewahrt. Umgekehrt wächst mit steigendem Einkommen auch der ökonomische Durchblick und die eigenständige Urteilsfähigkeit in AV-Fragen: Brauchen Betreuungskunden überhaupt Beratung?

„Segmentierung" kann Anbieter für AV-Beratung blind machen!
Übliche Segmentierungen liefern wenige Anhaltspunkte für ganzheitliche AV-Beratung. Anbieter brauchen viele Informationen über Kontodaten hinaus, was sich im Regelfall nur über individuelle Beratungsgespräche erschließen lässt. Wer als Anbieter über ein ganzheitliches Finanzkonzept als grundsätzlich für ganzheitliche AV-Beratung geeigneten Beratungsansatz verfügt, kann auf Schubladisierungen verzichten und mit jedem Kunden sprechen.

19.2   Szenario branchenbezogener Eignungspotenziale

Die folgenden Ausführungen zu Eignungspotenzialen gelten jeweils für den „Durchschnitt" einer Anbietergruppe, was nicht ausschließt, dass einzelne Unternehmen in den Gruppen davon erheblich, zum Beispiel durch höhere Erfüllung des Anforderungsprofils, abweichen können.

Zu AV-Eignungspotenzialen von Versicherungsberatern
Noch nicht vergessen: Herr Kaiser von der Hamburg-Mannheimer als das Leitbild des Kümmerers in Versicherungs- und Absicherungsdingen. Für Vorsorge bietet Herr Kaiser Langläufer-Produkte, die sich meist im Meinungsstreit hinsichtlich der optimalen Ablaufleistung befinden, wobei diese Absichtserklärungen keine Gesellschaft rechtlich garantiert. Aber das muss Herrn Kaiser nicht scheren, denn er ist so programmiert, dass

er zunächst die Rentenlücke aufspürt. Wenn er dann den Weg weitergeht, diese zu schlie-ßen, beginnend mit fördergetriebenen Angeboten, ist er bereits in der richtigen Spur zum kundenindividuellen Bedarf. Man kann es so ausdrücken: Der assekuranztypische Vor-sorgeberater hat bereits eine hohe Affinität zum Anforderungsprofil für bedarfsgerechte Alterssicherungsberatung. Wesentlich schwerer tun sich die Kollegen anderer Finanz-dienstleistungssparten.

Exkurs: „Warum Versicherungsvertreter nicht gern Riester verkaufen"

Gehen wir zunächst von dem aus, was der Versicherungsvertreter in seinem „Bauch-laden" hat: Da wären Riester-Renten, bAV, Direktversicherungen und die private Lebensversicherung und möglicherweise auch Fonds der zum Versicherer gehörenden Fondsgesellschaft. Versetzen wir uns nun in die Lage des Vertreters: Was wird er wohl unter Maximierung seiner Gewinnvorstellungen verkaufen, falls Sie zum Beratungsge-spräch vorbeikommen? Richtig! Falls ihn keine Gewissensbisse plagen, in erster Linie das, was ihm am meisten und zudem die sicherste Provision einbringt. Schließlich möchte der Kunde ja auch das Produkt abschließen, was ihm die meiste Rente einbringt. Beide Gesprächspartner versuchen lediglich ihren Nutzen zu maximieren.

Zu den Provisionen im Einzelnen: Auf Rentenversicherungen gibt es in der Regel eine einmalige Abschlussprovision, die sich an der „bewerteten Beitragssumme" (=Jahresbei-trag × Gesamtjahre bis Fälligkeit) orientiert. In der Praxis können, an durchschnittlichen Laufzeiten und Beiträgen (25 bis 30 Jahre zu je 1200 EUR Jahresbeitrag) orientiert, rund 1000 EUR Provision fällig werden. Hätte der Vertreter eine Riester-Rente verkauft, wäre es ggf. nur eine laufende Provision auf den Beitrag von zwei bis drei Prozent gewesen. Gesetzlich sind die Abschlusskosten bei Riester über mindestens fünf Jahre zu vertei-len. Zudem gehen Riester-Renten in „das Eigentum" des Versicherers über, sodass der Vertreter nach zehn Jahren von der Provision eventuell gar nichts mehr sieht, weil er in Rente geht oder den Arbeitgeber wechselt. Beim Verkauf einer Rentenversicherung ist dem Vertreter somit die Provision eher sicher als bei einer Verteilung der Abschlusskos-ten über mehrere Jahre wie beim Riester-Produkt oder in der bAV bei Pensionskassen. Dadurch verkaufen Vertreter grundsätzlich eher Renten- oder Direktversicherungen mit Einmalprovision als Riester-Verträge oder eine Pensionskasse mit verteilten Provisionen. Letztere haben aber für Kunden den Vorteil, dass insbesondere in den ersten Beitrags-jahren bei einer Beitragsfreistellung oder einem Arbeitsplatzwechsel deutlich mehr Ver-tragsguthaben besteht als bei den genannten Alternativprodukten.

Zur Entlastung entsprechend unterstellter Vertriebsgebaren sei hinzugefügt, dass die Ablaufleistungen einmal provisionierter oder verteilt provisionierter Produkte in der Regel gleich ausfallen, das heißt, falls der Kunde die vereinbarte Spardauer durchhält, es zu keinen Einbußen kommt. Die Flexibilität ist hingegen eingeschränkt.

So argumentieren Vertreter für Produkte mit Einmalabschlussprovision, auch wenn Riester oder bAV für den Kunden vorteilhafter ist. Tappen Sie deshalb nicht in diese Falle und fragen Sie, warum der Rentenversicherungsvertrag angeblich besser ist als eine Riester-Rente.

Zu AV-Eignungspotenzialen von Bankberatern
Kennen Sie den guten Zweigstellenleiter/Kundenberater aus den Siebziger- und Achtzigerjahren? Die Drei-Schichten-Architektur war noch nicht erfunden. Aber mit seinen
Kunden bewegte er sich mit Beratung zum VL-Sparen, Bausparverträgen (jeweils mit
den damals als durchaus interessant angesehenen Förderungsanreizen), ergänzt um Spareinlagen mit längeren Kündigungsfristen und Sparbriefen in einem gesicherten Anlageumfeld ohne Risiken. Alles rund um Wertpapiere war vielen gestandenen Beratertypen
eher suspekt.

Da die Rente lange als Selbstläufer galt, stand bei kontinuierlich Beschäftigten das
Thema drohende Rentenlücke nicht im Vordergrund. Mit seinem überschaubaren Beratungsangebot kam er einer ganzheitlichen AV-Beratung sehr nah. Gilt das auch für von
Produktaktionen getriebene Berater, wenn ihre Institute primär provisionsorientiert Ziele
formulieren und eine daran orientierte Verkaufsberatung von ihren Beratern einfordern?

Zu AV-Eignungspotenzialen von Bausparkassen
Da Bausparkassen nur einen AV-Bereich bearbeiten, nämlich mietfreies Wohnen im Alter
durch rechtzeitige Wohneigentumsbildung, wäre es vielleicht nicht fair, von ihnen analysebasierte Beratung im Sinne der gesamten Schichtenpyramide zu erwarten. In der
zweiten Schicht muss man von ihnen perfekte Wohn-Riester-Kompetenz erwarten, in der
dritten Schicht neben ihren Produktkenntnissen die Differenziertheit der Einzelbestimmungen hinsichtlich wohnwirtschaftlicher Verwendungen: Bausparen und Energiesparen, seniorengerechtes Wohnen, allgemeine Bestandsinvestitionen.

Im Sinne einer maßgeschneiderten Beratung müssen Vertriebsmitarbeiter von Verbundpartnern in Kreditwirtschaft und Assekuranz das aber auch beherrschen!

Zu AV-Eignungspotenzialen von Finanzdienstleistungsvertrieben
Im Hinblick auf ganzheitliche Altersvorsorgeberatung könnten Außendienstmitarbeiter
von Finanzdienstleistungsvertrieben hervorragend aufgestellt sein, weil sie sozusagen
den analysebasierten Verkauf (und auch die Beratung?) erfunden haben. Diese Kompetenzanmutung dürfte für manche Unternehmen und ihre Mitarbeiter durchaus zutreffend
sein. Ob das generell auch für die Branche gilt, stößt auf leichte Zweifel: Inwieweit sind
die Gesellschaften wirklich unabhängig von äußeren Einflüssen? Wenn sich ein Versicherungsunternehmen an einem Finanzdienstleistungsvertrieb beteiligt, dann dürfte er für
den Verkauf seiner eigenen Produkte Erwartungen haben, die der deklarierten Unabhängigkeit widersprechen können. Dann nähert er sich Ein-Produktgeber-Ausschließlichkeitsorganisationen mit hoher Verkaufsorientierung an.

Ein weiterer Punkt: Bilden bei Strukturvertrieben die Mechanismen immer den richtigen Hintergrund für eine ganzheitliche schichtenaufbauende Beratung, oder werden
dadurch (im Zweifelsfall aus der dritten Schicht) andere Produktinteressen nach vorn
geschoben?

Fazit

Die Logik der staatlichen Förderung führt dazu, dass sich eine in Vorsorgeschichten aufbauende Beratung für den Bürger (bei Berücksichtigung der persönlichen Lebensumstände) die besten Ergebnisse im Hinblick auf die Abdeckung des individuellen GVN erbringt. Dem Bürger ist deshalb zu wünschen, dass er bei seiner Suche nach der eigenen optimalen AV auf Berater trifft, für die die bedarfsgerechte, themenorientierte Vorsorgeberatung im Fokus steht und nicht von primär produkt- bzw. provisionsorientierten Kriterien getrieben wird.

Beratung durch Anbieter: im Interesse der Kunden?

20.1 Gibt es eine objektive Kundenberatung?

Antwort von Radio Eriwan könnte lauten: „Im Prinzip ja, wenn der Berater ein Idealist ist."

Jede gute Beratung kostet Geld!
Bevor man weiter über Objektivität der Kundenberatung nachdenkt, muss man bedenken, dass es in einem marktwirtschaftlichen System nichts umsonst gibt, auch keine exzellente ganzheitliche Beratung für die gute individuelle AV. Es wäre demnach eine falsch gestellte Frage, ob und wie man guten Rat für die eigene AV umsonst einkaufen kann.

Die richtige Frage ist „Wie erhalte ich als Kunde einen adäquaten Gegenwert für meine notwendigen Beratungskosten, wobei sich der mir erteilte Rat primär an meinen Vorsorgeinteressen orientieren muss und die dafür aufzuwendenden Kosten angemessen sind?" Daraus folgt: Nicht der Verkaufsakt ist gebührenpflichtig, sondern die davor gelagerte bzw. dazu gehörende ganzheitliche Beratung, die zum bedarfsgerechten Abschluss führt.

Formen von Beratungskosten

- Die reine Honorarberatung nach stundenweiser Abrechnung. Hier schält sich, auch mit Wohlwollen durch die Politik begleitet, ein neuer Beratungsansatz heraus, auf dessen Erfolg man gespannt sein darf. Der Erfolg des Ansatzes hängt von der Beantwortung der Frage ab, wie viel der Kunde bereit ist, für als neutral empfundene Beratung zu zahlen.

H. Benölken und N. Bröhl, *Altersvorsorge am Scheideweg*,
https://doi.org/10.1007/978-3-658-21837-9_20

- Beratung gegen Fixkosten-Deckungsbeitrag. Gemeint ist: Der Berater ist ange-stellter Vertriebsmitarbeiter eines Kreditinstituts, einer Bausparkasse oder haupt-beruflich angestellter Außendienstmitarbeiter von Versicherern. Die vereinnahmten Abschlussprovisionen ergeben dann (anteilig) Deckungsbeiträge für seine Lohnkos-ten.
- Beratung gegen abschlussabhängige Honorare für freiberufliche Außendienste/Mak-ler.
- Mischformen sind bei Finanzdienstleistungsvertrieben und auch im angestellten Ver-sicherungsaußendienst zu finden: Jeweils niedriges Fixum außerhalb aller Tarifver-träge, eine abschlussabhängige Vergütung, die in einer Periode das Fixum übersteigen kann.

Wie passen diese Beratungskosten-Alternativen zu bedarfsgerechter AV-Beratung? Voraussetzung dafür, sich des richtigen Weges zu bedienen, ist die Kenntnis der Honorie-rungsformen Provisions- und Honorarberatung. Hier zeigen Studien große Lücken: „Nur eine Minderheit kennt die Vergütungsformen." (Rolf Tilmes, Studienleiter des PFI, vgl. Böhne 2015, S. 100 ff.; das PFI hat 1041 Privatkunden befragt; vgl. Einzelergebnisse unter www.ebs-umfrage.de).

20.2 Unabhängige Beratung muss nicht teuer sein

Was darf unabhängige Beratung kosten? Hierzu folgende Information: Nach einer Stu-die des Verbraucherministeriums aus dem Jahr 2008 schätzt man, dass Deutsche durch schlechte Finanzberatung jährlich bis zu 30 Mrd. EUR verlieren. Bei einem privaten Gesamtvermögen von rund acht Billionen Euro sind das etwa 0,4 % und umgelegt auf 80 Mio. Bürger 375 EUR pro Kopf der Bevölkerung. Das entspricht etwa dem Betrag, den Männer in etwa zwei Jahren für ihren Friseur ausgeben, und auch Frauen können davon schon beinahe ein Jahr ihre Traumfrisur finanzieren. In Relation zu den Beträ-gen, die der einzelne bei unglücklichem Verlauf seiner Anlage verlieren könnte, sind das „Peanuts".

Beispiel

Ein AV-Sparer investiert in eine fondsgebundene Lebensversicherung, deren Wert sich in der Finanzmarktkrise halbiert und deren Wiedergewinnungsaussichten das nicht kompensieren können. Er verliert so einige Tausend Euro, weil ihm keiner vor-hergesagt hat, dass das Kursrisiko dieser Anlage nicht der Versicherer, sondern der Anleger allein trägt. Anders hätte es hingegen bei fondsgebundenen Riester-Verträgen ausgesehen: Hier ist der Anbieter verpflichtet, mindestens die eingezahlten Beiträge nebst Zulagen am Ende der Ansparphase, also bei Renteneintritt, zur Auszahlung zu bringen.

In diesem Beispiel wäre unabhängige Beratung gegen Honorar, die man nicht jährlich wiederholen muss, im Vergleich zu anderen Dienstleistungseinkäufen (Friseurbesuch) preiswert und im Vergleich zum potenziellen Verlustrisiko betragsmäßig vernachlässigbar.

20.3 Kundenberatung gegen Fixkostenersatz

An jeder Kundenberatung wird Geld verdient, auch wenn Berater dafür keinen offiziellen Preis in Form einer Provision verlangen. Zur Verdeutlichung: Wem würden Sie eher eine objektive gastronomische Beratung zutrauen, einem Restaurant-Guide, den man im Buchhandel kaufen kann, oder einem Guide, den Ihnen eine Restaurantkette kostenlos zur Verfügung stellt? Da die Antwort klar zu sein scheint und man nicht erwarten kann, dass sich die Restaurantkette anders verhält als die Mutter, die ihre eigene Butter lobt, lässt sich leicht die Analogie zur Empfehlungspraxis von Finanzdienstleistern bilden.

Kreditinstitute verlangen formal von Kunden kein Beratungshonorar. Das hat seinen Preis: Sie beschäftigen im Regelfall Kundenberater mit Festgehältern, also zu Fixkosten. Banken aller Rechtsformen verkaufen primär Versicherungen, Fondsanteile, Bausparverträge für feste Verbundpartner, die ihnen für vermittelte Produktabschlüsse Provisionen zahlen, und damit sind wir wieder bei dem eigenen Gourmetführer der Restaurantkette „Schmakazia".

> **Beispiel**
>
> Deutsche Volks- und Raiffeisenbanken verkaufen ausschließlich Wertpapierprodukte von Union Investment, Bausparverträge der Bausparkasse Schwäbisch Hall und Versicherungen der R + V-Versicherungsgruppe (beim letzteren Anbieter gibt es in Bayern und Baden-Württemberg einige regionale Ausnahmen). Dieser genossenschaftliche Anbieterverbund schließt Drittanbieter, also zum Beispiel andere der insgesamt etwa 15 Bausparkassen und eine dreistellige Anzahl von Versicherern aus. Die Filialvertriebskette von etwa 12.000 Filialen bietet ein internes Standard-Verbundangebot an. Dafür verlangt man vom Kunden beim Abschluss Provisionen als Fixkostenersatz für Gehälter der Bankberater, die somit indirekt durch Provisionszahlungen refinanziert werden (zum Beispiel zahlt die R + V jährlich ca. 300 Mio. Provisionen an die vermittelnden Banken). Der mögliche Nachteil für den anlegenden Kunden: Er könnte sich einen Mix aus unterschiedlichen „guten" und „schlechten" Produkten einkaufen, ohne das zu erkennen, denn sein Bankberater muss ihm alle Produkte des Verbundes zumindest als akzeptabel darstellen, weil er keine Alternative hat, aber auch keine Angebotslücken lassen will, die die Konkurrenz besetzen und so den Kunden nach und nach abwerben könnte.

Kunden sind oft zu unkritisch: Nach Prämieneinnahmen führende Versicherer rangieren nicht auf Top-Plätzen von Produktvergleichen, zum Beispiel im Map-Report, denn: Ein guter Verkäufer verkauft auch mittelmäßige Produkte. Bei Lebensversicherungen können Ablaufleistungen vorprogrammiert sein, die unter Spitzenanbietern gemäß Map-Report liegen. Der Kunde zahlt also für Beratung. Würde er sich statt eingeschränkten Rat im Rahmen der Verbundkonzeptionen unabhängigen Rat von Honorarberatern einkaufen, könnte er bei guter Qualifikation (und nur dann) den Vorteil des unabhängigen „Best Advisors" erleben. Anbieter in Finanzverbünden haben durchaus Chancen zu punkten, aber nur bei hoher Qualität des Beratungsangebots und nicht aufgrund der Verbundzugehörigkeit.

Beratermoral: „Ich möchte beim Entdecken eines Kunden nicht auf die andere Straßenseite wechseln, weil ich ihm unter dem Druck von Zielvorgaben kein gutes Produkt verkauft habe." Eine Bank-Beraterin, die ihre Kunden vor provisionsgetriebenem Produktverkauf schützt: „Wenn die Produkte nicht zum Kundenbedarf passen, lasse ich die Finger davon."

20.4   Beratung gegen abschlussabhängige Provision

Es ist das gängige Provisionsmodell in der Assekuranz mit den Komponenten:

- Abschlussprovisionen
- Folge- bzw. Betreuungsprovisionen
- Zusätzliche Bonifikationen beim Erreichen bestimmter Ziele
- Geschäftsplanvergütungen

Die Einzelregelungen sind unternehmensindividuell. Bei Versicherern ist es üblich, Abschlussprovisionskosten und Kosten für laufende Betreuung von den eingezahlten Prämien der Kunden einzubehalten, im Regelfall auf mehrere Jahre verteilt. Das mindert, nachdem bereits vorher der Risikoanteil abgezogen wurde, den Sparanteil des Lebens- oder Rentenversicherungsvertrags und damit auch die Rendite für den Anleger über die gesamte Laufzeit. Dabei ist es für den Anleger gleichgültig, ob der Versicherer mit diesem Provisionsanteil, soweit vorhanden, einen vorhandenen angestellten Außendienst, oder einen freiberuflichen Außendienst gemäß § 84 HGB bezahlt. Fondsgesellschaften verfahren ähnlich.

20.5   Beratung gegen „Struckie"-Vergütungssysteme

Hier haben wir es oft mit Mischformen zu tun: Ein Finanzdienstleistungsstrukturvertrieb ist eine Verkaufshierarchie, in der jeweils ein Verkäufer nicht nur durch den eigenen Produktverkauf verdient, sondern auch dadurch, dass er sich Unterverkäufer hält, die sich wieder weitere Unterverkäufer suchen. Allen in dieser Struktur ist gemeinsam, dass sie jeweils anteilig auch an den Verkäufen ihres Unterbaus verdienen. Ab einer bestimmten

Verkaufshierarchiestufe ist der „Oberstruckie" primär damit beschäftigt, seine „Unter-struckies", die den Druck dann weitergeben, abschlussorientiert zu führen. Damit ist vor-programmiert, dass jeder Unterstruckie durch hartes „Drücken" im Verkauf bemüht ist, über seine Abschlusszahlen (nur die Kundenunterschrift zählt!) die Basis für einen eige-nen Unterbau zu legen (vgl. Abb. 20.1).

Ältere Leser werden sich noch an einen wichtigen Pionier dieser Vertriebsform erin-nern: Bernie Cornfeld mit seinem IOS-Fonds. Es gab viele Nachahmer, die teilweise nur kurzlebig waren oder auch aufgekauft wurden, um auf diese Weise mehr „Dampf" in vermeintlich ermattete Vertriebsstrukturen von Versicherungsunternehmen hineinzutra-gen. Bekannte Vertriebsgesellschaften, die aus Strukturvertrieben hervorgegangen sind und heute auch noch vergleichbar arbeiten, sind MLP, der AWD, die OVB und Zeus. Es gibt auch heute noch zahlreiche Neugründungen, oft durch ehemalige Führungskräfte von Versicherern.

Falls Strukturvertriebe eine ganzheitliche und bedarfsorientierte Beratung anbieten, dabei also provisionsisolierte Produktziele „vergessen", können sie eine Bereicherung

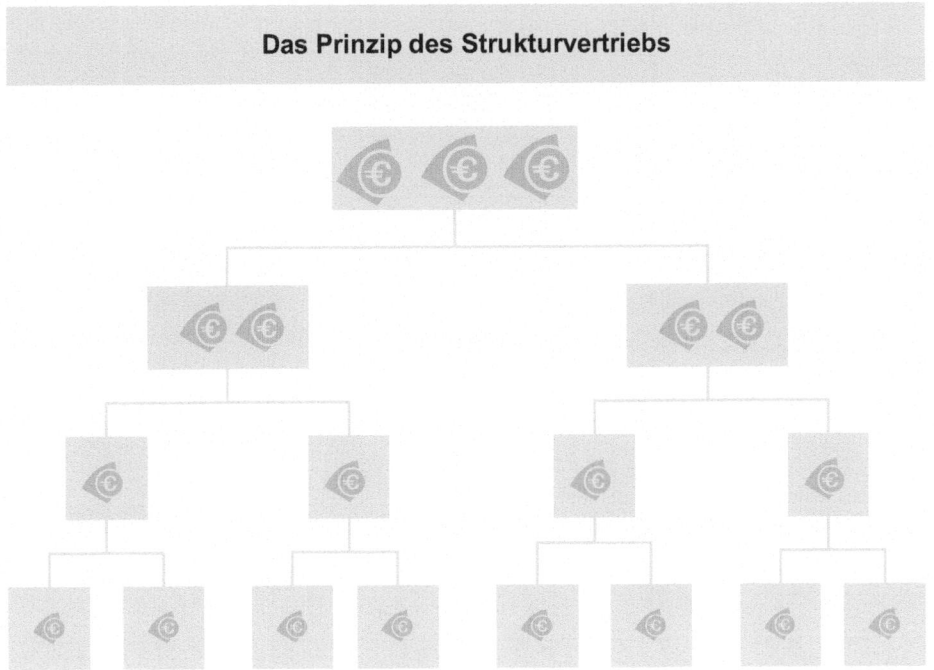

Abb. 20.1 Prinzip des Strukturvertriebs. (Quelle: eigene Darstellung)

der Angebotsszene bieten. Ansonsten muss man fragen: Bleibt im Struckie-Konzept, das gewissermaßen das Gegenmodell zu einer objektiven, etwa auf Honorarbasis, vorstellbaren Anlageberatung verkörpert und in dem Abschluss über alles geht, Raum für objektive Beratung im Interesse des Kunden?

Literatur

Böhne, J. (2015): Nur eine Minderheit kennt die Vergütungsformen, in: Cash 7/2015.

Nachfrager auf dem AV-Marktplatz

Nun beleuchten wir auf dem AV-Marktplatz die Nachfrage der Bürger entsprechend ihrer Sparwilligkeit und Sparfähigkeit, definieren auf dieser Grundlage ein Anforderungsprofil für AV-Berater und runden das mit Prüfkriterien für kompetente AV-Beratung ab.

Beim AV-Marktplatzbummel starten wir auf dem für viele Bürger obligatorischen „Erste-Schicht-Marktplatz" mit der GRV und ihren Surrogaten. Dann geht es weiter zum „Zweite-Schicht-Marktplatz" mit den bAV-Verkaufsständen und seinen vielfältigen tarifvertraglichen und betrieblichen Regelungen mit Berechnungsbeispielen. Weiter geht es zu den Riester-Verkaufsständen, ebenfalls mit Berechnungsbeispielen und darauf aufbauenden Anlageempfehlungen. Wer das Angebot dieser beiden Marktplätze entsprechend seinen liquiden Möglichkeiten ausgeschöpft hat, kann sich noch für weitere Vorsorgeaufkäufe auf den „Dritte-Schicht-Marktplatz" begeben. Hier findet er keine geförderten, aber noch steuerlich begünstigte Produkte vor, zudem Verkaufsstände für Kapitalanlagen in Immobilien, im Kapitalmarkt bis zur Umkehrhypothek für Eigenheime.

Beim Gang über den AV-Marktplatz werden auch wichtige Perspektiven einer nachhaltigen Alterssicherung erkennbar: Wo sind Vorsorgefragen politisch schon gut geregelt, wo besteht noch Handlungsbedarf, wo sind gegebenenfalls die Produkte von morgen zu finden?

Nachhaltige AV-Beratung kann eine Steilvorlage für innovative Anbieter sein. Wir möchten deshalb, damit der Bürger auch im bank- und versicherungsgeprägten Anbietersystem seinen ganzheitlichen Nachhaltigkeits-Vorsorgeberater findet, Chancen für Anbieter skizzieren. Das bestätigt das Szenario: Die AV-Lage ist durchaus ernst, aber durch Verstehen der Einflussfaktoren, sorgfältige individuelle Planung und flankierende politische Hilfen lösbar.

© Springer Fachmedien Wiesbaden GmbH, ein Teil von Springer Nature 2018   169
H. Benölken und N. Bröhl, *Altersvorsorge am Scheideweg*,
https://doi.org/10.1007/978-3-658-21837-9_21

Das Wort „Vorsorge" darf sich nicht nur auf Füllen des Kühlschranks beschränken. Alle verantwortlich Denkenden müssen dafür werben, dass mit dem eigenen Geldverdienen auch der Aufbau der eigenen AV über die GRV hinaus beginnt, so selbstverständlich wie die erstmalig selbst zu zahlende eigene Kranken- und Arbeitslosenversicherung.

Vorsorge und deren Hemmfaktoren

22

22.1 Absicherung von Lebensrisiken oder/und AV?

Oft vernimmt man die Meinung: „Wenn ich mich gegen dieses und jenes absichere, habe ich kein Geld mehr für die AV. Da ich erst gut 30 Jahre alt bin, hat AV noch Zeit."

Rufus Vorsorgebewusst, Alter: 25 Jahre, Fachhochschulstudium, Angestellter

Er hat die Verwendung seines monatlichen Nettogehalts von 1900 EUR so budgetiert: 500 EUR Miete inklusive Nebenkosten für eine Zwei-Zimmer-Wohnung, 200 EUR Absicherungspaket für Berufsunfähigkeit, Haftpflicht, Unfall, Hausrat, Rechtsschutz und Krankenzusatzversicherung, 250 EUR für den Unterhalt seines Kleinwagens. Bleiben noch 950 EUR für laufenden Lebensunterhalt und Ersparnis. Bei je 100 EUR pro Woche Konsum teilt er die am Monatsende verbleibenden 200 EUR auf Sparen und Einzahlung in einen Riester-Vertrag mit 134 EUR (voller Eigenbeitrag ohne Zulage).

Zudem nimmt er an der betrieblich angebotenen Pensionskasse teil, wobei sich der Arbeitgeber mit einem Drittel an der Sparrate beteiligt (hier über einen tarifvertraglich vereinbarten Arbeitgeberzuschuss), sodass er 100 EUR monatlicher Gehaltsumwandlung nur eine Nettosparrate für Rufus von ca. 34 EUR monatlich zu leisten hat. Dabei hofft er, das langfristig vor allem aus Gehaltssteigerungen zu bestreiten.

Damit hat er Basisabsicherung und optimale Vorsorge erfolgreich auf einen Nenner gebracht.

Mit diesem Absicherungskonzept drohen Rufus keine Absicherungslücken, auch nicht im Berufsunfähigkeitsfall. Damit wird er nach menschlichem Ermessen seinen Renteneintritt ohne gravierende finanzielle Einbrüche erreichen. Seine Versorgungsbilanz mit 67 Jahren: GRV brutto 2610 EUR (Brutto-Eckrentner mit Durchschnittseinkommen im Jahr 2059, moderate Rentensteigerung, hier: 1,5 % pro Jahr über 42 Jahre

© Springer Fachmedien Wiesbaden GmbH, ein Teil von Springer Nature 2018
H. Benölken und N. Bröhl, *Altersvorsorge am Scheideweg*,
https://doi.org/10.1007/978-3-658-21837-9_22

inklusive), Riester-Rente und bAV-Rente mit zusammen 1000 EUR, sodass er mit dem zukünftigen Brutto-Rentner-Einkommen sein heutiges letztes Bruttoeinkommen vor Übergang in die Rentenphase zu mehr als 50 % erhalten würde (Tab. 22.1).

Ferdinand Sicherheitsbewusst denkt eher umgekehrt als sein Arbeitskollege
Sein Brutto- und Nettoeinkommen entspricht in etwa dem seines Kollegen Rufus, ebenso die biografischen Daten, Kosten für Wohnen und das Absicherungspaket. Ein Auto der unteren Mittelklasse für seine Lebensfreude gönnt er sich, macht monatlich 350 EUR. Bleiben noch 850 EUR für laufenden Lebensunterhalt und Ersparnis. Bei je 200 EUR Konsum pro Woche spart er die am Monatsende verbleibenden 50 EUR in einen Riester-Vertrag mit Endalter 65 Jahre auf.

Auch er nimmt an der betrieblich angebotenen Pensionskasse mit Arbeitgeberzuschuss wie sein Kollege Rufus teil, womit er nach seiner Meinung die Altersvorsorge ausreichend betreibt. Seine Vorsorgebilanz sieht aber wesentlich dürftiger aus: Statt der bei früherer Planung möglichen Riester-Rente von 600 EUR liegt diese bei nur ca. 216 EUR und zusammen mit der gesetzlichen und der bAV-Rente von 400 EUR liegt sein GVN brutto bei leicht über 40 % des letzten Bruttoeinkommens.

Rufus und Ferdinand: Wer gut leben will, braucht mindestens Riester und bAV
Auch Ferdinand wäre gut abgesichert, wenn er frühzeitig und in ausreichender Höhe mit dem Rentenaufbau begonnenen hätte. Dafür liegt das Rentnereinkommen von Rufus um

Tab. 22.1 Optimale Vorsorgebilanz von Rufus Vorsorgebewusst. (Quelle: eigene Darstellung)

Beispiel Rufus: Single, Alter: 25 Jahre, Jahresbruttoeinkommen: 30.000 EUR, Steuerklasse I, kirchensteuerpflichtig, keine Kinder	
Bruttoeinkommen pro Monat	Ca. 2500 EUR (ca. 1600 EUR)
Bruttoeinkommen bei 1,5 % Einkommenssteigerung im Jahr 2052	Ca. 4672 EUR
Geschätzte Bruttoaltersrente ab 2052 (vgl. www.ihre-vorsorge.de/Finanzrechner-Rentenschätzer.html)	Ca. 1485 EUR (=32 % des Einkommensniveaus)
Riester voll, Jahresbeitrag 2100 EUR inklusive Zulage	1100 EUR Bruttorente (inklusive prognostizierter Überschussbeteiligungen; die Rentenberechnungen können Produktanbieter-spezifisch abweichen)
Beitrag bAV-Pensionskasse: 1200 EUR (408 EUR Eigenbeitrag, Rest: Zuschuss und Förderung)	710 EUR Bruttorente (die Rentenberechnungen können Produktanbieter-spezifisch abweichen)
Absicherungsniveau GRV, Riester anteilig und bAV anteilig	70 % Gesamtversorgungsniveau

fast zehn Prozent höher und sichert ihm unter finanziellen Aspekten eine deutlich höhere Lebensqualität im Alter. Die Riester-Rente allein reicht insbesondere bei jungen Menschen nicht, sodass zumindest eine Kombination aus Riester und bAV notwendig ist, um als Durchschnittsverdiener ein adäquates Absicherungsniveau zu erreichen.

Die richtige Antwort zur adäquaten AV ist allerdings immer auch individuell unter den Stichpunkten Erbe und sonstigen Vermögensaspekte zu beantworten. Der Endwert des bis zum Renteneintritt aufgebauten Vermögens ist letztlich ausschlaggebend für das Absicherungsniveau im Alter. Je früher mit dem Sparen angefangen wird, desto mehr hilft Zins- und vor allem Zinseszinseffekt beim Renten- bzw. Vermögensaufbau. Das letzte Argument behält trotz derzeitig niedrigen Zinsen in der Langfristbetrachtung Gültigkeit.

Erkenntnisse für den Bürger: Vorsorge als Restpriorität führt zur Altersarmut
Durchschnittsverdiener müssen Prioritäten setzen, ohne unverhältnismäßige Risiken einzugehen: Welches Budget für Konsumprioritäten, für das Absicherungspaket und für das AV-Paket? Wer seinen Konsum als „gesetzt" betrachtet und die Vorsorge als Restgröße, trifft damit die Entscheidung, ob er als Rentner auf durchschnittlichem oder auf gehobenem finanziellen Level leben will, und das kalkulierbar für seine gesamte steigende Lebenserwartung nach Renteneintritt. Es zahlt sich für Rufus aus, dass er sich mit einem eher bescheidenen fahrbaren Untersatz begnügt und auf den größeren Spaß am Fahren wie Ferdinand verzichtet. Letztlich ist Altersvorsorge damit nichts anderes als das Lebenseinkommen gekonnt so zu verteilen, dass eine Konsumglättung in Erwerbs- und Rentenphase entsteht.

Wir könnten jetzt noch die zwei „Pappkameraden" erweitern: Der erste verzichtet auf ein Absicherungspaket und wird Opfer eines großen Haftpflicht- oder Berufsunfähigkeitsfalls, sodass er auch das Vorsorgeziel verpasst. Ein zweiter hat nur ein Absicherungspaket und muss sich mit der GRV bei 43 % GVN durchschlagen. Grundsätzlich gilt: Für AV freie Liquidität so viel wie möglich, für Berufsunfähigkeit so viel wie nötig einbringen! Ersparte Kosten für nicht notwendige Versicherungen stärken zudem die Sparfähigkeit für AV.

22.2 Sparwilligkeit, -fähigkeit und Hemmfaktoren

Diese Begriffe sind für Bürger ohne volkswirtschaftliches Training sicher ungewohnt und damit erklärungsbedürftig. Das lässt sich gut an den Beispielen von Rufus und Ferdinand illustrieren: Die Sparfähigkeit ist aufgrund der getroffenen Annahmen bei beiden Kollegen gleich, die Sparwilligkeit bei Rufus allerdings erkennbar höher ausgeprägt, wobei er zur Finanzierung seines Sparprozesses kleine Risiken durch von ihm nicht als notwendig betrachtete abzusichernde Risiken in Kauf nimmt. Auf Sparfähigkeit und -willigkeit können Sparprozesse für die AV aufbauen.

„Sparwilligkeit"

Die Sparwilligkeit ist sowohl ein rationales (lohnt es sich?) wie auch psychologisches (wie stark ist die Außenwirkung der Werbung) Phänomen. Die volkswirtschaftliche Forschung geht davon aus, dass vor allem a) Sicherheit und b) Transparenz die AV-Entscheidung zwingend begleiten müssen, damit der Bürger in AV investiert. Bei „Sicherheit" kann man dies in der Praxis vielleicht noch mit Einschränkungen bestätigen, bei „Transparenz" stellt dies allerdings ein größeres Problem dar. Es gibt einen Dschungel von AV-Produkten, Fördermöglichkeiten und damit einhergehende komplizierte Abwicklungs- und Beratungsprozesse.

Viele Produkte sind so komplex, dass man sich letztlich auf die Vorteilsargumentation seines Beraters verlässt. Will man das Fachchinesisch aus der Beratung widerlegen, muss man selbst zum AV-Spezialisten werden. Jeder AV-Interessierte ist damit in einem gewissen Maße der persönlichen Integrität und Fachkompetenz des Beraters ausgeliefert und/oder auf unabhängige Dienstleister wie Verbraucherzentralen oder auf Fachzeitschriften wie Finanztest angewiesen. Die schlechteste Alternative wäre allerdings, gar nichts zu tun und sich fatalistisch auf ein Grundversorgungsniveau zurückzuziehen nach dem Motto: Der Staat wird schon für mich sorgen. Letzteres birgt das Risiko, dass die Lebensumstände nicht mehr durch den Bürger selbst, sondern primär durch das Sozialamt bestimmt werden. Perspektivisch könnten sich die Rentnerlebensumstände dann zukünftig auf zugewiesene Altenheimzimmer mit Etagenklo und Möblierung auf Sperrmüllniveau beziehen. Eine Perspektive die sich keiner wünscht aber bei der sich abzeichnenden GRV-Entwicklung nicht ganz von der Hand zu weisen ist. Darum: Carpe diem!

Sparwilligkeit und Vererbungspotenziale

Auch das Vererbungsszenario wirkt sich auf das disponible Einkommen aus, allerdings für potenzielle Erben angesichts

- zunehmender „Langlebigkeit"
- fraglicher Entwicklung des Vererbungspotenzials durch Wertverfall
- und möglicherweise sich stetig erhöhender Vermögensteuer

immer weniger kalkulierbar. Erben müssen zumindest für die erste Etappe ihres Ruhestandes autonom ihren GVN-Status planen. Soweit das Erbe sich aus Vorsorgekomponenten der Säule 3 zusammensetzt, kann auch individuell ein Kapitalverzehr der Erblasser zu einer Reduktion vererbbarer Güter führen. Deshalb muss man AV und „Erbe" trennen.

Sparfähigkeit 1: Durch Immobilienlasten erschöpft?

Die Bedeutung der Sparfähigkeit für die AV zeigt folgender Zusammenhang: Jeder Fünfte Durchschnittsverdiener und Nichtnutzer von Riester- und bAV-Angeboten gibt als Begründung an, die Erfüllung von Verpflichtungen aus Immobilienabzahlungen ließen ihm keinen Spielraum für ergänzende AV über die GRV hinaus.

Sparfähigkeit 2: Durch Abgabenlasten erschöpft?

Steigende Kosten allüberall: Gesundheitskosten sind zum Beispiel evident, aber wie sieht es mit der Mehrwertsteuer aus? Diese trifft Bezieher unterer Einkommen relativ am stärksten. Da diese Schichten sich kaum einen Mini-Riester leisten können, nimmt ihnen die Mehrwertsteuer auf leisen Sohlen ihre Sparfähigkeit. Nach Berechnungen der ZEIT bleiben nach Abgaben und Mehrwertsteuer dem Durchschnittsverdiener nur 50,6 % seines Einkommens als „disponibel", damit auch für private AV (hierzu gibt es einen anschaulichen Briefwechsel; vgl. Niehaus 2017).

Entwicklung der Realeinkommen als Bestimmungsfaktor der Sparfähigkeit

Wie wirkt sich die Entwicklung der Realeinkommen (ohne Berücksichtigung anderer Belastungen) auf die Sparfähigkeit der Haushalte aus? Entwicklungslinien:

- Globalisierung führt weltweit zu Einkommensnivellierung, worin über Währungsblöcke hinaus alle Länder mit hinreichender politischer Stabilität einzubeziehen sind.
- Im Euro-Raum ist mit einer kontinuierlichen Einkommensnivellierung, aber darüber hinaus unter Berücksichtigung weiterer Standortfaktoren wie Fähigkeitspotenziale der arbeitenden Bevölkerung, Verkehrs- und weiterer Infrastrukturvorteile sowie Vergleich der effektiven steuerlichen Belastung mit einer differenzierten Entwicklung zu rechnen.
- Globalisierung fördert auch die Einkommensschere innerhalb homogener Blöcke zwischen immer höher bezahlten Experten und Managern sowie den Arbeitnehmerschichten, die bei relativ homogener Qualifikation grenzüberschreitend austauschbar sind.

Die Sparfähigkeit der Bürger kann sinken, wenn globalisierungsorientiertes Kostenmanagement der Unternehmen dazu führt, dass sie über tarifliche Basislöhne hinausgehende „Extras" wie 13. Gehälter, Weihnachts-, Urlaubsgelder und freiwillige Sozialleistungen reduzieren und damit vielen Haushalten erst die disponible Liquidität für AV-Sparen beschneiden. Wo werden sie primär ihren Rotstift ansetzen?

Sparfähigkeit im Datenkranz familienpolitischer Maßnahmen

Familienpolitische Maßnahmen wie Kindergeldzuschläge und erhöhte steuerliche Berücksichtigung von Betreuungskosten verbessern Spielräume für AV-Dispositionen.

Mehr disponibles Einkommen durch weniger Kinder haben „DINKs" (=Double Income No Kids). Zwar kann damit in der aktiven Berufsphase mehr Pro-Kopf-Einkommen verfügbar sein, das aber im Hinblick auf das zunehmende Gewicht von kinderbezogenen Komponenten in der GRV im Vergleich zu Arbeitnehmern mit zwei Kindern für erhöhte Vorsorgeleistungen in der zweiten und dritten Schicht gebraucht wird.

Zusammenfassung

Auswirkungen der Globalisierung betreffen alle Arbeitnehmer und führen gegebenenfalls zu stagnierenden Realeinkommen, die auch moderate Teuerungsraten nicht mehr
ausgleichen. Berücksichtigt man erwartete zusätzliche Belastungen, so ist bei sinkendem
Realeinkommen mit einer Verringerung der Sparfähigkeit zu rechnen. Nur für Familien
ab zwei Kindern, die zudem Boni für die GRV durch Riester-Zulagen erhalten, besteht
über familienpolitische Förderung die Chance einer relativen Erhaltung der disponiblen
Einkommen.

Hartz IV als Hemmfaktor der Sparwilligkeit?

Sparpotenziale können sich nach Anlegerpräferenzen unter Berücksichtigung steuerlicher Rahmenbedingungen frei aufbauen, sie können aber auch in ihrer „marktmäßigen"
Entwicklung durch systemfremden Regulierungsdruck beeinflusst werden. Ein wesentlicher Eingriffsfaktor sind die Hartz-IV-Regularien. Welche Sparformen sind konkret
durch Hartz IV betroffen, welche psychologische Wirkungen hat Hartz IV auf diese
Größen?

„Hartz IV", das heißt die Zusammenlegung von Arbeitslosen- und Sozialhilfe zum
Arbeitslosengeld II (ALG II) führt dazu, dass für mehrere Millionen Berechtigte der
Zugriff der Sozialkassen auf die Anlageformen droht, die steuerlich nicht (Bankeinlagen)
bzw. nur noch reduziert (Kapitallebensversicherung) gefördert werden und somit nicht
zum Hartz-IV-Schonvermögen gehören. Entscheidend für die Sparfähigkeit ist, dass etwa
zwölf bis 15 Mio. Bürger fürchten, sie könnten bei unsicheren Arbeitsplätzen zukünftig
davon betroffen sein, was zu Verhaltensänderungen im persönlichen Sparverhalten führen kann.

Wichtige Bestimmungen von Hartz-IV im Einzelnen

Alle Hartz IV-Antragsteller müssen ihre Einkommens- und Vermögensverhältnisse einschließlich der potenziellen Unterhaltsverpflichteten vollständig offenlegen. Bei finanziellen Engpässen ist zunächst auf Ersparnisse bei Banken zurückzugreifen, danach auf
Anlagen bei Investmentfonds und auf Rückkaufswerte von Kapitallebensversicherungen. Individuelle Wohnungskosten und die Kosten für einen privaten Pkw sind auf einen
„angemessenen" Rahmen zu reduzieren. Es folgt die Heranziehung von Unterhaltsverpflichteten. Nur Anlagen im Rahmen des AEG bleiben von Hartz IV verschont.

Auch wenn der Kreis der direkt Betroffenen überschaubar ist: Wenn Millionen Bürger, die derzeit bereits Arbeitslosengeld beziehen oder sogar noch einen Arbeitsplatz
haben, fürchten, sie könnten ebenfalls in ein Hartz-IV-Loch fallen, gilt: „Ein zusätzlicher
Arbeitsloser macht 150 Leuten Angst, es könnte auch sie treffen." Welche Überlegungen
stellen sie an, um sich vorsorglich einer Transparenz ihres Sparverhaltens zu entziehen?

Weitere Einflussfaktoren auf die Sparfähigkeit

Zu nennen ist das „Transparenzgesetz", das es (Stichwort „gläserner Bürger") Finanzbe-
hörden und (im Wege der Amtshilfe) anderen staatlichen Stellen ermöglicht, Einblick in

die Kontoführung von Bankkunden zu erhalten. Dadurch können sich nicht nur Bürger tangiert sehen, die Steuernachzahlungen fürchten, sondern auch ALG-II-Bezieher.

Auch die Belastung der Realeinkommen und Sparfähigkeit durch veränderte Rahmenbedingungen der Gesundheitsvorsorge ist ein Thema: Wie können sich Neuregelungen im Gesundheitsbereich auf die Sparfähigkeit von Privathaushalten auswirken? Höherbelastungen durch höhere Zuzahlungen bei Medikamenten und definierten medizinischen Leistungen (zum Beispiel Zahnersatz), grundsätzlich mehr Selbstbeteiligungen bis hin zu generellen Systemänderungen (Bürgerversicherung versus Kopfprämie) mit Einfrieren des Arbeitgeberanteils sind hier zu nennen, deren Zusammenwirken das disponible Einkommen der Haushalte und damit ihre Sparfähigkeit spürbar reduzieren kann. Fazit: Wachsende Belastungen durch Kosten für Gesundheitsvorsorge werden die disponiblen Einkommen der Bürger beeinträchtigen, was zum Entsparen führen kann.

Auch die Pflegeversicherung, obwohl nicht unmittelbar der Gesundheitspolitik zuzurechnen, ist in diese Betrachtung zur Sparfähigkeit einzubeziehen, sofern aufgrund der jetzt schon absehbaren defizitären Finanzentwicklung („tickende Zeitbombe") die monatlichen Belastungen für die Bürger steigen. Ob es angesichts der strukturellen Defizitperspektiven zu einer Verbreiterung der Finanzierungsgrundlage durch Einbeziehung aller Einkunftsarten über Arbeitnehmereinkommen hinauskommt, ist derzeit nicht absehbar.

Festzuhalten ist: Belastungen aus dem gesamten gesundheitspolitischen Umfeld werden wohl, soweit sie nicht über adäquaten Konsumverzicht aufgefangen werden, die Sparfähigkeit der Haushalte spürbar beeinträchtigen.

Literatur

Niehaus, L. (2017): „Die Hälfte ist weg." Mit der ergänzenden Übersicht: Die 10 Ungerechtigkeiten", in: DIE ZEIT, Nr. 34, 17.08.2017 und die Replik von Wolfgang Schäuble.

Klippen beim AV-Aufbau

23

Der rechtzeitige Aufbau von AV ist ein finanzmathematisches Thema. Entsprechend muss man früh starten, um ein akzeptables finanzielles AV-Niveau bei Renteneintritt zu erreichen. Aber auf dem Weg dahin kann es viele Klippen geben!

23.1 GRV, Riester, Eigenheim: gesetzte AV-Bausteine

Klippe 1: Vertrauen auf die GRV, Motto: Der Staat lässt uns nicht hängen
Der Staat ist Gefangener der von ihm selbst gesetzlich fixierten Rentenformel, mit der er nicht beliebig „spielen" kann, ohne mindestens eine Gruppe zu benachteiligen. Hält er sich strikt auch in Zeiten von stagnierenden Reallöhnen an die Formel, das heißt es gibt keine Rentenerhöhungen, verlieren Rentner Kaufkraft auch bei moderater Geldentwertung. Finanziert er Rentenerhöhungen in solchen Perioden „auf Vorrat", wirkt sich das wie ein Vertrag zulasten der Jüngeren aus, deren GRV-Niveau noch weiter absacken kann.

Erkenntnis: Wer nur auf die GRV vertraut, wartet sehenden Auges auf ein Leben in Altersarmut. Nur als „Aufstocker" durch Sozialhilfe hat er eine Chance auf einen noch auskömmlichen, aber bescheidenen Lebensstandard. Es soll eine beträchtliche Zahl von Bürgern geben, die lieber den Kopf in den Sand stecken nach dem Motto: Lieber gar nichts machen als etwas falsch machen! „Doch das ist sicher der schlechteste Weg!", warnt Bernd Katzenstein vom Deutschen Institut für Altersvorsorge.

Klippe 2: Die Riester-Möglichkeiten richtig einschätzen
„Dann riester ich eben ein bisschen, dann wird der Staat mich schon auskömmlich unterhalten". Die Einsicht ist wohl noch nicht Allgemeingut, dass auch Riester-Produkte strengen finanzmathematischen Bedingungen unterliegen. Will heißen: Die Höhe einer Riester-Rente hängt von der Höhe der Einzahlungen, der Laufzeit, der Verzinsungshöhe und den staatlichen

© Springer Fachmedien Wiesbaden GmbH, ein Teil von Springer Nature 2018
H. Benölken und N. Bröhl, *Altersvorsorge am Scheideweg*,
https://doi.org/10.1007/978-3-658-21837-9_23

Zulagen nach Familienstand und Kinderanzahl bzw. deren Geburtsjahr ab. Deshalb ist es notwendig, mit Missverständnissen rund um Riester-Produkte aufzuräumen:

Falsch ist: Riester sichert die AV, wenn man nur riestert.

Richtig ist: Riester ist ein (teilweiser) Lückenfüller für GRV-Verluste in Abhängigkeit von finanzmathematischen Kriterien wie Einzahlungshöhe oder Laufzeit.

Erkenntnis: Es führt im Hinblick auf ein auskömmliches Niveau für Durchschnittsverdiener kein Weg an einer AV mit drei Beinen vorbei: GRV + voll ausgeschöpfter Riester + zum Beispiel bAV-Rente, mietfreies Wohnen oder eigenen Ersparnissen in der dritten Vorsorgeschicht.

Klippe 3: Vertrauen auf einseitige Lösungen

Wer die Werbung der Immobilienwirtschaft und Bausparkassen verfolgt, gewinnt den Eindruck, mit der richtigen Immobilie sei AV ein Kinderspiel. Die Finanzierung der selbstgenutzten Immobilie bis zum Eintritt in den Ruhestand ermögliche ein sorgenfreies Alter: keine Miete, keine Finanzierungslasten, dazu noch die GRV. Sind also alle AV-Probleme gelöst?

Leider entspricht das nicht der Realität, weil in dieser Rechnung die steigenden Nebenkosten des Wohnens nicht berücksichtigt sind, die die GRV-Rente schmälern, wenn sie nicht durch anderweitige Einnahmen kompensiert werden kann.

Beispiel

Franz Meier: Er bezieht eine GRV-Rente in Höhe von 1200 EUR, von der er bei etwa 100 m^2 Wohnfläche 300 EUR für Wohnnebenkosten abzweigen muss. Wenn er noch einen Pkw finanzieren muss oder will, hier unterstellt mit monatlich 250 EUR, bleibt wenig mehr als die Hälfte von seiner Rente übrig, und dann können kleine Nebenkosten wie Telefon, Tageszeitung etc. schon empfindlich weh tun. Erkenntnis: Auch bei eigengenutzter durchfinanzierter Immobilie muss die AV auf zwei weiteren Beinen stehen (zum Beispiel GRV und Riester und/oder bAV).

23.2   Leichtfertiges Planen von Altersarmut

Klippe 4: Hurra, wir leben über unsere Verhältnisse! Hierzu gibt es viele Fallen:

Bei einer Verschuldung bereits in jungen Jahren durch übersteigerten Konsum, an dessen Tilgung man lange „zu knabbern" hat, kann es nach Rückführung der Schulden schon recht spät sein, bis disponible Liquidität für den AV-Aufbau verfügbar ist. Bei der noch verbleibenden Frist kann das erreichbare Niveau dann bescheiden ausfallen.

Klippe 5: Inkaufnahme von Patchwork-Lebensläufen

Anlageformen für AV unterliegen einem gnadenlosen finanzmathematischen Zyklus. Unterbrechungen führen zu Reduktionen von Bemessungsgrundlagen und damit beim Renteneintritt zu weniger Rente. Das gilt für berufliche Pausen jeder Art, die mit Unterbrechungen der

Eigenschaft als sozialversicherungspflichtiger Beschäftigte verbunden sind, ausgenommen Sabbaticals. Längere Arbeitslosigkeit bedeutet, dass Einzahlungen in die GRV auf reduzierter Basis erfolgen. Besonders schmerzlich sind lange Hartz-IV-Zeiten, in der kein zählbarer AV-Aufbau über den Mindestbeitrag zur GRV stattfindet.

Klippe 6: (Schein-)Selbstständigkeit mit unzureichender Dotierung von AV-Aufbau
Viele Arbeitgeber locken Mitarbeiter an mit der Aussicht auf „Selbstständigkeit", zum Beispiel als Franchisenehmer. Abgesehen davon, dass damit auch das sozialversicherungsrechtliche Problem der Schein-Selbstständigkeit verbunden ist, worauf wir hier nicht näher eingehen wollen, bedeutet es im Regelfall für die AV der Betreffenden: Vertragsgemäß haben sie sich selbst gegen Arbeitslosigkeit, Krankheit und hinsichtlich ihrer Alters- und Pflegevorsorge selbst zu versichern. Da viele solcher „Selbstständiger" oft kaum 1000 EUR im Monat verdienen und davon noch unter Umständen nach Veranlagung einen Minimalbeitrag Steuern zahlen müssen, bleibt kein Geld für AV. Sie bauen in der Regel keine oder nur geringe Ansprüche an die GRV auf, sind nicht bzw. nur mittelbar riesterfähig, da ihnen die Arbeitnehmereigenschaft fehlt. Formal könnten sie einen Basisrentenvertrag (Rürup) abschließen. Aber woher nehmen sie die Mittel dazu? Bei einer Schieflage, beispielsweise ihres Franchisegebers, oder im Fall längerer Erkrankung können sie sehr schnell bei Hartz IV landen. Im Regelfall bauen sie also kaum AV auf, und das sind inzwischen Millionen!

Klippe 7: Familiäre Trennung: Zahlt „sie" die Zeche?
Bei einer Trennung nach langer Ehe mit Kindern, in der ein Partner, im Regelfall die Frau, eine unterbrochene Berufstätigkeit zwecks Kindererziehung aufweist, hat sie ein Versorgungsloch. Eine adäquate Nachversorgung ist aus Liquiditätsgründen meist kaum leistbar. Auch beim gesetzlichen Versorgungsausgleich ist die Frau meist in der schwächeren Position: Während „er" beruflich weitermachen und sich weiter eine akzeptable AV aufbauen kann, hat „sie" häufig das Problem, über Minijobs hinaus, die ihr kaum Pluspunkte für die AV bringen, wieder eine ihrem Ausbildungsstand adäquate berufliche Basis zu finden. Ansonsten kann sie im Leichtlohnbereich stecken bleiben. Diese Klippe betrifft primär westliche Bundesländer. In östlichen Bundesländern war die gleiche Berufstätigkeit von Frauen wie Männern selbstverständlich, bei lückenlosen Betreuungsangeboten für Kleinkinder. In westlichen Bundesländern holen Frauen zwar inzwischen beruflich auf, aber die im Vergleich zu östlichen Bundesländern bestehende Unterversorgung mit Kita-Betreuungsplätzen bildet hier noch einen großen Hemmfaktor. Das Thema GRV und Scheidung ergibt sich wie folgt:

- Jede zweite Ehe seit 2004 wird geschieden.
- Überwiegend reichen Frauen die Scheidung ein.
- Durch den Versorgungsausgleich werden die private und gesetzliche Rentenanwartschaften zu 50 % aufgeteilt.
- Bei jeder Ehe bis zu drei Jahren Dauer ist der Versorgungsausgleich in der Regel ausgeschlossen.

23.3   Inflationsszenarien rund um AV

Klippe 8: Unterschätzung der langfristigen Wirkung der Inflation

Wie bereits in den Beispielen zum GVN aufgezeigt, neigen viele Bürger dazu, „läppische zwei Prozent" Geldentwertungsrate in ihrer Langfristwirkung zu unterschätzen. Das hat mehrere Aspekte: Zunächst bedeuten finanzmathematisch zwei Prozent Inflation bei einer Laufzeit von 25 Jahren nicht 50 % Inflation, sondern mit dem Zinseszinseffekt (Inflation rechnet man verniedlichend in Relation zum Vorjahr) fast 70 %, mit anderen Worten: Die Rente hat nur noch, bliebe sie unverändert, einen Wert von 60 % der Ursprungsrente zum Zeitpunkt 0.

„Wo liegt das Problem?", werden viele fragen, wenn die Rente doch jährlich um einen bestimmten Prozentsatz steigt. Kompensiert das nicht die Inflation? Die Antwort ist „jein". Die Entwicklung der Rente ist an die Entwicklung der Bruttolöhne gekoppelt. Steigen die Löhne, steigt grundsätzlich auch die Rente. Die Löhne steigen in der Regel weitgehend mit der Inflation. Damit ist grundsätzlich das Thema Inflation und gesetzliche Rente nicht ganz so eng miteinander verbunden. Allerdings wurden in den letzten Jahren in die gesetzliche Rentenformel „dämpfende" Faktoren eingebaut, die die Rente aufgrund der demografischen Entwicklung nur in geringerem Maße steigen lassen als die Bruttolohnentwicklung.

Hinzu kommt ein politisches Phänomen: In den letzten 19 Jahren haben sich Nullrunden und eine Steigerung von etwa zwei Prozent pünktlich zum Bundestagswahljahr abgewechselt, wobei eine Rentenerhöhung von zwei Prozent in Wahljahren einen Vorgriff auf kommende Jahre beinhaltete. Erkenntnis: Wenn die Rente nur um die Hälfte einer moderaten Inflationsrate von zwei Prozent steigt (wer garantiert das den Bürgern? Die nächste Energiekrise kommt bestimmt!), bedeutet das eine messbare kontinuierliche Verarmung aller Rentner.

Klippe 9: Anlageformen, die die Inflationsraten kompensieren

Bei einem breiten Anlagekanon mit der Schwierigkeit eindeutiger Aussagen sollten grundsätzlich folgende Eckpunkte beachtet werden: Zu unterscheiden sind bei klassischen Sparanlagen solche mit variabler Verzinsung und Festzins. Variable Bank- und Sparkassenprodukte sind die, bei denen sich die Verzinsung in Abhängigkeit von der Laufzeit des Produktes an einen Referenzzins koppelt. Seit dem Jahr 2004 müssen diese Produkte mit einem Referenzzins unterlegt werden. Bei langfristigen Sparplänen sind somit die Referenz- bzw. Richtzinsen langfristiger Natur. Die Verzinsung erfolgt somit immer im langfristigen Kapitalmarktdurchschnitt, der langfristig grundsätzlich auch über der Inflation liegt. Derartige Produkte sind für AV durchaus geeignet, vor allem für ältere AV-Sparer, da keine Verwaltungs- und Vertriebskosten die Rendite schmälern und dadurch eine höhere Flexibilität gegeben ist. Eine Alternative zu Rentenversicherungen bieten variabel verzinste Bankauszahlpläne für die Rentenphase: Oft sind die (allerdings nur für einen beschränkten Zeitraum verfügbaren) Auszahlbeträge deutlich höher, als wenn das Geld in eine sofort beginnende Rentenversicherung eingezahlt würde. Zudem ist das noch nicht ausgezahlte Restkapital eines Sparvertrags im Todesfall voll vererblich. Allerdings „wettet" man mit Auszahlplänen gegen den eigenen Tod: Nach 20 oder 25 Jahren Rente aus dem Auszahlplan ist nach Kapitalverzehr „Schluss". Es erfolgt somit keine Absicherung des Langlebigkeitsrisikos. Die Devise „lebe kurz und intensiv", die einem Auszahlplan zugrunde liegt, ist deshalb nicht mit allen Anlagementalitäten vereinbar (Tab. 23.1).

Klippe 10: Anlageformen, die eventuell die Inflationsrate nicht kompensieren
Wie sieht das mit fondsbasierten Anlagen aus? Es gibt keine garantierte Durchschnittsverzinsung, sondern die Hoffnung auf eine Überrendite durch Kurssteigerungen, aber nur bei Aktienfonds (Fonds mit festverzinslichen Wertpapieren bewegen sich um die Rendite der Umlaufschuld). Ohne Kurssteigerungen hat der Anleger keine Rendite und damit auch keinen Inflationsausgleich. Das gilt auch beim Switch von Aktien- in Rentenfonds, die zum Zeitpunkt des Switchs Nominalwerterhaltung garantieren. Ausgabeaufschläge kommen hinzu. Beim Fonds-Riester können unter ungünstigen Umständen Abschlusskosten bei Vertragsabschluss die staatlichen Zulagen zusätzlich aufzehren. Bei Ende der Ansparphase (Renteneintritt) kommen zwar die eingezahlten Raten und staatlichen Zulagen gesichert zur Auszahlung, aber bis dahin können schon Hoffnungen auf Rendite vernichtet sein.

Mit dieser sicherlich nicht erschöpfenden Auswahl mag es genug sein. Anlagetipps sind hier nicht beabsichtigt, aber Vermittlung von Sensibilität für nachhaltige Werterhaltung, die für Altersvorsorge unverzichtbar ist.

Tab. 23.1 Rentenhöhe in Abhängigkeit von Zins und Laufzeit bei 20 Jahren Auszahlphase. (Quelle: eigene Darstellung)

Sparkapital	Monatlicher Rentenbetrag in Euro bei einer Durchschnittsverzinsung von:		
	3 %	4 %	5 %
10.000	55,12	60,02	65,11
20.000	110,23	120,04	130,21
30.000	165,35	180,05	195,32
40.000	220,47	240,07	260,42
50.000	275,59	300,09	325,53
60.000	330,70	360,11	390,63
70.000	385,82	420,12	455,75

23.4   Aspekte des „Betongold" als Beitrag zur AV

Klippe 11: Verluste mit dem eigenen Heim „im Grünen"
Hier gibt es mehrere Risiken. Das Seniorenehepaar Schulze beschließt, nachdem die
Kinder aus dem Haus sind, das Familieneigenheim auf dem Land im Speckgürtelbe-
reich einer mittleren Großstadt (Herstellkosten inklusive Grundstückskauf 220.000 EUR)
zu verkaufen und in eine seniorengerechte Loft-Wohnung in die Stadt zu ziehen. Die
Ernüchterung: Adäquate Käufer waren nicht bereit, mehr als 130.000 EUR zu bieten,
aber die erstrebte Stadtimmobilie von 90 m² kam auf fast eine Viertelmillion. Sich noch
mal verschulden, auf dem Lande vermieten und davon einen Teil der Finanzierungskos-
ten bestreiten? In beiden Fällen ist dies im Hinblick auf AV eine unattraktive Perspektive.

Klippe 12: Immobil in beruflich aktiven Jahren
Ein Paar in mittleren Jahren mit einer 100-Quadratmeter-Eigentumswohnung in einer
Kreisstadt will sich beruflich in eine andere Region verändern, weil ein großer Arbeitgeber, bei dem beide beschäftigt sind, erheblich Personal abbaut und nach und nach
den Betrieb abwickeln will. Da sich aufgrund der Bedeutung dieses Arbeitgebers für
die Beschäftigung der Region das Immobilienszenario im größeren Umkreis deutlich
ungünstiger gestaltet, war kaum ein adäquater Preis zu erzielen, auch keine befriedigende Miete, wobei die Mieterauswahl sehr begrenzt war. Somit war das Paar immobil
in mittleren Jahren und hatte die Wahl zwischen mehreren Übeln: Ein Arbeitsplatzrisiko
eingehen bei drohender längerer Arbeitslosigkeit inklusive Hartz-IV-„Perspektiven" oder
einen nachhaltigen Werteverlust hinnehmen, was die Ersparnisse der vergangen 20 Jahre
(die Wohnung war fast durchfinanziert) für die AV teilweise vernichtet hätte, aber man
hätte berufliche Chancen durch Mobilität gewahrt.

Klippe 13: Immobilien als (vermeintlicher) Vorsorgebaustein
Was kann der AV-Sparer von Anlagen in fremd genutzten vermieteten Immobilien erwarten? Hier ist Deutschland sehr vielscheckig: Anlagen in Boomregionen wie Hamburg,
München und Oberbayern und einigen Metropolen erfahren eine Wertsteigerung, die
über die Werterhaltung die Inflation ausgleichen können. Anders bei Immobilienanla-
gen in ländlichen Regionen mit ungünstiger demografischer Prognose „im Grünen" Hier
beobachtet man seit Jahren einen schleichenden Werteverfall, also keine Substanzsiche-
rung und keinen Inflationsausgleich. Hinzu kommen steuerliche Belastungen und nicht
auf Mieter überwälzbare Verwaltungskosten.
   Da die Kreativität der Projektentwickler groß ist, bieten diese viele Anlagen mit
angeblich hohem Wertsteigerungs- und Renditepotenzial als Verkaufsargument. Das
reicht von gewerblichen Immobilien in Metropolen, die entgegen farbiger Ange-
botsprojekte einen Wertverlust hinnehmen mussten und keine Erträge erwirtschaften,
geschweige denn ausschütten können. Das gilt auch für Anlagen in Ferienimmobilien
(aktuell Spanien und Florida als Beispiele), bis ihr Wert sich durch Spekulationsblasen
auf einen Bruchteil reduziert hat.

Erkenntnis: Eine eigengenutzte Immobilie ist unter vielen, aber nicht unter allen Umständen ein wertvoller Baustein für die AV, da man ein Dach über dem Kopf hat, aber ohne sonstige Vorsorge schnell feststellt, dass man vom Essen der Haustür nicht satt wird.

23.5   Dies und das aus dem Vorsorge-Casino

Klippe 14: Verwechseln von langfristig sicherer Vorsorge und Casino-Abenteuern
Erfahrungen der Finanzmarktkrise seit 2007: Wer Giftpapiere von Anbietern erworben hatte, wurde damit in Höhe der Beträge für die erworbenen Papiere fast um 100 % ärmer. Für manche ein Trost: Einige Anbieter haben inzwischen Entschädigungsfonds eingerichtet.

Wer Wertpapiere kauft, deren Verzinsung über der Umlaufrendite der Kapitalmarktzinsen liegt, kauft sich in Höhe der Differenz ein gleiches und bei Bonitätsverlust überproportionales Risiko ein. Dies ist keine zuverlässige AV.

Klippe 15: Vertrauen auf den „großen Erbgang"
Hier werden vielfach die Beispiele Schweiz und Schweden zitiert. Die Erben warten darauf, bei überschaubarer Lebenserwartung ihrer Eltern oder anderer „Erblasser" in deren komfortable Villen einziehen zu können. Hier leiden die Erben zunehmend wie Lebensversicherer unter dem neumodischen Unwort „Langlebigkeitsrisiko". Wenn die Erblasser heute bereits bei steigender durchschnittlicher Lebenserwartung über 90 und perspektivisch über 100 Jahre alt werden (in Deutschland leben 17.000 Menschen, die schon über 100 sind), müssen Erben unter Umständen ein Jahrzehnt nach eigenem Renteneintritt warten, bevor sie sich in das ersehnte „Nest" setzen können und für einen gewissen Zeitraum ihre AV so kalkulieren, als wenn sie kein Erbe zu erwarten hätten – oder länger arbeiten!

Klippe 16: Die Mutter aller Klippen: monozentrische Anbieterberatung
In der Landwirtschaft ist es üblich, dass jede Bäuerin ihre Butter lobt. Verbraucher, denen Geschmacksnuancen nicht schmecken, können die Sorte wechseln. Das Übertragen dieses Butter-Prinzips auf AV-Entscheidungen kann fatale Folgen haben, weil solche Entscheidungen vertraglich lange und damit viel Kapital binden können. Ein Beispiel ist die vorzeitige Kündigung von Lebensversicherungen, bei der Sparer wegen der a priori abgezogenen Vermittlerprovisionen auch nach mehreren Jahren Einzahlung oft ihr Erspartes nicht zurück erhalten, ganz zu schweigen von einer akzeptablen Verzinsung.

Die Gefahr, in solche Fallen zu tappen, ist bei anbieterzentrierter „Beratung" mit Verkaufszweck des eigenen Produktes (die Bäuerin hat keine Fremdbutter) groß. Objektive Beratung ist bei Honorarberatung ohne Verkauf möglich. Allerdings setzt dies auch hohe Qualifikation des Beraters voraus, sonst führt auch der am besten gemeinte Rat aufgrund von Unkenntnis zu einer Vorsorgekatastrophe! AV-Sparern hilft jenseits vom Verkaufsschalmeienklang nur die fachlich fundierte Vergegenwärtigung der eigenen Vorsorgesituation.

23.6   Fazit: Schulden tilgen, Vorsorge strukturieren!

Es gilt, identifizierte Sünden zu beseitigen und zu vermeiden, um so mit geläutertem Gewissen in eine nachhaltige AV-Planung zu starten. Die häufigsten Sünden:

Es fehlt eine langfristige Alterssicherungsstrategie
Wer keine Strategie hat, neigt automatisch zur operativen Hektik und kann dabei viel Geld verlieren. Beispiel fondsgebundene Lebensversicherung: Wer darin einen Vertrag Anfang dieses Jahrzehnts auf einem hohen Börsenniveau abgeschlossen hat und von der Finanzmarktkrise kalt erwischt wurde, konnte erleben, wie sich sein fiktives Guthaben auf einen Bruchteil verminderte. Verlust realisieren oder Durchhalten bis zur erhofften Morgenröte? Leider ist es so, dass viele Bürger sich zu wenig an den drei Eckpunkten für eine überlegte Vorsorgestrategie orientieren: dem Zeitpunkt ihrer Vorsorgeinvestition, dem verfügbaren Anlagebetrag und der eigenen Risikotoleranz.

Viele schleppen modernde Leichen im Keller mit
Leichen von auf großer Fahrt hingeschiedenen Kameraden im Schiffsrumpf mitzunehmen, war zu Zeiten der christlichen Seefahrt Christenpflicht, denn die Kameraden sollten in heimischer Erde bestattet werden. Das konnte trotz Lagerung in Schnapsfässern im Gefolge zu Seuchenproblemen für die noch verbliebene Restcrew führen. Für Leichen im Aktiendepot-Keller gibt es nur das Umsetzen einer entschlossenen Stop-Loss-Konzeption, wenn keine nachhaltige Erholungchance besteht. Zwar steckt nicht eine Aktie die andere direkt an, aber doch indirekt: Man beschäftigt sich in seinem Kopf mit der „Leiche" und versäumt seine Chancen bei ertragversprechenden anderen Anlagen.

Der Herdentrieb endet oft im Marsch der Lemminge
Der Zusammenhang ist einfach: Bei vielen Gütern steigt mit der Nachfrage der Preis, ohne dass sie deshalb wertvoller werden, wenn man an die Substanzwerte dahinterstehender Unternehmen denkt. Wenn sich der Aktienkurs als Preis für Anteile am Grundkapital von Unternehmen durch überhitzte Nachfrage zu weit vom realen Unternehmenswert nach oben entfernt, gewinnt eine solche Hausse leicht Blasencharakter. Bricht durch eine Flut von Gewinnmitnahmen die Spekulation zusammen, kann der Absturz bis unter den Substanzwert erfolgen. Die Weisheit: „Der Trend ist dein Freund." endet so beim Ladenhüter.

Diversifizierung kann zwar grundsätzlich das Risiko senken ...
Eine Basisdiversifikation bedeutet bereits die Mischung aus gesetzlicher Pflichtvorsorge und eigener Vorsorge mit ergänzenden Produkten der zweiten und dritten Säule. Wer es zum Beispiel bei einer Kombination von GRV-, Riester- und bAV-Produkten belässt, geht schon wegen der Sicherungspflichten der Bank-, Fonds- oder Versicherungspartner praktisch kein Risiko ein. Bei Beimischung anderer „Substanzwerte" wie Immobilien ist eine Diversifizierungsstrategie in der AV immer grundsätzlich zu empfehlen.

… aber auch in unübersichtlicher Verzettelung enden!

Wer sich zusätzlichen Ruheständler-Reichtum aufbauen will, braucht hierzu die oben schon eingeforderte langfristige Ergänzungsstrategie. Ansonsten gerät er in die Gefahr, zum Spielball von freundlichen Ratgebern mit angeblich guten Anlagetipps zu werden: ein bisschen Fonds inklusive ETF, im kleinen Depot noch Schiffsfonds aus besseren Zeiten der Seefahrt, nominell gut verzinsliche Industrieanleihen, also von allem etwas. Wer sich dann wundert, dass er nach einem Jahrzehnt kaum nominelle Werterhaltung geschafft und nur die Inflationsrate kompensiert hat – eine olympische Herausforderung des Dabeiseins. Vielleicht hat er parallel zu seiner Tipp-Jagd die möglichen Höchstbeträge bei Riester- und bAV-Produkten nur teilweise ausgeschöpft? Eine überlegte Diversifikationsstrategie lautet dann ganz: „Schöpfe erst die Möglichkeiten der zweiten Säule voll aus, denn die sind garantiert, und wenn dann noch eine planbare freie Spitze übrig ist, …"

Mit komplexen Produkten, die Sie nicht verstehen, können Sie nur Geld verlieren!

Was der Bauer nicht kennt, das isst er nicht: Wenn sich doch Anleger daran halten gehalten hätten, so wäre ihnen manche Lehman-Brothers-Überraschung erspart geblieben. Man wundert sich, mit welcher Unbedarftheit sich viele Anleger neben wenigstens sprachlich noch verständlichen Produkten („Rolling-Discount-Zertifikat" klingt doch gut, fast nach Rolling Home fürs eigene Geld) auch ihnen Unbekanntes bis zu „Options", „Futures", „Calls" und „Puts" und ähnlichen Begriffen in Derivate-Chinesisch aufschwatzen lassen. Wissen manche Finanzberater von diesen Produkten mehr als die Ziele, die man ihnen vorgegeben hat? Die Auswirkungen kann man in Finanztest 01/2010 lesen: Fast alle allein zielvereinbarungsgetriebenen Bankberater sind als seriöse Anlageberater durchgefallen.

Heiße Tipps heißen so, weil man sich daran die Vorsorge verbrennen kann

„Diesen Tipp vom schnuckeligen Urlaubsort nennen wir nur guten Freunden, …" Analog muss man sich fragen, warum ein Anlageberater einen heißen Tipp gibt, anstatt still und unbeobachtet von anderen Renditesuchern die nur ihm bekannte Bonanza auszubeuten. Das schlimmste an heißen Tipps für die Altersicherung: Sie können die eigene Vorsorgestrategie durchkreuzen, wenn die Liquidität nicht ausreicht, die Produkte der zweiten Vorsorgeschicht voll zu nutzen und stattdessen hier zu sparen, um heiße Tipp zu finanzieren!

Merzen Sie teure Liquiditätsfresser aus!

Über nicht zwingend notwendige Versicherungen hinaus kann es viele individuelle Aspekte geben: Vermeidung teurer Kontokorrentzinsen für einen Dispokredit (ein sorgfältig geplantes Anschaffungsdarlehen kostet etwa ein Drittel bis maximal die Hälfte), Überprüfung regelmäßiger Daueraufträge für Lotto- und ähnliche Glücksspiele, Nutzung von Energiesparmöglichkeiten usw. Gehen Sie Ihre Ausgaben für das letzte Quartal mal durch, mit Sicherheit werden sie fündig und haben damit ein Zusatzbudget für den AV-Aufbau.

Wenn Sie dann das partnerschaftliche Alterssicherungs-Szenario geklärt haben, können Sie Ihre individuelle Alterssicherungs-Pyramide erdbebensicher aufbauen. Wenn beide Partner auf vergleichbarem Level berufstätig sind, wird sich die AV in der GRV etwa parallel aufbauen. Wie ist das Sparengagement beider Partner in Säule 2? Ist ein Partner schon aus früheren Zeiten vor der Novellierung des AEG in Säule 3 über Notgroschen auf dem Sparkonto hinaus engagiert? Wie sieht das partnerindividuelle Vererbungsszenario aus? Dann die Gretchenfrage: Will man sich für den Fall der Trennung so absichern, dass es zu keinem Versorgungsausgleichs-Dauerstreit kommt und AV durch zwei und Wohnungskosten mal zwei nur noch ein Leben auf Grundsicherungsniveau erlauben?

23.7   Gerüstet für den AV-Marktplatzbummel?

Bauch- oder Kopfentscheidungen?
Sind Anleger Bauchentscheider und folgen treu der Bankberatung oder/und Herrn Kaiser von der Assekuranz? Oder bewegen sie sich, durch Medienaufklärung beflügelt, immer mehr in Richtung Kopfentscheider beim Thema AV, wägen Vor- und Nachteile bei AV-spezifischen Entscheidungen ab und bauen dabei als homo oeconomicus steuerliche und Zulagenvorteile in ihre AV ein? Sie können sich alles via Internet zusammen komponieren, aber deshalb müssen der Bankberater und Herr Kaiser für die Vorsorge- und Anlageentscheidungen noch nicht passé sein. Wenn sie vor dem Hintergrund einer Vertrautheit auch mit den familiären und privaten Belangen im Sinne der Prüfkriterien argumentieren, kann auch der Rat von nebenan ein guter Kompass für die AV sein.

Filter-Fragenkaskade zur selektiven Auswahl durch mündige Bürger
Finanzdienstleistungsanbieter neigen traditionell dazu, ihre Kunden für wenig informiert zu halten, denn sonst würden sie bei manchen Produkten wohl nicht versuchen, sie zu verkaufen. Nun haben glücklicherweise vielfache Bemühungen zur Verbraucheraufklärung dazu beigetragen, Kunden kritischer werden zu lassen, sodass man sich beim mündigen Verbraucher heute durchaus folgende Filter-Fragenkaskade bei rationalem Entscheidungsverhalten zum eigenen AV-Szenario vorstellen kann (vgl. auch Abb. 23.1):

- Bei welchem Anbieter begebe ich mich in die Beratung?
- Wie kann ich für mein Alter staatlich gefördert begünstigt vorsorgen?
- Bei welcher Anlageform habe ich welche Zulagen- und Steuervorteile?
- Will ich langfristig Wohneigentum erwerben und dazu den Wohn-Riester nutzen?
- Will ich wegen anderer Ziele in steuerlich geringer bevorzugte Anlagen investieren?
- Was habe ich noch für steuerlich nicht begünstigte Anlageformen verfügbar?
- Bei welchem Anbieter lege ich verbliebene Restliquidität an oder präferiere ich Konsum?
- Ist die AV-Anlage vererbbar?
- Kann ich über das angesparte AV-Vermögen im Notfall verfügen?
- Wie sicher ist die Rückzahlung des eingezahlten Kapitals?

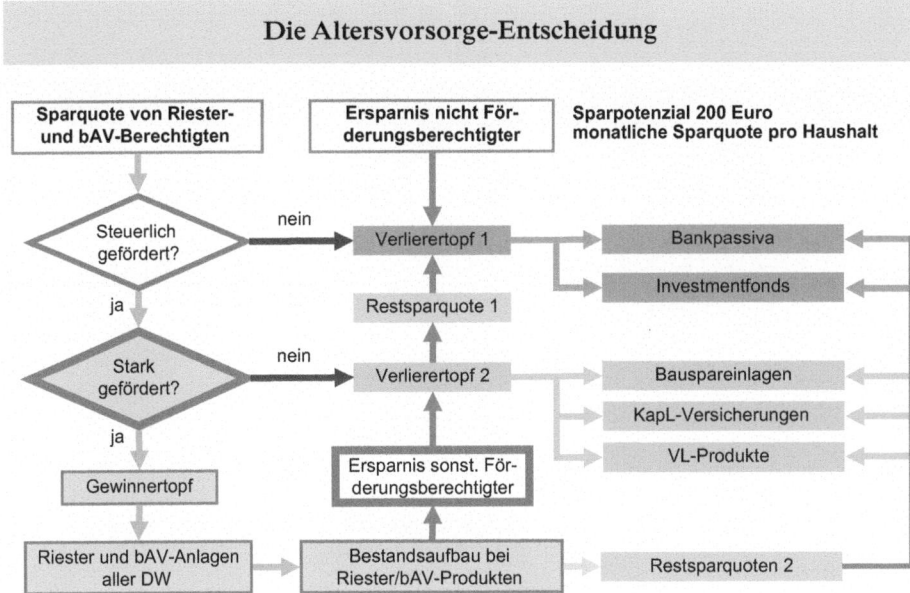

Abb. 23.1 Altersvorsorge-Entscheidung. (Quelle: eigene Darstellung)

Anforderungen an AV-Produktanbieter

24.1 Kompass: Vorsorge-Schichten-Struktur

AV ist ganzheitlich zu beurteilen im Spannungsbogen zwischen individuellen Möglichkeiten und gesetzlichen Rahmenbedingungen. Das kommt schön in der Vorsorgepyramide zum Ausdruck. Ein guter Anbieter muss sich in allen drei Vorsorgeschichten als Berater überzeugend bewegen können, damit mündige Kunden ihn ernst nehmen.

Anforderungsbasis GVN von Kunden
Welches Bild hat der Anbieter vom individuell anzustrebenden GVN seiner Kunden? Dieses kann er aus den Familien- und Einkommensverhältnissen, aus den ihm bekannten Rahmenbedingungen des Wohnens und eventuell durch feinfühlige Analyse möglicher wiederkehrender Belastungen gewinnen. Bankberater kommen dann gut an dieses Thema heran, wenn sie folgende Parallele ziehen: Kunden mit einer hohen Kapitaldienstfähigkeit für die Finanzierung von Wohneigentum können grundsätzlich auch eine hohe AV-Fähigkeit haben: Ihre Mittel reichen für Investitionen in allen drei Säulen.

Für Finanz- und Versicherungsberater können folgende Kernfragen hilfreich sein: Wie groß ist eine potenzielle Versorgungslücke? Welche Aufstockungsschritte bis zum GVN sind für den Bürger sinnvoll? Unverzichtbar ist der vom Kunden ausgehende bedarfsorientierte Ansatz.

Vorsorgekompetenz für die erste Schicht
Alle GRV-Versicherten erhalten jährlich von der DRV eine Information mit ihrem GRV-Status. Hat der AV-Berater die GRV-Basiskenntnisse, um abschätzen zu können, wo der Kunde versorgungsmäßig aktuell und je nach Lebensalter in 15 oder 25 Jahren steht? Damit hat er zudem eine gute Informationsbasis, um mit einem kompetenten Gespräch in die zweite Säule einsteigen zu können.

© Springer Fachmedien Wiesbaden GmbH, ein Teil von Springer Nature 2018
H. Benölken und N. Bröhl, *Altersvorsorge am Scheideweg*,
https://doi.org/10.1007/978-3-658-21837-9_24

Vorsorgekompetenz für die zweite Schicht
Die zweite Schicht beinhaltet bAV-Anlagen. Kann der Berater beurteilen, ob bei gegebener disponibler Liquidität und wenn es nicht für Riester und bAV reicht, bAV dann sinnvoller sein kann, wenn der Betrieb sich daran beteiligt? Wichtiger noch: Nimmt der Berater bAV in die AV-Empfehlung mit auf, auch wenn sein Arbeitgeber bzw. Verbundpartner keinen Rahmenvertrag mit dem Arbeitgeber des Kunden abgeschlossen hat?

Kundenberater in allen Finanzdienstleistungsbranchen sind heute darauf getrimmt, die richtigen Verkaufsargumente für Riester-Produkte bereit zu haben. Ist dieses Produktwissen ausreichend, auch wenn der Berater gut Bescheid weiß über die Zulagenregelungen?

Annahme: Die Schließung der Vorsorgelücke mit einem Riester-Produkt sei die richtige Fortsetzung der Beratung. Welches Riester-Produkt in Abhängigkeit vom Alter des Kunden, seinen Risikopräferenzen und noch nicht ausgeträumten Eigenheimwünschen? Hat der Berater das individuell geeignete Produkt bereit? Ist der Berater in der Lage, einen gemäß den Lebensumständen zu erwartenden Netto/Nettovergleich darzustellen? Dies bedeutet, den Nettoaufwand nach Abzug von Zulagen und Steuerförderung in der Ansparphase transparent zu machen und in der Rentenbezugsphase die Steuerbelastung aufzuzeigen.

Vorsorgekompetenz für die dritte Schicht
Sind die Schichten ausgeschöpft, kann bei Insassen in den oberen Etagen des AV-Hauses noch disponible Liquidität für die dritte Vorsorgeschicht verfügbar sein. Hier müssen Berater und Kunde gemeinsame Überlegungen hinsichtlich Ertragschancen und auch Verlustrisiken abwägen. Letztere dürfen die eingeleiteten Anlagen in der zweiten Schicht nicht gefährden, das heißt, Anlagen in der dritten Schicht sind nicht gesetzt, sondern ein Zusatz, wenn die nachhaltige Liquidität noch reicht. Oder hat der Berater branchenspezifisch im Fokus, dass tarifvertragliche Zuschüsse aufgrund der individuellen Berufssituation des Kunden zum Tragen kommen? Das kann über erheblich mehr Rente im Alter entscheiden. Hier zeigt sich, wie wichtig die Qualifikation des Beraters ist.

24.2   Prüfkriterien zur AV-Beratung von Arbeitnehmern

Grundsätze für Prüfkriterien bei Arbeitnehmern
Welche Prüfkriterien muss ein kompetenter AV-Berater erfüllen, um Privatkunden als sozialversicherungspflichtige Beschäftigte bedarfsgerecht beraten zu können? Eckpunkte für eine ganzheitliche Beratung gliedern sich deshalb in folgende Fragen auf:

A: Hat der Berater ein vereinbartes AV-Gespräch gut vorbereitet?
Das kann zum Beispiel durch die Bitte erfolgt sein, geeignete Unterlagen zu bestehenden Vorsorgeverträgen einschließlich einer GRV-Prognose (vor allem bei Kunden über 50 Jahre) einzureichen. Verzichtet er darauf, sollten Anleger diesen Punkt selbst ansprechen.

Eine sorgfältige Bestandsaufnahme ist ein „Muss" zur Bewertung des eigentlichen Bedarfs. Viele Berater hören nur pflichtschuldig zu, um bei der ersten Gelegenheit die Kurve zu einem Produkt zu suchen: „Ich habe was Feines für Sie ...". Anleger müssen in einer solchen Situation aufpassen, dass er sie nicht als „LEO" (=leicht erreichbares Opfer) betrachtet, um seine ihm vom Management vorgegebenen produktbezogenen Ziele zu erfüllen. Sollte der Berater dieses Muss negieren, empfiehlt sich für den Kunden an dieser Stelle ein höfliches Adieu. Der Berater war mental nicht darauf eingestellt, ein Gespräch über den tatsächlichen AV-Bedarf zu führen. So kann kein bedarfsbezogenes Gespräch stattfinden.

B: Bespricht der Berater einleitend mit dem Kunden realistische GRV-Perspektiven?
Welche Hilfsmittel setzt der Berater ein, um die zu erwartende Grundbasis der Altersabsicherung aller sozialversicherungspflichtigen Beschäftigten zu eruieren? Fragt er Sie nach Ihrem letzten Rentenbescheid? Nutzt er andere valide Hilfsmittel wie das „Rentenschätzprogramm" des Bundesfinanzministeriums oder der deutschen Rentenversicherung?

Verzichtet er auf seriöse Schätzmethoden, besteht die Gefahr, dass er mit dem Kunden ein Kartenhaus ohne stabile GRV-Fundamente baut. Denn je nach der Tragfähigkeit des GRV-Fundamentes sind sorgfältig die weiteren Bauelemente für die darauf aufbauenden Schichten auszuwählen. Sonst kann die Gefahr bestehen, dass die Beratung am Bedarf vorbeigeht und der Kunde letztendlich zu viel oder zu wenig für seine Altersabsicherung bezahlt.

C: Wie startet der Berater auf dieser Basis ein Gespräch zur Schließung der Versorgungslücke?
Klopft der Berater zunächst die persönlichen Voraussetzungen hinsichtlich Riester- und bAV-Fähigkeit ab, indem er sich genau über die sozialversicherungspflichtig relevante berufliche Situation und Perspektiven informiert? So muss er den Kunden davor bewahren, keine Verträge unter falschen Voraussetzungen abzuschließen. Denn wenn das erst beim Antrag auf Förderzulagen transparent wird, können uneinbringliche Kosten entstanden sein, ohne dem Absicherungsziel näher gekommen zu sein.

D: Wägt der Berater zunächst Riester- und bAV-Alternativen ab?
Zwar: Dank Kinderzulagen ist die Rentabilität von Riester-Produkten bei einkommensschwächeren kinderreichen Familien höher anzusetzen als von bAV-Produkten, womit fördergetrieben die Prioritäten klar sein können. Aber: Beteiligt sich der Arbeitgeber (wie 40 % aller Arbeitgeber) an der Finanzierung einer bAV-Anlage, kann sich das Blatt wenden.

Tipp: Falls der Ehepartner eines Selbstständigen als sogenannter „geringfügig Beschäftigter" im Unternehmen mitarbeitet, kann dieser sich freiwillig sozialversichern. Durch den relativ kleinen Beitrag zur GRV wird der Arbeitnehmer voll Riester-förderberechtigt, das heißt, sämtliche Zulagen stehen ihm zu. Die Höhe der Zulagen kann je nach Kinderanzahl ein weiteres Monatsgehalt betragen.

E: Falls Riester erste Wahl ist: Fragt der Berater nach Wohneigentumsplänen?
Wenn Anleger mittelfristig (etwa in den nächsten fünf bis zehn Jahren) Wohneigentum
erwerben wollen, ist der direkte Abschluss eines Wohn-Riester-Produktes, wie etwa ein
Riester-Bausparvertrag, empfehlenswert, weil damit in der Anspar- und Finanzierungsphase die jeweiligen Fördervorteile genutzt werden können. Nutzen Anleger die Riester-Förderung in ihrem zertifizierten Baudarlehen als Sondertilgung, können sie die
Darlehenslaufzeit um mehrere Jahre verkürzen und so zehntausende Euro an Tilgungsra-
ten einsparen!

Hat der Anleger noch keine mittelfristigen Eigentumspläne, aber schließt das grundsätzlich auch (nach zehn Jahren) nicht aus, kann für ihn der Abschluss eines Bank-Riester-Vertrags als Aufbauprodukt sinnvoll sein. So verliert er bei einem späteren Wechsel
zum Wohn-Riester keine Abschlusskosten, wie bei anderen Riester-Produkten üblich,
und sichert sich vollkommene Flexibilität.

**F: Der Anleger plant kein Wohneigentum: Fragt der Berater nach Alter und Rent-
nerperspektive?**
Diese Frage muss der Berater stellen, um einschätzen zu können, ob sein Kunde bei
einem Fonds-Riester-Abschluss noch ausreichend zeitlichen Spielraum zur Nutzung
einer positiven Börsensituation hat oder bereits ein „Crash" alle Renditeträume zum
Ablauf beerdigt.

**G: Der Kunde ist jünger als 45 Jahre. Fragt der Berater nach seiner Risikobereit-
schaft?**
Wenn der Kunde ein sicherheitsbewusster Mensch mit hoher Risikoaversion ist, könnte
eine AV-Anlage, die auch Risiken beinhaltet, über Jahrzehnte seine Nachtruhe stören.
Das möchte er im Interesse seiner Gesundheit ausschließen. Abfragen der Anlagementa-
lität des Kunden sind nach dem Versicherungsvertragsgesetz (VVG) seit 2009 zwingend
vorgeschrieben.

**H: Fragt der Berater nach Abschluss eines Riester-Vertrags nach der disponiblen
Liquidität?**
Schließlich darf sich der Kunde nicht für weitere Produktkäufe finanziell übernehmen,
weil das die Lebensqualität beeinträchtigt und ihn in die Gefahr bringen kann, seinen
Riester-Vertrag im Rahmen der Vier-Prozent-Regelung nicht durchhalten zu können.
Wenn noch Liquidität da ist:

**I: Erörtert der Berater Fragen von bAV-Produkten, bevor er zur dritten Schicht
kommt?**
Die Fördervorteile der Gehaltsumwandlung durch Steuer- und Sozialabgabenfreiheit
muss der Berater „drauf" haben, weil das seinen Kunden weitere Chancen bietet, geförderte AV mit entsprechender Ersparnis der Netto-Liquidität aufzubauen. Im Normalfall
gilt: Kaum eine ungeförderte Anlage kann renditemäßig so gut sein wie eine geförderte,

weil im Regelfall zusätzlich zu Steuervorteilen eine Mindestverzinsung garantiert ist. Pensionskassentarife sind am interessantesten, wenn Abschlusskosten (im Gegensatz zu anderen DW) über die gesamte Laufzeit verteilt werden. Zudem sind die Beitragszahlungen flexibel.

Ist der Kunde Gutverdiener mit starker Verhandlungsposition, sollte auch das Thema Direktzusage gegen Gehaltsumwandlung (Deferred Compensation) angesprochen werden. Zwar neigen Arbeitgeber zur Vermeidung von Pensionsrückstellungen in der Bilanz zur Zurückhaltung, aber das ist nicht das Problem des Anlegers. Bei einer Direktzusage drohen Fallstricke bei einer zu wenig kompetenten Vorsorgeberatung bis zur generellen Steuerschädlichkeit für den Arbeitgeber (verdeckte Gewinnausschüttung) und auch für Arbeitnehmer (zu versteuernder geldwerter Vorteil). Hierzu muss der Berater den Inhalt eines BFH-Urteils aus dem Jahr 1995 kennen und dessen Tragweite für Chancen und Risiken des Kunden einschätzen können.

J: Vergewissert sich der Berater nochmals über Liquidität und Risikobereitschaft seines Kunden?

Das ist aus folgenden Gründen wichtig: Die Liquiditätsbindung durch „freie" Anlageprodukte darf nicht dazu führen, dass der Kunden den Ansparprozess von Zweite-Schicht-Produkten unterbricht, die Ansparsumme reduzieren muss oder gar gezwungen ist, die weitere Besparung vollständig abzubrechen. Die damit verbundenen Verluste auf seinem Vorsorgekonto kann er mit ungeförderten Produkten im Regelfall nicht ausgleichen, es sei denn, es gelingt ihm ein Volltreffer im Casino Royal.

L: Informiert der Berater zusätzlich zu den für Riester- und bAV-Produkten hohen Förderquotenversprechen auch über die „wahre" Rendite?

Anbieter bewerben ihre Riester- und bAV-Produkte oft mit dem Slogan: „Sichern Sie sich 50 % Förderquote und mehr!" Bei solchen im Fachjargon „Interessewecker" genannten Förderversprechen blenden Anbieter aus, dass nicht die Förderung in der Ansparphase der geförderten Produkte relevant ist, sondern das Verhältnis aus Nettoeinzahlung und Nettoauszahlung nach Abzug der Abgaben. Die Steuer- und Zulagenförderung bzw. in der bAV auch die Sozialversicherungsfreiheit der Beiträge relativiert sich durch die Besteuerung bzw. Sozialabgaben in der Bezugsphase. Zwar sind die Steuersätze in der Rentenphase in der Regel niedriger, aber nach Abzug der Vertriebs- und Verwaltungskosten bleibt oftmals bei den als hoch gefördert gepriesenen Produkten nur eine Nettorendite von drei bis vier Prozent übrig, was allerdings in Niedrigzinszeiten auch ganz interessant sein kann.

Zusammenfassung zu den Prüfkriterien für Arbeitnehmer

Es wäre schön, wenn ein Berater alle Prüfkriterien erfüllt: Im Rahmen der finanziellen Basis und Möglichkeiten seines Beratungskunden könnte er ihn realistisch und zugleich optimal beraten. Unumgänglich ist: Er muss schichtspezifisch vorgehen, weil die richtigen Schlussfolgerungen auf der zweiten Schicht auf einem klaren Analyseergebnis der ersten Schicht aufbauen müssen und die richtigen Empfehlungen auf der dritten Schicht auf einem optimierten Zwei-Schichten-Unterbau.

Fatal ist es, wenn sich frühzeitig gekaufte Dritte-Schicht-Produkte mit vermeintlichen Chancen als Verlustbringer entpuppen: Der finanzielle Spielraum für sinnvolle Aktivitäten in der zweiten Schicht könnte so erheblich geschmälert sein, und dann wäre die Pyramide durchlöchert.

24.3 Prüfkriterien zur AV-Beratung von Selbstständigen

Grundsätze für Prüfkriterien bei Arbeitnehmern
Welche Kriterien muss ein AV-Berater erfüllen, um Selbstständige bedarfsgerecht zu beraten? AV bei Selbstständigen wird neben dem Thema Rente von „Steuern sparen" und „Vermögensmanagement" begleitet. Diese beiden Punkte betreffen vor allem Selbstständige, die „es bereits geschafft haben". Viele betreiben kaum AV, weil jeder verdiente Euro der Sicherung des Lebensunterhalts dient oder in das Unternehmen fließt.

a: Hat der Berater ein vereinbartes Altersvorsorgegespräch gut vorbereitet?
Dieser Punkt entspricht Punkt A aus der Beratung von Arbeitnehmern. Informiert sich der Berater nicht mithilfe geeigneter Unterlagen über die persönliche Ausgangssituation des Kunden, besteht die Gefahr, dass der Berater bei der ersten Gelegenheit die Kurve zu „seinem" Produkt sucht, mit dem er seine Ziele erfüllen kann: „Ich habe da was Feines für Sie …".

An dieser Stelle empfiehlt sich ebenfalls Gegenwehr. Kunden sollten Mindeststandards zur Validierung der Ausgangssituation einfordern. Ansonsten empfiehlt sich auch hier ein höfliches Adieu: Dieser Berater ist fachlich oder mental nicht darauf eingestellt, ein Gespräch zum konkreten Altersvorsorgebedarf zu führen, sondern lauert gegebenenfalls nur darauf, sein Produkt an den Mann zu bringen. So kann kein bedarfsbezogenes Gespräch stattfinden.

Der Anspruch an das fachliche Know-how des Beraters ist zudem grundsätzlich deutlich höher als bei einer Arbeitnehmerberatung. Zusätzliches Steuer-Know-how ist gefragt, wenn besondere Einkünfte im Alter, zum Beispiel aus Unternehmensübergang oder aus Vermietung und Verpachtung, zum Tragen kommen. Wissen rund ums Vermögensmanagement ist beim versierten Berater für ein Beratungsgespräch zur AV der Selbstständigen von Nöten.

b: Bespricht der Berater einleitend mit dem Kunden realistische GRV-Perspektiven?
Das ist kein Widerspruch zum Thema Selbstständigkeit. Die meisten Gewerbetreibenden und Freiberufler sind zwar während einer selbstständigen Tätigkeit nicht verpflichtet, Beiträge in ein gesetzliches Alterssicherungssystem zu zahlen. Das heißt jedoch nicht, dass für sie die gesetzliche Rentenversicherung kein Thema ist. Denn meistens beginnt die berufliche Laufbahn nicht gleich mit der Selbstständigkeit. Deshalb haben

viele bereits Anwartschaften an die GRV erworben. Der freiwillige Erhalt der Mitgliedschaft kann sich auch für den Anspruch auf gesetzliche Erwerbsminderungsrente lohnen. Also sollte der Berater die Perspektiven klären und auf diesem Fundament alles Weitere aufbauen.

c: Wie startet der Berater auf dieser Basis ein Gespräch zur Schließung der Versorgungslücke?

Auch Selbstständige bewegen sich im Drei-Schichten-Modell der AV, wenn auch grundsätzlich ohne Möglichkeiten in der zweiten Schicht (bAV und Riester). Trotzdem sollte sich die Prioritätenreihenfolge an diesem Modell orientieren. Gerade die sogenannte mittelbare Förderberechtigung des Selbstständigen über den riesterförderberechtigten Ehegatten wäre ein Ansatzpunkt, der immerhin 175 EUR Zulage pro Jahr einbringen könnte.

d: Checkt der Berater die Voraussetzungen zum Eintritt in ein berufsständisches Versorgungswerk?

Der Berater muss mindestens daran denken, danach zu fragen. Das gilt beispielsweise für sozialversicherungspflichtig beschäftigte Rechtsanwälte, die GRV-Beiträge zahlen, in ihrem berufsständischen Versorgungswerk aber besser aufgehoben wären. Welches BSV in Betracht kommt, können Mitarbeiter der zuständigen Wirtschaftskammer beantworten. Ein Eintritt vor dem 50. Lebensjahr sichert alle versicherungstechnischen Möglichkeiten, weil Mindestanwartschaftszeiten so erfüllt werden können. Bei einem späteren Eintritt kann eine Rürup-Anlage oder eine private Rentenversicherung den Kunden seinem Versorgungsziel näherbringen.

e: Rürup als erste Wahl nach dem Versorgungswerk-Check?

Aufgrund der staatlichen Förderung stellt sich die Frage nach dem Abschluss einer Basis-Rente. Sie bietet neben der steuerlichen Förderung, im Gegensatz zu vielen anderen Vorsorgearten, den Vorteil des Insolvenzschutzes, bleibt also auch bei unglücklichem Ausgang des Selbstständigen-Daseins erhalten. Die Vererbung dagegen ist bei der Rürup-Rente deutlich eingeschränkt, unabhängig davon, ob der Tod vor oder nach Rentenbeginn eintritt. Für diesen Fall kann man aber ergänzend eine Hinterbliebenenversicherung oder eine Risikolebensversicherung abschließen. Es bleibt somit kein großes Risiko. Ebenso wird die Rendite von vielen Experten infrage gestellt. Da die Beiträge zur Rürup-Rente in erheblichem Umfang steuerlich absetzbar sind, ist das Renditemotiv oft mit dem Steuersparmotiv gleichzusetzen. Deshalb ist das Produkt für Selbstständige mit hoher Steuerprogression attraktiv.

f: In der zweiten Schicht: Nutzung von bAV-Anwartschaften aus Angestelltenzeiten?

Bei diesem Thema kann sogar noch richtig Musik drin sein: Nach fünf Einzahlungsjahren sind erworbene Anwartschaften im Regelfall unverfallbar, aufgrund individueller Vereinbarungen können sie es sogar schon früher bzw. unmittelbar sein. Dann hat auch der Selbstständige die Möglichkeit, die Einzahlung sonderausgabenwirksam privat fortzusetzen.

Vielleicht ist dies ein sinnvoller Vorsorgebaustein in Verbindung mit dem folgenden Prüfkriterium.

g: Eigenständiger Zweite-Schicht-Anspruch für „Dominanzpartner"
Vielleicht ist der Kunde geschäftsführender Gesellschafter und hat zur Haftungsbegrenzung oder aus anderen Gründen die Rechtsform einer juristischen Person gewählt. Dann kann ihm die Direktzusage oder die Unterstützungskasse offenstehen, bei der er allerdings die steuerlichen Voraussetzungen strikt beachten muss. Je nach bestehenden vertraglichen Konstruktionen lässt sich darin vielleicht sogar eine schon bestehende Anwartschaft gemäß Kriterium f (dann wohl nur beim gleichen Versicherer) einbringen. In jedem Fall sollte die Direktzusage über zweckgebundenes Deckungskapital auf der Aktivseite der Bilanz (Rückdeckungsversicherung, Sparvermögen) kongruent ausfinanziert sein, weil ansonsten im Falle der Leistung Liquiditätsprobleme auftreten können. Letzteres kann relativ teuer werden und lohnt sich nur, wenn der Anleger über die Aufwände zur Pensionszusage ordentlich Steuern spart und diese Steuerersparnis zur Rückdeckung der Ansprüche nutzt. Ansonsten kann eine Direktzusage auch schnell zu einem „Spiel mit dem Feuer" werden. Die Zusage sollte zudem in jedem Fall auf eine Kapitalzahlung zum Renteneintritt abstellen. Reine Rentenzusagen von Unternehmen sind aus dem Kapitalstock kleinerer GmbHs kaum finanzierbar. Zudem ist ein kleines mittelständisches Unternehmen mit derartigen Pensionsregelungen kaum verkäuflich. Bei Pensionszusagen heißt es dann für den Unternehmer: „Raus aus der Bilanz und rein in die Rente."

h: Gibt es in der zweiten Schicht auch einen Zugang über den Ehepartner?
Grundsätzlich bietet die zweite Schicht der Vorsorge mit bAV und Riester nur Ansatzpunkte für abhängig Beschäftigte. Aber es gibt auch Ausnahmen. Bei förderfähigem Ehepartner kann ein sogenannter Riester-Huckepack-Vertrag abgeschlossen werden. Dabei können beide Partner fürs Alter vorsorgen und dabei die volle staatliche Förderung bekommen. Der Selbstständige muss dabei keine Beiträge in den Vertrag einbringen, kassiert aber die volle Zulage vom Staat! Sicherlich spart er damit keinen nennenswerten Betrag an, aber die sogenannte „Riester-Förderung für mittelbar Zulagenberechtigte" sollten auch Selbstständige nicht auslassen. Weiß das der Berater?

i: Fragt er Sie nach Ihren Plänen bezüglich Wohneigentum?
Trotz schwankender Marktlage für Vermögensanlage in Immobilien bleibt AV mit einem Eigenheim interessant, da sie als inflationssicher einzuschätzen ist. Sämtliche über Jahre angesparte Kapitalwerte in Aktien und Sparguthaben können durch hohe Inflation innerhalb kürzerer Zeit entwertet werden. Für Immobilien gilt das weniger. Zwar ist aufgrund der demografischen Entwicklung auch im Bereich der Immobilie ein regional unterschiedlich ausfallender Werteverfall möglich. Letztlich stellt die Immobilie aber eine feste Säule in der AV-Planung dar, die zumeist schon weit vor Renteneintritt zur Erhöhung der Lebensqualität beitragen kann. Der Wert eines selbst genutzten Wohneigentums

misst sich nun einmal nicht am möglichen Verkaufspreis, sondern an der eingesparten Miete. Angesichts rapide steigender Mieten ist dies also immer noch eine Alternative.

j: Bietet der Berater mehrere Anlagemöglichkeiten in der dritten Schicht an?
Die dritte Schicht der AV mit ihren Lebens- oder Rentenversicherungen, Fonds oder Sparverträgen bietet für Selbstständige eine breite Auswahl an Produkten, die sie je nach verfügbarer Liquidität oder Risikobereitschaft ausschöpfen können. Vorsicht bei Insolvenzschutz! Wie sicher ist es, dass das Unternehmen nicht in Schwierigkeiten kommen kann?

Zusammenfassung zu den Prüfkriterien für Selbstständige
Für Selbstständige gibt es viele Gestaltungsmöglichkeiten zur eigenen Alterssicherung, die bis auf die Produkte der zweiten Schicht denen für Arbeitnehmer in nichts nachstehen. Der entscheidende Unterschied zwischen diesen beiden Gruppen: Arbeitnehmer werden in der ersten Schicht stringent und bei bestehenden Betriebsvereinbarungen auch in der zweiten Schicht zur Vorsorge angehalten. Selbstständige müssen nach Eintritt in die Selbstständigkeit für alle Vorsorgeentscheidungen, von der Kranken- und Berufsunfähigkeitsversicherung bis zur Alterssicherung, die Initiative ergreifen und entsprechende Verträge abschließen.

24.4 Zum Insolvenzschutz von Vorsorgebausteinen

Diese Frage ist nicht lapidar. Um Überraschungen auszuschließen, müssen AV-Berater für Arbeitnehmer und Selbstständige hierauf erschöpfende und befriedigende Antwort geben.

Fragen zum Insolvenzschutz in der ersten Schicht
In der ersten Schicht ist die Frage des Insolvenzschutzes zwar normalerweise kein Thema: Die GRV ist nur bei einer Staatspleite gefährdet. Dann hilft auch kein privater Insolvenzschutz, für den es auch heute keine Rechtsgrundlagen gibt. Dann bliebe noch die Frage nach der Sicherheit von Rürup-Renten unter folgenden Aspekten:

- Die Insolvenz eines Versicherers ist kaum möglich, denn dafür hat die Assekuranz ein Auffangnetz gespannt, „Protektor" genannt. Gefahr besteht hier nur, wenn mehrere Pleiten von Versicherungsunternehmen diese Sicherungseinrichtung überfordern.
- Was geschieht, wenn der Unternehmer und spätere Bezieher einer Rürup-Rente während der Einzahlungsdauer insolvent wird? Er kann seine Versicherung beitragsfrei stellen, was spätere Leistungen reduziert, aber der bereits aufgebaute Anspruch bleibt erhalten.
- Besteht für Rürup-Sparer das Risiko, dass das bei Versicherungen aufgebaute Guthaben (Rückkaufwert) der Insolvenzmasse zugeschlagen wird? Ein Risiko könnte

vielleicht gegeben sein, wenn die Prämieneinzahlungen für den Versicherungsvertrag über zu hohe Privatentnahmen finanziert wurden und dadurch andere Gläubiger geschädigt sein könnten. Also sollte man vorsichtshalber die gesamte Konstruktion auf Insolvenzschutz prüfen!

Fragen zum Insolvenzschutz in der zweiten Schicht
Die zweite Schicht ist durchgängig insolvenzgeschützt. Das gilt für bAV-Produkte und alle Riester-Anlagen: Anlagen bei den Durchführungswegen Pensionskassen und Pensionsfonds sowie Unterstützungskassen sind über den schon erwähnten Pensionssicherungsverein insolvenzgeschützt. Damit ist die zweite Schicht im Insolvenzfall weitestgehend sorgenfrei.

Fragen zum Insolvenzschutz in der dritten Schicht
Ganz anders sieht es in der dritten Schicht aus. Hier gibt es definitionsgemäß zwar kein Arbeitgeberrisiko, denn die dritte Schicht ist das Privatvergnügen des jeweiligen Sparers. Soweit er hier Anlagen bei etablierten Banken, Bausparkassen und Versicherungen tätigt, sind die Einzahlungen im Regelfall durch die Sicherungseinrichtungen der jeweiligen Dachinstitutionen gedeckt. Bei Anlagen außerhalb dieses geschützten Bereichs trägt der Anleger ungeschützt die Emittentenrisiken, wie Fachleute das nennen. Die Stories der Lehmann Brothers & Co. bieten dafür Anschauungsmaterial. Deshalb gilt: Wenn bestehende Verträge Baustein der AV sein sollen, sind sie auf deren möglichen Insolvenzschutz zu überprüfen und gegebenenfalls in eine andere pfändungsgeschützte Anlagemöglichkeiten umzuwandeln.

Nunmehr führen wir Sie auf den „AV-Marktplatz" und steigen mit Leitfragen zum Marktplatzbummel ein. Dabei wandern wir über den für die meisten Bürger obligatorischen „Erste-Schicht-Markt". Vor dem Hintergrund der identifizierten GRV-Ansprüche geht es weiter auf die Märkte, auf denen man sich zusätzliche Vorsorgeleistungen gegen klingende Münze einkaufen kann: an die Zweite-Schicht-Verkaufsstände für bAV- und Riester-Produkte. Dazu gibt es Kernaussagen mit Berechnungsbeispielen und darauf aufbauende Anlageempfehlungen. Wer diese AV-Angebote entsprechend seinen liquiden Möglichkeiten ausgelotet hat, kann sich noch für weitere Vorsorgekäufe auf den Dritte-Schicht-Markt begeben, wo er keine geförderten, aber teilweise noch steuerlich begünstigte Produkte vorfindet.

25.1 Leitplanken für den Vorsorge-Marktplatzbummel

Entscheidungshilfen für die Deckung des individuellen Anspruchsniveaus
Bürger und Privathaushalte können sich folgende Fragen stellen und beantworten:

- Welches Anspruchsniveau an finanzieller Ruhestandsabsicherung habe(n) ich (wir)? Das allgemeine Ziel ist fast immer die individuelle Lebensstandardsicherung im Alter, und diese macht sich am Nettoeinkommen vor Renteneintritt fest!
- Wie wird dieses Anspruchsniveau durch staatliche Versorgungsträger befriedigt?
- Welche Versorgungslücke besteht bzw. kann sich immer weiter öffnen?
- Was können wir zur subsidiären Schließung der Versorgungslücke beitragen?
- Wie wählen wir in rationaler Sicht alternative Versorgungskomponenten aus?
- Können wir konstante Sparfähigkeit unterstellen oder gibt es dafür Störfaktoren?
- Welche Versorgungskomponenten präferieren wir bei reduzierter Sparfähigkeit?
- Wie wollen wir diesen „Kuchen" auf die drei Vorsorgeschichten verteilen?

© Springer Fachmedien Wiesbaden GmbH, ein Teil von Springer Nature 2018
H. Benölken und N. Bröhl, *Altersvorsorge am Scheideweg*,
https://doi.org/10.1007/978-3-658-21837-9_25

Diese Schlüsselfragen sind vor dem Marktplatzrundgang durch jeden Bürger individuell und mindestens im Grundsatz zu beantworten.

Halten Sie sich an die Navigationsvorgaben!
Falls Sie segeln, sind Ihnen „Waypoints", die der Navigator auf Segeltörns eingibt, vertraut. Nach seinen Vorgaben steuert der Rudergänger einen Waypoint nach dem anderen in stringent festgelegter Reihenfolge an. Abweichen vom Kurs könnte Grundberührung bedeuten, denn dann fehlt Ihnen die berühmte Handbreit Wasser unterm Kiel.

Es ist wie im IKEA-Einkaufsland: Sie wollen sich Kinderzimmermöbel anschauen. Um dort hinzukommen, führt man Sie zunächst mit Bodenpfeilen durch die Wohn-, Küchen-, Schlafzimmer-Möbelabteilungen, bis Sie im Kindermöbelparadies ankommen. Abkürzungsmöglichkeiten sind nur Insidern bekannt.

Warum diese Beispiele? Damit Sie erkennen, wie wichtig folgende Navigation für Sie ist:

- Waypoint 1 markiert die Ansteuerungstonne zur Ladengasse der GRV und ihrer Surrogate. Erst danach haben Sie Zutritt zur …
- … nächsten Ladengasse, markiert durch Waypoint 2, mit bAV- und Riester-Ständen. Am Ende dieser Gasse wartet Waypoint 3 auf Sie, …
- … mit Zutritt zur Ladengasse mit den Verkaufsständen für Dritte-Schicht-Produkte.

Wenn Sie sich an dieses Rooting halten, vermeiden Sie Liquiditätsverluste in der dritten Schicht (sinnbildlich Grundberührungen) und bleiben für die zweite Schicht aktionsfähig.

25.1.1 Spielregeln für GRV-Marktteilnehmer

Ist es bei einer Pflichtversicherung sinnvoll, sich mit deren Spielregeln zu beschäftigen? Durchaus, denn es gibt verborgene Facetten. Gesetzt: Alle sozialversicherungspflichtigen Einkommen unterliegen der Versicherungspflicht der GRV mit 18,7 % Beitrag (2017) bis zur Beitragsbemessungsgrenze. Gestaltungsmöglichkeiten: Mit bAV-Entgeltumwandlung kann man in Höhe des umgewandelten Betrags der GRV entfliehen und ihn kapitalgedeckt anlegen.

Oder: GRV-Unterbrechungszeiten können unter bestimmten Bedingungen nachversichert werden und damit die Leistungen aus der GRV sichern. Das Nachversichern ist nicht umsonst: Im Jahr 2017 kostet der „Erwerb" eines Entgeltpunktes einen Arbeitnehmer durch Nachversichern in der GRV, welcher eine lebenslange monatliche Rente von 31,03 EUR (West) sichert, rund 3090 EUR. Nach acht Jahren Rentenzahlung hat man die Einzahlung wieder „raus". Da die statistische Lebenserwartung zumindest den Männern nur 16 Jahre ab dem 65. Lebensjahr zubilligt, ist es aktuell so, dass sich das Geschäft lohnt. Daher: Nach- oder freiwillig in der GRV versichern lohnt sich.

Das wirft die Frage einer Einbeziehung von Selbstständigen auf. Sie befindet sich noch im politischen Meinungsstreit, aber wenn die Durchsetzung im politischen Prozess Handlungszwänge bei den anderen Stellschrauben vermeiden hilft, ist davon auszugehen, dass Selbstständige auch bald Pflichtkunden der GRV werden. Als angenehmen Nebeneffekt könnte die Politik dann vermelden, einen wichtigen Beitrag zur Vermeidung von Altersarmut bei Selbstständigen zu leisten.

25.2 Zeitwertkonten – Angebot unter dem Flexi-II-Schirm

Einen Clou bietet der Stand mit Angeboten von Altersteilzeit- und Langzeitwertkonten, die mit dem Geldanspruch des Arbeitnehmers rückgedeckt sind. Die Argumente, falls Arbeitgeber derartige Regelungen anbieten:

- „Bringen Sie Bonifikationen ohne Abzug von Abgaben ein!"
- „Urlaubs- und Weihnachtsgeld sowie Sonderzahlungen können Sie ebenfalls steuer- und abgabenfrei auf Zeitwertkonten einzahlen."
- „Da bei Altersteilzeitkonten Ihre Steuerbelastung in der Freistellungsphase geringer ist als in Ihrer aktiven Phase, sparen Sie sogar netto Steuern."
- „Tauschen Sie mit Ihren Zeitgutschriften nach eigener Wahl und in Absprache mit dem Arbeitgeber Geld gegen Freizeit!"
- „Mit Ihrem Lebensarbeits-Zeitwertkonto können auch Sie Ihre Elternauszeiten flexibilisieren, sich ein Aus für Pflegezeiten nehmen und auch mal ein Sabbatical einlegen."
- „Mit dem Lebensarbeitszeitkonto können Sie früher ohne Abschläge in Rente gehen, wenn Sie genügend Anteile Ihrer Jahresgehälter als Zeitguthaben angesammelt haben."
- „Wenn Sie Ihre Zeitwertgutschriften lieber auf einem Langzeitwertkonto sammeln, können Sie schrittweise als Teilzeitarbeitnehmer nach und nach in den Ruhestand gehen."
- „Ihr Lebensarbeitszeitwertkonto ist geschützt, auch wenn der Betrieb mal Kurzarbeit macht, dann darf Ihr Zeitguthaben grundsätzlich nicht abgebaut werden."
- „Ihre Zeitwertkonten sind insolvenzgeschützt. Die eingezahlten Beiträge sind garantiert."
- „Durch die Zins- und Zinseszinsen (die werden nämlich automatisch zu Arbeitslohn) der angelegten Lohnbestandteile können Sie bei entsprechender Anspardauer allein aufgrund der Zinsen ein bis zwei Jahre früher in den Ruhestand eintreten"

Für den Bürger gibt es kaum wunde Punkte beim Flexi-II-Gesetz. Die genannten Vorteile bzw. Gestaltungsmöglichkeiten von Lebensarbeitszeitkonten sind gesetzlich grundsätzlich zulässig, aber primär nur als Sammlung des eigentlich Möglichen zu verstehen. Der Arbeitgeber ist nämlich (falls Tarifverträge nichts anderes vorschreiben) relativ frei darin, wie er das Lebensarbeitszeitkonto ausgestaltet. Im Gegensatz zur bAV gibt es keinen Gesetzesanspruch des Arbeitnehmers auf ein Lebensarbeitszeitkonto. Langzeitarbeitskonten sind bei Großunternehmen schon weit fortgeschritten, aber im Mittelstand gibt es mit einer Quote von unter zehn Prozent noch großen Nachholbedarf.

GRV-Verkaufsstand für Arbeitnehmer 26

26.1 Navigationshilfen für GRV-Analysen

Wer ein Jahr lang das Bruttodurchschnittseinkommen in Deutschland verdient, bekommt einen Entgeltpunkt für eine lebenslange monatliche Rente gutgeschrieben. Voraussetzung ist, dass eine Mindesteinzahldauer in die GRV von fünf Jahren gegeben ist und das individuelle Rentenzutrittsalter erreicht wurde (für alle Jahrgänge ab 1964 ist dies das 67. Lebensjahr). Ein Rentenentgeltpunkt beträgt im Jahr 2017 31,03 EUR (West), dieser ist allerdings variabel und wird aufgrund der Bruttolohnentwicklung durch die Bundesregierung jedes Jahr neu festgelegt. Das Durchschnittsbruttoeinkommen beträgt im Jahr 2017 rund 37.103 EUR. Das heißt: Wenn jemand 30 Jahre lang das jeweilige bundesdeutsche Durchschnittseinkommen (West) des einzelnen Jahres bezogen hat, hat dieser 30 Entgeltpunkte aufgebaut und damit einen Rentenanspruch von 30 multipliziert mit 31,03 EUR = 930,90 EUR (brutto) erreicht. Hätte derjenige zehn Prozent mehr als das Durchschnittseinkommen = 35.203 EUR verdient, würden ihm auch zehn Prozent mehr Rente = 1.023,99 EUR zustehen. Ist doch eigentlich ganz einfach, oder nicht?

Bei früherem Renteneintritt sind 0,3 % pro Monat Frühverrentungsabschlag auf die lebenslange Rente fällig. Alle Jahrgänge ab 1964 können den Vorruhestand maximal bis zum Jahr zur Vollendung des 63. Lebensjahres vorziehen. Bei 930,90 EUR Rente wären dann 14,4 % Abschlag fällig, was die lebenslange Altersrente auf 796,85 EUR reduzieren würde.

Die Regelaltersgrenze wird ab 2012 stufenweise von Vollendung des 65. Lebensjahres auf 67 Jahre angehoben. Es gelten Ausnahmen beim frühesten Renteneintritt für Schwerbehinderte (Vollendung 60. Lebensjahr) und langjährig Versicherte mit 45 Beitragsjahren. Bei letzterer Gruppe ist ein Renteneintritt bereits mit 65 Jahren ohne Abschläge

© Springer Fachmedien Wiesbaden GmbH, ein Teil von Springer Nature 2018
H. Benölken und N. Bröhl, *Altersvorsorge am Scheideweg*,
https://doi.org/10.1007/978-3-658-21837-9_26

Tab. 26.1 Renteneintritt nach Geburtsjahrgang

Geburtsjahrgang	Rentenaltersgrenze ohne Abschlag	Frühester Rentenbeginn (Jahre)	Abschlag Frühverrentung (%)
1950 …	65 Jahre + 4 Monate	63	8,40
1955 …	65 Jahre + 9 Monate	63	9,90
1960 …	66 Jahre + 4 Monate	63	12,00
Ab 1964	67 Jahre	63	14,40

möglich. Generelle Rentenkürzungen sind übrigens aktuell noch gesetzlich ausgeschlossen, aber ob sich das nicht eines Tages auch ändern könnte?

Tab. 26.1 gibt einen Überblick der auf die Geburtsjahrgänge bezogenen Regelaltersgrenzen.

Ihre Rente können Sie mit dem Rentenrechner schätzen unter www.n-heydorn.de.

26.2 Rentenformeln und Rentenhöhe

Aktueller Rentenwert

Der aktuelle Rentenwert ist analog zu den vorher angesprochenen „Entgeltpunkten" zu sehen. Er bezieht sich auf das Durchschnittsbruttoeinkommen aller Versicherten (37.103 EUR im Jahr 2017, West) und beträgt im Jahr 2017 31,03 EUR (und 29,69 EUR, Ost). Die Altersrentenanwartschaft errechnet sich somit durch Festlegung des Rentenwerts sowie der Beitragsjahre und der jeweiligen Einkommenssituation bezogen auf das Bruttodurchschnittsentgelt in Deutschland (Abb. 26.1).

Ein kongruenter Anstieg analog der Bruttolohnentwicklung ist aufgrund der Rentenreformen der letzten Jahre spätestens bei Renteneintritt der geburtenstarken Jahrgänge ab etwa 2022 ausgeschlossen. Dadurch bleiben Renten hinter den Lohnsteigerungen zurück. Ausnahmen, die eine Anhebung des Rentenwerts bedeuten, können aber durchaus über „Wahlgeschenke" der Regierung möglich sein.

Tab. 26.2 gibt in Abhängigkeit des Durchschnittsverdienstes und Beitragszahldauer eine kleine Orientierung zu aktuellen Rentenanwartschaften.

Die Bruttohöchstrente der GRV liegt derzeit übrigens bei etwa 2870 EUR brutto und nur dann, wenn 45 Jahre eingezahlt und durchschnittlich im Bereich der Beitragsbemessungsgrenzen der letzten Jahre (aktuell 76.200 EUR Jahresbruttoeinkommen, West) verdient wurde. Da selbst leitende Angestellte diese Eckpunkte nicht erfüllen, ist dies allerdings ein theoretischer Wert. Fest steht: Wer heute viel verdient (zum Beispiel 6000 EUR brutto im Monat) kann trotzdem nur mit einer gesetzlichen Rente rechnen, die etwa die Hälfte seines letzten aktiven Monatsgehalts ausmacht. An der Stelle wird noch einmal der deutliche Zusatzbedarf an Altersvorsorge gerade auch in den höheren Einkommensgruppen deutlich.

Die Berechnung der Rente

Aktueller Rentenwert x Rentenartfaktor x Zugangsfaktor x Anzahl Entgeltpunkte

27,20 Euro (2010)	1	volle Altersrente	1	Regelaltersgrenze	1	für 1 Jahr
	0,55	große Witwenrente	0,9282	Jahre Frühruhestand		Beitragszahlung mit
	0,25	kleine Witwenrente	0,825	Jahre Frühruhestand1für		Durchschnittsverdienst
	0,2	Vollwaisenrente				
	0,1	Halbwaisenrente				

Beispielrechnung
Volle Altersrente mit 5 Jahren Frühruhestand bei 40 Beitragsjahren mit Durchschnittsverdienst

27,20 Euro x 1 x 0,82 x 40 = 892,16 Euro monatliche Brutto-Rente

Abzüglich 10 % Kranken-und Pflegeversicherung
892,16 x 0,1= 89,22 Euro

Abzüglich 15 % individueller Steuersatz auf 60 % der gesamten Rente
(gilt für Rentner, die 2010 zum ersten Mal Rente beziehen)
892,16 x 0,6 x 0,15 = 80,29 Euro

Rentenzahlbetrag = 722,65 Euro

Abb. 26.1 Berechnung der Rente. (Quelle: eigene Darstellung)

Tab. 26.2 Rentenanwartschaft nach Verdienst und Beitragszahldauer im Jahr 2017. (Quelle: eigene Darstellung in Anlehnung an Deutsche Rentenversicherung Bund 2017)

Beitragsjahre GRV	GRV-Altersrente bei 70 % des Ø – Entgelts (EUR)	GRV-Altersrente bei Ø – Entgelt	GRV-Altersrente bei 130 % des Ø – Entgelts
5	107	152	198
10	213	305	396
15	320	457	594
20	426	609	792
25	533	761	990
30	639	914	1,188
35	746	1,066	1,385
40	853	1,218	1,583
45	959	1,370	1,781

Rentenartfaktor

Er bestimmt sich nach der Art der zu beziehenden Rente. Volle 100 Prozent gibt es für die Altersrente, weniger für (große) Witwen- (60 bzw. 55 %) und Waisenrenten (20 bzw. zehn Prozent als Voll- oder Halbwaisenrente).

Zugangsfaktor

Er hängt ab vom Renteneintrittsalter. Volle 100 % gibt es bei Renteneintritt mit der Regelaltersgrenze, ansonsten werden pro Monat Frühruhestand 0,3 % abgezogen.

Entgeltpunkte

Wer ein Jahr in Höhe des Durchschnittsbruttogehalts aller Versicherten verdient hat, bekommt einen Entgeltpunkt in Höhe von derzeit 31,03 EUR als monatliche lebenslange Rentenzahlung bei Regelrenteneintritt gutgeschrieben. Wer mehr verdient, bekommt prozentual mehr gutgeschrieben (bis zur BBG GRV von 76.200 EUR), wer weniger verdient, erhält entsprechend weniger gutgeschrieben.

Entgeltpunkte für Kindererziehungszeiten: Für Geburtsjahrgänge ab 1992 maximal 0,833 EGP für 36 Monate, ansonsten für zwölf Monate EGP

Entgeltpunkte für Ausbildungszeiten: Seit 2009 werden Schul- und Hochschulzeiten nicht mehr angerechnet. Ausnahmen sind die sogenannten Fachschulzeiten. Hier gibt es für max. 36 Monate 0,0625 EGP.

26.3   Kompass für die individuelle GRV-Anlagepolitik

Wer überdurchschnittlich verdient, den erwartet auch eine überdurchschnittliche Rente – die fröhlichen Gesichter (vgl. Abb. 26.2) zeigen das in absteigender Form. Dennoch reicht selbst eine überdurchschnittliche Rente nicht aus, um ein auskömmliche GVN zu erreichen. Aufstockungen sind für kommende Rentnergenerationen unumgänglich.

Abb. 26.2   AV-Kompass GRV. (Quelle: eigene Darstellung)

Erste-Schicht-Verkaufsstand für Selbstständige

27

Auch als Selbstständiger sollte man nicht achtlos über den Erste-Schicht-Marktplatz hinweg stürmen, sondern gezielt an folgenden Ständen verweilen:

27.1 Info-Stand berufsständische Versorgungswerke

Diese Angebote sind sehr heterogen, man muss sich über sie im Einzelfall informieren. Wer seinen Standort und mögliche Perspektiven ausloten möchte, sollte sich vom (potenziellen) Träger die Anwartschaft auf einen fiktiven Rentenbeitrag von 500 EUR pro Monat nach 30 Jahren ausrechnen lassen und die Berechnungen mit einem gleichartigen Angebot eines Versicherers seines Vertrauens vergleichen. Danach lässt sich einschätzen, wo man beim Thema Rente gut aufgehoben ist. Tendenziell ist die Rendite berufsständischer Versorgungswerke besser als bei Versicherern.

27.2 Verkaufsstand Basis-(„Rürup"-)Rentenangebote

Die Basis- oder Rürup-Rente („Riester für Selbstständige") steht im Rahmen der steuerlichen Regelungen jedem Selbstständigen offen. Wesentliche Sparformen sind fondsgebundene und klassische Rentenversicherungen. Der Fördereffekt besteht im Steuervorteil durch Sonderausgabenabzug bis zu 20.000 EUR. Diese Anlageform kann Tücken haben für den Rürup-Sparer, der sich nicht genau über die Eignung für seinen Bedarf informiert. Fragen:

© Springer Fachmedien Wiesbaden GmbH, ein Teil von Springer Nature 2018
H. Benölken und N. Bröhl, *Altersvorsorge am Scheideweg*,
https://doi.org/10.1007/978-3-658-21837-9_27

- Ist für den Anleger der Gang in die Selbstständigkeit schon klar, sodass eine (günstigere) arbeitnehmerorientierte Vorsorge ausscheidet? Eher Zurückhaltung in jungen Jahren!
- Verfügt er strukturell über ein Einkommen mit einem Grenzsteuersatz von zum Beispiel über 35 %, sodass sich der Steuervorteil für ihn besonders lohnt?
- Oder sind auch dürre Jahre mit nur geringen Prämieneinzahlungen einzukalkulieren, sodass der Steuervorteil temporär nur einen geringen Anreiz darstellt?
- Ermöglicht es der Versicherungsvertrag, die jährliche Prämienhöhe flexibel zu variieren?
- Passt es zum Bedarf des Anlegers, dass er eine lebenslange Rente erhält, aber keine Kapitalisierung möglich ist?
- Wie ist der Hinterbliebenenschutz geregelt? Soll dies in einem Basisrentenvertrag gegen Mehrprämie mit abgesichert werden?
- Oder ist es sinnvoller, darauf zu verzichten und bei Bedarf zusätzlich einen Risikolebens-Versicherungsvertrag abzuschließen?

Wenn der Anleger Gutverdiener ist und im weitgehend lastenfreien Eigenheim wohnt, aber noch vorzusorgen hat, kann etwa ab einem Abschlussalter über 50 die Rürup-Rente viel Charme haben, wenn die eingeschränkte Vererbung nicht stört.

Aber als Rürup-Sparer sollten man Anbieter, die einen Abschluss gewinnen wollen, intensiv nach den Kosten fragen. Gesetzlich ist das zwar im Versicherungsvertragsgesetz (VVG) klar geregelt. Aber: Gemäß einer Studie des Instituts für Transparenz in der Altersvorsorge lautet das ernüchternde Ergebnis: „Die derzeit gemachten und vorgeschriebenen Kostenangaben sind gänzlich ungeeignet, um das vom Gesetzgeber verfolgte Ziel der Kostentransparenz als Grundlage für den Vergleich von Produkten zu erreichen." Da helfe nur ein standardisiertes Kosteninformationsblatt. Also unbedingt nicht nur nach Abschlusskosten fragen, sondern auch nach allen Gebühren, die die Gesamtrendite beeinflussen!

27.3 Versorgungswerk vor Rürup!

Der Leser wird fragen, welche Prioritäten sinnvoll sind, wenn das Geld für beide Vorsorgemöglichkeiten, nämlich Einzahlungen in ein berufsständisches Versorgungswerk und einen Basisrentenvertrag, nicht reicht. Das ist eine vergleichbare Situation wie für Arbeitnehmer bei der Riester- und/oder bAV-Abwägung. Es ist empfehlenswert, erst die Möglichkeiten des Versorgungswerks auszuschöpfen und danach auf die Rürup-Rente zu setzen. Dafür spricht: Mit Beiträgen zum Versorgungswerk können der Anleger sich, auch wenn er mal nicht mehr selbst einzahlen kann, durch die Mitgliedschaft im Invaliditätsfall Versorgungs- und Hinterbliebenenrenten einkaufen.

Beim „Riester für Selbstständige" muss der Sparer nicht nur alle Einzahlungen selbst leisten, sondern es gibt auch keine „Extras" wie bei Versorgungswerken. Dafür kann der erzielbare Steuervorteil sehr interessant sein.

Es gibt für viele Selbstständige eine Tendenz primär zum Versorgungswerk und erst dann zu Rürup. Aber hier ist jeder Einzelfall ganzheitlich und individuell zu prüfen. Zu beachten ist zudem, dass die Besteuerung von Rürup-Renten nachgelagert analog der Besteuerung der gesetzlichen Rente (mit Alterskohorten) erfolgt.

27.4 Kompass für die individuelle Rürup-Anlagepolitik

Die Rentabilität einer Rürup-Rente hängt von der Steuerprogression ab. Je höher, desto besser. Auch Arbeitnehmern steht diese Form der AV offen (Abb. 27.1).

Der Altersvorsorge-Kompass Rürup-Rente

Selbständige mit hoher Steuerprogression und 20 TEUR-Ausschöpfung

Selbständige mit hoher Steuerprogression und < 10 TEUR Ausschöpfung

Selbständige mit mittlerer Steuerprogression und 20 TEUR Ausschöpfung

Selbständige mit mittlerer Steuerprogression und < 10 TEUR Ausschöpfung

Selbständige mit niedriger Steuerprogression und X TEUR Ausschöpfung

Abb. 27.1 AV-Kompass Rürup-Rente. (Quelle: eigene Darstellung)

28.1 Spielregeln für bAV-Anleger

Arbeitgeber in der Vorhand

Der Arbeitgeber hat das Recht, den DW für die Arbeitnehmer festzulegen, zum Beispiel im Rahmen bestehender bAV-Einrichtungen für die (betrieblichen oder überbetrieblichen) DW Pensionskasse, -fonds und Unterstützungskasse. Macht er von diesem Recht keinen Gebrauch, etwa mangels bestehender DW-Einrichtungen, kann der Arbeitnehmer sich in der Regel auf eine Pensionskasse oder Direktversicherung berufen. Der Arbeitgeber kann seinen Mitarbeitern die monatlichen bAV-Einzahlungen ganz oder teilweise als Zuschuss geben.

Abgabenfrei und Direktabzug

Bei allen bAV-DW sehen Arbeitnehmer das Geld während der Ansparphase nicht auf ihrem Konto: Der Arbeitgeber behält es vom Lohn ein und überweist es wie Pflichtversicherungsbeiträge zur Renten-, Kranken, Arbeitslosen- und Pflegeversicherung direkt an den „Träger", wie die Einrichtungen in diesem Zusammenhang genannt werden.

Üblich ist die Brutto-Entgeltumwandlung, indem bAV-Monatsraten vom zu versteuernden und sozialversicherungspflichtigen Einkommen abgezogen werden mit dem Vorteil, dass sich aus diesen Ersparnissen die Steuer- und Sozialabgabenlast des Berechtigten reduziert.

© Springer Fachmedien Wiesbaden GmbH, ein Teil von Springer Nature 2018
213
H. Benölken und N. Bröhl, *Altersvorsorge am Scheideweg*,
https://doi.org/10.1007/978-3-658-21837-9_28

28.2   Angebote an den bAV-Ständen

28.2.1 Direktversicherungen

Ein Blick auf die Anbieter

Anbieter sind hier traditionsgemäß primär Versicherungsgesellschaften, Bankvertriebe oder branchenspezifische Versorgungswerke, die Pensionskassen und Direktversicherungen anbieten. Das bedeutet für die Anleger: Jede Mutter lobt ihre Butter, ohne Vergleiche mit anderen Butterproduzenten anzubieten. Vergleiche müssen Anleger anhand vorab beschaffter Informationen selbst vornehmen. Zwar sind vereinzelt auch Makler und Mehrfachagenten relevant, die jeweils mehrere Produkte im Angebotsköcher haben, aber: Deren Hauptaugenmerk gilt mehr dem als lukrativer eingeschätzten Markt der Direktzusagen.

Vorsicht: Die Riester-Förderung sollte nicht über den Arbeitgeber genutzt werden. Hier müssen Anleger (entgegen dem privat abgeschlossenen Riester) bei Leistungsbezug später Kranken- und Pflegeversicherung auf die Rentenleistungen zahlen!

Hohe Markttransparenz

„Direktversicherungen" sind keine spezielle Spezies von Lebensversicherungen, sondern eingebunden in die Kollektive der jeweiligen Versicherer als Anbieter. Darüber gibt es eine hohe Markttransparenz dank des periodisch erscheinenden MAP-Reports von Manfred Poweleit. Diese Ergebnisse sind über das Internet, die verbrauchernahe Wirtschaftspresse und spezielle Wirtschafts- und Verbrauchermedien zugänglich. Und damit befindet man sich schon in der Verkaufsgasse für Direktversicherungen mit derzeit etwa 70 Ausstellern.

Kriterien, auf die besonders zu achten ist

Wichtig sind für den Anleger in einer Direktversicherung zunächst die Kriterien, die die Höhe der Ablaufleistung zum Fälligkeitstermin, damit rückblickend die Höhe der Rendite im Vergleich zu den Prämieneinzahlungen und nach vorn blickend die Höhe der Altersrente bestimmen. Zudem stellt sich die Frage nach der Verteilung der Abschlusskosten: Innerhalb von fünf Jahren oder über die gesamte Laufzeit? Über die gesamte Laufzeit ist in der Regel besser, weil bei Arbeitgeberwechsel ansonsten einige Euros fehlen könnten. Nun ist eine Auswahl möglich. Eine Übersicht, etwa wie in Tab. 28.1 dargestellt, kann dabei hilfreich sein.

28.2.2 Direktzusagen

Direktzusagen sind nur dem begrenzten Personenkreis „Leitende" vorbehalten. Die Anbieter sind weitgehend mit den Anbietern von Direktversicherungen und Pensionskassen identisch. Grundsätzlich können wir deshalb auf die Ausführungen dazu verweisen.

Tab. 28.1 Auswahl einer Direktversicherung oder Pensionskasse. (Quelle: eigene Darstellung)

Kriterium	Angebot 1	Angebot 2	Angebot 3
Höhe des garantierten Kapitals	50,000 €	55,000 €	Kein garantiertes Kapital
Höhe der garantierten Rente	188,-€	222.88 €	Keine garantierte Rente
Hinterbliebenen – und Berufsunfähigkeitsschutz	Optional	Obligatorisch (tarifvertraglich)	Optional
Abschlusskostenverteilung	Laufzeit	Laufzeit	10 Jahre

Versicherungssummen für Direktzusagen liegen im Regelfall im sechsstelligen Bereich (im Gegensatz zu den eher kleinvolumigeren Direktversicherungen). Ein Entscheidungstableau vergleichbar dem für Direktversicherungen leistet auch hier gute Dienste bei der Auswahl.

28.3 Berechnungsbeispiele für bAV-Anleger

Warum lohnt sich die bAV insbesondere für gut verdienende Angestellte?
Weil die Förderung aus Steuer- und Sozialabgabenersparnis besteht. Wer einen hohen Steuersatz zu entrichten hat, profitiert in Höhe des Steuersatzes von Entgeltumwandlung. Wer kaum Steuern zahlt, profitiert kaum.

▶ Privat Krankenversicherte müssen im Gegensatz zu gesetzlich Versicherten keine Sozialabgaben auf Leistungen der bAV entrichten!

Beispiel

Single, ledig, kirchensteuerpflichtig, Jahreseinkommen	50.000 EUR
Sparleistung durch Entgeltumwandlung	1200 EUR p. a.
Davon Steuerersparnis: 467 EUR und Sozialabgabenersparnis	136 EUR
Eigenaufwand netto	597 EUR
Förderquote	ca. 50 %

Tab. 28.2   bAV-Förderung bei 100 EUR monatlichem Sparbetrag. (Quelle: eigene Darstellung)

bAV-Förderung § 3 Nr. 63 EStG (Pensionskasse, -fonds, Direktversicherung) bei 100 Euro Sparbetrag pro Monat[a]

Jahresbruttoeinkommen (EUR)	Bei Steuerklasse		
	I bzw. IV (EUR)	III, ein Kind (EUR)	III, zwei Kinder (EUR)
15.000	38	20	20
20.000	47	20	20
25.000	47	35	35
30.000	49	44	44
35.000	51	44	44
40.000	52	47	46
45.000	54	46	46
50.000	51	41	42
55.000	52	42	41

▶   Manche Arbeitgeber bieten zusätzlich zur staatlichen Förderung einen Zuschuss an, um sich sozial zu engagieren und weil sie ihren Anteil zur Sozialversicherung auf den vom Arbeitnehmer umgewandelten Betrag einsparen und diesen teilweise als Umwandlungsanreiz an den Arbeitnehmer weitergeben. Auch gibt es in vielen Branchen tarifvertragliche Ansprüche auf zusätzliche Arbeitgeberleistungen. Bei zusätzlichen Leistungen durch Arbeitgeber kann sich ein geförderter Anteil am Umwandlungsbetrag bis zu 70 % ergeben, also bei 100 EUR Umwandlung im Monat bis zu 70 EUR Förderung. Bei entsprechenden Zuschüssen ist die bAV für Arbeitnehmer eine attraktive AV-Möglichkeit. Hier stellen sich bis auf gering verdienende Familien mit Kindern (für die sind kinderzahlabhängige Förderzulagen attraktiver) die meisten AV-Interessierten bei dieser Vorsorgemöglichkeit am besten (Tab. 28.2).

28.4   Kompass für die individuelle bAV-Anlagepolitik

Die bAV steht allen Arbeitnehmern offen. Arbeitgeberzulagen wirken sich positiv aus (vgl. Abb. 28.1). Bis zur Beitragsbemessungsgrenze der GRV gilt: je höher das Einkommen, desto lohnender die bAV. Danach sinken Förderquoten wieder, weil Entgeltumwandlung bezogen auf den Gesamtsparbetrag weniger Sozialversicherungsersparnis bringt.

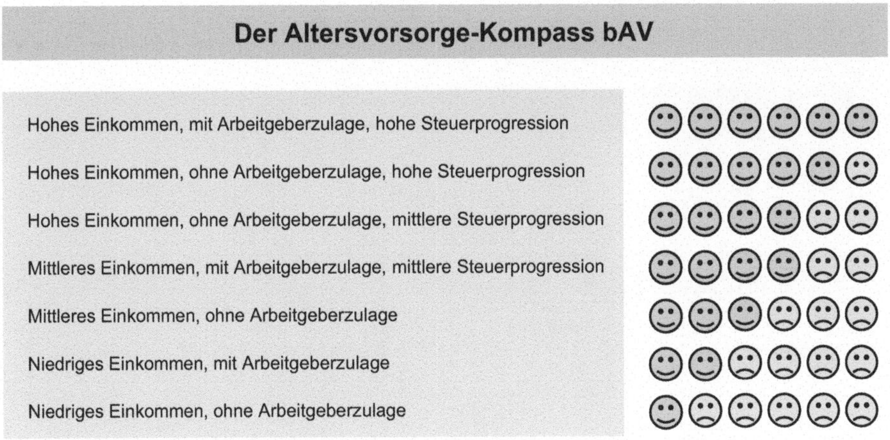

Der Altersvorsorge-Kompass bAV

Hohes Einkommen, mit Arbeitgeberzulage, hohe Steuerprogression

Hohes Einkommen, ohne Arbeitgeberzulage, hohe Steuerprogression

Hohes Einkommen, ohne Arbeitgeberzulage, mittlere Steuerprogression

Mittleres Einkommen, mit Arbeitgeberzulage, mittlere Steuerprogression

Mittleres Einkommen, ohne Arbeitgeberzulage

Niedriges Einkommen, mit Arbeitgeberzulage

Niedriges Einkommen, ohne Arbeitgeberzulage

Abb. 28.1   AV-Kompass Bav. (Quelle: eigene Darstellung)

29.1   Riester-Produkte-Landkarte

Nicht jedes Riester-Produkt kann man überall kaufen. Wer nach der Philosophie „buy domestic" handelt, kann auch Einschränkungen erleben.

- Den Versicherungs- und Fonds-Riester kann man bundesweit an je 25.000 Bankfilialen und Versicherungsagenturen flächendeckend in ganz Deutschland kaufen. Das gilt auch für den Wohn-Riester, der ebenso wie bisher alle Bausparverträge zum Standardsortiment von Bankfilialen (nicht Versicherungsagenturen) gehört. Ob die notwendige Beratungsqualität überall gegeben ist, steht auf einem anderen Blatt.
- Anders beim Bank-Riester, bei dem das Wohnortprinzip gilt. Viele Institute haben ihn in den vergangenen 15 Jahren nur zögernd eingeführt, teilweise den Vertrieb wieder eingestellt und lieber auf Provisionen aus dem Verkauf der anderen Riester-Produkte, aktuell insbesondere auf den Fonds-Riester gesetzt. Die niedrigen Zinsen führten dazu, dass sich manche Institute aus dem Bank-Riester-Neugeschäft zurückgezogen haben.
- Wer vor Ort keinen Bank-Riester kaufen kann, sucht sich sein Institut einfach im Internet, fragt bei Dachverbänden nach (regionale Sparkassen-, oder Genossenschaftsverbände) oder bei der nächsten Bank-Riester-Untersuchung von Finanztest und bestellt direkt.

29.2   Spielregeln für Riester-Markteinkäufer

Wir greifen nochmals kurz die wichtigsten Spielregeln auf, wie sie unter dem Aspekt des Politikangebots bereits im Teil C dargestellt wurden:

© Springer Fachmedien Wiesbaden GmbH, ein Teil von Springer Nature 2018   219
H. Benölken und N. Bröhl, *Altersvorsorge am Scheideweg*,
https://doi.org/10.1007/978-3-658-21837-9_29

- Anleger können nur als sozialversicherungspflichtig Beschäftigte, also Arbeitnehmer, nicht als Selbstständige ein Riester-Produkt abschließen.
- Bei voller Ausschöpfung der Vier-Prozent-Besparung (bezogen auf das Vorjahres-Bruttoeinkommen) gibt es eine Zulage von 175 EUR, den gleichen Betrag für einen nicht berufstätigen Ehepartner. Die Förderung ergibt sich bei unmittelbar förderberechtigten Sparern (bei voller Ausschöpfung von vier Prozent des Vorjahres-Bruttoeinkommens) wie folgt:
  - Der Sparer erhält als Förderberechtigter 175 EUR p. a. und
  - für Kinder, die vor 2008 geboren sind, je 185 EUR p. a.
  - bzw. für Kinder, die ab 2008 geboren sind, je 300 EUR p. a.
  - Für alle, die das 25. Lebensjahr noch nicht vollendet haben, gibt es ab 2008 einen sogenannten „Berufseinsteiger-Bonus" in Höhe von einmalig maximal 200 EUR.
- Die Riester-Förderung besteht aus Zulagenförderung und Steuerförderung. Die Steuerförderung (maximal 2100 EUR inklusive zu veranschlagender Zulagen) kommt dann zum Tragen, wenn über die gezahlten Zulagen hinaus noch ein Steuerförderanspruch besteht. Beispiel: Max Muster, 30.000 EUR Vorjahres-Bruttoeinkommen, ledig, spart 1200 EUR in einem Riester-Vertrag an (vier Prozent seines Vorjahresbrutto-Einkommens). Er erhält somit die volle Riester-Grundzulage von 175 EUR. Seine Grenzsteuerbelastung beträgt rund 31 %. Das wären bei 1200 EUR Sparleistung 372 EUR. Nun erhält er schon 175 EUR Zulage. Wird das von den 372 EUR abgezogen, bleiben etwa 197 EUR zusätzlicher Steuererstattung übrig.
- Gefördert können maximal bis zu 2100 EUR (inklusive der zu veranschlagenden Zulagen) angespart werden; der Mindesteinsatz für die Teilnahme am Riester-Spiel beträgt fünf Euro monatlich. Grundsätzlich sind auch Überzahlungen von Riester-Verträgen möglich, oder es werden von vornherein keine Zulagen oder Steuererstattungen für den Vertrag beantragt. Ab diesem Moment wird ungefördertes AV-Vermögen gebildet. Das kann bei bestimmten Produktausgestaltungen wie Riester-Bank- oder Riester-Fondssparplänen sehr interessant sein: Es wird in der Ansparphase keine Abgeltungsteuer fällig und in der Bezugsphase findet nach dem 62. Lebensjahr und zwölf Jahren Beitragszahlung nur die relativ „milde" Ertragsanteilbesteuerung bei Rentenleistungen bzw. hälftiger Versteuerung der Erträge bei Kapitalzahlungen Anwendung. So profitieren Riester-Sparer steuerlich doppelt. Riester-Sparpläne sind zudem flexibel, weil bei vorzeitigem Abruf des Kapitals keine veranschlagten Vertriebs- und Verwaltungskosten die Rendite schmälern. Damit sind ungeförderte Riester-Verträge auch eine echte Alternative in der Kapitalanlage.
- Für Familienangehörige als mittelbar Förderberechtigte kann man Huckepackverträge bei Erhalt der vollen Zulagen (ohne Eigenbetrag) abschließen. Letzteres gilt nur dann, wenn ein Ehepartner voll förderberechtigt ist und einen eigenen Vertrag abgeschlossen hat. Tipp: Falls Huckepackverträge möglich sind, sollte man diese auch abschließen.
- Schöpfen Anleger den Höchstbetrag nicht aus, wird die Zulage anteilig gekürzt. Der im Beispiel oben vorgestellte Rufus Sicherheitsbewusst erhält mit einer Besparung von nur 30 % seines möglichen Höchstbetrags auch nur 30 % von 175 EUR, also 52,50 EUR.

- Sie dürfen nicht (wie derzeit schon fast zwei Millionen Riester-Sparer) die Zulagen-beantragung vergessen, denn sonst gibt es nichts. Der Anbieter kann, sofern Lebens-umstände sich nicht ändern, das mit einem Dauerantrag organisatorisch erleichtern.

29.3 Besucherfrequenzen an Riester-Verkaufsständen

Typische Riester-Spargruppen
Die Struktur der Riester-Marktplatzbesucher gibt Aufschluss über ihre Motive (vgl. Abb. 29.1).
Im Besucherstrom von mehr als 16 Mio. Bürgern macht man interessante Beobachtungen:

- Bürger mit Einkommen bis 30.000 EUR stellen mit einem Anteil von knapp zwei Dritteln absolut gesehen die stärkste Riester-Sparergruppe dar und haben damit als Einkommensgruppen, die in Deutschland unter dem Durchschnitt verdienen, den größten Anteil. Dies erklärt sich vor dem Hintergrund, dass bei der Riester-Rente Sparer in niedrigen Einkommensgruppen im Gegensatz zu anderen AV-Sparformen

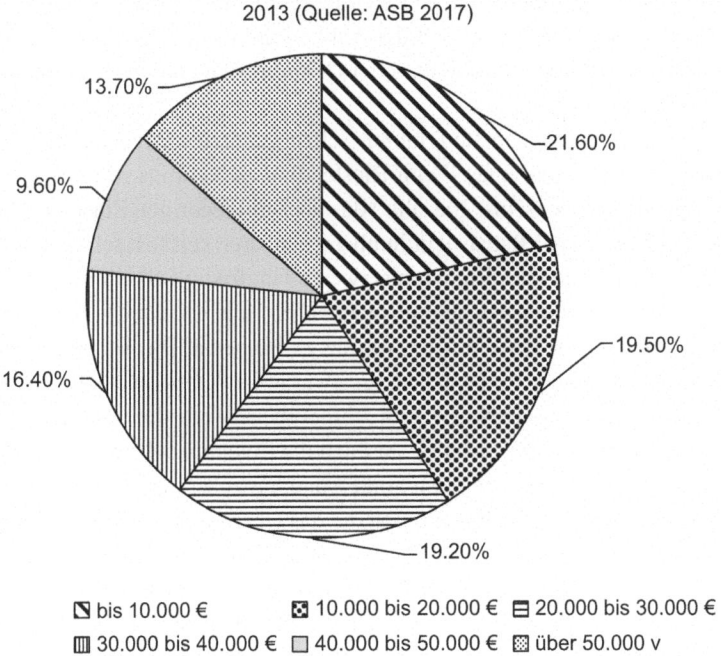

Abb. 29.1 Riester-Sparer nach Einkommensklassen. (Quelle: Bundesministerium für Arbeit und Soziales 2016, S. 144)

geringe Eigenmittel einsetzen müssen, um volle Zulagenförderung zu erhalten. Bei kinderreichen Familien in den unteren Einkommensgruppen verstärkt sich dieser Effekt. Die Anreize verstärken sich bei dieser Gruppe zudem noch als „Mitnahmeeffekte" bei Huckepack-Riester-Verträgen. Der mittelbar förderberechtigte Ehepartner kann hier ohne eigene Sparbeträge mit möglicherweise voller Zulagenförderung vom Staat rechnen.

- Für die Zukunft ist mit einer noch stärkeren Riester-Durchdringung auch in höheren Einkommensgruppen, für die unter steuerlichen Aspekten Riester-Verträge willkommene Mitnahmeeffekte bieten, zu rechnen, auch durch Wohn-Riester-Förderung. Auch hier kommen Mitnahmeeffekte als Wohneigentumsförderung zum Tragen, die einkommensstärkere Bürger umfassen, die in der Lage sind, Immobilienvermögen aufzubauen.

- Unabhängig von der aktuell gegeben Fixierung auf niedrige Einkommensgruppen lohnt sich die Riester-Förderung für alle sozialversicherungspflichtigen Beschäftigten.

29.4   Basisfrage: Wohneigentum mit Wohn-Riester?

„Ist Ihnen der Erwerb eines selbstgenutzten Eigenheims grundsätzlich wichtig?"
So müsste die erste Frage eines jeden Riester-Marktverkäufers beim Besuch der einzelnen Riester-Verkaufsstände lauten, denn mit der Antwort auf diese Frage aller Fragen stellt er die Weichen für eine spätere Immobilien- oder Geldrente. Die möglichen Optionen:

- Der Anleger möchte etwa in fünf Jahren selbst genutztes Wohneigentum erwerben. Dazu passt der Abschluss eines Wohn-Riester-Bausparvertrags. Damit sichert er sich einen niedrigen Darlehenszins, „bezahlt" das aber mit niedrigen Zinsen in der Ansparphase, weshalb die Kauf-/Bauabsicht in überschaubarer Zeit fest sein muss. Insgesamt wird so die Finanzierung des Eigentumserwerbs langfristig kalkulierbar.

- Falls der Anleger Wohnungseigentum plant, aber sich noch nicht festlegen möchte, hat er die Option, einen Bank-Riester-Vertrag zu besparen. Das ist interessant für jüngere Bürger mit Wohneigentumsplänen, die zwar noch flexibel bleiben, aber langfristig mit angespartem Riester-Guthaben zum Immobilienerwerb durchstarten können. Der Bank-Riester ist eine Zwischenstation, bis sich die Eigentumspläne konkretisieren, weil man keine Abschlusskosten wie beim Fonds- und Versicherungs-Riester bei einem späteren Bauvorhaben in Kauf nehmen muss, die das Übertragungsguthaben verringern.

- Bei längeren Planungshorizonten (ab etwa zehn Jahre) zum Erwerb einer selbstgenutzten Immobilie sind auch Versicherungs- oder Fonds-Riester-Verträge denkbar, weil alle Riester-Rentenprodukte gesetzlich die Möglichkeit des Eigenheimentnahmebetrages vorsehen.

- Bei der Realisierung des Wohneigentumswunsches können Anleger das Ansparguthaben als Eigenkapital und für die Restfinanzierung ein Riester-fähiges Immobiliendarlehen nutzen. Dieses gibt es bei jeder Bausparkasse und all ihren Vermittlern.

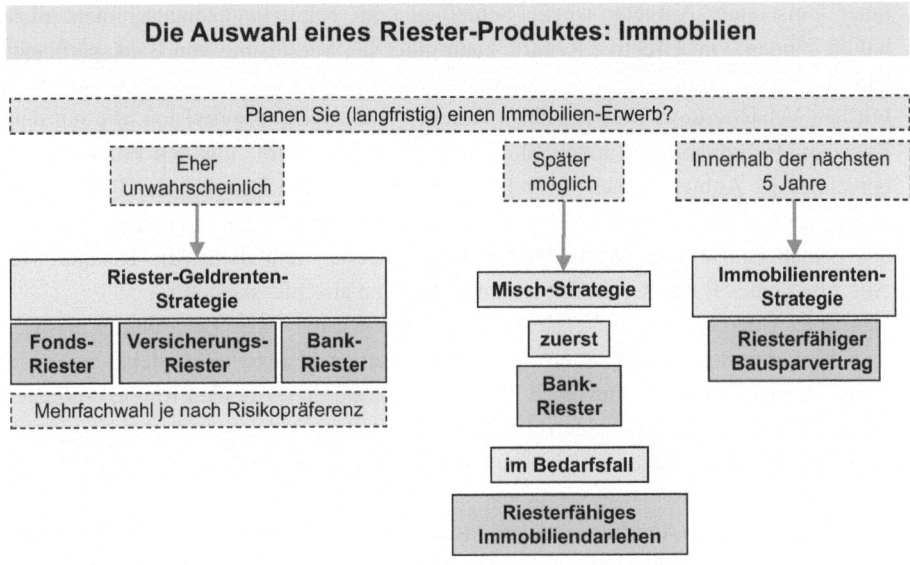

Abb. 29.2 Auswahl eines Riester-Produktes. (Quelle: eigene Darstellung)

- Auch Hausbanken können Immobilienfinanzierungsangebote zertifizieren lassen und sie Anlegern damit anbieten. Die richtige Wahl treffen Anleger mit einem Konditionsvergleich (Abb. 29.2).

29.5   Zweite Frage: Welche Art der Riester-Geldrente?

Hat ein Anleger sich im Grundsatz für die Riester-Geldrente entschieden, denkt aber weiter über das richtige Produkt nach, so helfen als weitere Entscheidungskriterien sein Abschlussalter und seine persönlichen Risikopräferenzen, um die richtige Wahl zu treffen.

Warum das Abschlussalter bei Vertragsabschluss für die Art des Produktes wichtig ist
Beim Abschluss eines Riester-Vertrags treffen Anleger eine Entscheidung über die mögliche Rendite ihres Riester-Vertrags und die von ihnen zu tragenden Abschlusskosten. Spielregeln:

- Anbieter von Fonds- und Versicherungs-Riester legen die Einzahlungen auf Riester-Verträge in langfristigen Kapitalmarktprodukten an, die sich bezüglich Renditechancen und (!) -risiken unterscheiden. Die kalkulierte Rendite liegt im Regelfall höher als von diesen Anbietern als „langweilig" bespöttelten Riester-Banksparpläne, aber: Die Kalkulation basiert auf rechtlich nicht einklagbaren Versprechungen, die unter Umständen Anbieter wegen Schieflagen im Kapitalanlagemanagement nicht halten können. Die effektive Rendite kann unter die Verzinsung von Banksparplänen sinken.

- Für den Versicherungs-Riester zahlen Anleger eine Abschlussprovision, die mit dem Einzahlungsguthaben der ersten fünf Jahre verrechnet wird. Für den Fonds-Riester berechnet der Anbieter einen Ausgabenaufschlag von zum Beispiel vier Prozent einmalig, aber bei jeder Neueinzahlung in den Ansparjahren. Das schmälert ebenfalls das gemäß Einzahlung zugerechnete Ansparguthaben und damit die Rendite. Der Abschluss eines Bank-Riester-Vertrags ist hingegen abschlusskostenfrei.

- Erst eine Überrendite im Vergleich zum Bank-Riester über die Abschlusskosten und die Verzinsung des Sparvertrags hinaus beschert also beim Versicherungs- und Fonds-Riester einen Renditevorteil. Sinkt die Rendite dieser beiden Riester-Varianten auf das Verzinsungsniveau des Bank-Riesters, bleiben Anleger insbesondere in den ersten Ansparjahren auf den Abschlusskosten ohne Renditekompensation hängen.

Die Verbindung zum Abschlussalter sieht so aus: Eine ungünstige Börsensituation kann sich durch einen langfristigen Anstieg wieder ausgleichen. Dafür muss man unter Umständen Jahrzehnte Geduld haben. Deshalb ist ein Fonds-Riester primär ein Produkt für junge Riester-Sparer, ein Versicherungs-Riester bis ins „Mittelalter" vertretbar, während es für den Bank-Riester keine begründbare Begrenzung des Abschlussalters gibt.

Warum auch die „Risikopräferenzen" in die Produktentscheidung einfließen müssen

- „Risikofreudige" Sparer sind Anleger mit hoher Bereitschaft zum Risiko, wenn dafür zusätzliche Chancen winken. Den risikofreudigen Typ muss man manchmal vor sich selbst schützen.
- „Risikoaverse" Menschen bekommen durch eventuell eingegangene Risiken Magendrücken und Schlafstörungen, wobei die Chancen sie weniger interessieren.
- Der risikoneutrale Typ pendelt sich zwischen dem risikofreudigen und risikoaversen Typ ein.

Das Lebensalter-Risikopräferenz-Entscheidungskalkül für die Geldrente-Entscheidung
Folgende Empfehlungen gelten in Abhängigkeit vom Lebensalter und ihrer Risikopräferenz beim Riester-Vertrags-Abschluss:

- Einen Fonds-Riester, der bis zu 75 % des Fondskapitals in Aktien anlegen kann, sollten Anleger nur bis zum Alter von etwa 45 Jahren abschließen: Bei einer 20-jährigen Laufzeit können sich Bullen- und Bärenzeiten an der Börse mit hoher Wahrscheinlichkeit ausgleichen. Damit ist eine überdurchschnittliche Rendite grundsätzlich möglich. Wenn wie in der jüngsten Finanzmarktkrise beim Absturz von Fonds, die primär in Aktien investiert haben, die Fondsgesellschaft zwecks weiterer Verlustvermeidung einen ungeplanten Umtausch der Fondsanteile in einen Rentenfonds durchführen muss, bedeutet das für davon betroffene Riester-Fondsprodukt-Verträge: Sie können auf ein Renditeniveau deutlich geringer als bei Banksparplänen sinken, denn ein späterer Rücktausch in einen aktienbasierte Fonds ist mit zunehmendem Lebensalter des Riester-Sparers aufgrund des Anlagekonzeptes im sogenannten Lebenszyklusmodell nicht möglich.

- Einen Versicherungs-Riester, der auch über eine begrenzte Renditephantasie (bei höchstens 20 % ihrer Kapitalanlagen in Aktien) verfügt, kann man auch noch mit 45 Jahren abschließen, beim erwarteten Renteneintritt mit über 65 Jahren vielleicht bis etwa zum 50. Lebensjahr. Damit sind bei einer Laufzeit von 15 Jahren die Renditeerwartungen bzw. Abschlusskosten erträglich. Bei Versicherungsgarantieprodukten kann man auch nachrechnen, inwieweit sich der Abschluss lohnt: Dazu vergleicht man die voraussichtlich einzuzahlenden Beträge inklusive Zulagen bis zum Renteneintritt mit der zugesagten Rentenleistung und rechnet alles zusammen: Wer älter als 90 Jahre alt werden muss, um eingezahlte Beiträge nebst Zulagen zurückzuerhalten, investiert sie lieber von vornherein in einen Sparvertrag.
- Ab etwa Mitte 40 bzw. bei einer Laufzeit unter 15 Jahren kommt eher der Bank-Riester in Betracht, um renditemäßig „auf der sicheren Seite" zu sein, zumal der Bank-Riester-Vertrag auch nicht durch Rendite schmälernde Abschlusskosten belastet ist.

Damit sind Riester-Sparer beim Riester-Einproduktanbieter nicht gut aufgehoben, denn diese priorisieren unabhängig vom Alter und Risikopräferenzen nur ihren „Eintopf".

Individuelle Geld-Riester-Produktwahl
Wir können nunmehr die Prioritäten innerhalb der Geldrente-Produkte zusammenfassen (vgl. Tab. 29.1). Diese Bewertungskriterien sind der Input für die folgende Entscheidungstabelle. Die Bewertung und Auswahl muss der Bürger selber treffen.

Anleger, die diese „Gretchenfragen" gewissenhaft beantwortet und ihre Auswahl getroffen haben, sind beim gewählten Riester-Produkt gerüstet für den Riester-Verkaufsstände-Bummel.

Tab. 29.1 Entscheidungstabelle für die Geld-Riester-Produktauswahl. (Quelle: eigene Darstellung)

	<40 Jahre	40 bis 50 Jahre	>50 Jahre
Risiko-avers	Bank- oder Versicherungs-Riester	Bank-Riester	Bank-Riester
Risiko-neutral	Versicherungs-, Bank-, oder Fonds-Riester	Versicherungs-, oder Bank-Riester	Bank-Riester
Risiko-bereit	Fonds-Riester	Fonds-Riester	Fonds-Riester

29.6   Die Angebote an den Riester-Ständen

29.6.1 Versicherungs-Riester-Stand

Übersicht über die Anbieter

Hier gibt es eine Verkaufsgasse mit Angeboten von Versicherungsunternehmen, bei denen Anbieter und Produktgeber ein und dieselbe Person sind, aber mit einer wichtigen Differenzierung: Es kann sich um virtuelle Angebote von Direktversicherern ohne persönliche Beratung und um Beratungsstände von Serviceversicherern mit persönlicher Beratung handeln.

Dann finden wir eine Gasse für Angebote von Maklern und Mehrprodukt-Finanzberatern, die auch mehrere Versicherungs-Riester-Produkte anbieten. Es folgt eine Verkaufsgasse von Bankverbünden mit einem Riester-Versicherungsprodukt als Verbundangebot.

Angebotsdifferenzierung der Produkteigenschaften

Die Produkte dieser Anbieter unterscheiden sich in verschiedener Hinsicht:

- Unterschieden werden Tarife mit oder ohne erweiterte Fondsrückdeckung. Für den Riester-Sparer wichtig: Bei der Fondsvariante kann er höhere Renditechancen haben, aber er trägt auch das Renditerisiko, das bei solchen Konstruktionen nicht der Anbieter trägt.
- Eine wichtige Produkteigenschaft ist die kalkulierte Ablaufleistung, aus der sich im Abgleich mit den Einzahlungen und unter Berücksichtigung der Abschlusskosten die effektive Rendite errechnen lässt. Der gesetzlich vorgeschriebene Höchstrechnungszins (eine Art Mindestverzinsung) beträgt derzeit 0,9 % (vor Abzug von Abschluss- und Vertriebskosten); ihn darf kein Anbieter überschreiten. Bei der kalkulierten Ablaufleistung mit Überschussanteilen handelt es sich um ein grundsätzliches Renditeversprechen ohne rechtliche Bindung für den Versicherer.

Gibt es originäre Anbieterrisiken?

Damit meinen wir Unternehmensrisiken der Gesellschaften, zum Beispiel die Frage, ob diese noch zum Zeitpunkt des Renteneintritts und damit auch der Fälligkeit einer Riester-Rente existieren. Diese kann es durchaus geben. Zwar gibt es insofern einen Insolvenzschutz, als die Versicherungsbranche nach der Schieflage der Mannheimer Versicherung den „Protektor" (eine Auffanggesellschaft) gegründet hat, wodurch auch die Einzahlungen von Riester-Sparern einschließlich der Zulagen und Mindestrendite gesichert sind.

Es kann indirekte Ertragsrisiken durch Gesellschaftsfusionen geben. Beispiel: Ein renditeschwacher „Großer" schluckt einen renditestärkeren „Kleinen". Besteht so die Gefahr einer sukzessiven Renditenivellierung nach unten über die Laufzeit? Ein anderer Aspekt sind unterschiedliche Eigentumsverhältnisse: Börsennotierte Gesellschaften stehen unter einem zusätzlichen Dividendendruck ihrer Gesellschafter. Kann das die Rendite für die Versicherten schmälern? Hierzu muss sich der Riester-Sparer im Einzelfall informieren.

29.6.2 Fonds-Riester-Stand

Dieses Angebot ist sehr facettenreich und umfasst folgende Grundformen:

- Aktiendominierte Mischfonds mit Aktienanteil von 75 % und 25-prozentiger Rentenwerte-Beimischung (=Wertpapiere mit fester Verzinsung, zum Beispiel Staats-/Unternehmensanleihen, Pfandbriefe von emissionsfähigen Hypothekenbanken). Hier kann der jüngere Fonds-Riester-Sparer einsteigen.
- Ausgewogene Mischfonds mit einem jeweils 50 % Aktien- und Rentenanteil. Hierhin wird der Fonds-Riester-Sparer im Alter etwa zwischen 40 und 50, „umgepackt".
- Rentendominierte Mischfonds mit einem niedrigen Aktienanteil von 25 % und Rentenanteil von 75 %. Hier landet der Fonds-Riester-Sparer etwa jenseits des 50. Lebensjahres.

Riester-Fonds-Sparer können ihre Risikopräferenzen einbringen: Entweder sie akzeptieren den Standard in obiger Reihenfolge, sie wählen den ausgewogenen Mischfonds oder sie entscheiden sich für den rentendominierte Fonds. Damit nähern sie sich dem Verzinsungsniveau von anderen Riester-Varianten an, zum Beispiel des Bank-Riesters, aber die Fondsgesellschaft muss noch die Ausgabenaufschläge verdienen!

29.6.3 Bank-Riester-Stand

Bank-Riester-Angebote enthalten in der Ansparphase keine Abschlusskosten und Verlustrisiken wie andere Riester-Varianten. Sie können sich in angebotenen Verzinsungsusancen unterscheiden. Zu beachten ist auch, dass bei Übergang in die Rentenphase ein Anteil des Sparvermögens für die lebenslange Rentengarantie der Auszahlvariante des Sparplans vom Anbieter abgeführt werden muss. Das schmälert das angesparte Kapitalvermögen, weil hier wiederum Abschlusskosten anfallen.

Zwei unterschiedliche Verzinsungsmethoden
Es dominieren Bank-Angebote mit Anbindung an die Umlaufrendite oder andere Referenzzinssätze, wie gleitende Durchschnittszinsen, hingegen keine Angebote mit festem Zinssatz. Da sich die Höhe des Referenzzinssatzes und damit die Bank-Riester-Produktverzinsung ändern können, kann der Anleger die langfristige Verzinsung nicht einschätzen. Zu empfehlen sind Produkte mit Bonusstaffelungen, die Sparern neben der Markt- noch eine Zusatzverzinsung bringen. Dieses kombinierte Angebot kann so aussehen: Auf den an einen Referenzwert angelehnten Grundzins kommen zusätzliche Zinsboni je nach Spardauer (vgl. Tab. 29.2).

Tab. 29.2 Bank-Riester-Angebotstableau mit variablen Verzinsungskombinationen. (Quelle: eigene Darstellung)	Bank-Riester: Mögliche Zinskonditionen in der Niedrigzinsphase			
	Kundenzins in %	Ratenbonus in % bei einer Spardauer ab dem		
		5. Jahr	10. Jahr	15. Jahr	20. Jahr
	0.05	3 %	5 %	10 %	15 %

Solche gestaffelten Angebote können in der Langfristbetrachtung bei entsprechender Besparungshöhe renditemäßig interessant werden: auf der sicheren Seite ohne Abschlusskosten in der Ansparphase, aber mit Zulagen und damit in der Rendite vergleichbar mit anderen Riester-Produkten mit höheren Renditerisiken.

Nun hat der Riester-Sparer zwei Möglichkeiten: Seine Hausbank bietet eine interessante Bank-Riester-Variante an oder er identifiziert im Internet einen Anbieter, bei dem er einen entsprechenden Abschluss tätigen kann. Dabei stößt man manchmal auf kleine Institute, die in diesem Bereich dank Internetkunden oder einschlägigen Testergebnissen in Finanzmagazinen zu den bundesweiten Marktführern zählen.

Überlegt ausgewählt können Bank-Riester-Ansparpläne ein attraktiver Baustein (akzeptable Rendite, wenn mit Rentenboni, keine Abschlusskosten, absolut sicher) im Altersvorsorge-Portfolio sein, ergänzt mit der Möglichkeit einer steuerfreien Überbesparung. Alle Bank-Riester-Angebote sind zudem durch die Einlagensicherungsfonds der jeweiligen Bankengruppen geschützt.

29.6.4 Wohn-Riester-Stand

Beim Sichten der Angebote in dieser Verkaufsstandgasse erkennt man, dass die anbietenden Bausparkassen die Chance des Eigenheimrentengesetzes von 2008 nutzen: Wohn-Riester-Bausparverträge sind die Riester-Produkte mit den höchsten Neugeschäftszuwachsraten. Das höchste Kundenpotenzial liegt grundsätzlich bei Bauwilligen im Alter von 18 bis 35 Jahren (vgl. Tab. 29.3).

Sollten Absicht und Zeitpunkt der Realisierung des Wohneigentumswunsches noch unsicher und vielleicht erst nach zehn oder mehr Jahren geplant sein, stellt sich die Frage, ob die Sparer derzeit auf diesem Teilmarkt als Nachfrager richtig aufgestellt sind oder in der Bank-Riester-Gasse zwischenparken und ihr angespartes Guthaben bei Bedarf vielleicht auch später im Rahmen eines Anbieterwechsels in einen Wohnriester-Bausparvertrag investieren. So kommen sie auch schnell zu einer baldigen Zuteilung des gewünschten Bauspardarlehens.

Alternativ wäre die Verwendung des im Bank-Riester-Vertrag angesparten Guthabens als Eigenkapital für das anstehende Immobilienprojekt denkbar. Das nötige Finanzierungsvolumen wird über ein riesterfähiges (das heißt bei der BaFin zertifiziertes) Immobiliendarlehen ergänzt. Diese spätere Wahl kann man immer noch nach Konditionsvergleich treffen.

Tab. 29.3 Steckbrief Wohn-Riester. (Quelle: Deutsche Rentenversicherung 2014)

Steckbrief Wohn-Riester	
Produkte	Primär Riester-zertifizierte Bausparverträge bzw. zertifizierte Bauspardarlehen (ab 2008); Ansonsten ist der Eigenheimentnahmebetrag bei allen zertifizierten Riesterverträgen anwendbar
Eigenheimentnahme-betrag	Alle zertifizierten Riesterverträge; das Sparguthaben (dies gilt für alle bestehenden Riesterverträge) kann zur unmittelbaren Anschaffung oder Herstellung einer selbstgenutzten Immobilie verwendet werden, (oder 2) zur Tilgung von bestehenden Immobiliendarlehen (Selbstnutzung der Immobilie vorausgesetzt). Bei teilweiser Entnahme müssen mindestens 3000 EUR entnommen werden und 3000 EUR im Vertrag verbleiben. Ferner können durch den Eigenheimbetrag bestimmte barierrefreie Umbaumaßnahmen finanziert werden. Der entnommene Eigenheimbetrag muß nicht zurückgezahlt werden
Förderung p. a.	Analog sonstiger Riesterprodukte: 175 EUR Grundzulage, 285/300 EUR Kinderzulage p. a., gegebenenfalls zusätzlich eine über die Zulagenförderung hinausgehende Steuerförderung
Zielgruppen	1. Alle Riester-Förderberechtigten die in absehbarer Zeit (z. B. innerhalb der nächsten 10 Jahre) eine selbstgenutzte Immobilie erwerben wollen
	2. Alle Förderberechtigten, die Ihre selbstgenutzte Immobilie entschulden möchten
Besteuerung in der Leistungsphase	Bei Entnahme des Eigenheimbetrags wird ein sogenanntes Wohn-Förderkonto in Höhe des entnommenen Betrags gebildet. Der Saldo wird mit 2 % jährlich verzinst und dient als Besteuerungsgrundlage bei Renteneintritt. Grundsätzlich bestehen drei Möglichkeiten der Versteurung bei Renteneintritt: 1) Der Saldo des Wohnförderkontos kann analog einer Einmalauszahlung zum individuellen Steuersatz und mit einem 30-prozentigem Abschlag auf den Saldo versteuert werden. 2) Der Saldo des Wohnförderkontos wid auf einen anderen Riesterrentenvertrag eingezahlt, wobei die Besteuerung dann zum individuellen Steuersatz über die Rentenzahlungen erfolgt, oder es erfolgt 3) die ratierliche Versteuerung, indem der Saldo des Wohnförderkontos durch die Anzahl der Jahre geteilt wird, die zwischen Renteneintritt und 85. Lebensjahr gegeben sind. Die dadurch entstehenden Teilbeträge bilden jährlich die Besteuerungsgrundlage zum individuellen Steuersatz
Wohn-Riester Vorteile	1) Die Finanzierungsmöglichkeiten einer Immobilie, insbesondere für Familien mit (mehreren) Kindern erhöht sich deutlich. 2) Die jährliche Riester-Förderung kann als Sondertilgung eingesetzt werden, womit sich die Kreditlaufzeit verkürzt und Zinsen gespart werden. 3) Im Gegensatz zu vielen Riester-Rentenverträgen ergibt sich in Form der Immobilie eine volle Vererbbarkeit des aufgebauten Vermögens. 4) Es ergibt sich ein Besteuerungsbonus bei Einmaltilgung des Wohnförderkontos
Wohn-Riester Nachteile	1) Die Immobilie muß selbstgenutzt werden 2) Bei Vermietung oder Verkauf droht in bestimmten Fällen die förderschädliche Auflösung des Wohnfördekontos; z. B. dann, wenn bei Vermietung die Immobilie nicht spätestens bis zur Vollendung des 67. Lebensjahres wieder selbst genutzt wird, oder es bei einem Verkauf der geförderten Immobilie nicht innerhalb eines Jahres zu einer Reinvestition in eine neu erworbene selbstgenutzte Immobilie oder einen Riester-Rentenvertrag kommt

29.7   Berechnungsbeispiele für Riester-Anleger

Wie kann ein Durchschnittsverdiener mit einer GRV-Bruttorente von etwa 1979 EUR (Hochrechnung für das Jahr 2059 bei einprozentiger jährlicher Steigerung zu 2017) durch den Abschluss eines Riester-Vertrages seine Rente aufstocken? Folgende Beispiele geben an, welche Riester-Auszahlung im Rentenalter erzielbar ist (vgl. Tab. 29.4). Sie zeigen, wie wichtig es ist, bereits in jungen Jahren und möglichst mit vollen vier Prozent einen Riester-Vertrag abzuschließen. Nur so kann die gesetzliche Rente mit einem halbwegs gewichtigen Betrag aufgebessert werden.

Warum lohnt sich die Riester-Rente besonders für Familien mit Kindern?
Aufgrund der hohen Kinderzulagen. Um die vollen Zulagen zu erhalten, muss der Riester-Förderberechtigte vier Prozent seines Vorjahresbruttoeinkommens abzüglich der zu erwartenden Zulagen in einer Riesterrente ansparen. Das sind im Jahr 2017 bei 37.100 EUR Jahresbruttoeinkommen 1484 EUR. Abzüglich der Zulagen von 600 EUR für die beiden Kinder einer Familie und 175 EUR für den Sparer macht das lediglich 425 EUR Eigenbeitrag bei 775 EUR Förderung! Zusätzlich schließt der in diesem Beispiel nicht arbeitende Ehepartner als mittelbar Förderberechtigter einen Vertrag mit dem Mindestbetrag (Sockelbetrag) von 60 EUR ab, für den er ebenfalls 175 EUR Zulage erhält. Damit beträgt die staatliche Förderung 950 EUR bei 1594 EUR Eigenbeitrag. Die Förderquote beträgt somit knapp 62 %! Fazit: Riester lohnt sich insbesondere für Familien mit Kindern.

Tab. 29.4 Berechnungsbeispiele für Riester-Anleger. (Quelle: eigene Darstellung)

Alter	Ø Einkommen (EUR)	Ø Einkommen bei Renteneintritt (EUR)	Geschätzte Bruttoaltersrente (EUR)	Förderquote (%)	Riester-Renten Auszahlung (EUR)	Alterseinkommen (EUR)	Absicherungsniveau (%)
Single, 25 Jahre keine Kinder	2500	4672	1100	33	1100	2200	47
Ehepaar, 38 und 36 Jahre, zwei Kinder	3000	4619	1370	38	411	1781	39

29.8   Ist es sinnvoll, ein Riester-Produkt zu wechseln?

Es kann Situationen geben, in denen es sinnvoll ist, das ursprünglich gewählte Riester-Produkt zu wechseln. Spielen wir mal einige Konstellationen durch:

- Wichtig: Riester-Sparer können ohne Berücksichtigung von Betragsuntergrenzen förderungsunschädlich einen bestehenden Riester-Vertrag kündigen und das angesparte
  Guthaben einschließlich Förderzulagen in einen neu abgeschlossenen Riester-Vertrag
  einbringen. Das interessiert primär Sparer, die zum Wohn-Riester wechseln wollen.
  Sie sind dann auch bereit, Anbieterwechselkosten hinzunehmen. Diese dürfen nicht
  unangemessen hoch vom Anbieter veranschlagt werden und maximal 150 EUR betragen. Ansonsten können sie sich an eine Verbraucherzentrale wenden oder rechtliche
  Schritte einleiten; die Erfolgsaussichten sind dabei recht gut.
- Ein weiterer Aspekt: Die Fonds-Riester-Anbieter sind verpflichtet, die Kunden laufend über die Renditeentwicklung zu informieren. Bei unbefriedigenden Renditen
  als Folge von Börsen-Crash-Situationen sind Torschlusspanik-Kündigungen nicht
  auszuschließen. Auch hier muss sich der Sparer darüber im Klaren sein, dass bei
  Kündigung Verluste und Verwaltungskosten realisiert werden und damit das Vertrags-
  guthaben nicht den eingebrachten Monatsraten inklusive Zulagen entspricht. Eine
  Beitrags- bzw. Zulagen „Zurückgarantie" gibt es nämlich nur beim Übergang in die
  Auszahlphase.

Durch den Markteintritt des Wohn-Riester mit zertifizierten Produkten zum 1. November
2008 kam Bewegung in den Markt: Viele Renten-Riester-Sparer haben ihr Kapital entnommen, um ein (riestergefördertes) Bauvorhaben zu realisieren.

29.9   Kompass für die individuelle Riester-Anlagepolitik

Ob ein Riester-Vertrag als AV-Form individuell lohnenswert ist, darüber entscheiden staatliche Zulagen sowie erreichbare Steuervorteile. Der Staat begünstigt Familien mit Kindern über Zuschläge, aber auch hohe Einkommen über Steuervorteile (vgl.
Abb. 29.3).

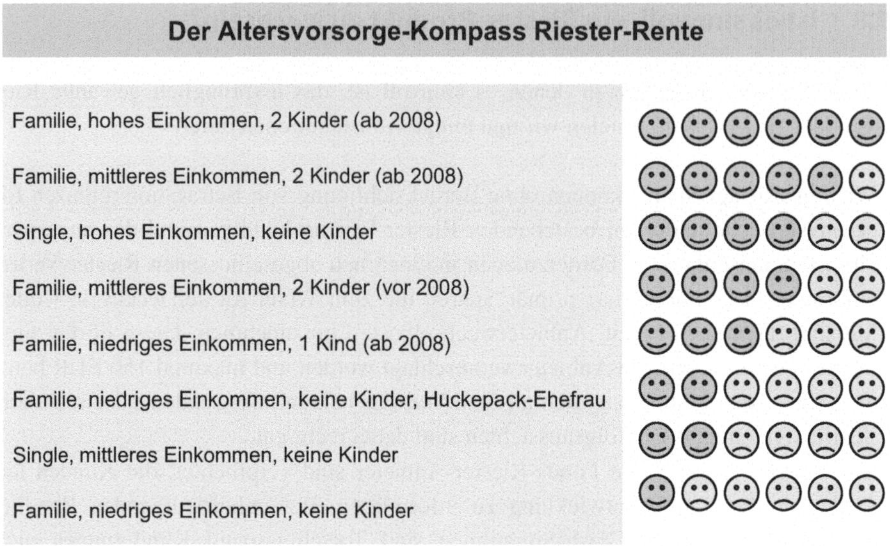

Der Altersvorsorge-Kompass Riester-Rente

Familie, hohes Einkommen, 2 Kinder (ab 2008)	☺☺☺☺☺☺
Familie, mittleres Einkommen, 2 Kinder (ab 2008)	☺☺☺☺☺☺
Single, hohes Einkommen, keine Kinder	☺☺☺☺☺☹
Familie, mittleres Einkommen, 2 Kinder (vor 2008)	☺☺☺☺☹☹
Familie, niedriges Einkommen, 1 Kind (ab 2008)	☺☺☺☹☹☹
Familie, niedriges Einkommen, keine Kinder, Huckepack-Ehefrau	☺☺☹☹☹☹
Single, mittleres Einkommen, keine Kinder	☺☺☹☹☹☹
Familie, niedriges Einkommen, keine Kinder	☺☹☹☹☹☹

Abb. 29.3 AV-Kompass Riester-Rente. (Quelle: eigene Darstellung)

Literatur

Bundesministerium für Arbeit und Soziales (2016): Ergänzender Bericht der Bundesregierung zum Rentenversicherungsbericht 2016, Berlin 2016.

Deutsche Rentenversicherung (2014): Häufige Fragen zum Eigenheimrentengesetz", unter: https:// www.deutsche-rentenversicherung.de/Allgemein/de/Inhalt/Allgemeines/FAQ/Eigenheimrenten-gesetz/foerderung_von_selbst_genutzten_wohnimmobilien/altes_recht_bis_31_12_2013/00_faq_liste_foerderung_von_selbst_genutzten_wohnimmobilien.html.

Auf dem Dritte-Schicht-Marktplatz

30.1 Spielregeln für Dritte-Schicht-Marktteilnehmer

Basis: Wer kann, der kann – oder auch nicht! Nochmals zur Erinnerung: Es ist für die AV fahrlässig, Geld in die dritte Schicht zu investieren, bevor entsprechend der individuellen Verhältnisse die fördergetriebenen Anlagen optimiert wurden. Zur Klarstellung: Wir diskutieren nicht Fragen des zweckmäßigen Vermögensaufbaus und der Vermögenssicherung für Bürger mit entsprechendem Einkommen, sondern bewegen uns auf der Ebene der notwendigen und möglichst gut auskömmlichen Alterssicherung. Dies ist die „Pflicht", die darüber hinausreichende Vermögensberatung kann eine interessante „Kür" sein, bei der Anbieter verbraucherschutzkonform mit kreativen Produkten Geld verdienen können.

Aber für die dritte Schicht im Hinblick auf AV sind folgende Aspekte wichtig:

- Haben sich risikobehaftete Anlagen in das Dritte-Schicht-Portfolio hineingeschlichen, wird das investierte oder angesparte Geld ganz oder teilweise gefährdet sein. Dieses Risiko ist für Neuanlagen nach Verschärfung der Beraterhaftung geringer als in früheren Jahren. So ist zu hoffen, dass keine Altlasten mehr das Dritte-Schicht-Portfolio prägen.
- Wer Verluste in der dritten Schicht erleidet und Vorsorgemöglichkeiten in der zweiten Schicht unzureichend genutzt hat oder nicht mehr nutzen kann, ist doppelter Verlierer.
- Deshalb sollten Anleger den Dritte-Schicht-Marktplatz erst dann betreten, wenn sie die Möglichkeiten als sozialversicherungspflichtig Beschäftigte in der ersten und zweiten Schicht voll ausgeschöpft haben. Ein Einkauf in der dritten Schicht sollte ohne spätere Reue erfolgen, in den Basisschichten etwas verpasst zu haben!

© Springer Fachmedien Wiesbaden GmbH, ein Teil von Springer Nature 2018
H. Benölken und N. Bröhl, *Altersvorsorge am Scheideweg*,
https://doi.org/10.1007/978-3-658-21837-9_30

Nachfolgend beschränken wir uns auf wenige Kernanlagen. Denn Exoten sind im Regelfall kein Thema für AV, sondern für Vermögende, die sich einen Casinobesuch leisten (können).

30.2   Angebote an den Dritte-Schicht-Ständen

30.2.1   Eigengenutzte Immobilien

Eigengenutzte Immobilie: Noch eine sinnvolle Altersvorsorge-Kategorie?
Wenn man ewig darin wohnt und so keine Mietausgaben hat, ist die Frage natürlich mit ja zu beantworten. Wenn man sich allerdings veranlasst sieht, eventuell den Wohnort zu wechseln, ist die Verwertungsmöglichkeit einzukalkulieren. Interessenten sollten sich vor dem Kauf einer Immobilie anhand eines laufend aktualisierten Immobilienkompasses genau über regionale (Landkreise, kreisfreie Städte, Gemeinden) Preisunterschiede im Immobilienmarkt (vgl. Abb. 30.1).

Immobilien sind als Renditeobjekt im Hinblick auf ihre Validität für die AV von Arbeitnehmern, die erst in Jahrzehnten „in Rente" gehen, zu hinterfragen. Als Bestandteil der AV im Rahmen der Eigennutzung stellen sie einen wichtigen Baustein der AV.

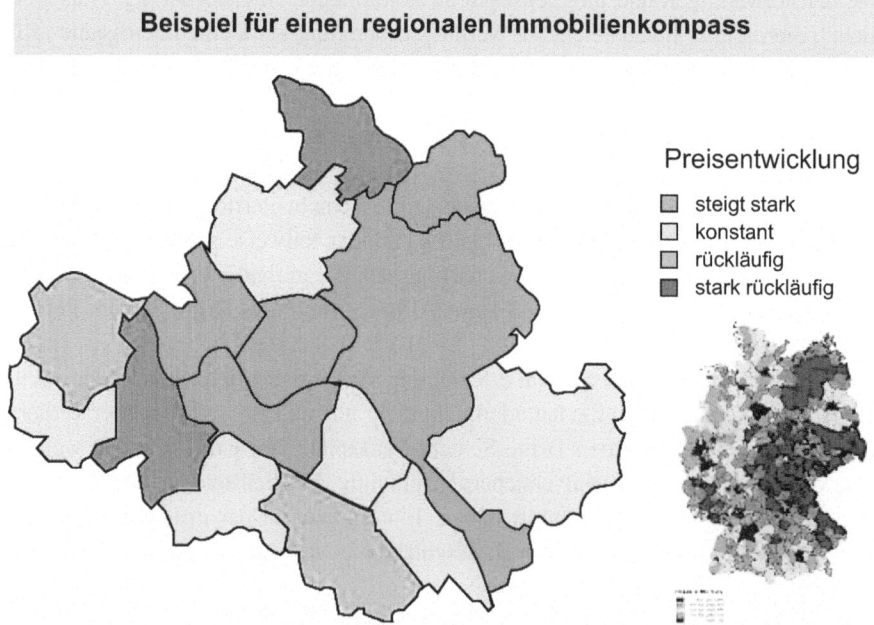

Abb. 30.1   Beispiel für einen regionalen Immobilienkompass. (Quelle: eigene Darstellung)

Zukünftige Wertentwicklungen von Immobilien sind aufgrund der demografischen Entwicklung und den damit einhergehenden Wanderungsbewegungen regional sehr differenziert zu betrachten.

▶   Wo regional der Nachwuchs ausbleibt, droht ein Werteverfall von Immobilien.
    Die Mobilität der Arbeitsgesellschaft verlangt auch zunehmende Wohnortwechsel. Besonders die Hartz-IV-Guillotine droht verstärkt bei immobilienbedingter Immobilität.

Immobilien-Rotation
Szenario: Kinder aus dem Haus, beruflich nicht mehr im regionalen Umfeld tätig, bisheriges Familienheim nicht mehr bedarfsgerecht für das Senioren-Paar. Kann der scheinbar naheliegende Ausweg, das Heim im Grünen zu verwerten und eine bedarfsgerechte Stadtwohnung zu beziehen gelingen? Oder ist aufgrund der Hemmfaktoren bei eigen- und fremd genutzten Immobilien eine angemessene wirtschaftliche Lösung nicht möglich?

Fazit: Zweischneidige AV
Immobilien können zwar oft noch ein Beitrag zur AV sein, aber ihre Eignung ist nicht generell gegeben. Der Einzelfall entscheidet. Im Hinblick auf eine GVN-adäquate AV, vor allem bei Fehlen einer adäquaten Wiederverkäuflichkeit und Vermietbarkeit zur Finanzierungsdeckung einer seniorengerechten Wohnweise können sich Immobilien eher als AV-Vermögensvernichter (Unterhaltskosten!) denn als sinnvolle Bausteine erweisen. Fälle, in denen die Nebenkosten des Wohnens plus Infrastrukturkosten wie Telefon die Hälfte einer Geldrente auffressen, sind nicht selten. Würde sich ein Mieter besser stehen, der zum Beispiel in eine hohe Rentenversicherung investiert hätte?

30.2.2   Immobilienmarktanlagen ohne Eigennutzung

Fremd genutzte Wohnimmobilien als AV-Baustein
Wer an guten Standorten für vermietete Immobilienobjekte gute Lagerenten erzielen kann, für den bilden Mieteinnahmen einen sicheren Bestandteil seiner AV.

Wer hingegen (gilt mit Ausnahme weniger Top-Standorte wie zum Beispiel den Großraum München) zukunftsbezogen in Immobilien als Teil des Alterseinkommens investieren will, muss sich mit den genannten Aspekten zu eigengenutzten Immobilien auseinandersetzen. Für vermietete Wohnimmobilien gilt das gleiche wie für eigengenutzte Immobilien: Die Lage und die damit verbundenen Vermietungsmöglichkeiten sind entscheidend.

Gewerbliche Immobilienfonds für die AV
Bei offenen Immobilienfonds mussten Fondsgesellschaften in den vergangenen Jahren viele Anteile zurücknehmen, derzeit ist gesetzlich keine Rücknahme mehr möglich,

Fonds schließen oder werden zusammengelegt: Für die AV eine sehr wacklige Angelegenheit.

Geschlossene Immobilienfonds mit gut verwalteten Objekten können gut verlaufen, aber es gibt kaum einen Zweitmarkt. Solange man Ausschüttungen bekommt, ist es gut, ansonsten kann man im zinslosen Gefängnis sitzen.

30.2.3 Leben von der Umkehrhypothek?

Die Produktidee „Umkehrhypothek", auch als „Eat-your-Brick" oder „Reverse-Mortage"-Produkt bekannt, stammt primär aus den USA. Eigenheimbesitzer können damit ihr monatliches Einkommen aufbessern, ohne gleich ihr Haus verkaufen zu müssen.

Der Hausbesitzer, der sich für eine Umkehrhypothek entscheidet, bekommt dafür vom Anbieter (bisher nur sehr wenige Banken und Bausparkassen) eine Einmalzahlung oder eine meist lebenslange, monatliche Rente ausgezahlt. Im Gegenzug bekommt er lebenslanges Wohnrecht eingeräumt, sein Haus wird mit der Summe der ausbezahlten Beträge (und Zinsen) belastet bzw. geht bei Tod des Kreditnehmers in das Eigentum der Bank über.

Ein finanzielles Risiko birgt das Umkehrdarlehen für den AV-Bedürftigen nicht. Allerdings lassen sich Anbieter das „Langlebigkeitsrisiko" des Kunden bzw. den möglichen Verfall des Marktpreises der Immobilie mit Abschlägen bis zu 70 % des gegenwärtigen Verkehrswertes „bezahlen". Die restlichen 30 % des Verkehrswertes kommen als lebenslange oder zeitlich befristete (zum Beispiel auf 25 Jahre) Rente zur Auszahlung. Bei 150.000 EUR Verkehrswert würden 45.000 EUR (30 % des Verkehrswerts, der Rest ist Sicherheitsabschlag) für 20 Jahre, bei 1,5 % Verzinsung = 216 EUR monatliche Rente zustande kommen.

Vorteil: Man kann bis zum Lebensende in der eigenen Immobilie wohnen. Nachteil: Die Erben gehen möglicherweise leer aus.

Gretchenfrage zur Umkehr-Hypothek
Was ist für den Anleger wichtiger: Leben und gepflegt werden im Familienverbund bis zum Hinscheiden? Dann ist es problematisch, die Hoffnung der lieben Angehörigen auf ein erwartetes Erbe zu beeinträchtigen, es sei denn, der Anleger hat noch darüber hinaus eine attraktive vererbbare Masse. Oder finanziell gut auskommen, weil es keine unmittelbaren Erben gibt oder zu diesen eine gewisse Gleichgültigkeitsdistanz besteht? Dann kann eine Umkehr-Hypothek eine realistische Alterssicherungsoption sein.

30.2.4 Alternative Fonds-Anlagen

Hier bieten smarte „Finanzberater" beispielsweise Beteiligungen an Dachfonds, an Rohrstofffonds, an Schifffonds, an Ausbeutungsgesellschaften wie Kupferminen oder vergleichbar verführerisch klingende Anlagen an. Ausdrücklich bekennen wir, hier keine ausgewiesenen Experten zu sein. Deshalb lassen wir es nur bei einigen Stichworten bewenden. Man sieht als Angebote:

- Dachfonds: Zwar geringes Risiko durch breite Streuung, aber bringen sie mehr als erstklassige Rentenwerte?
- Rohrstofffonds: Nur für Experten!
- Schifffonds: Mancher wird sich noch an sogenannte „Zahnärzteschiffe" erinnern, keine schwimmenden Ärztehäuser für Zahnmediziner, sondern geschlossene Fonds, die über Berufsverbände verkauft wurden. In den letzten Jahren ist dieser Markt zusammengebrochen.
- Ausbeutungsgesellschaften für Kupferminen: Kennen Sie jemanden kennen, der sich in dieser Anlageklasse auskennt?

Es ist gut, dass hier der Verbraucherschutz immer mehr greift und Anbieter so Anleger immer weniger für gewagte Anlagen gewinnen dürfen.

30.3 Kompass für die Anlagenpolitik in der dritten Schicht

Das selbstgenutzte Eigenheim, vor allem in guten Lagen, steht durch seinen Nutzwert nach wie vor hoch im Kurs, doch auch Staatsanleihen oder Mischfonds bieten hohe Sicherheit (vgl. Abb. 30.2).

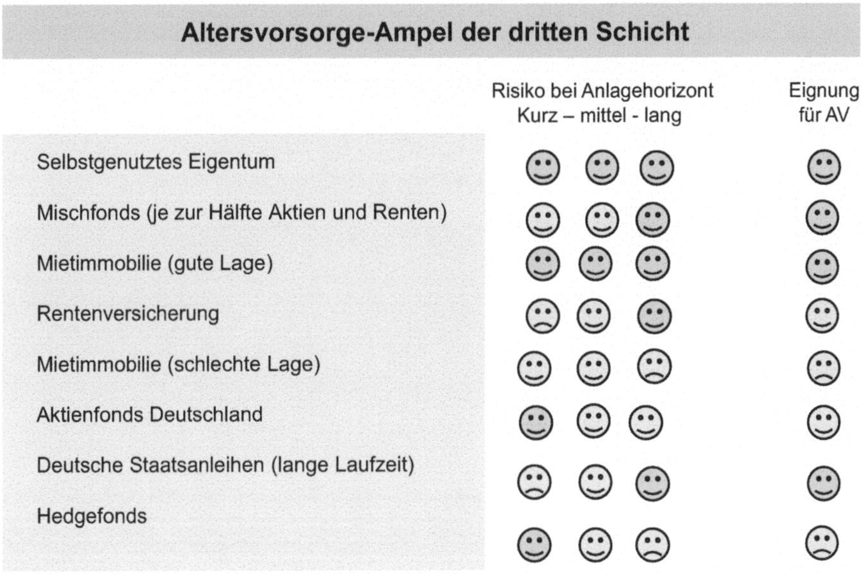

Abb. 30.2 AV-Ampel für die dritte Schicht. (Quelle: eigene Darstellung in Anlehnung an Institut für Vermögensaufbau)

AV-optimierte Gesamtberatung

31.1 Basis: Modell AV-Haus

Die Ladengassen und Informationsstände auf dem AV-Marktplatz zeigen viele und im Regelfall gute Einzelprodukte, vergleichbar mit Mosaik-Steinen. Diese müssen nach gegebenen Bedarfsformaten der AV-Kunden in einem jeweils individuellen Mosaik zusammengeführt werden. Die Philosophie für dieses Format ist also festzulegen.

Altersvorsorge = Alterssicherung = Sicherung der privaten Lebensökonomie
AV heißt: Alle Maßnahmen im Rahmen des finanziell Möglichen treffen, um die finanzielle und individuelle Beweglichkeit nach Renteneintritt zu sichern. So ist man nicht nur gegen Altersarmut gefeit, sondern kann sich auch zur Erhaltung der Lebensfreude etwas „leisten". Das meinen wir auch mit dem von uns synonym benutzten Begriff der Alterssicherung. Sie ist eine wichtige Voraussetzung, damit die fröhlichen Best Ager nicht nur die Werbeflächen an den Litfaßsäulen, sondern auch leibhaftig die Straßenbilder beherrschen.

Aufstieg im AV-Haus
Im AV-Haus hängt die Stufe, die man erreichen kann und vielleicht erreicht, in hohem Maße von frühzeitig und richtig getroffenen Entscheidungen zur privaten AV ab (vgl. Abb. 8.3). Daneben beeinflussen individuelle Umstände wie Erbschaften oder Immobilienbesitz das Versorgungsniveau.

Die Vorsorgepyramide ruht auf der ersten Schicht und baut sich von da aus auf!
Lücken in der ersten Schicht können für die AV fast tödlich wirken, wenn dadurch auch Anrechte zum Beispiel im Frühinvaliditätsfall nachteilig berührt sind. Im Übrigen gilt: Nur staatlich garantierte Renten überstehen Mega-Krisen wie zum Beispiel eine Währungsreform. Wie wollen Politiker sonst für Wähler akzeptabel sein?

© Springer Fachmedien Wiesbaden GmbH, ein Teil von Springer Nature 2018   239
H. Benölken und N. Bröhl, *Altersvorsorge am Scheideweg*,
https://doi.org/10.1007/978-3-658-21837-9_31

Bereits für den Eckrentner mit Durchschnittseinkommen sind zusätzliche Betriebsrenten ein „Sahnehäubchen". Steigt die Geldentwertung schneller als die Rentenerhöhungen (Gegenteiliges hat man noch von keinem Wirtschaftsforscher gehört) braucht der Eckrentner Zweite-Schicht-Ansprüche, zumindest teilweise zur Sicherung seines Realeinkommens. Ab diesem Punkt kann man über Dritte-Schicht-AV nachdenken.

Die erste und zweite Schicht sollten die private Lebensökonomie tragen!

Lebensqualität im Alter: Maßstab ist das individuelle Anspruchsniveau an das „GVN"!

31.2   Steuerliche Aspekte der AV

Kein privates Einkommen ohne eine steuerliche Veranlagung: Das gilt auch für die Altersvorsorge. Also bietet der AV-Marktplatz auch eine Verkaufsgasse für Kenner der steuerlichen Pflichten, die sich aus dem AV-Bezug ergeben.

Bruttorente ist nicht gleich Nettorente

In der jährlichen Renteninformation sieht man die Rentenzahlungen, die später Monat für Monat fließen sollen. Diese Beträge sollten nur eine grobe Orientierung sein. Experten warnen zu Recht, dass es die vorgerechnete künftige Monatszahlung nicht bar auf die Hand gibt. Der Betrag ist eher wie ein Bruttolohn zu betrachten, von dem noch Kranken- und Pflegeversicherungsbeiträge abgehen. Doch damit nicht genug: Auch die Steuer langt im Alter noch einmal kräftig zu und schmälert das kärgliche Altersgeld zusätzlich.

„Viele Leute wissen nicht, dass sie ihre Rente überhaupt versteuern müssen", sagt Anita Käding vom Bund der Steuerzahler. Denn bisher hatten die meisten Rentner Ruhe vor dem Finanzamt. Seit 2005 ist das anders.

Besteuerung gesetzlicher Rentenzahlungen

Die Steuerlast der Bürger verschiebt sich seit Inkrafttreten des AEG im Jahr 2005 nach und nach vom Erwerbsleben ins Alter. Jeder neue Jahrgang von Rentnern muss einen immer größeren Anteil seiner Rente versteuern. Diese sogenannte „nachgelagerte Besteuerung" startete 2005 mit einem steuerpflichtigen Rentenanteil der Einstiegskohorte von 50 %. Das heißt: Alle, die in jenem Jahr zum ersten Mal eine gesetzliche Rente bekamen, sowie alle, die vorher schon Rente bekamen, müssen seither die Hälfte davon versteuern.

Jährlich erfolgt eine stufenweise Anhebung um zwei Prozent bis zum Jahr 2020. Allerdings behält man den Besteuerungsanteil der individuellen Einstiegskohorte. Ein Neurentner ist dann schon mit 80 % dabei. Ab 2020 wird jährlich nur noch um ein Prozent erhöht, und zwar so lange, bis die 100-Prozent-Besteuerung erreicht ist. Das wird 2040 der Fall sein: Ab diesem Zeitpunkt muss jeder Neu-Ruheständler seine komplette gesetzliche Rente mit seinem persönlichen Einkommensteuersatz versteuern (vgl. Tab. 31.1).

Tab. 31.1 Besteuerungsanteil zu Rentenbeginn (vgl. § 22 Satz 1 EStG)

Eintritt in die Altersrente	Anteil (%)
2005	50
2006	52
2007	54
2008	56
2009	58
2010	60
2011	62
2012	64
2015 …	70
2020 …	80
2030 …	90
… 2040	100

Besteuerung privater Rentenpolicen

Auch bei privaten AV-Verträgen greift der Fiskus zu, allerdings unterschiedlich. Wie viel der Staat im Einzelnen von der Rente abzieht, hängt ganz vom gewählten Modell ab. Eine einheitliche Regelung gibt es nicht.

Im Vergleich zur gesetzlichen Rente kommen Privatrentner beim Fiskus glimpflich weg. Da sie die Beträge für die Versicherung aus ihrem bereits versteuerten Einkommen zahlen, wird von ihrer späteren Rentenleistung nur der Ertragsanteil versteuert. Das ist der Gewinn, der durch Zins und Zinseszins entsteht.

Wie hoch der Ertragsanteil ausfällt, richtet sich nach dem Alter, in dem der Versicherte die Leistung zum ersten Mal bezieht. Wer mit 60 Jahren die Rente aus einer klassischen Rentenversicherung (Produkt der dritten Schicht) erhält, muss beispielsweise 22 % davon mit dem persönlichen Steuersatz versteuern. Ab dem Alter von 65 Jahren wird eine Privatrente mit 18 % besteuert. Je später der Kunde in Rente geht, desto kleiner ist seine Steuerlast. Mit 68 Jahren sind beispielsweise nur noch 16 % steuerpflichtig. Auf die private Rentenversicherung fallen außerdem weder Kranken- noch Pflegeversicherungsbeiträge an.

Viele Versicherer bieten ihren Kunden kurz vor Erreichen des Rentenalters die Möglichkeit, sich statt einer lebenslangen Rente das Kapital in einer Summe auszahlen zu lassen. Für diesen Fall hat sich der Fiskus etwas einfallen lassen: Zunächst werden von der ausgeschütteten Summe die bis dahin gezahlten Beiträge abgezogen. Hatte der Vertrag eine Laufzeit von mindestens zwölf Jahren und ist der Versicherte 60 bzw. 62 Jahre oder älter, darf er von diesem Betrag noch einmal die Hälfte abziehen. Die so errechnete Summe ergibt den Anteil, der besteuert wird. Da dieser Betrag steuerrechtlich zu den Kapitaleinkünften zählt, können Rentner den Sparerfreibetrag und die persönliche Werbungskostenpauschale ansetzen. Wurde der Vertrag vor 2005 geschlossen, ist die Kapitalzahlung komplett steuerfrei.

Besteuerung von Riester-Renten

Für Zinsen und Erträge von Riester-Verträgen fallen in der Ansparphase zwar keine Steuern an – dafür hält der Fiskus im Alter aber unbarmherzig die Hand auf: 100 % der ausgezahlten Leistungen sind als „sonstige Einkünfte" zum individuellen Steuersatz steuerpflichtig. Wie hoch die Steuerlast damit tatsächlich ausfällt, kann heute aber noch niemand genau sagen. Sie hängt nicht zuletzt auch vom Gesamteinkommen des Kunden als Ruheständler ab. Die Hoffnung, mit einem Mini-Obolus davonzukommen, dürfte aber häufig enttäuscht werden. „Da müssen einige damit rechnen, dass sie mit 30 Prozent dabei sind", sagt Finanzexperte Nauhauser.

Zumindest in der Ansparphase profitieren die Sparer allerdings: Sie können Beiträge zur Riester-Rente steuerlich geltend machen. Relevant sind sowohl die eigenen Einzahlungen als auch die Zulagen, die der Staat gewährt. In der Steuererklärung können Riester-Sparer dafür den Abzug als Sonderausgaben beantragen. Ist die Steuerersparnis durch den Abzug größer als die Zulagen, bekommen sie die Differenz über den Steuerbescheid erstattet.

Beim Wohn-Riester gibt es keine Geldrente, der Staat hat sich für die Besteuerung etwas einfallen lassen. Alle Tilgungsleistungen werden fiktiv auf einem Wohnförderkonto verbucht und mit zwei Prozent jährlich verzinst. Den Betrag, der sich über die Jahre ansammelt, muss der Sparer bei Rentenbeginn bis zum 85. Lebensjahr versteuern – in Raten oder auf einmal.

Besteuerung von Rürup-Renten

Auch die Basisrente wird nachgelagert, also erst bei Rentenbezug im Alter, besteuert. Der steuerpflichtige Teil ist analog der der gesetzlichen Rente für jeden Jahrgang von Neu-Rentnern verschieden. Seit 2005 steigt er jährlich wie bei der gesetzlichen Rente an. Sparer, die beispielsweise ab 2010 ihre Rente erhalten, zahlen lebenslang auf 60 % der Summe Steuern. Ab 2040 müssen auch Rürup-Renten zu 100 % versteuert werden.

Besteuerung von Betriebsrenten

Mit Einführung des AEG wurde die Verlagerung der Steuerlast ins Alter auch für die bAV eingeführt mit DW-spezifischen Steuerregeln: Für die DW Direktversicherung, Pensionskassen und Pensionsfonds gelten andere Steuerregeln als bei Direktzusagen und Unterstützungskassen. Altverträge (Abschluss bis 2004) der Direktversicherungen (Pauschalversteuerung) werden steuerlich anders behandelt als Neuverträge ab 2005.

Über steuerliche Unterschiede sollten sich betroffene Beschäftigte informieren. Speziell bei der Betriebsrente ist der Rat von Profis gefragt, weil die unterschiedlichen DW nach unterschiedlichen Steuerstrategien verlangen. Von Verträgen, die ab 2005 abgeschlossen wurden, müssen die Leistungen der bAV nachgelagert voll und zum individuellen Steuersatz versteuert werden.

Neben der Steuer sollten Versicherte allerdings auch bedenken, dass auf Betriebsrenten der volle Beitrag zur gesetzlichen Kranken- und Pflegeversicherung erhoben wird. Derzeit müssen Betriebsrentner daher rund 16,6 % für die Gesundheit abgeben: Denn sie zahlen sowohl den Arbeitnehmer- als auch der Arbeitgeberanteil. Für gesetzlich Krankenversicherte schmälert diese Regelung die Attraktivität der Betriebsrenten erheblich.

Steuererklärung nun auch für Rentner
Das AEG führt für alle Rentner auch zur Pflicht zur Abgabe einer Steuererklärung. Diese müssen Rentner einreichen, wenn ihre Einkünfte über dem Grundfreibetrag der Einkommensteuer liegen oder sie neben ihrer gesetzlichen Rente steuerpflichtige Einkommen haben oder eine Pension bzw. Firmenrente beziehen. Nach Berechnungen des Bundesfinanzministeriums betrifft das rund 3,3 Mio. Rentnerhaushalte. Die meisten bleiben also von Steuerzahlungen verschont. Allerdings sollte jeder prüfen, ob er noch dazugehört.

31.3 Das bedarfsgerechte AV-Mosaikbild

Beim Gang über den AV-Marktplatz lassen sich viele Mosaiksteine für die AV aus der ersten, zweiten und dritten Schicht einschließlich der steuerlichen Aspekte in Augenschein nehmen. Sie lassen sich zu bedarfsgerechten Mosaikbildern kombinieren (vgl. Abb. 31.1).

Der innovative Charakter des Mosaikbildes hat folgende Eckpunkte:

- Es nimmt alle Bausteine aus den drei Vorsorgeschichten auf, wie sie das Haus zeigt.
- Es bringt sie in eine Prozessfolge, die der Lebenserfahrung entspricht. Zwar starten Bürger (zum Beispiel beim Eintritt in einen Beruf) in der ersten AV-Schicht, aber dann verlangt das praktische Leben beim Einstieg in die zweite Schicht, auch die Aspekte der Absicherung in den Blick zu nehmen und entsprechende Entscheidungen zu treffen.
- Daraus ergibt sich eine entscheidungsorientierte Prozessfolge mit einer sachlogischen Mischung von Fragen, Tätigkeits- und Ereignisfeldern.

Nunmehr kommen wir zu den Prozessberatern gemäß dem AV-Mosaikbild, die AV-Beratungskunden entsprechend ihrem individuellen Bedarf durch den Prozess führen.

31.4 AV-Prozess-Berater zum AV-Mosaikbild

Wer kommt dafür in Betracht, die individuellen AV-Mosaike für die Bürger zusammenzusetzen? Antwort: Wer den ganzheitlichen Bedarfsblick für AV-Kunden hat, ohne die Gefahr von produktzentrierten Tatbestandsquetschen. Dazu bedarf es des geeigneten methodischen Ansatzes und geeigneter Interpreten im Interesse der AV-bedürftigen Bürger. Beides vereint finden wir in der Fertigungsgasse für individuelle AV-Mosaikformate.

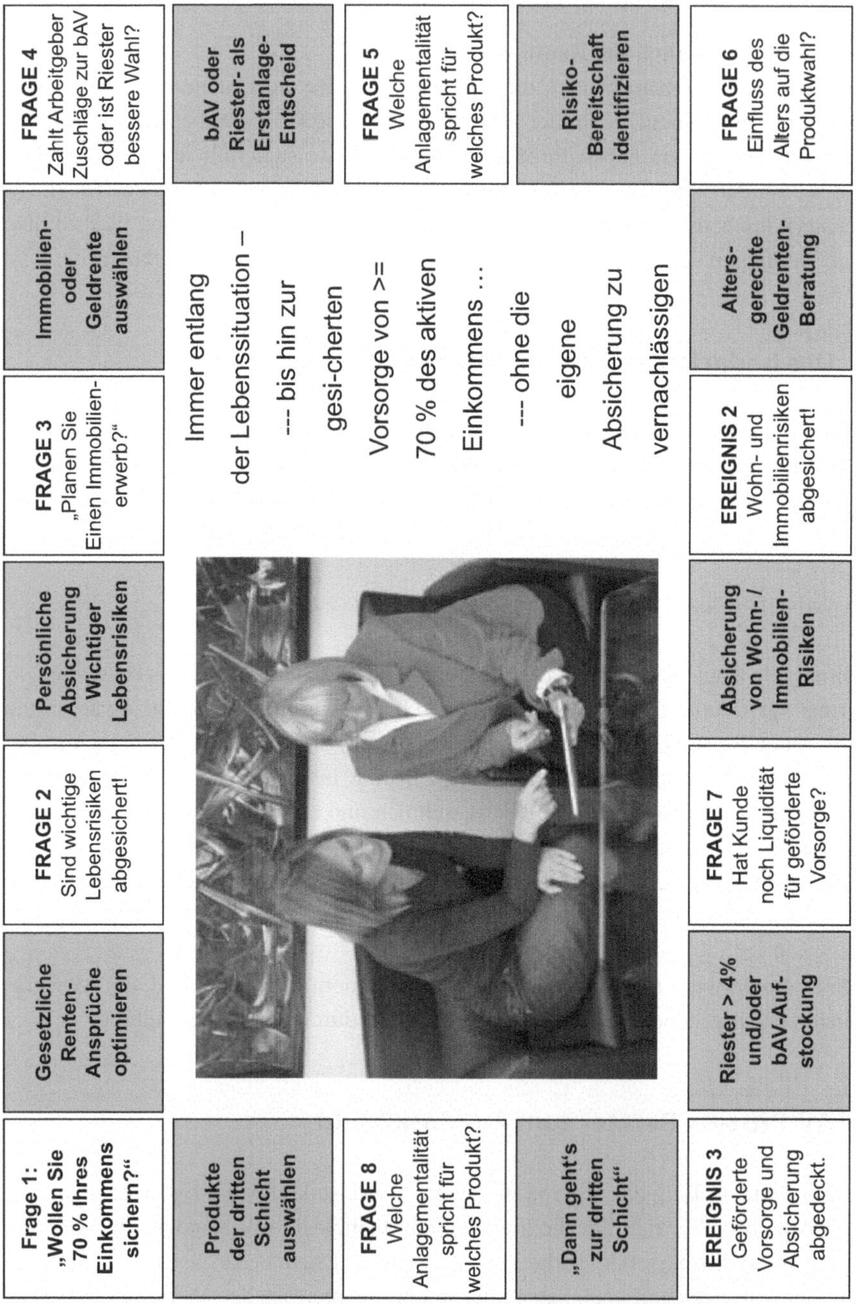

Abb. 31.1 Bedarfsgerechtes AV-Mosaik. (Quelle: eigene Darstellung)

Basis: Anforderungsprofile, gerechter Experten-Hintergrund
Hierzu verweisen wir auf die „Prüfkriterien für die AV-Beratung von Arbeitnehmern und Prüfkriterien für die AV-Beratung von Selbstständigen".

Berater mit produktübergreifendem Hintergrund
Hier sind Vermögens- und Finanzberater mit bedarfsgerechtem Angebot ohne Produzentenbindung zu nennen. Sie arbeiten als unabhängige Makler für Finanz- und Vorsorgeberatung und können einen Best-Advice-(=bestmögliches Angebot)-Anspruch gut erfüllen.

Berater mit eingeschränktem produktübergreifenden Hintergrund
Hier sind Vermögens- und Finanzberater mit bedarfsgerechtem Angebot, aber Produzentenbindung im Verbund zu nennen, wie es den Sparkassen- und Genossenschaftssektor kennzeichnet. Sie können wie die erste Gruppe die gesamte AV-Produktklaviatur vertreten, aber im Regelfall in den Grenzen ihres Verbundes. Das kann dazu führen, dass dann keine Best-Advice-Angebote außerhalb des jeweiligen Verbundes zum Zuge kommen. Gegenfrage: Ist prozessgerechte Beratungsqualität gemäß AV-Mosaikbild wichtiger als die „letzten Zehntel" bei Einzelprodukten, die zudem mit Prognoseirrtum behaftet sein können?

Berater mit produktzentriertem Hintergrund
Wie stellen Berater sich darauf ein, wenn die Produktpalette zu schmal ist, was zum Beispiel für viele Versicherer und Bausparkassen gilt? Wie argumentieren sie, wenn es kundenseitig keinen prioritären Wohneigentums- und damit Wohn-Riester-Bedarf gibt? Der Ansatz: „Schließen Sie mal einen Wohn-Riester-Vertrag ab, dann haben Sie was Gutes in Reserve, wenn …" lässt außer Acht: Der Wohn-Riester eignet sich nicht wie der Bank-Riester zum Zwischenparken, weil seine Vorteile (Zinssicherheit, Ablösemöglichkeiten) nur als genutzter Wohn-Riester zum Tragen kommen. Wegen der Abschlusskostenbelastung eignen sich auch die Varianten Fonds- und Versicherungs-Riester nicht zum Zwischenparken.

Folgerung: Auch primäre Bauspar- und Versicherungsberater kommen um eine streng bedarfsorientierte Beratung nicht herum. Sonst könnten sie Kundeninteressen verletzen und/oder Stornos und Nichtbesparen ohne Vertragskündigungen riskieren.

Best-Advice-Anspruch für AV-Prozessberater
Unabhängige Finanz- und Vorsorgeberater segeln unter der Flagge „Best Advice" und erfüllen diese im Regelfall auch, wenn sie sich eine Langfrist-Klientel aufbauen wollen. Wenn Kunden Abweichungen von diesem Tugendpfad spüren, „ist der Ruf erst ruiniert …", würden sie sich selbst die Geschäftsgrundlage entziehen.

Spannend wird es schon bei den Verbünden: Welche Ventilmöglichkeiten für Best-Advice-Angebote brauchen sie und bietet man ihnen, um Kunden im Verbund zu halten, falls die „geborenen Verbundpartner" diesen Best-Advice-Anspruch nicht durchgängig erfüllen? Das gilt verstärkt für Vertriebsberater von Produktgebern mit einem potenziell

doppelten Problem: Ihnen fehlen unter Umständen in ihrem Sortiment wichtige bedarfsgerechte Produkte, und die von ihnen angebotenen Produkte stehen unter dem Best-Ad-
vice-Postulat.

Brückenschlag zur Honorarberatung nützlich oder sogar unverzichtbar?
Für produzentenunabhängige Finanz- und Vermögensberater bildet der Best-Advice-Anspruch die Geschäftsgrundlage. Im Erstgespräch loten sie den Vorsorgebedarf von Kunden
aus und informieren sich darüber, was er bereits zu seiner Deckung disponiert hat. Häufig
lassen sie sich dann eine Maklervollmacht geben mit dem Ziel, Deckungslücken mit Produkten mit Best-Advice-Anspruch zu schließen. Damit agieren sie wie Honorarberater mit
dem kleinen Unterschied, dass sie anders als Letztere auch den Einkauf übernehmen.

Auch jeder andere Beratertyp muss de facto seinen Einstieg über einen Honorarbera-
tungsansatz starten, um seinen Kunden gegenüber glaubwürdig und damit wettbewerbs-
fähig zu bleiben. Wenn Kunden diese Unabhängigkeit in der Bedarfsanalyse spüren, sind
sie auch bereit, Vertrauen zum Berater aufzubauen. Der jeweilige Unternehmenshinter-
grund darf dabei nicht hinderlich sein. Die Ernte ist das Kundenvertrauen.

Nicht nur die Berater, auch die „geborenen" Verbundpartner müssen immer besser
werden, damit sie primäre und exklusive Verbundpartner bleiben. Im Zeitalter der zunehmend digitalen Information mit ihren Vergleichsmöglichkeiten würden sonst die Vermittler (Bankberater und Vertriebsmitarbeiter der Produktgeber) in Argumentationsnöte
kommen: Sie können es sich langfristig nicht leisten, Produkte zu verkaufen, deren Qualität von Kunden als sekundär empfunden wird. Das gilt besonders in der AV, wo man
den Anbieter nicht wie in der Kfz- oder Hausratversicherung kurzfristig wechseln kann.

Dies wird dann zur besonderen Qualitätsherausforderung für „Verbundpartner". Wenn
ihre Angebote Best-Advice-Anforderungen genügen, drängen sie ihre Vermittler nicht in
Richtung Drittangebote, im Branchenjargon auch „Ventillösungen" genannt.

Mosaikgerechte AV-Prozess-Beratung entwickelt sich zur bestmöglichen Qualitätsbe-
ratung rund um AV: Gibt es ein überzeugenderes Best-Winner-Modell für Bürger und
Anbieter?

31.5   Anregungen für nachhaltige AV-Beratung

Die Überlegungen zur optimalen Umsetzung einer AV-Mosaik-gerechten Beratung leiten
über zu der Frage, welche Anforderungen an eine nachhaltige AV-Beratung zu stellen sind.

31.5.1 Provisionsinteresse oder kompetente Beratung?

Leiden viele weiße unter wenigen schwarzen Schafen?
Die für die AV-Szene relevanten Anbieter haben es derzeit nicht leicht: Man unterstellt
ihnen mehrheitlich ein primäres Provisionsinteresse, zu dessen Erzielung man den tatsächlichen Kundenbedarf nur beachte, wenn er bei der Provisionsertragsmaximierung

nicht störe. Das entspricht auch dem Tenor vieler Kommentare in den Medien. Was oft übersehen wird: Die Mehrzahl der Anbieter sind keine „schwarzen Schafe", sondern bemühen sich um eine bedarfsgerechte Kundenberatung. Aber viele weiße werden mit wenigen schwarzen Schafen in einen Sack gesteckt, auf dem dann Medien genussvoll herumprügeln.

Wir haben in den Anforderungsprofilen für eine kompetente AV-Beratung den Aspekt „Ganzheitlichkeit" angesprochen. Dafür gibt es schon praktische Beispiele: Das Ziel einer fallabschließenden Beratung in möglichst allen Geschäftsstellen einschließlich ihres Verbundgeschäftes können Genossenschaftsbanken nur „ganzheitlich" umsetzen. Dazu passt auch der flächendeckend umgesetzte Ansatz „Sparkassen-Finanzkonzept". Auch werden Personenversicherungsberater, seien sie Makler oder Ausschließlichkeitsvertreter, im Brustton der Überzeugung für sich das Wort „Ganzheitlichkeit" in Anspruch nehmen.

Ganzheitlichkeit: Von der Anamnese über die Diagnose zur Therapie!
Was würden Sie als Patient denken, wenn ein Arzt Ihnen schon beim Eintritt in sein Besprechungszimmer entgegenschleudern würde, er hätte für Sie ein interessantes neues Wundermedikament, das er Ihnen mal prophylaktisch verschreiben würde? Sicherlich würden Sie ihn für einen Scharlatan halten. Vergleichbar verhalten sich Finanzberater, die einem Kunden, bei dem sie einen Anlageberatungswunsch wittern, suggerieren: „Ich optimiere mit Ihnen in Nullkommanichts Ihre persönliche Finanzsituation."

- Anamnese: Wie ein guter Arzt Sie nach Vorerkrankungen einschließlich Krankheitshistorien in der Familie befragt, gilt auch hier die allgemeine Bestandsaufnahme mit der ersten Frage zum Versorgungsstatus mit dem Schwerpunkt Pflichtversicherungen (bei Arbeitnehmern) und GRV-Ersatzlösungen (bei Selbstständigen).
- Diagnose: Ein guter Arzt setzt nunmehr sein Instrumentarium vom Katheder übers EKG und Blutuntersuchungen bis zu einer eventuellen CT-Untersuchung ein. Ein guter Vorsorgeberater interessiert sich analog für das bislang erreichte GVN zum Zeitpunkt des vorgesehenen Renteneintritts und damit verbunden für bereits eingekaufte AV-Produkte der zweiten Schicht (bei Arbeitnehmern) oder dritten Schicht (alle Bürger).
- Therapie: Die Empfehlung zur Schließung einer Vorsorgelücke kann sich je nach individuellem Fall von identifizierten Lücken in der ersten Schicht (Anamneseergebnis) bis zur Ergänzung von Vorsorgebausteinen in der zweiten und dritten Schicht erstrecken. Insgesamt müssen noch weitere Kundenpräferenzen mit einfließen. Diese bewegen sich zwischen möglicher Vererbbarkeit des AV-Vermögens hin zu Hartz-IV-Sicherheit und der Verwendungsmöglichkeit des angesparten Kapitals als „Notgroschen".

Diesem ganzheitlich-medizinischen Anspruch entspricht das Modell der Drei-Schichten-Pyramide der AV. Anstatt sich medienwirksam und wortreich zu verteidigen, können Anbieter aller Sparten durch ganzheitliches Beratungshandeln glänzen und machen damit die schwarzen Schafe vergessen.

31.5.2 AV-Beratung braucht professionelle Anbieter

Wer macht das Rennen über alle drei Schichten?
Kurze Antwort: Die Anbieter und ihre Absatzmittler, denen es gelingt, im Konzept der Schichtenpyramide von unten nach oben ein durchgängiges Vertrauen aufzubauen. Die Anbieter, die im stärksten Maße mit „AV-Kompetenz" gleichgesetzt werden, machen langfristig das Rennen. Die Bürger werden sie dann auch als vertrauenswürdige Gesprächspartner für noch verfügbare Liquidität in der dritten Schicht konsultieren.

Perspektive 1: Herr Kaiser als Pyramidenvirtuose
Herr Kaiser, als Stellvertreter der Versicherer, bietet eine umfassende Vorsorgetherapie: Nachholbedarf in der ersten, Zusatzabschluss in der zweiten Schicht, bei Bedarf vermittelt er noch Anknüpfungspunkte in der dritten Schicht. Wird man es ihm verdenken, wenn er dabei eine ergänzende Privatrente oder andere Versicherungsprodukte in den Vordergrund rückt und nur auf ausdrückliches Befragen auch Verbundpartnerprodukte anbietet?

Perspektive 2: der Bankberater als finanzieller Anwalt für AV
Die Versorgungsstatus-Analyse und darauf aufbauende Therapievorschläge gelingen ihm bedarfsorientiert. Sein Image des vertrauenswürdigen Bankers als Kundenanwalt gedeiht. Selbstverständlich halten sich die Kunden auch an ihn, wenn es noch etwas langfristig anzulegen gibt, von freien temporären liquiden Spitzen ganz zu schweigen. Bei Kunden mit entsprechender Liquidität ist er der geborene Gesprächspartner für längerfristige Anlagen. Preisgeschiebe mit Aldi-Usancen lässt ihn kalt, seine Kunden erwarten Qualität.

Perspektive 3: der unabhängige Honorarberater
Das ist eine Entwicklungsperspektive für Verbraucherzentralen oder ein wachsender Berufszweig. Bei entsprechender Qualifikation des Beraters liegen alle Voraussetzungen vor, um sich auf interessengerechte Best-Advice-AV zu konzentrieren. Die Empfehlung zu Produkten beliebiger Anbieter, kombiniert mit einer interessen- und bedarfsgerechten Beratung ermöglicht dem Honorarberater das perfekt auf den Kunden abgestimmte AV-Portfolio – beste Voraussetzungen also. Allerdings ist zwingend die Qualifikation des Beraters zu ermitteln, ansonsten können Fehlempfehlungen zu einem erheblichen Anlageverlust führen.

Pflicht für alle: von der Produktzentrierung zur Bedarfsorientierung
Mit Top-Produkten die Position im Wettbewerb stärken ist die eine Sache. Aber die AV-Möglichkeiten nebst Produkten und Vermögensbausteinen so bedarfsgerecht zu kombinieren, dass sich für den Bürger daraus mosaikartig die individuell bestmögliche Alterssicherung strukturiert, darauf kommt es noch mehr an. Ferner sollte der Kunde

vom AV-Erstgespräch bis zum Renteneintritt turnusmäßig betreut werden. Ansonsten kann die Planung der Altersvorsorge unvorhergesehen nach einigen Jahren „aus dem Ruder laufen", weil Bedarf und gesetzliche Rahmenbedingungen sich geändert haben.

31.5.3 Kundenorientiertes AV-Management

Ein kundenorientiertes AV-Management müsste bei benchmarkverdächtigen Anbietern folgende Bausteinkette umfassen:

- Welche AV-Kundentypen gibt es im AV-Markt: Im Hinblick auf Vorsorgebedarf sind das zum Beispiel Singles, junge Bürger mit hohem Qualifikations-, Aufsteiger- und langfristigem Vorsorgepotenzial, Familien, kinderlose Doppelverdiener, Frauen mit Ad-hoc-Bedarf (zum Beispiel Hausfrauen nach Scheidung) oder auch Freiberufler und Kleingewerbetreibende. Wer es schafft, gezielt diese Bedarfstypen aufzufangen, hat die Chance auf dankbare Kundschaft. Denn oft wissen die Kunden noch gar nichts von ihrem eigenen Bedarf oder verdrängen ihn. Hier muss der AV-Berater kompetent zur Seite stehen und den individuell optimalen Produkt-Mix aufzeigen.
- Welche bedarfsorientierten Angebotsbündel brauchen die Kundentypen? Es ist möglich, den Kundentypen besonders häufig vorkommende standardisierte Angebotsbündel anzubieten. Diese Produktpakete sind von vornherein auf die typische Situation des jeweiligen Kundentyps abgestimmt. Beratern bieten sie zwar eine Orientierung, sollten aber nicht das Angebotsspektrum von Beginn an eingrenzen. Entscheidend sind immer der individuelle Kundenwunsch und sein spezieller Bedarf!
- Wie wünschen sich die Kunden die beraterseitige Ansprache? Wie findet der Anbieter Kunden, bei denen sich die Ansprache lohnt? Sie sind berufs- oder selbstständig tätig? Dann haben sie für Vorsorgeberatung nur dann Zeit, wenn andere Bürger Feierabend haben oder ihr Wochenende genießen. Ein guter Anbieter bietet vorher zur medialen Nutzung einen Anamnese- und Selbstdiagnose-Erfassungsbogen im Netz an und verabredet sich mit Anlegern, wenn sie Zeit haben.
- Welche bedarfsorientierten Beratungsprozesse führen Kunden zur Erfüllung von Vorsorgezielen? Die Grundstruktur haben wir bereits mit dem Drei-Schichten-Mosaik-Modell vorgegeben. Es wäre toll, wenn Anbieter nach einem workflowgestützten Beraterleitfaden arbeiten, wie es dem oben schon erwähnten Mosaikprozess entspricht.
- Welche Beraterqualifikation wünschen sich AV-Bedürftige? Zunächst die Fähigkeiten zur ganzheitlichen Anamnese, Diagnose und Therapie. Genauso wichtig ist zu erkennen, welcher AV-Kundentyp vorliegt. Produktspezifisch braucht der Berater Kenntnisse der Vor- und Nachteile der einzelnen AV-Produkte für den individuellen Bedarf des Kunden. Primären „Wertpapierfreaks" sollten mit Vorsicht genossen werden, weil diese dazu neigen, den persönlichen Bedarf des Kunden elegant zu umgehen.

- Ein Tipp an AV-Anbieter: Zum Erkennen der Kundentypen und zum Lösen der komplexen AV-Prozesse (Rentenlücke, Fördermöglichkeiten sowie steuer- und sozialversicherungsspezifische Aspekte) braucht man aufgrund der Komplexität der Beratung eine adäquate DV-technische Unterstützung wie geprüfte AV-S-Software.
- Welcher Steuerungsprozess unterstützt diese Bausteine? Für AV-Beratungskunden ist wichtig, dass der Steuerungsprozess zur Drei-Schichten-Philosophie passt.

Wünschenswertes Anbieter-Image: „Fans" der Vermittlerrichtlinie

Berater kennen die neuen Anforderungen an ganzheitliche Kundenberatung auf EU-Ebene, kurz „Vermittlerrichtlinie" genannt. Anbieter stöhnen zwar vielfach über die Umsetzung der Vermittlerrichtlinie wegen des enormen bürokratischen Aufwands. Aber wollen sie weiterhin die Prügelknaben von Verbrauchermagazinen und Tagespresse sein?

Wenn der Gesetzgeber den Weg zur ganzheitlichen Beratung weist, dann bleiben die Berater am besten im Geschäft, wenn sie aus der bürokratischen Not eine Tugend machen: Nicht halb frustriert einen Beratungsbogen bis zur Kundenunterschrift mit Widerspruchsfrist abarbeiten und das als verlorene Zeit betrachten, sondern: Sorgfältig in den Kunden hineinhorchen, seine Versorgungslücken erkennen, mit Fingerspitzengefühl eine bedarfsgerechte Therapie einleiten – und daran auch gut verdienen, zusätzlich belohnt mit dem wachsenden Kundenvertrauen.

31.5.4 Gute Chancen für beratungsstarke Vorsorgeanbieter

Bürger suchen vertrauenswürdige Berater nicht nur allgemein für Geldanlagen, sondern auch besonders für das, vor dem viele heute bereits Angst haben: Alterssicherung jenseits von Altersarmut und damit verbundenen Begleiterscheinungen wie Abhängigkeit von „der Stütze". Wer ihnen das glaubhaft verspricht, den wählen sie! Ein kompetenter AV-Berater, womöglich mit Zertifikat, wenn es das mal geben sollte, kann Bürgern Vertrauen einflößen.

Hervorragende Chancen haben Berater, die sich auf eine ganzheitliche Beratung vor Ort besinnen. Dies entspricht dem Kundenbetreuungsstil der Sechziger- und Siebzigerjahre in überschaubaren Filialen. Es passt eben nicht zur Bürgermentalität, dafür bei irgendwelchen Spezialisten in zentralisierten Anlaufstellen „anzudackeln".

Das passt auch zur Aura des Herrn Kaiser. Vielleicht hat er traditionell mehr das Image des Kümmerers im Leistungs- und Schadenfall, aber wenn er diese Mentalität über viele fusionsbedingte und sonstige organisatorische Wirren seiner Gesellschaft in eine analysebasierte AV-Beratung transformieren kann (und seine Gesellschaft ihm Hilfen für die Entwicklung gibt anstatt ihn mit produktbezogenen Kampagnen zu belegen), hat er nach wie vor gute Chancen.

Haben wir die Gilde der Makler und freien Finanzberater vergessen? Mitnichten, aber sie sind vielleicht schon dort, wohin die Kollegen aus der Bank und der Herr Kaiser erst wieder zurück müssen: zum ganzheitlichen Beratungsansatz mit einem Best-Advice-Anspruch für gute Beratungsqualität, was nach unserer Meinung wichtiger sein kann als die (zum derzeitigen Zeitpunkt) abstrakt besten Produkte.

Wenn sich diese für AV kompetenten „Typen" in kundenbezogenem Leistungswettbewerb die regionalen Marktanteile teilen, hat die Alterssicherung der Bürger die Chance, im Rahmen eines marktwirtschaftlichen Systems in guten Händen zu sein. Und auch die Anbieter haben gemeinsam mehr von einem wachsenden AV-Kuchen.

Fragen zu und Argumente für diese provozierende Kapitalüberschrift:

- Warum braucht man einen Marktplatz zur Verdeutlichung der GRV? Weil viele Finanzberater, Anlageberater, Vermögensberater nicht die Prüfkriterien als AV-Berater erfüllen sind, da sie die GRV-Spezifika zu wenig kennen und sie dafür nur eingeschränktes Interesse haben?
- Warum braucht man einen bAV-Marktplatz zur Popularitätsförderung der bAV? Weil bAV auf Großunternehmen mit Tarifbindungen weitgehend beschränkt ist und auf den Mittelstand wenig ausstrahlt!
- Warum braucht man den Riester-Marktplatz mit Riester-Sachverständigen? Weil Riester-Produkte zu sehr aus Produktgebersicht beraten werden und die Mosaik-Bedarfssituation zu wenig berücksichtigt wird!
- Wie kommt man zur ganzheitlichen AV-Beratung ohne Tunnelblick? Welche Wege sind Erfolg versprechend? Honorarberater? Berater in Verbünden, die zunächst unabhängige AV-Beratung auf ihre Fahnen geschrieben haben, bevor sie an Verkauf denken?

Das deutsche AV-System ist im Gegensatz zu der Mehrzahl der leistungsfähigeren EU-AV-Systeme nicht einfach für den Bürger durchschaubar, geschweige denn selbsterklärend. Gegenbeispiele sind die Systeme der Schweiz und der Niederlande: Man gibt an, wie viel man bereit ist (in der Schweiz ab einem Jahreseinkommen von umgerechnet von 20.000 Franken aufwärts), in der bAV anzulegen bzw. bei Arbeitnehmern wird es obligatorisch einbehalten. Dementsprechend einfach ist die Verwaltung.

Fazit: Die Bürger brauchen ein AV-System, in dem sie ihren AV-Bedarf mit für sie selbst verständlichen Worten „auf dem Bierdeckel" artikulieren können – ein neues System!

© Springer Fachmedien Wiesbaden GmbH, ein Teil von Springer Nature 2018   253
H. Benölken und N. Bröhl, *Altersvorsorge am Scheideweg*,
https://doi.org/10.1007/978-3-658-21837-9_32

Deutschland braucht ein neues AV-Modell „AV 2030 plus"

Die Erkenntnis aus den Teilen I und II: Das deutsche AV-System schützt nicht gegen unverschuldete Altersarmut. Die Resümees aus den Teilen III und IV: Deutschland braucht wegen des weitgehend zersplitterten AV-Angebot und eines unübersichtlichen Marktplatzgeschehens einen Ansatz für ein zukunftsfestes AV-System. Man fühlt sich in einer nicht optimalen Aufbauorganisation und einer Ablauforganisation, in der es vielfach knirscht. Hinzu kommen (leider) vielfache Versäumnisse der politisch Verantwortlichen, sei es aus erkenntnisbezogenen oder auch wahltaktischen Gründen. Ein prägnantes Beispiel hierfür ist die Scheu der Politik zu einer sachgerechten Diskussion der Langzeitperspektiven der GRV. Obwohl ein demografie- und zukunftsfestes AV-System mehrere Jahrzehnte vorgedacht sein muss, beschränkt sich die Politik auf einen Zeithorizont bis zum Jahr 2030 und liefert noch keine Aussagen über ein anzustrebendes AV-System über 2030 hinaus. Diese Ausgangssituation ist Basis, um ein innovatives AV-Modell mit dem Titel *AV 2030 plus* vorzustellen, als ein rationales System der AV im Hinblick auf die im Teil II vorgestellten Bedarfe für AV.

Das Konzept *AV 2030 plus* ist nicht nur aus deutscher Tunnel-Perspektive entwickelt, sondern es sind auch Erfahrungen aus den Top-7-Ländern des EU-Vergleichs einbezogen, aus Ländern, die über die Gestaltung der ersten Schicht das Problem Altersarmut im Griff haben und in ihren AV-Systemen auch relative Lebensstandardsicherung gewährleisten. Eine Fortschreibung des bisherigen AV-„Systems" für Deutschland reicht nicht: Deutschland braucht ein GRV-System, das auch einen Schutz vor Altersarmut bietet und nicht nur die schützt, die mit mittlerem bis gehobenem Einkommen eine ununterbrochene Erwerbsbiografie haben.

Leistungsstarke AV: Beispiele aus anderen Ländern

Dabei kann man mit der Henne anfangen, die viele Eier legen kann, indem man abstrakt Anforderungen an ein Gesamtsystem und seine einzelnen Schichten formuliert. Oder man kann mit als „gelungen" betrachtete Eier bebrüten, wenn man sie findet. Als gelungene Eier betrachten wir AV-Modelle in anderen europäischen Ländern, die auf akzeptablem Niveau die Ziele „Vermeidung von Altersarmut", „Existenzsicherung für jedermann" und „Lebensstandardsicherung für alle Berufstätigen" verbinden. EU-Spitzenreiter sind die Niederlande und Österreich, zudem das Nicht-EU-Land Schweiz, während Deutschland im EU-29-Vergleich auf dem drittletzten Platz rangiert. Daraus kann man für die AV-Gestaltung in Deutschland viel lernen. Deshalb starten wir hier die Modellierarbeit an *AV 2030 plus*.

AV-Modelle anderer Länder, bieten ihren Rentnern eine hohe Netto-Ersatzquote (NEQ; EU-Messgröße) ihrer Rentnerbezüge in Prozent ihres aktiven Einkommens nach dem Motto: „Ob du noch arbeitest oder Rentner bist: Dein Einkommen als Summe von gesetzlicher Rente und obligatorischer privater Vorsorge bleibt fast unverändert bei 90 Prozent NEQ." Diese Modelle liefern für die Gestaltung der AV-Systeme in Deutschland wertvolle Ideen. Spitzenreiter in Europa sind die EU-Mitglieder Niederlande, Österreich und das Nicht-EU-Mitglied Schweiz mit einer Nettoersatzquote über 90 %. Hinzu kommt noch freie private Vorsorge.

33.1 Niederländisches AV-System: Capuccino-Modell

Die Niederländer nennen ihr AV-System liebevoll „Cappuccino-Modell": Den Kaffee in Form der Grundrente (erste Säule) gibt es für jeden, das Sahnehäubchen liefert die betriebliche Altersvorsorge (zweite Säule) und die private Vorsorge als dritte Säule gleicht den Schokostreuseln (vielleicht mit Amaretto-Spritzer) obendrauf.

© Springer Fachmedien Wiesbaden GmbH, ein Teil von Springer Nature 2018
H. Benölken und N. Bröhl, *Altersvorsorge am Scheideweg*,
https://doi.org/10.1007/978-3-658-21837-9_33

Erste Säule: AOW-Pension als Grundrente

Wer in den Niederlanden lebt, hat mit 65 Anspruch auf eine Grundrente (AOW-Pension), die in maximal 50 Jahren aufgebaut ist und das Existenzminimum abdeckt. Unabhängig davon, ob man jemals Beiträge gezahlt hat, bekommt man nach 40 Jahren rund 70 % des Mindestlohns für einen Alleinstehenden. Die AOW-Pension wird mit jedem Berufsjahr um zwei Prozent aufgebaut. Wer zwischen 15 und 65 Jahren nicht durchgängig in den Niederlanden versichert gewesen ist, dem werden für jedes fehlende Versicherungsjahr zwei Prozent der Pension abgezogen.

Die Grundrente wird aus Beiträgen der Versicherten im Umlageverfahren finanziert und nur zu einem kleinen Teil mit einem Staatszuschuss. Der Beitragssatz für die AOW liegt bei rund 18 %. Arbeitgeber zahlen keine Beiträge. Wer 66 ist, kann eine Grundrente beantragen. Sie liegt bei etwa 1100 EUR für Alleinstehende und bei rund 1600 EUR für Verheiratete und Zusammenlebende. Hinzu kommt Urlaubsgeld, differenziert für Alleinstehende für Verheiratete. Zudem gibt es differenzierte Regelungen für Hinterbliebene.

Zweite Säule bAV für Erwerbstätige

Die niederländische bAV steht nur Erwerbstätigen offen, die hier zusammen mit der Grundrente eine Versorgung von insgesamt 70 % des zuletzt bezogenen Verdienstes aufbauen, wenn sie 60 Jahre alt sind.

Bei der bAV hat der Staat in den vergangenen Jahren regulierend eingegriffen. So kam er mit den Tarifparteien überein, die Arbeitnehmer auch mit über 60 Jahren im Arbeitsprozess zu halten. Sie können dann eine Rente von 100 % des letzten Verdienstes aufbauen. Durch die Vorruhestandsregelung (VUT) hören viele Niederländer jedoch mit 60 Jahren auf zu arbeiten. Die Gestaltung der bAV ist den Tarifparteien vorbehalten.

Auch die Niederlande kämpfen mit der soziografischen Krise. Es gilt das geflügelte Wort: Man muss 40 Jahre arbeiten, um 80 Jahre leben zu können. Deshalb ist die Diskussion über ein höheres Renteneintrittsalter für Politiker äußerst heikel.

Was man aus dem niederländischen Cappuccino-Modell lernen kann: Der Aufbau einer Grundversorgung für jeden ohne stringente Koppelung an eine Erwerbstätigkeit, das heißt, keiner ist über seine Einbindung in den Arbeitsprozess schon in Gefahr, altersarm zu werden. Hinzu kommt die mögliche bAV-Ergänzung für Arbeitnehmer, die zu einer Differenzierung des Alterseinkommens führt (vgl. ViLE Netzwerk o. J.).

33.2   Österreichisches AV-Konzept: 1000 EUR plus

Manche Deutsche schauen neidisch auf unseren Nachbarn Österreich, der 14 % seines Brutto-Inlandsproduktes für seine Pensionisten ausgibt (OECD-Durchschnitt: 8,7 %).

- Die Pensionen werden wie im aktiven Beruf Gehälter 14 Mal im Jahr gezahlt, für Frauen durchschnittlich 904 EUR, für Männer 1466 EUR. Umgerechnet auf zwölf Monate entspricht das 1055 bei Frauen und 1710 bei Männern. Die Pensionsstruktur:

- Auch Selbstständige mit einem monatlichen Einkommen ab 426 EUR zahlen 22,8 % in die Pensionskasse ein, davon Arbeitnehmer 10,25 % und Arbeitgeber 12,55 % bei einer mit 4980 EUR relativ niedrigen Beitragsbemessungsgrenze liegt Vergleich zu Deutschland (6350 EUR).
- Die Ungleichheit zwischen Frauen und Männern (die Pension von Frauen liegt durchschnittlich ein Drittel niedriger als die von Männern) gilt als Zeitbombe und hat folgende Gründe: Neben ungleicher Bezahlung ist der entscheidende Unterschied das niedrigere Renteneintrittsalter; Frauen gehen mit 60 Jahren, Männer nominell mit 65 Jahren (faktisch mit weniger als 62 Jahren!) in Rente. So fehlen Frauen 50 Beitragsmonate im Vergleich zu Männern. Eine Angleichung hat man nach kontroversen Diskussionen bis in die Dreißigerjahre Jahre verschoben.
- Da alle Pensionisten nach 45 Beitragsjahren rund 80 % eines Durchschnittseinkommens als Rente beziehen sollen, wird dieses zur Vermeidung von Altersarmut durch eine Ausgleichszulage bei niedrigen Renten zu einer „Mindestpension" aufgebessert, die derzeit über 216.000 Rentner beziehen, davon überwiegend Frauen. Voraussetzung: mindestens 30 Beitragsjahre.
- Zudem gilt das österreichische Pensionssystem bei vergleichbaren demografischen Entwicklungen wie in Deutschland als nur bedingt demografiefest.
- Fazit: Ist das österreichische Pensionssystem, in dem jeder dritte Pensions-Euro nicht mehr durch Beitragseinnahmen finanziert wird, ein Schönwettersystem, wenn man Folgendes zusammen schaut: Die Angleichung des Renteneintrittsalters von Frauen, bei denen alle Frauen weitgehend gleichgestellt werden, führt dazu, dass die zusätzlichen Pensionslasten den zusätzlichen Einzahlungen für bis zu fünf Jahren vorauseilen.
- Sind dann 14 Rentenzahlungen pro Jahr noch finanzierbar, wenn wie in Deutschland die Bevölkerung sukzessive überaltert? Hinweis: Das auch nur langsam wirkende Zuwanderungsventil hat Österreich aus innenpolitischen Gründen weitgehend verschlossen.

Fazit: Das österreichische Pensionssystem „1000 Euro für alle" kann sich als Schönwetter-System entpuppen mit erheblichem Anpassungsbedarf an genderspezifische Gleichbehandlung und demografischen Wandel, aber auch Annäherung des realen an das im internationalen Vergleich schon sehr niedrige nominale Renteneintrittsalter (vgl. Bundesministerium der Finanzen o. J.; vgl. Föderl-Schmidt 2017; vgl. Geinitz 2016).

33.3   Schweizer Drei-Säulen-Modell: Alle sind „drin"

Ziele der Schweizer AV-Politik: Existenzsicherung oberhalb des Grundsicherungsniveaus für jeden, Lebensstandardsicherung für alle Berufstätigen, Aufstockung nach Bedarf und individuellen Möglichkeiten. Hinweis: Die Schweizer nennen die einzelnen Systeme „Säulen" (vgl. Schweizerische Bundeskanzlei o. J.; vgl. Theile 2016, S. 19).

Säule 1 AHV (=Alters- und Hinterbliebenen-Versicherung) dient der Existenzsicherung

Alle zahlen als Pflichtversicherte ein, auch Selbstständige, Beamte, Hausfrauen, Studenten.

Rund zehn Prozent der Einkommen ohne Beschränkung auf eine Beitragsbemessungsgrenze gehen an die AHV, Arbeitnehmer und Arbeitgeber zahlen je zur Hälfte. Ausgezahlt werden (umgerechnet) zwischen 1070 und 2140 EUR (höchste erreichbare AHV-Rente). Diese Verteilung unterstützt die unteren Einkommensschichten und bewahrt sie weitgehend vor Altersarmut (wobei man von 1070 EUR in der Schweiz noch nicht üppig leben kann).

Säule 2 dient der Lebensstandardsicherung

- Pflichtversichert sind Einkommen von 20.000 bis 77.000 EUR.
- Arbeitnehmer und Arbeitgeber zahlen je zur Hälfte.

Mit der Kombination von Säule 1 und Säule 2 sind für Schweizer mindestens 60 Prozent des aktiven Einkommens gesichert.

Säule 3 dient der privaten Vorsorge mit erheblichen steuerlichen Vorteilen

Hier nutzen die Schweizer die Vorteile ihrer durchaus vorhandenen Bereitschaft zur Vorsorge auch in Risiko-Anlagen, um Chancen zu nutzen.

Nutzen des Schweizer Systems für die Bürger

- Einbeziehung aller Bürger ohne Exit-Möglichkeit für Gutverdiener in der AHV.
- Dadurch Vermeidung krasser Altersarmut auch ohne Sozialhilfe.
- Einzahlungspflicht für „Verdiener" in der zweiten Säule. Übertragen auf Deutschland würde das bedeuten: Die bAV ist für alle Berufstätigen obligatorisch.
- Förderung von Eigenverantwortung und Finanzbildung.

Zur Übertragbarkeit auf Deutschland:

- Die AHV wurde 1948 unter demografischen Bedingungen eingeführt, die etwa der Situation im Deutschland der Fünfziger- und Sechzigerjahre (Adenauer: „Kinder kriegen die Leute immer!") entsprachen.
- Es ist deshalb so nicht auf das demografisch ganz anders strukturierte Deutschland der Gegenwart und erst recht nicht der kommenden Jahrzehnte übertragbar.
- Übertragbar sind die Verpflichtung für die ersten beiden Säulen und das Exit-Verbot für einzelne Gruppen aus diesen beiden Säulen.

33.4   Synopse der Benchmark-AV-Systeme

Lernpotenziale aus AV-Systemen mit hoher GVR-Attraktivität
Für die Weiterentwicklung seines AV-Systems kann Deutschland von den Nachbarn Niederlande und Schweiz lernen:

- Einbeziehung aller Bevölkerungsgruppen, Einkommensarten und Berufsgruppen durch direkte Beiträge in die GRV oder Umverteilung im Rahmen einer Vermögensteuer.
- Bereits in der ersten Säule ein relativer Schutz gegen krasse Altersarmut. Damit wird auch die Schicksalsausprägung „niedriges Einkommen – niedrige Rente" gemildert.
- Lebensstandardsicherung setzt Verpflichtung in der zweiten Säule voraus.
- In der zweiten Säule erfolgt bereits eine Differenzierung nach Einkommenskraft, ohne die Lebensstandsicherung für alle aufzuheben.
- Die dritte Säule dient der leistungsabhängigen, individuellen Ausgestaltung der AV.

Aus dem Österreich-Pensionssystem kann Deutschland zusätzlich lernen:

- Gutgemeinte Regeln im Sinne einer Gefälligkeitsdemokratie, beginnend mit der Zahlungsverpflichtung von 14 Pensionen pro Jahr, stoßen an Finanzierungsgrenzen, vor allem bei ungünstiger demografischer Entwicklung.
- Gut gemeinte Wohltaten wie „Frauen dürfen früher in Rente" können sich wegen fehlender Beitragsjahre als Bumerang mit der Gefahr für Altersarmut entpuppen, vor allem, wenn sich traditionelle Familien-Rollenbilder im Wandel befinden.

Und von allen drei Nachbarsystemen kann man übernehmen, dass jeder Mensch in der Grundsicherung unabhängig von seiner Erwerbstätigkeit als Individuum zu sehen ist.

Tabellarische Synopse der Gemeinsamkeiten der AV- Benchmark-Länder
Eine vergleichende Übersicht der drei Benchmarkländer zeigt:

- Einigkeit ist bei diesen drei Ländern bei der ersten Säule gegeben: Sie bezieht solidarisch alle Bürger mit allen Berufsrichtungen und Einkommensarten ein und ist die Basis für Existenzsicherung oberhalb eines prekären Levels der Altersarmut.
- Säule 2 ist für Niederländer und Schweizer Bürger die Basis für Lebensstandardsicherung. Hierzu gibt es keine Regelung für Österreich.
- Säule 3 ist in der Schweiz und in den Niederlanden steuerbegünstigt, keine Regelung für Österreich (Tab. 33.1).

Tab. 33.1 AV-Systeme anderer Länder im Überblick. (Quelle: eigene Darstellung)

Säule	Niederlande	Österreich	Schweiz	Gemeinsamkeiten
1	AOW mi 1100 EUR für Ledige und 2 × 800 EUR für Verheiratete. Nur Arbeitnehmer zahlen 18 % ein.	GRV mit 1055 EUR für Frauen und 1710 für Männer. Arbeitnehmer zahlen 10,25 %, Arbeitgeber 12,55 % n	AHV von 1070–2140 EUR dient Existenzsicherung. Alle Berufstätigen zahlen 9 % ein (ohne Beitragsbemessungsgrenze)	Alle Bürger sind versichert. Säule 1 sichert in allen drei Ländern die Existenz bis zur Armutsgefährdungsschwelle
2	bAV: Bei Renteneintritt mit 60 Jahren 60 % des Letzt-Einkommen steigerungsfähig durch längere Berufstätigkeit	Der Anteil kapitalgedeckter privater Vorsorge liegt nur bei 3,5 % (Deutschland etwa 17 %)	Pflichtversichertes Einkommen von 20–77 TEUR, so 60 % des aktiven Einkommens sicher. Arbeitgeber/-nehmer zahlen hälftig	Nur die Niederlande und die Schweiz verfügen über eine starke zweite Säule Österreich nicht
3	Keine Regeln	Keine systemimmanenten Regeln	Große steuerliche Vorteile für AV	Keine systemimmanenten Regeln
Gesamtwertung	Gelungener Cappuccino	Demografiefest?, Frauen-Regelung? Private Vorsorge?	Schweizer Modell ohne erkennbare Schwächen	Erste Säule einheitlich: Existenzsicherung für alle

Literatur

Bundesministerium der Finanzen (o. J.): Altersvorsorge, unter: https://www.bmf.gv.at/finanzmarkt/altersvorsorge/ueberblick-altersvorsorge.html, letzter Abruf: 1. März 2018.

Föderl-Schmidt, A. (2017): Mindestens 1000 Euro. Die österreichische Rente gilt vielen Deutschen als Vorbild, in: Süddeutsche Zeitung vom 16.09.2017.

Geinitz, C. (2016): Gefährliches Rentenvorbild Österreich, in: Frankfurter Allgemeine Zeitung vom 20. April 2016.

Schweizerische Bundeskanzlei (o. J.): Wie regele ich meine Altersvorsorge?, unter: https://www.ch.ch/de/saulen-vorsorge, letzter Abruf: 1. März 2018.

Theile, C. (2016): „Die können das" – Beschreibung des Schweizer AV-Systems, in: Süddeutsche Zeitung vom 11. August 2016.

ViLE Netzwerke (o. J.): Das Rentensystem in den Niederlanden, unter: https://www.vile-netzwerk.de/niederlande/.../das-rentensystem-in-den-niederlanden.html, letzterAbruf: 1. März 2018.

Anforderungen an ein Modell „*AV 2030 plus*" 34

Derzeitige Konzepte für die GRV konzentrieren sich auf Leitlinien für die Beitragshöhe (zum Beispiel maximal 22 %) und Rentenniveau (zum Beispiel mindestens 48 %) und reichen unter Berücksichtigung der Umsetzung der Rente mit 67 maximal bis etwa 2030. Das bewegt sich auf der Linie der seit etwa 2005 dominierenden operativen Anpassungen des GRV- und AV-Systems ohne ganzheitlichen Modellbezug für eine zukunftsfähige AV, von AV-Fachleuten in Wissenschaft und Praxis auch als tagespolitisch orientierte Flickschustereien eingestuft. Als letztes ganzheitliches AV-Konzept sieht man das AEG 2005, das Lösungen für alle drei Schichten mit dem Anspruch einer ganzheitlichen Integration anbot, wenn auch im Nachhinein betrachtet nicht ohne punktuelle Schwachstellen (vgl. hierzu Teil C). Diese „Ganzheitlichkeit" ist der Spiegel für die folgenden Schichten-Anforderungsprofile gemäß der Frage, welche Anforderungen über 2030 hinaus an ein demografie- und zukunftsfestes deutsches AV-System zu stellen sind. Zur Suche nach der Antwort auf diese Frage ist es zielführend, das deutsche AV-System im Spiegel internationaler Benchmarks zu beurteilen. Auf dieser Basis lassen sich Anforderungen an die einzelnen Schichten stellen.

34.1 Deutsches AV-System im Spiegel der Benchmark-Länder

Im Einklang mit Erfahrungen der Vergleichsländer lassen sich einzelne Teillösungen für Deutschland für alle drei Schichten für unterschiedliche AV-Zielgruppen zusammensetzen (Tab. 34.1).

Verbleibende Lücken
Es wäre wünschenswert, wenn sich durch punktuelle Verbesserungen bei der GRV, bAV- und Riester-Regelungen alle AV-Lücken schließen ließen und zwar unter folgenden Aspekten:

© Springer Fachmedien Wiesbaden GmbH, ein Teil von Springer Nature 2018
H. Benölken und N. Bröhl, *Altersvorsorge am Scheideweg*,
https://doi.org/10.1007/978-3-658-21837-9_34

Tab. 34.1 Drei-Schichten-Synopse. (Quelle: eigene Darstellung)

Schicht	Soll	Ist: Gruppen	Fehlende Gruppen	Handlungsbedarf
1 GRV/Zusatzkassen: Existenzsicherung	Einbeziehung aller Bürger und Einkommensarten	Arbeitnehmer, Beamte, Berufsgruppen	Selbstständige andere Einkommensarten Nicht Berufstätige	GRV für alle Überleitungskonzept Beamte
2 bAV für Lebensstandardsicherung	Alle Berufstätigen	Arbeitnehmer selektiv ÖD-Arbeitnehmer	Überwiegend Arbeitnehmer in KMU Selbstständige	bAV-Obligatorik Ausweitung BRVG
2 Riester für Lebensstandardsicherung	Alle Bürger	50 % der Arbeitnehmer bzw. 18 % der Bürger	• Selbstständige • Nicht Berufstätige	• Riester für Alle • Obligatorisch für Bürger ohne bAV • Kostenreduktion
3 Gehobener Lebensstandard	Individuelle Entscheidungen	Bürger mit hoher Liquidität	Hier nicht relevant	Keiner

- Minimalanspruch: Vermeidung von Altersarmut bereits durch die GRV und ohne zusätzlichen Gang zum Sozialamt zwecks Aufstockung
- Standardanspruch: Sicherung eines auskömmlichen Lebensstandards gemäß dem Maßstab: Erreichen eines GVN von etwa 70 % des aktiven Einkommens

Nur durch eine noch geschicktere Kombination vorhandener Instrumente sowie punktuelle Maßnahmen ist das nicht in wünschenswertem Umfang erreichbar, weil der Anteil der Berechtigten für eine GRV-Rente mit Patchwork-Berufsverläufen sehr groß ist. Hinzu kommen wegen mangelnder Berufstätigkeit viele Nicht-GRV-Berechtigte.

Der Anteil von bAV-Berechtigten ist (bei weitgehender Beschränkung auf Großunternehmen) mit der Chance einer ausreichenden Lebensstandardsicherung nicht flächendeckend.

Der Anteil der Riester-Sparer mit Vollbesparung der Verträge an allen Arbeitnehmern ist zu gering, um Löcher in der ersten Schicht, wie politisch bei der Einführung 2002 gewollt, zu kompensieren. Die der GRV abgezwackte mit dem Riester-Faktor privatfinanzierte Riester-Rente ist eine deutsche Spezialität ohne internationales Vorbild.

Welche Alternativen für die Zukunfts-AV gibt es?

Die scheinbar naheliegende Idee, ein ausländisches AV-System zu übernehmen, ist nicht umsetzbar, weil die heutigen demografischen Rahmenbedingungen in allen Ländern sich von denjenigen in den Einführungsjahren im ersten Jahrzehnt nach dem Krieg wesentlich unterscheiden.

Ein vergleichbares deutsches System zu entwickeln, in das vorhandene Systeme der ersten und zweiten Schicht überzuleiten sind, ist theoretisch möglich, würde aber zur Sicherung bereits erworbener Ansprüche aller GRV-Versicherten und Sparer bei bAV-DW und Riester-Produkten ein artifizielles Geflecht von besitzstandwahrenden Einzelregelungen erfordern, was sich übersichtlich und damit für Bürger transparent kaum gestalten lässt.

Bei der GRV kommt hinzu, dass sie aktuell durch diverse politische Entscheidungen auf ein Niveau von unter 48 % heruntergefahren wurde, wovon Rentenberechtigte mit einem Durchschnittsentgelt von derzeit 3100 EUR über 45 Versicherungsjahre monatlich mit 1350 EUR Bruttorente zwar ihr Überleben, aber nicht ihren Lebensstandard sichern können. Vollzeitbeschäftigte mit einem Mindestlohn von 1500 EUR monatlich kommen auch nach mehr als 40 Versicherungsjahren auf gerade einmal 600 EUR Rente und sind auf Aufstockung über das Sozialamt angewiesen. Dies ist wohl unvereinbar mit dem moralischen Anspruch der Gesellschaft des Wirtschaftsstandortes Deutschland. Dieses GRV-induzierte Altersarmut-Szenario wird sich noch verschärfen, wenn die bestehenden gesetzlichen Grundlagen in der Rentenanpassungsformel (Nachhaltigkeitsfaktor) unverändert bleiben. Falls der gesamtwirtschaftliche Output in Deutschland steigt, sollte dies zukünftig als Maßstab für die Entwicklung der Renten dienen. Es wäre schwer zu vermitteln, wenn eine Gesellschaft insgesamt „reicher" wird und vom Wohlstandswachstum bestimmte Bevölkerungsgruppen ausgeschlossen würden, die grundsätzlich nur noch eingeschränkt in der Lage sind, ihre Wohlstandssituation zu verbessern.

Kann die Gesellschaft Bürger dafür bestrafen, dass sie in einer Branche oder einem Wirtschaftssektor ohne bAV-Regelung tätig sind oder nicht bereits vor einem Jahrzehnt mit Riester-Sparen begonnen haben, weil die Anspruchsgrundlagen nicht bestanden haben?

Fazit: Die Alterssicherung in Deutschland ist von Staatsseite in einen paternalistischen Rahmen überzuleiten, der Altersarmut für alle Bevölkerungsschichten verhindert. Die deutsche AV-Organisation benötigt deshalb ein Überleitungssystem zur Besitzstandwahrung für alle bisher in der ersten oder zweiten Schicht Berechtigten. Sie braucht ferner einen Ansatz, der in der zweiten Schicht die vielfältigen Unebenheiten, die hier die lückenhaften Berechtigungen und Inanspruchnahmen von bAV und Riester bilden, nivellierend ausgleicht.

34.2   Anforderungen an ein Modell AV 2030 plus im Einzelnen

Die Zutatenliste ist vollständig: schon vorhandene Stärken des bisherigen deutschen AV-Systems, zusätzliche Stärken der Benchmarksysteme der AV-Lösungen in den Nachbarstaaten Niederlande, Österreich und Schweiz. Hierzu fokussieren wir folgende Aspekte für eine „AV 2030 plus", die folgende Anforderungen erfüllen sollte:

AV 2030 plus ist die Basis zur Vermeidung von Altersarmut
Es muss in sich geeignet sein, für alle Bürger eine auskömmliche Versorgung sicher zu stellen ohne Aufstockungserfordernisse aus Nebenhaushalten des Sozialetats.

AV 2030 plus muss alle Bürger mit allen Einkommensarten einbeziehen

AV verlangt in einer modernen arbeitsteiligen Gesellschaft auch einen Solidaransatz über die individuellen Aspekte hinaus, um Altersarmut bei Geringverdienern zu vermeiden.

AV 2030 plus muss demografisch ausbalanciert sein

Darunter verstehen wir: Das Verhältnis von Einzahlenden und Rentenempfängern muss in einem Verhältnis stehen, in dem Beitragsbelastung und Rentenhöhe in einem für beide Gruppen akzeptablen Verhältnis stehen und langfristig bleiben kann. Um das zu gewährleisten, gibt es vier Stellschrauben: Den Beitragssatz, die Höhe der Renten, Variation des Renteneintrittsalters und die Verbreiterung der GRV-Basis durch weitere Zielgruppen. Klammern wir die beiden ersten aus, verbleiben Renteneintrittsalter und Verbreiterung der GRV-Basis. Ersteres wird schon durch die gestaltbare Flexi-Rente abgedeckt. Für eine Verbreiterung der GRV-Basis gibt es noch keine verbindlichen politischen Aussagen.

Damit sind wir bei einem wichtigen Punkt: Die demografische Balance muss die gesamte Bevölkerung einbeziehen und nicht nur die aktuellen GRV-Einzahler und Rentner. Gründe: Man erwartet mit zunehmender Digitalisierung auch einen sich verstärkenden Trend in die Selbstständigkeit in Richtung von digitalen Solo-Selbstständigen, aber auch einen verstärkten Andrang in eine Beamtenlaufbahn. Beide Gruppen betreffen primär jüngere Bürger, und damit verkörpert der der GRV verbleibende „Rest" der GRV-Einzahler bei der derzeitigen Rechtslage nicht mehr ein demografisch repräsentatives Abbild der Gesellschaft.

AV 2030 plus darf auch eine differenzierte Leistungsgesellschaft wieder spiegeln

Dazu ist bei der Beschreibung der in der Schweiz üblichen dritten Säule alles gesagt.

34.3   Ziele der ersten Schicht: Existenzsicherung plus

Als wesentliche Anforderungen an die erste Schicht sehen wir Zukunftsfähigkeit, soziale Gerechtigkeit und Offenheit für wirtschaftliches Leistungsprinzip. Das ist die Basis für einen fairen Generationenausgleich und den Zusammenhalt der Gesellschaft.

- Kriterien sind Einzahlungshöhe, Rentenniveau und Renteneintrittsalter. Sie müssen so zusammenwirken, dass Einzahlungen eine maximale Höhe nicht überschreiten, wie zum Beispiel 20 % des zugrunde liegenden Entgeltes.
- Beim Eck-Rentenniveau vor Steuern und nach Sozialabgaben veranschlagen wir eine Erhöhung des Zielniveaus von 50 % des letzten aktiven Einkommens vor Renteneintritt.

Die erste Schicht muss zunächst eine Existenzsicherung für alle Bürger oberhalb einer Altersarmutsgrenze unabhängig von der Höhe des Einkommens in der Erwerbsphase, vom Arbeitsumfeld, Berufsgruppen- oder sozialer Zugehörigkeit gewährleisten. Wenn das die erste Schicht bereits leistet, sind keine Grundsicherung und Aufstockungsregeln notwendig.

Der Zusatz „plus" meint: Die Ergiebigkeit der Leistungen aus der ersten Schicht kann einkommensabhängig bis zu einer Obergrenze (zum Beispiel wie in der Schweiz von aktuell: 2500 EUR) erweitert werden. Das berücksichtigt den Leistungsgedanken und einen moderaten Rentabilitätsanspruch

Gemessen am derzeitigen System in Deutschland würde gemäß diesem Anspruch ein ausreichender Finanzierungsbeitrag unterer Einkommensschichten und Nicht-Berufstätiger fehlen. Demzufolge ist ein Gegenfinanzierungskonzept erforderlich mit den Eckpunkten:

- Einbeziehung aller Berufsgruppen, damit auch von Beamten und Berufstätigen, die in berufsständischen Zusatzkassen versichert sind.
- Abschaffung (wie im Schweizer Modell) oder wesentliche Erhöhung der Beitragsbemessungsgrenze für Bürger mit höherem Einkommen.
- Einbeziehung aller Einkommensarten, zum Beispiel nach Maßgabe von Einkommensteuererklärungen.

Damit lässt sich ein GRV-Fonds aufbauen, der auch die Existenzsicherung von nichterwerbstätigen Familienangehörigen (wie in den Vergleichsländern mit einer niedrigeren Rente für Ehepartner) und jungen Menschen in Ausbildung abdeckt, die bereits in jungen Jahren durch eine existenzsichernde AV begleitet werden nach dem Motto: „Es wird schon nichts passieren, bevor man ein höheres Alter erreicht hat, aber wenn mal was passiert …"

AV 20230 plus erfüllt damit in der ersten Schicht die Forderung nach einem sozialen Ausgleich in der Gesellschaft als wesentliche Basis ihres Zusammenhalts.

34.4 Ziele der zweiten Schicht: Lebensstandardsicherung

Auf dem soliden Fundament Existenzsicherung und damit der Vermeidung von Altersarmut sind sinnbildlich das Dach über dem Kopf und das tägliche Sattwerden gesichert. Dem behaglichen Wohngefühl mit ausreichend Raum dient die Sicherung des Lebensstandards. Diesem Anspruch müssen die bAV und die international einzigartige Riester-Rente dienen.

So kann die bAV diesem Anspruch gerecht werden
Sie muss alle Arbeitnehmer, neben größeren Unternehmen auch den Bereich für kleinere und mittlere Unternehmen (KMU), und alle Organisationen mit einheitlichen Sätzen auf der Basis des sozialversicherungspflichtigen Erwerbseinkommens einbeziehen. Das erfordert für alle Berufstätigen (Arbeitnehmer und Selbstständige) enge

Opting-out-Regelungen (zum Beispiel nur beim Nachweis einer mindestens gleichwertigen anderweitigen privaten Vorsorge) unter Einbeziehung des BRSG.

Ergänzung durch teilobligatorische Riester-Rente
Mit „teilobligatorisch" ist gemeint: Für Berufstätige, die über keine bAV verfügen, also auch Solo-Selbstständige, ist ein Riester-Vertrag abzuschließen. Im Einzelnen sind zu regeln:

- Überprüfung der Obergrenze von derzeit vier Prozent des sozialversicherungspflichtigen Einkommens, zum Beispiel durch eine Anpassung an die bAV-Regelung.
- Entlastung der Produktvarianten Versicherungs- und Fonds-Riester von zu hohen Vertriebs- und Verwaltungskosten (Festlegung von Kostenquotenobergrenzen).
- Bei Bedarf Festlegung von Kumulierungsbestimmungen im Hinblick auf Entgeltumwandlung für Steuer- und Sozialabgabenbefreiung.
- Paralleles bAV- und Riester-Sparen ist zu begrüßen, weil es die AV der Bürger stärkt.

Die zweite Schicht muss allen Erwerbstätigen Lebensstandard-Sicherung gewährleisten.

34.5 Ziele der dritten Schicht: Eigenverantwortung

Keiner wird zum Luxus gezwungen, aber jeder darf die Chance haben, sich mehr als den „Standard" gemäß der zweiten Schicht auf der Basis der ersten Schicht zu leisten. Gemäß Schweizer Beispiel kann AV-Sparen in der dritten Schicht auch steuerlich begünstigt werden, weil es zu Wohlstand und Unabhängigkeit beiträgt.

34.6 Realisierungsvarianten von AV 2030 plus

Im Projektfahrplan der Umsetzung von *AV 2030 plus* ist zu berücksichtigen, dass Rechtssicherheit für alle bisherigen AV-Sparer in allen Schichtengegeben ist.

Neueinsteiger in AV 2030 plus
Neben allen neu ins Berufsleben Eintretenden werden auch alle Selbstständigen, Freiberufler, Beamte in die GRV aufgenommen. Alle neu in das Berufsleben Eintretenden sind mit ihrem Eintritt in der bAV obligatorisch versichert. Zudem können sie unter Nutzung der Zulagen und Steuervorteile zusätzlich mit Produkten der Riester-Rente privat für ihr Alter vorsorgen. Noch vorhandene Liquidität können sie unter Nutzung damit verbundener Steuervorteile in der dritten Schicht anlegen. Sie sichern sich neben der Basisversorgung bei Vollbesparung der bAV einen angemessenen, bei Nutzung weiterer privater Vorsorgevarianten einen sehr guten Lebensstandard.

Bisherige GRV-Versicherte mit bAV- und oder Riester-Potenzial

Diese bleiben in der GRV versichert und werden, soweit sie es noch nicht sind, obligatorisch bAV-Vorsorgesparer. Sofern ihr betriebliches Umfeld ihnen das nicht bietet, können sie anstatt des DW Direktversicherung auch für eine Riester-Rente optieren. Für zusätzliche private Vorsorge über bAV hinaus haben sie die gleichen Möglichkeiten wie Neueinsteiger.

Startmodul: Alle AV-Quellen aus allen drei Schichten und normative Vorgaben

AV-Quellen sind alle „Produkte" von der GRV und ihren Surrogaten, geförderte Produkte in der zweiten sowie geförderte und ungeförderte Produkte in der dritten Schicht. Hinzu kommen normative Vorgaben (zum Beispiel Aufklärungs- und Dokumentationsvorschriften) des Gesetzgebers.

Verarbeitungsmodul: Prozessorientierter Ansatz gemäß AV-Mosaikbild

Jedes der Felder (Fragen, Ereignisse, Ergebnisse) beinhaltet einen Hauptprozess, der durch Teilprozesse und Aktivitäten zu unterfüttern ist.

Output-Modul; Zielgruppen in allen Schichten

Das Ergebnis ist eine lückenlose Erfassung des AV-Ist ohne „Reste" und Redundanzen sowie Transformation in die Zielstruktur von *AV 2030 plus.*

Teil VI

Alters-, Risiko-, Gesundheitsvorsorge im Verbund

Für Bürger verkörpert AV zwar einen wesentlichen Teil ihres Vorsorgebedarfs, aber es sind weitere Vorsorgeschwerpunkte zu berücksichtigen, die beim Einzelnen in Budgetkonkurrenz stehen können: Vorsorge gegen Risiken, gegen die sich Bürger im Regelfall durch adäquate Versicherungen nach individuellem Bedarf absichern: Wie viel Aufwendungen für Risikovorsorge muss der Einzelne tragen, wie viel AV kann er sich dann noch leisten?

Ein weiterer Vorsorgebereich ist die Gesundheitsvorsorge. Wer bereits in beruflich aktiven Jahren erheblich erkrankt, muss vielfach Einbußen seiner AV hinnehmen: Wer früh berufsunfähig wird, hat zwar Anspruch auf die mit einem Versicherer vereinbarte BU-Rente, kann aber in dieser Zeit seine AV nicht mehr dotieren. Versicherungsjahre werden ihm in dieser Zeit zu einem niedrigen Betrag angerechnet, sodass zum Beispiel sein Anspruch auf eine Erwerbsminderungsrente gesichert ist. Wer früh die primär verhaltensbedingten „Zivilisationskrankheiten" (Herz- und Kreislauferkrankungen, Diabetes, eine Reihe von Krebsarten) erleidet, kann vielleicht eine auskömmliche AV nicht lange genießen, weil sich seine Lebenserwartung erheblich verkürzen kann.

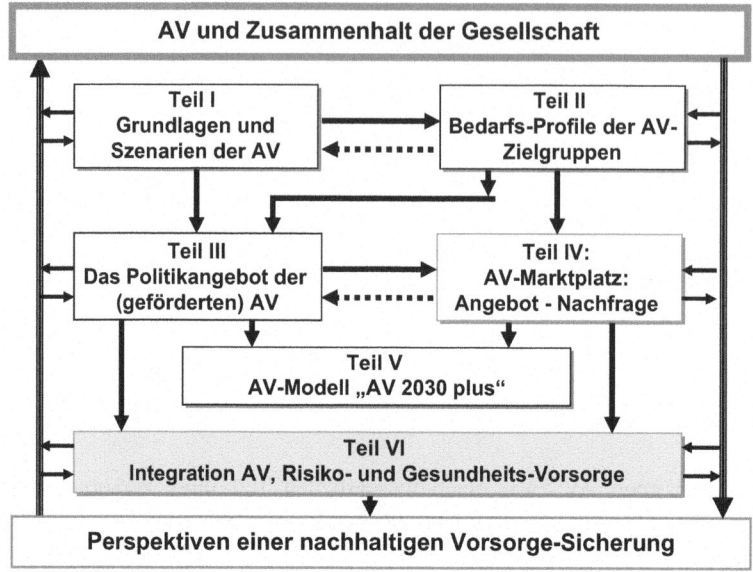

Wir starten mit der integrativen Betrachtung von AV und Risikovorsorge. Sie liegt sicherlich vielen Lesern aus dem Finanzdienstleistungsbereich näher als das für sie zunächst abstrakt anmutende Thema „Gesundheitsvorsorge", das als zweites Integrationsthema folgt.

Die Wechselwirkungen zwischen AV, Risikovorsorge und Gesundheitsvorsorge werden zeigen: „Alles hängt mit allem zusammen." (WHO in Anlehnung an Albert Einstein).

Nicht nur AV braucht Risiko- und Gesundheitsvorsorge als Begleiter. Das gilt auch umgekehrt: Man bleibt man nur gesund, wenn man keine Angst vor Altersarmut hat. Wer Pech hat mit Lebensrisiken und diese finanziell tragen muss, kann sich häufig keine auskömmliche AV mehr leisten oder fängt nicht rechtzeitig damit an, sie aufzubauen (vgl. Abb. 35.1).

„Alles hängt mit Allem zusammen" ist ein besonders Merkmal dieses Schnittstellenmodells:

Abb. 35.1 Integrierte ganzheitliche Vorsorge. (Quelle: eigene Darstellung)

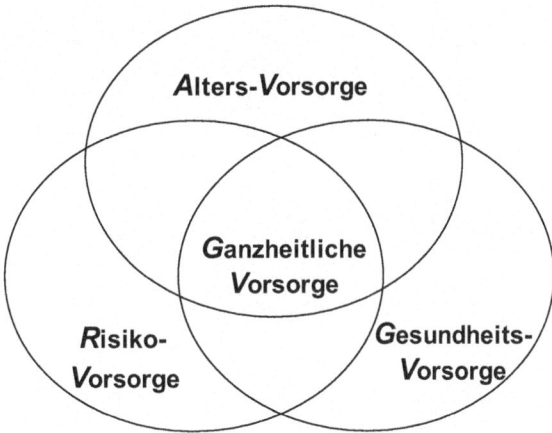

© Springer Fachmedien Wiesbaden GmbH, ein Teil von Springer Nature 2018   275
H. Benölken und N. Bröhl, *Altersvorsorge am Scheideweg*,
https://doi.org/10.1007/978-3-658-21837-9_35

- Alle drei Vorsorgebereiche stehen miteinander in Budgetkonkurrenz um die Spargroschen der Bürger.
- Unzureichend dotierte Risikovorsorge kann die angesparte AV auffressen.
- Sorgen vor Altersarmut können die Gesundheit von Bürgern erheblich belasten.

Das wird in vielen Einzelaspekten deutlich.

Integration von AV und Risikovorsorge

Was zählt zu den wesentlichen Lebensrisiken? Wie kann man sie im Zusammenhang mit AV ausbalancieren? Welche Anforderungen ergeben sich daraus für Berater?

36.1 Das Spektrum der Lebensrisiken

Seine Lebensrisiken muss der AV-Sparer beim Aufbau seiner AV voll im Blick haben, um damit dem Risiko zu begegnen, dass er beim Eintritt eines Risikofalles seine bis dahin aufgebaute AV nicht ganz oder teilweise zum Überleben einsetzen muss.

Zu den Lebensrisiken zählen das Arbeitsplatzrisiko und ein Eintritt von Berufsunfähigkeit im noch aktiven Alter als besonders gravierende Risiken. Der Gesetzgeber zwingt in solchen Fällen Bürger, ihre bis dahin aufgebaute AV weitgehend zu verwenden, sodass davon bei niedrigen Grenzen für Schonvermögen im Falle einer Beantragung von Hartz-IV- und Aufstockungsleistungen zu wenig für den Aufbau eines auskömmliches GVN übrig bleibt. Für viele Bürger ohne Vermögenshintergrund kann das Szenario drohen, wenn AV-relevante Vermögenswerte oberhalb der Schonvermögensgrenzen überschritten sind: Ist man einmal Aufstocker, bleibt man es für den Rest des selbstbestimmten Lebens, bis eine Einweisung in ein Alters- oder Pflegeheim erfolgt.

Hinzu kommen Unfall-, Privathaftpflicht- und Wohngebäuderisiken (zum Beispiel bei Naturkatastrophen), deren Tragen den (teilweisen) Verzehr von Rücklagen erfordert und eine weitere Dotierung der AV erschweren kann. Zwar ist Deutschland nur in geringem Maße Erdbebenregion, aber (zunehmend) Sturmland und Überflutungsregion. Davon sind im vergangenen Jahrzehnt zwischen fünf und zehn Millionen nahezu quer durch alle Bundesländer. Viele Betroffene ohne Gebäudeversicherung mit Schutz vor Naturrisiken mussten, und das häufig im vorgerückten Alter, wirtschaftlich von vorn anfangen. Viele Lebensversicherungen oder Riester-Verträge wurden im Gefolge beitragsfrei gestellt oder aufgelöst, um sich neu einzurichten. Beim Renteneintrittsalter fehlen diese AV-Rücklagen.

© Springer Fachmedien Wiesbaden GmbH, ein Teil von Springer Nature 2018
H. Benölken und N. Bröhl, *Altersvorsorge am Scheideweg,*
https://doi.org/10.1007/978-3-658-21837-9_36

Schließlich sind noch versicherungstechnische Gesundheitsrisiken zu erwähnen: Gesetzlich Krankenversicherte spüren Zuzahlungen, an denen Arbeitgeber nicht beteiligt sind. Und für privat Versicherte können vor allem ab 50, wenn es auch um den Endspurt in der AV geht, die Tarife ins Astronomische steigen, sodass sie sich ihre „PKV" kaum noch leisten können. Das verschlingt oft die freie liquide Spitze für die AV bzw. bei den Schon-Rentnern einen relevanten Teil ihrer Alterseinkünfte.

Auch in gehobenen Einkommensklassen kann die Kumulwirkung dieser einzelnen Risiken und die Bedienung mit Versicherungsprämien, die ja im Rentneralter weiter laufen, nur ein bescheidenes liquides Einkommen übrig lassen.

36.2   Ausbalancieren von Risikovorsorge und AV

Ein Ausbalancieren ist in folgenden Stufen möglich:

Es beginnt mit der Verschaffung von Transparenz …
Hierzu sind folgende Fragen zu beantworten:

- Ausgangssituation: Schätzen Sie global ein, inwieweit die Bereiche Vorsorge und Risikoabsicherung schon abgedeckt sind.
- Welche Produkte aus dem Bereich Vorsorge wurden bereits abgeschlossen, zum Beispiel: Riester-, bAV-, Rürup-Vertrag, Zusatzversorgungskasse, anderweitige Produkte.
- Welche Produkte aus dem Bereich Absicherung wurden bereits abgeschlossen, zum Beispiel: Privathaftpflicht, Berufsunfähigkeit, PKV, Krankenzusatzversicherung, Unfallversicherung, Haus, Wohnung, Hausrat, Rechtsschutz, Kfz-Haftpflicht und Kasko.
- Wie gestaltet sich ergänzend die Immobilien-Situation: Selbstgenutzte eigene Immobilie? Gibt es eine fremdgenutzte Immobilie? Ist langfristig der Erwerb einer eigenen oder fremdgenutzten Immobilie geplant?

Selbsteinschätzung und Fremdeinschätzung
Kann der Anleger das selbst realistisch und auch anhand seiner Unterlagen einschätzen? Wo sieht er Lücken? Oder hat er bei der Risikovorsorge vielleicht des Guten zu viel getan? Ist er demnach, wie viele Deutsche, teils über-, teils unzureichend versichert?

Die Angaben sollte ein erfahrener Berater gegenchecken, der hierfür vielleicht sogar ein spezielles IT-Programm zur Verfügung hat.

Ausbalancieren bedeutet: Umwidmung vor Kostenerhöhung.

Hier könnte man zunächst annehmen, primär seien die Kosten für Risikoabdeckung zu erhöhen, wodurch das Budget für AV unter Druck käme. Demgegenüber ist zu sagen: In der Summe sind die Deutschen gut bis überversichert, aber in bestimmten Bereichen auch unterversichert, worauf Verbraucherschützer ständig hinweisen. Daraus leitet sich ab: Zunächst sollte man das Versicherungsportefeuille kritisch prüfen und als überflüssig identifizierte Versicherungen (Beispiel: Vollkasko bei Kfz) und ersparte Aufwendungen für Versicherungsverträge in Ausgaben für AV umwidmen, zum Beispiel für die Aufstockung eines Riester-Vertrags auf vier Prozent des sozialversicherungspflichtigen Vorjahreseinkommens. So lässt sich die Integration von AV und Risikovorsorge unter Umständen kostenneutral lösen.

Optimierung und Budgetfestlegung für Risiko- und Altersvorsorge
Die Balkenwaage (vgl. Abb. 36.1) hilft bei der Analyse. Dann lässt sich Auswahl optimieren: Wo sind Lücken zu schließen? Wo bestehen Überversicherungsbereiche? Können diese Mittel beim Lückenschluss von Vorsorge und Absicherung eingesetzt werden? Damit lassen sich entsprechende Budgets für die Bereiche festlegen.

Optimieren und Durchhalten!
Optimieren beginnt mit grundsätzlicher Festlegung und bei manchen Produkten auch mit jährlicher Überprüfung. Wer bei einzelnen Versicherungstarifen sparen kann, bekommt damit zusätzliche Mittel für Anlagen in der zweiten/dritten Vorsorgeschicht.

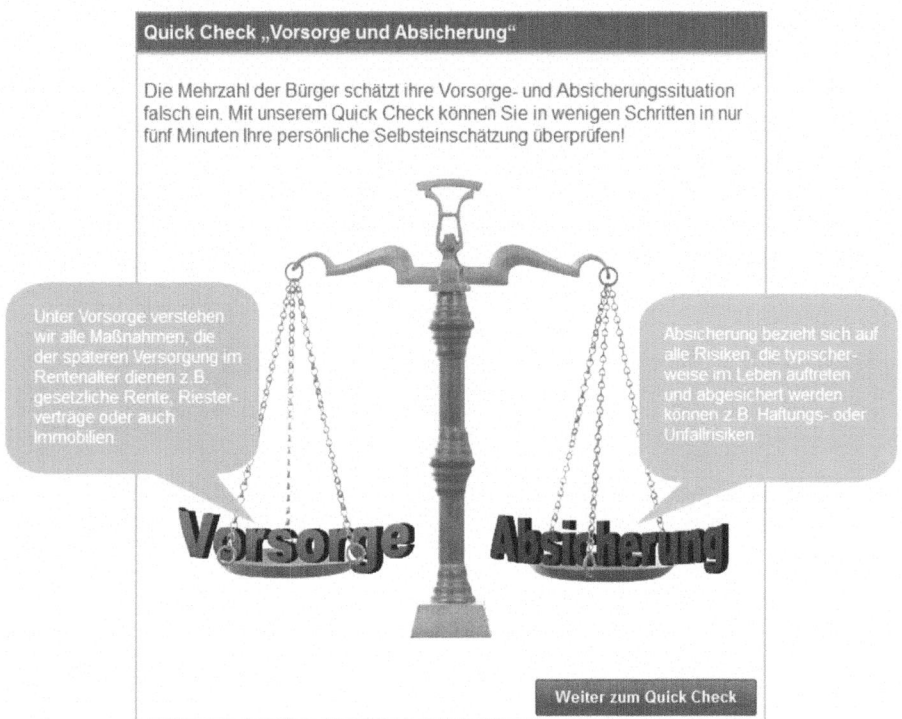

Abb. 36.1 Quickcheck von Vorsorge und Absicherung. (Quelle: eigene Darstellung)

Integration von AV und Gesundheits-Vorsorge

37

Durch bessere Gesundheitsvorsorge können Bürger viel Geld sparen, das sie für eine höhere Dotierung ihrer AV einsetzen können. Das kann Sorgen, in Altersarmut zu geraten, abbauen und damit einen weiteren Beitrag zur Gesundheitserhaltung leisten. Wie ist das Szenario? Was kann man tun? Wie kann man es umsetzen?

37.1 Bedeutung gesundheitlicher Prävention

Nicht nur eine GVN-sichernde AV erreichen, sondern sie auch lange „fit" genießen! Es ist wichtig, die persönliche Gesundheitsvorsorge parallel zum Aufbau der AV im Blick zu haben: Gute AV macht nur Spaß, wenn man langfristig etwas davon hat. Auch eine auskömmliche AV bei medizinischer Dauerbehandlung macht keine Freude.

Der Genuss einer AV mit Lebensstandardsicherung auf hohem Niveau bei bester Gesundheit ist über individuelle gesundheitliche Prävention erreichbar: Wie stelle ich sicher, dass mich sogenannte Zivilisationskrankheiten wie Diabetes, Herz- und Kreislaufprobleme, vermeidbare Krebsleiden oder Demenz gar nicht erst erreichen?

Deutsche sind fünf bis 15 Jahre weniger gesund als andere EU-Bürger (vgl. Abb. 37.1). Was sind die Gründe dafür?

- „Durchschnittsdeutsche" verbringen nur 57 Jahre ihres Lebens „in Gesundheit",
- „Durchschnitts-EU-Bürger" hingegen 61 Jahre,
- Menschen in skandinavischen Ländern sogar 65 bis 71 Jahre!

Deutschen verbringen durchschnittlich fast ein Jahrzehnt mehr in Krankheit, im Vergleich zu Norwegen (bei einem Wahl-Renteneintrittsalter von 75 Jahren hat) sogar fast ein halbes Jahrzehnt mehr kranke Rentnerzeit bei vergleichbaren Lebenserwartungen

© Springer Fachmedien Wiesbaden GmbH, ein Teil von Springer Nature 2018
H. Benölken und N. Bröhl, *Altersvorsorge am Scheideweg*,
https://doi.org/10.1007/978-3-658-21837-9_37

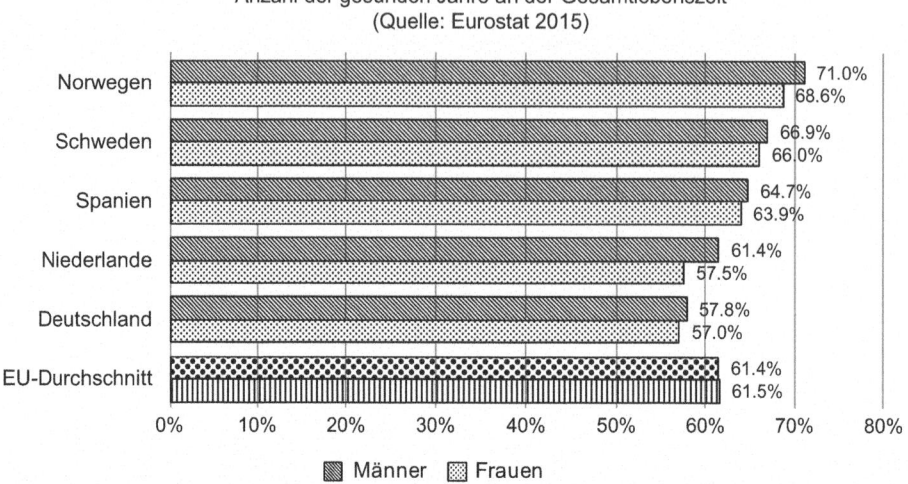

Abb. 37.1   Gesundheitsjahre-Vergleich in der EU. (Quelle: EUROSTAT 2017)

in Deutschland und anderen EU-Ländern ab, sodass man nach den Gründen fragen muss. Neben ungesünderer Ernährung (hoher Fleischanteil statt, wie in Mittelmeer- und skandinavischen Ländern, viel Olivenöl, Salat, Fisch) sehen Forscher für die kürzere gesunde Zeit der Deutschen als eine Hauptursache die starke Belastung durch Stress. Das hat auch für Arbeitgeber Folgen: höhere Krankheitsquoten, Produktivitätsverluste und Krankheitskosten. Daraus ergibt sich Handlungsbedarf durch ein leistungsfähiges Betriebliches Gesundheits-Management (BGM).

37.2   WHO weist den Weg zur Gesundheit durch Prävention

Gemäß der Terminologie der WHO (Welt-Gesundheits-Organisation) sind Menschen jenseits von Arbeitsunfähigkeitsbescheinigungen nur gesund, wenn sich bei ihnen körperliches, seelisches und soziales Wohl im Einklang befinden (vgl. Abb. 37.2).

37.3   Wohlbefindens-Penthouse …

Das Wohlbefindens-Penthouse ruht auf dem festen Fundament des körperlichen Wohlbefindens, eine gute Basis für das seelische Wohlbefinden und überwölbt vom sozialen Wohlbefinden. Die drei Wohlbefindensbereiche sind mit Bausteinen unterlegt (vgl. Abb. 37.3).

Jede der drei Wohlbefindens-Etagen kann einen Beitrag zu einer fitten AV leisten, die wir nachfolgend kurz erläutern. Dabei hängt alles mit allem zusammen: Wohlbefindens-Beeinträchtigungen können die Fähigkeiten beeinträchtigen, sich eine individuell optimale AV aufzubauen und sie vielleicht auf niedrigerem GVN-Niveau als Rentner zu genießen.

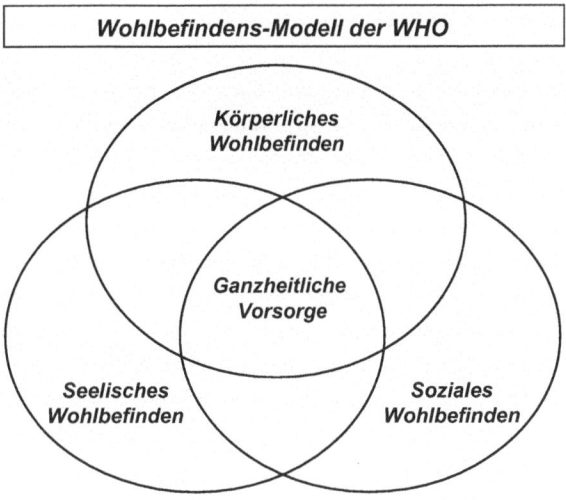

Abb. 37.2   Wohlbefindenskonzept der WHO. (Quelle: WHO 1946)

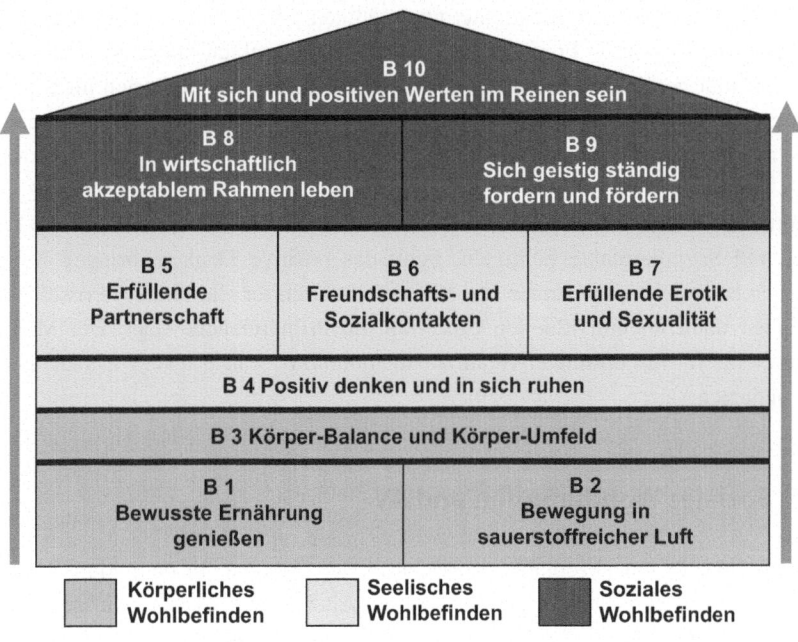

Abb. 37.3   Wohlbefindenshaus mit zehn Bausteinen. (Quelle: eigene Darstellung)

37.4   Körperliches Wohlbefinden und AV

Das körperliche Wohlbefinden wird bestimmt durch die Kriterien Ernährung, Bewegung und Körperumfeld. Ihr Bezug zur AV ist für ihren Aufbau und ihre Verwendung gegeben. Beginnen wir bei der Ernährung: Eine unausgewogene Ernährung mit Fastfood führt dem Körper zu wenige Vitalstoffe zu, geht oft einher mit der Förderung von Übergewicht und Diabetes. Das reduziert die allgemeine und berufliche Leistungsfähigkeit, die erreichbaren beruflichen Aufstiegschancen und damit das erreichbare Niveau der AV. Das Gleiche gilt für unzureichende Bewegung, deren Folge ein sich (vor allem bei unausgewogener Ernährung) sukzessive aufbauendes Übergewicht sein kann mit ähnlichen Folgen wie bei der Ernährung. Bagatellisieren hilft nicht weiter: Wenn jede zweite Frau und 60 % aller Männer als Diabetiker einen BMI von 30 oder höher aufweisen, ist das ein Massenphänomen in unserer Gesellschaft, die potenzielle AV in geringerem Umfang entstehen lässt oder sie vernichtet.

37.5   Seelisches Wohlbefinden und AV

Seelisches Wohlbefinden kann dann gegeben sein, wenn Menschen einen Hang zum positiven Denken haben und nicht unter übermäßigem Stress leiden, sie in einer erfüllenden Partnerschaft leben, in Freundschafts- und Sozialkontakten integriert sind und erfüllende Sexualität genießen. Sind einer oder mehrere dieser vier Kriterien nicht gegeben, besteht die Gefahr eines Burnouts und damit über die Beeinträchtigung des seelischen Wohlbefindens hinaus eine psychosomatische Belastung des körperlichen und auch des sozialen Wohlbefindens.

Kommen wir zurück zum positiven Denken: Es kann die Partnerschaft sowie Freundschafts- und Sozialkontakte beflügeln. Fehlt das positive Denken, bringen Menschen beruflichen Stress mit nach Hause und belasten dadurch ihr (familiäres) Privatleben. Wo auch immer dann im individuellen Einzelfall die Primärursache liegt: Der Mensch ist gehemmt, eine für ihn optimale AV aufzubauen und das, was er an AV trotzdem erreicht hat, zu genießen.

37.6   Soziales Wohlbefinden und AV

Wichtig ist hierfür ein akzeptabler wirtschaftlicher Rahmen, in dem Menschen leben. Menschen mit Zukunftsangst, speziell Angst vor Altersarmut, werden häufiger krank und können auch erwiesenermaßen früher sterben. Ihre Möglichkeiten, sich ein akzeptables wirtschaftliches Umfeld und in diesem Zusammenhang eine gute AV aufzubauen, sind eingeschränkt. Aber vielleicht hatte es mancher bereits durch ein beeinträchtigtes körperliches Wohlbefinden oder starken Stress in geringerem Maße geschafft, sich eine auskömmliche AV aufzubauen? Damit holt ihn die Angst vor Altersarmut ein.

Zudem ist wichtig, dass sich Menschen ständig fordern und fördern und mit von ihnen als wichtig angesehenen Werten in einem harmonischen Einklang leben. Unter ungünstigen Umständen kann sogar Altersvorsorge und Vermögen vernichtet werden: Wenn eine nicht erfüllte Sexualität eine Ehe zum Scheitern bringt, gibt es bei Bürgern mit mittlerem Einkommen (Stichworte: Versorgungsausgleich, Realteilung des Vermögens, zum Beispiel einer gemeinsamen Immobilie) wirtschaftlich mit Bezug zur AV nur Verlierer. Diese Geschichten, die das Leben schreibt, zeigen noch einmal: Alles hängt mit allem zusammen!

37.7 Integrierte Wohlbefindens- und AV-Scorecard

Wer präventiv seine Gesundheit über seinen Lebensstil im Sinne der WHO-Definition steuern kann, verfügt damit über eine leistungsfähige Basis für den Aufbau und die Verwendung einer stabilen AV. Jeder Bürger hat drei Optionen:

- Option 1: Er kann bei Schmerzen und anderen Symptomen zum Arzt gehen. Das ist die schlechteste Methode, denn dieser Bürger muss seine Gesundheit durch Reparatur wieder gewinnen: Medikamente mit vielfältigen Nebenwirkungen, Krankenhausaufenthalte mit und ohne OPs, was unabhängig vom OP-Erfolg jährlich 15.000 Patienten in Deutschland nicht überleben. Bürger haben bei langwierigen Krankheiten verminderte Möglichkeiten für einen optimalen AV-Aufbau, Quelle für Angst vor Altersarmut.
- Der Bürger kann angebotene Vorsorgeuntersuchungen wahrnehmen. Werden Krankheitsherde entdeckt und beseitigt, können dank medizinischem Fortschritt Ärzte das schon halb im Brunnen liegende Kind vielleicht wieder herausziehen.
- Die Alternative: Durch präventives Verhalten im Sinne der WHO mit dem Unterbau der zehn Bausteine Symptome, die bei Vorsorgeuntersuchungen ans Licht kämen, Krankheiten gar nicht erst entstehen lassen. Dafür eignet sich zur Selbsteinschätzung und Steuerung das Mess- und Beobachtungsinstrument die *FIT120-Gesundheit-Scorecard* (vgl. Abb. 37.4).

Die *FIT120-Gesundheit-Scorecard* bietet dem Bürger die Möglichkeit einer Selbsteinschätzung und einer Selbstkontrolle im Zeitablauf.

Wer präventiv (das heißt bevor medizinische Leistungen ab Vorsorgeuntersuchung und Symptombehandlung zu zahlen sind) tätig wird, spart Kosten, die er für andere Verwendungen inklusive AV frei hat. Damit hat er sowohl im aktiven wie auch im Rentenalter ein höheres Maß an Lebensqualität, was wiederum seine Gesundheit fördert: eine positive Spirale nach oben.

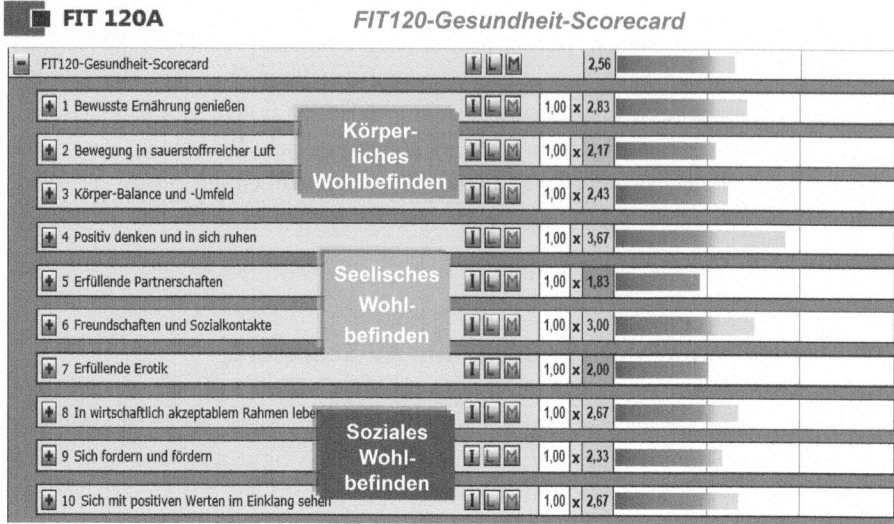

Abb. 37.4 FIT120-Gesundheit-Scorecard zur präventiven Selbststeuerung. (Quelle: eigene Darstellung)

Literatur

EUROTSTAT (2017): Statistiken über gesunde Lebensjahre, unter: http://ec.europa.eu/eurostat/statistics-explained/index.php/Healthy_life_years_statistics/de, letzter Abruf: 1. März 2018.
WHO (1946): Verfassung der Weltgesundheitsorganisation WHO, abgerufen unter: http://www.who.int/about/mission/en.

Teil VII
Perspektiven nachhaltiger Vorsorgesicherung

Eine nachhaltige Vorsorgesicherung mit dem Kern AV verlangt, dass sich die Politik nachhaltig einbringt. Deshalb versuchen wir, Anregungen für die politische Gestaltung mit den Schwerpunkten staatlicher Rahmen für die AV, ergänzt um Eigenverantwortung und Flexibilisierungs-Regelungen zu geben. Ohne obligatorische Pflicht auch für eine eigenverantwortliche private AV geht es nicht.

Bürger müssen sich ständig informieren können. Deshalb schließen wir das Buch mit einem Vademecum für Vorsorge mit dem Schwerpunkt AV ab.

Beim Gang über den AV-Marktplatz werden auch wichtige Perspektiven einer nachhaltigen Alterssicherung erkennbar: Wo sind Vorsorgefragen politisch schon gut geregelt? Wo besteht noch weiterer Handlungsbedarf? Wo sind gegebenenfalls die Produkte für morgen zu finden? Bei der Rente mit 67 oder später werden entsprechende Produktinnovationen, zumindest für einzelne Berufe, unerlässlich werden.

Nachhaltige AV-Beratung kann eine Steilvorlage für innovative Anbieter sein. Diese sind derzeit ziemlich pauschal (und davon viele sicherlich zu Unrecht) in die produktzentrierte Ecke gerückt worden, aus der sie angeblich provisionsgeil Kunden risikoreiche Produkte verkaufen, die sie vermeintlich gar nicht brauchen. Wir möchten deshalb, damit der Bürger auch im bank- und versicherungsgeprägten Anbietersystem seinen „ganzheitlichen Nachhaltigkeits-Vorsorgeberater" findet, Chancen für Anbieter skizzieren.

Doch auch Bürger, die sich selbst informieren wollen, haben viele Informationsquellen, die es zu nutzen gilt.

Anregungen für die politische Gestaltung

38

Nunmehr ist Rückkehr zur Realität des derzeitigen Systems erforderlich, denn AV 2030 plus ist leider noch nicht umgesetzt.

38.1 Zeichen für immer mehr Eigenverantwortung

Wenn die GRV am Beispiel des Eckrentners und unter Berücksichtigung eines nur partiellen Inflationsausgleichs nur noch teilweise das GVN abdecken kann und mindestens die Hälfte der Bevölkerung schon wegen der zunehmenden Patchwork-Zeiten nicht das Eckrentnerniveau erreicht, dann geht es nicht mehr ohne einen zunehmenden Eigenvorsorgebeitrag. Diesen können Bürger auf unterschiedlichen Ebenen leisten:

- Der Königsweg: Durch frühzeitigen und systematischen (lückenlos, alle Fördermöglichkeiten nutzend) Aufbau von Zusatzrenten in der zweiten Vorsorgeschicht. Riester- und bAV-Rente von je 400 EUR zur Eckrentner-GRV von 1200 bringen fast 2000 EUR brutto, einer Basis, ab der man schon „leben" kann.
- Der zeitliche Weg: So spät wie möglich in Rente gehen, auch erst nach dem 67. Lebensjahr, und die Rente mit jährlich sechs Prozent aufbessern. Hier kommt der Arbeitsmarkt auch fitten Sechzigern entgegen, denn mangels Nachwuchs müssen sich Unternehmen bemühen, qualifizierte Arbeitskräfte möglichst lange zu halten.
- Der Doppelverdiener-Weg: Der Hauptjob finanziert den Lebensunterhalt, der Zweitjob die AV.
- Der amerikanische Weg: Die Rente als Teileinkommen betrachten und durch Teilzeittätigkeit bis zum 80. Lebensjahr aufbessern.

© Springer Fachmedien Wiesbaden GmbH, ein Teil von Springer Nature 2018
H. Benölken und N. Bröhl, *Altersvorsorge am Scheideweg*,
https://doi.org/10.1007/978-3-658-21837-9_38

Wer sich dazwischen nicht entscheiden kann oder will und bei mittlerem Durchschnitt-seinkommen ohne bAV und Riester passiv bleibt, wird sich auch bei einer Durchschnittsrente zwischen latenter und offener Altersarmut bewegen.

38.2   Ansatz Lebens- und Wochenarbeitszeit-Flexibilisierung

Die demografische Entwicklung der letzten Jahrzehnte lehrt, dass Menschen dank Dauerwohlstand, gesünderer Lebensweise und medizinischem Fortschritt zukünftig etwa alle zehn Jahre ein bis zwei Jahre länger leben können. Wenn sie konstant mit 65 Jahren oder 2030 mit 67 Jahren in Rente gehen, kann man ausrechnen, wie lange die Rentenkassen das aushalten.

Wenn beispielsweise der Renteneintritt mit 67 Jahren voll greift, leben nach dieser Rechnung die Menschen schon durchschnittlich drei Jahre länger als heute, beziehen also auch bei einem um zwei Jahre späteren Rentenbeginn drei Jahre länger Rente bis zu ihrem Tod. Wie lässt sich die damit verbundene Auszehrung der Rentenkassen vermeiden? Das ist nicht nur ein Thema für die GRV, sondern auch für private Rentenkassen.

Hierzu könnte die Politik den Vorschlag des bekannten Demografen James Vaupel, Direktor des Max-Planck-Instituts für Demografie, aufgreifen, ein verpflichtendes Rentenalter abzuschaffen und die Proportionen von wöchentlicher Arbeitszeit und Renteneintritt und Rentenbezugsdauer selbst zu gestalten. Beispielsweise könnten die Arbeitnehmer in mittleren Lebensjahren, also zwischen etwa 30 und 50 Jahren statt 40 h in der Woche nur 25 bis 30 h arbeiten und hätten so mehr Zeit für Familie und Freizeitgestaltung. Zum Ausgleich könnten sie dann erst mit 70 oder gar 75 Jahren in Rente gehen. Wenn so die Gesamtbalance der Lebensarbeitszeit stimme, könne man auf das verpflichtende Renteneintrittsalter verzichten, und als Nebeneffekt bliebe der Lebensstandard etwa gleich.

Dieser Vorschlag setzt allerdings zwei Dinge voraus: Die Arbeitnehmer sind mit 70 und mehr Jahren physisch noch in der Lage zu arbeiten. Dies dürfte in bestimmten Berufsgruppen und Branchen nicht mehr möglich sein (Dachdecker, Zimmerer, Pfleger, Stahl- und Tiefbauer). Wie gestaltet sich zudem die körperliche Produktivität von 70-Jährigen? Zweitens muss es zu diesem Vorschlag auch eine breite Akzeptanz in der Bevölkerung geben, wobei Grundvoraussetzung ist, dass die Arbeit uns alle auch so stark ausfüllt, dass man bis ins hohe Alter Freude daran hat.

Letzteres ist nicht durchgehend in Deutschland der Fall und die etwas ironische Äußerung unserer ausländischen Nachbarn „in Deutschland lebt man, um zu arbeiten" würde sich damit sogar erfüllen. Dennoch zeigt dieser Vorschlag eine innovative Denkrichtung auf.

Es ist aber durchaus denkbar, dass auf einem kalten Wege es hier zu einer gewissen Konvergenz kommt: Wenn durch mehrjährige Einkommensstagnation aufgrund des Globalisierungsdrucks eine Nullrunde bei Rentenanpassungen die nächste ablöst, bis es vor einer Bundestagswahl wieder einen Schluck aus der Rentenkasse gibt, wird ein früher

Renteneintritt, verbunden mit spürbaren Abschlägen, immer unattraktiver. Wenn sich dann selbst der Eckrentner bei Rentenstagnation und schleichender Inflation von Altersarmut bedroht sieht, arbeitet er vielleicht bereitwillig bis 67 oder nach Vorstellungen der Bundesbank bis 69 Jahre. So zahlt er noch länger (auch als Teilrentner) ins GRV- und bAV-System ein, erwartet später Zahlungen daraus und finanziert so selbst ein längeres Leben ohne Altersarmut.

38.3 Private AV-Pflicht für alle?

„Sollte der Staat Menschen zur privaten AV verpflichten?", fragte DIE ZEIT bereits in einem Interview im Oktober 2005 Professor Martin Hellwig, Leiter des Max-Planck-Instituts in Bonn und Vorsitzender der Monopolkommission. Antwort: „Der Staat hat nur insofern ein Interesse an privater Vorsorge, als er vermeiden möchte, dass Menschen dereinst von der Solidargemeinschaft versorgt werden müssen." Das ist eine klare Absage. Allerdings lässt sich die Bundesregierung jährlich vorrechnen, inwiefern die ergänzende Alterssicherung auch durch die zusätzliche AV und die bAV bereits erfolgt ist. Falls die privaten Anstrengungen absehbar nicht zum gesamtheitlichen Ziel einer Existenzminimumssicherung breiter Bevölkerungsschichten kommen werden, dann ist ein „Altersvorsorgezwang" zukünftig nicht auszuschließen. **AV 2030 plus** bietet hierzu Elemente an.

In naher Zukunft ist es kaum möglich durchzusetzen, dass man Bürger mit niedrigem Einkommen, die bereits heute auf Aufstockung angewiesen sind, zwingen kann, hiervon noch eine Ersparnis abzuzweigen. Wie will man es in einer sich als freiheitlich-liberal verstehenden Gesellschaft durchsetzen, Bürger durch Zwangssparen dazu zu verpflichten, ihren Lebensstandard auch im Alter halten zu können? **AV 2030 plus** zeigt den Weg.

AV-Zwangssparen für alle ist ein wohl auf absehbare Zeit kaum zu lösendes Thema, aber es gibt möglicherweise einen anderen Ansatz: den Selbstständigenbereich. Denn genau so wie es heute schon eine lockere Krankenversicherungspflicht durch das Angebot spezieller Tarife und Öffnungsklauseln für sie gibt, könnte man sich Analoges für den Alterssicherungsbereich überlegen. Vielleicht liegt hier noch eine Gestaltungsaufgabe der Politik.

38.4 Forderungen an die Politik

Der Alterssicherungsbericht der Bundesregierung (ASB) 2016 bewegt sich in seinen Prognosen im Rahmen seiner Prämissen auf der Basis soziodemografischer Entwicklungen mit Bezug zu Altersstrukturen. Weitere Aspekte werden eher gestreift (zum Beispiel Familien- und Haushaltsstrukturen) oder nicht explizit erwähnt (zum Beispiel ethnografische oder binnenländische Wanderungsbewegungen).

Der ASB soll die Politik darin unterstützen, im Hinblick auf eine relative Sicherung des GVN die richtigen Entscheidungen zu treffen unter der Nebenbedingung: Im

Zweifelsfall sollen „starke Schultern" tendenziell mehr belastet werden als „schwache". Damit befindet sich der ASB im Wettstreit politischer Prioritäten der einflussnehmenden Parteien befindet. Auch wenn diese grundsätzliche politische Zielsetzung erfüllbar ist, reichen Weichenstellungen für die erste Schicht und Kompensationen über die zweite Schicht nicht aus, um für Finanzdienstleister, die nur an der zweiten und/oder dritten Schicht partizipieren, Entscheidungen zu fundieren.

Wie weit kommt man noch mit vertieften umwelt- und sozialökonomische Analysen, um so hinsichtlich der nur unzureichend genutzten Vorsorgemöglichkeiten in der zweiten Schicht und der vielfältigen Vorsorgezweige in der dritten Schicht zu konsistenten Aussagen zu kommen mit dem Ziel, dass Anbieter ihren auch sozialpolitisch gewollten Beitrag zur Stabilisierung des GVN optimal leisten?

Wie in der volkswirtschaftlichen Geldpolitik gilt: Wenn „Moral Suasion" nicht reicht, sind konkrete Maßnahmen gefordert. Vor diesem Hintergrund haben wir **AV 2030 plus** vorgestellt und bitten alle Verantwortlichen in Politik und Gesellschaft um Diskussion der Realisierungsaspekte und Unterstützung bei der Realisierung.

Anregungen für AV-wissbegierige Bürger

39

Nie war das geflügelte Wort „Wissen ist Macht" so aktuell wie heute, und auch beim Thema AV ist die Macht des Wissens ein nicht zu unterschätzender Vorteil. Wollen sich Anleger von jedem vermeintlichen Experten ein Produkt aufschwatzen lassen oder möchten sie auch selbst den Durchblick behalten?

Informationen über Wissensthemen sind überall zugänglich, also auch zur AV. Man muss nur wissen wo, und man muss sich auch die Mühe machen, nach ihnen zu suchen.

Selbst ist der Bürger

Bevor sich Anleger auf die Aussagen Dritter verlassen, sollten sie versuchen, selbst so viel wie möglich über das Thema AV in Erfahrung zu bringen. Ein erster Schritt in diese Richtung ist vielleicht die Lektüre von Fachliteratur. Es gibt viele sachdienliche und leicht zugängliche Quellen.

Wer mehr über die Grundzüge des AV-Systems in Deutschland erfahren möchte, wendet sich am besten an das zuständige Bundesministerium „BMAS". Es hält Informationen auf seiner Webseite bereit und bietet kostenlose Informationsbroschüren zum Download an. Sogar ein Bürgertelefon steht zur Verfügung. Vergleichbar informativ ist die Webseite der DRV Bund, auf der auch statistische Informationen sowie Formulare für unterschiedliche Antragsanlässe, z. B. die Witwenrente, zu finden sind.

Ergänzend sind Verbrauchereinrichtungen weitere wichtige Informationsquellen. Verbraucherzentralen veröffentlichen Studien und damit informative Erkenntnisse über das Gesamtthema AV in Deutschland und stehen darüber hinaus bei Bedarf mit Beratungsangeboten zur Seite. Allgemein bekannt ist auch Stiftung Warentest, deren Erkenntnisse man in Form einer Zeitschrift oder als einzelnen Artikel im Internet, unter Umständen gegen einen moderaten Kostenbeitrag erwerben kann.

Immer wieder finden sich auch Beiträge zur aktuellen Lage auf dem Gebiet der AV in einschlägigen Zeitschriften. AV ist ein ständiges Schwerpunktthema in der Süddeutschen

© Springer Fachmedien Wiesbaden GmbH, ein Teil von Springer Nature 2018
H. Benölken und N. Bröhl, *Altersvorsorge am Scheideweg,*
https://doi.org/10.1007/978-3-658-21837-9_39

Zeitung, der FAZ und im „Handelsblatt". Auch regionale Tageszeitungen widmen sich bei aktuellen Anlässen dem Thema AV. Durch diese Medien informierte Bürger sind in der Lage, mit Produktanbietern und Vermittlern auf Augenhöhe zu argumentieren.

Natürlich stellen auch die Anbieter von AV-Produkten Informationsmaterial zur Verfügung. Diese sind allerdings verständlicherweise auf deren eigene Produkte abgestimmt. Deshalb sollten diese Quellen aber nicht pauschal gemieden, sondern in das Bedarfsraster des individuell geschneiderten Anforderungsprofils eingeordnet werden. Die Lektüre von Tipps und Empfehlungen verschiedener Anbieter kann sehr wohl zur Bildung eines eigenen Urteils führen.

Fragen Sie doch jemanden, der sich damit auskennt

Es mag Menschen geben, die in jeder Situation von sich aus genügend Informationen sammeln, um sich ein sattelfestes Urteil bilden zu können. Sie entscheiden sich für das beste Produkt und schließen den Kauf womöglich sogar online, also ohne jeglichen persönlichen Kontakt zum Anbieter und seinen Vermittlern ab.

Vermutlich gibt es aber weitaus mehr Bürger, die trotz aller vorab gesammelten Informationen den Rat eines Experten einholen möchten. Sie legen Wert auf ganzheitliche Beratung und sehen die eigenen Recherchen als Unterstützung, um nicht bei einem zweifelhaften Verkäufer unter die Räder zu kommen.

Sobald Anleger sich selbst einen Überblick verschafft haben, können sie sich (auch ohne das Gefühl, „hereingelegt" zu werden) durchaus an jemanden wenden, der sich damit auskennt. Mögliche Ansprechpartner sind dabei auch Vorsorge- und Vermögensberater und Makler, die mit den Produkten mehrerer „Hersteller" aufwarten können. Gemeinsam werden sie so das individuell geeignete AV-Produkt-Portfolio zusammenstellen.

Sollten wir es schaffen, bei all denen, die es angeht – Bürger, politische Gestalter und Anbieter, überhaupt alle Marktteilnehmer auf den AV-Marktplätzen – Interesse und Veränderungsbereitschaft zu wecken, ist das Ziel des Buches erreicht.

Eine abschließende Information in eigener Sache: Die Ausführungen des Teil F einschließlich der IT-Programme sind dem in Kürze erscheinenden Buch „FIT für 120 Jahre" entnommen. Nähere Informationen erhalten Sie über FIT120A@t-online.de

Anhang

40

40.1 Glossar und Abkürzungen

Trotz unseres Bestrebens, ein allgemein verständliches Werk abzuliefern, mag es vorkommen, dass hier und da Begriffe unklar bleiben oder der Leser Abkürzungen nicht gleich einordnen kann. Abhilfe kann das folgende Glossar bieten. Hier finden Sie nicht nur alle verwendeten Abkürzungen, sondern auch die Erklärung für einige wichtige Begriffe.

40.1.1 Abkürzungen

Begriff/Abkürzung	Erklärung
84er	Handelsvertreter nach § 84 HGB
AdL	Alterssicherung der Landwirte
AEG	Alterseinkünftegesetz
ALG	Arbeitslosengeld
ASB	Alterssicherungsbericht
ASZ	Arbeitnehmersparzulage
AV	Altersvorsorge
AWD	Allgemeiner Wirtschaftsdienst; Finanzvertrieb
BA	Bundesagentur für Arbeit
bAV/bAV	betriebliche Altersversorgung
BBG	Beitragsbemessungsgrenze
BMAS	Bundesministerium für Arbeit und Soziales
BSK	Bausparkasse
BSV	Berufsständische Versorgung

© Springer Fachmedien Wiesbaden GmbH, ein Teil von Springer Nature 2018
H. Benölken und N. Bröhl, *Altersvorsorge am Scheideweg*,
https://doi.org/10.1007/978-3-658-21837-9_40

Buba	Bundesbank
BV	Beamtenversorgung
DIW	Deutsches Institut für Wirtschaftsforschung
DRV	Deutsche Rentenversicherung
DVAG	Deutsche Vermögensberatung AG; in Deutschland, Österreich und der Schweiz tätiger Finanzvertrieb
EigRG	Eigenheimrentengesetz
EU	Europäische Union
FAZ	Frankfurter Allgemeine Zeitung
FDL	Finanzdienstleistung
GRV	Gesetzliche Rentenversicherung
GVN	Gesamtversorungs-Niveau
Ifo	ifo Institut für Wirtschaftsforschung e.V.
KapLV	Kapital-Lebensversicherung
MLP	früher Marschollek, Lautenschläger und Partner AG; in Heidelberg gegründeter Finanzvertrieb
PK	Pensionskassen
VBL	Versorgungsanstalt des Bundes und der Länder
VL	Vermögenswirksame Leistungen
WBP	Wohnungsbauprämie
ZÖD	Zusatzversorgung des öffentlichen Dienstes
ZVK	Zusatzversorgungskasse

40.1.2 Glossar

Beitragsbemessungsgrenze	Einkommensschwelle, oberhalb derer das Einkommen eines Versicherten beitragsfrei bleibt. Versicherungsbeiträge werden also nur auf denjenigen Teil des Einkommens erhoben, der unterhalb dieser Einkommensschwelle liegt.
Gesamtversorgungs-Niveau	Anteil des aktuellen Einkommens eines Bürgers, der ein Leben in der Rentenphase ohne Verlust des gewünschten Lebensstandards zulässt.
Kapitaldeckungsverfahren	Methode zur Finanzierung von Versicherungen, bei der die Sparanteile aus den Beiträgen der Versicherten am Kapitalmarkt angelegt werden und für jeden einzelnen Versicherten ein Deckungskapital gebildet wird, das nach dem Ansparende die zu zahlenden Leistungen abdecken soll.
Lebensarbeitszeit	Zeit bis zum Rentenalter z. B. 65 Jahre.

Patchwork-Lebenslauf	Lebenslauf, der einem bunten Flickenteppich ähnelt, also keine lückenlose, aufeinander aufbauende Erwerbsbiografie, sondern häufige Wechsel und Unterbrechungen durch Arbeitslosigkeit, Elternzeit, falsch getroffene Berufswahl o. ä.
Umlageverfahren	Methode zur Finanzierung von Sozialversicherungen, bei der die eingezahlten Beiträge unmittelbar für die Finanzierung der erbrachten Leistungen herangezogen werden.
Umlaufrendite	Durchschnittliche Rendite aller im Umlauf befindlichen, inländischen festverzinslichen Wertpapiere (Anleihen) erster Bonität, also v. a. Staatsanleihen. Die Umlaufrendite für Deutschland wird von der Deutschen Bundesbank ermittelt und regelmäßig veröffentlicht. Sie gibt das Zinsniveau des Kapitalmarktes wider.
Versorgungslücke	Differenz zwischen aktuellem Einkommen eines Bürgers und seinem zu erwartenden Einkommen in der Rentenphase.

40.2 Adressen und Links

Bund
Bundesanstalt für Finanzdienstleistungsaufsicht (BaFin)
Postfach 13 08
53003 Bonn
Telefon: 0228-4108-0
Fax: 0228-4108-1550
Email: poststelle@bafin.de
www.bafin.de

Bundesministerium der Finanzen
Referat Bürgerangelegenheiten
Wilhelmstraße 97
10117 Berlin
Telefon: 01888-682-0
Fax: 030-22422297
Email: poststelle@bmf.bund.de
www.bundesfinanzministerium.de

Bundesministerium für Arbeit und Soziales
Wilhelmstraße 49
10117 Berlin

Fax: 030-18 527 2236
Email: info@bmas.bund.de
www.bmas.de

Bürgertelefon zum Thema Rente:
01805-6767-10
Bundesverband der Versicherungsberater
Rheinweg 24
53113 Bonn
Telefon: 0228- 387-29-29
Fax: 0228-387-29-31
Email: info@bvvb.de
www.bvvb.de

Deutsche Rentenversicherung Bund
Ruhrstraße 2
10709 Berlin
Telefon: 0800-1000-48070
Email: meinefrage@drv-bund.de
www.deutsche-rentenversicherung-bund.de

Versorgungsanstalt des Bundes und der Länder (VBL)
Hans-Thoma-Straße 19
76133 Karlsruhe
Telefon: 0721-155-0
Fax: 0721-155-666
Email: vbl@vbl.de
www.vbl.de

Zentrale Zulagenstelle für Altersvermögen (ZfA)
10868 Berlin
Telefon: 0800-1000-48040 (zum Nulltarif)
Fax: 030-865-27240
Email: zulagenstelle@drv-bund.de
www.deutsche-rentenversicherung-bund.de

Banken und Versicherungen
Bundesverband der Deutschen Volksbanken und Raiffeisenbanken e.V. (BVR)
Schellingstraße 4
10785 Berlin
Telefon: 030-2021-0

Fax: 030-2021-1900
Email: info@bvr.de
www.bvr.de

Bundesverband deutscher Banken e.V. (BdB)
Burgstraße 28
10178 Berlin
Telefon: 030-1663-0
Fax: 030-1663-1298
Email: bankenverband@bdb.de
www.bdb.de

Bundesverband Investment und Asset Management e.V. (BVI)
Eschenheimer Anlage 28
60318 Franfurt a. M.
Telefon: 069-154090-0
Fax: 069-597140-6
Email: info@bvi.de
www.bvi.de

Deutscher Sparkassen- und Giroverband e.V. (DSGV)
Charlottenstraße 47
10117 Berlin
Telefon: 030-20225-0
Fax: 030-20225-250
Email: info@dsgv.de
www.dsgv.de

Gesamtverband der Deutschen Versicherungswirtschaft e.V. (GDV)
Friedrichstraße 191
10117 Berlin
Telefon: 030-2020-5000
Fax: 030-2020-6000
Email: berlin@gdv.org
www.gdv.de

Informationszentrum der deutschen Versicherer
„Zukunft klipp + klar"
Postfach 08 04 31
10004 Berlin
Telefon: 030-2020-5570

Fax: 030-2020-6622
Email: info@klipp-und-klar.de
www.klipp-und-klar.de

Verbraucheranstalten
Arbeitsgemeinschaft für betriebliches Altersversorgung e.V. (aba)
Rohrbacher Straße 12
69115 Heidelberg
Telefon: 06221-137178-0
Fax: 06221-2421-0
Email: info@aba-online.de
www.aba-online.de

Der Berater-Lotse
Schleußnerstraße 26
61348 Bad Homburg v. d. H.
Telefon: 06172-1714-849
Fax: 06172-1714-852
Email: post@berater-lotse.de
www.berater-lotse.de

Stiftung Warentest
Lützowplatz 11-13
10785 Berlin
Telefon: 030-2631-0
Fax: 030-2631-2727
Email: email@stiftung-warentest.de
www.stiftung-warentest.de

Verbraucherzentrale Bundesverband e. V. (vzbv)
Telefon: 030-25800-0
Fax: 030-25800-218
Email: info@vzbv.de
www.vzbv.de

örtliche Beratungsstellen unter
www.verbraucherzentrale.com

sonstige
Bundesvereinigung der Deutschen Arbeitgeberverbände (BDA)
Breite Straße 29
10178 Berlin

Telefon: 030-2033-0
Fax: 030-2033-1055
Email: info@bda-online.de
www.bda-online.de

Deutscher Gewerkschaftsbund (DGB)
Henriette-Herz-Platz 2
10178 Berlin
Telefon: 030-24060-0
Fax: 030-24060-471
Email: info@bvv.dgb.de
www.dgb.de

Pensions-Sicherungs-Verein (PSV)
Berlin-Kölnische-Allee 2-4
50969 Köln
Telefon: 0221-93659-0
Fax: 0221-93659-299
Email: info@psvag.de
www.psvag.de

Sachverzeichnis

The manufacturer's authorised representative in the EU is Springer
Nature Customer Service Centre GmbH, Europaplatz 3, 69115 Heidelberg,
Germany. If you have any concerns regarding our products, please
contact ProductSafety@springernature.com

Printed and bound by CPI Group (UK) Ltd, Croydon, CR0 4YY
27/04/2026
02097619-0008